조선후기 가집 연구

民族文化研究叢書 122

조선후기 가집 연구

이상원 지음

高麗大學校
民族文化研究院

이 책은 高麗大學校 民族文化硏究院이 새로운 民族文化의 창달과 國學振興을 위하여 제징한 『芝薰國學硏究造成費』와 『民族文化硏究叢書刊行計劃』에 의하여 出版되었습니다.

머리말

20세기 말에 참 어렵게 박사학위를 받았다. 해박한 지식도, 날카로운 분석력도 갖추지 못한 탓이 컸지만 17세기 시조라는 감당하기 힘든 주제가 무엇보다 한 몫을 단단히 했다. 하여 학위 취득 후 한 1년은 기가 다 빠져 뭘 해야 할지 몰랐다. 그렇게 헤매다 새천년을 맞았다.

질릴 법도 한데 배운 게 밑천이라고, 조선중기 시조로 학위를 받았으니 조선전기 시조와 조선후기 시조를 순차적으로 연구하여 조선시대 시조사를 다시 쓰겠다는 식으로 맘을 고쳐먹었다. 지금 생각해보면 새천년의 분위기에 들뜬 과대망상이었지만. 아무튼 그리하여 16세기의 〈고산구곡가〉와 18세기의 이정보 시조를 핵심 연구 대상으로 놓고 다시 공부를 시작했다. 이것이 내가 가집 연구를 본격적으로 시작하게 된 계기다.

〈고산구곡가〉는 율곡의 문집에 실려 있지 않고 가집에만 실려 있다. 그런데 〈고산구곡가〉의 가집 수록 양상은 매우 독특하다. 작품과 한역시와 〈고산구곡담기〉가 하나로 묶여 수록되어 있다. 이를 확인한 순간 지금 보고 있는 이것만 그런 건지 아니면 다 그런 건지가 궁금해서 계속 확인하기 시작했다. 이렇게 점점 가집 속으로…. 이정보는 문집 자체가 전하지 않는다. 때문에 그의 작품도 가집에서만 확인할 수 있다. 그런데 이정보의 작품은 〈고산구곡가〉와 반대다. 그의 작품은 가집마다 수록 양상이 다르다. 그래서 그의 작품이 수록된 가집을 죄다 살필 수밖에 없었다. 또 이렇게 점점 가집 속으로….

이렇게 뜻하지 않게 시작한 가집 연구였는데 지난 10여 년간 1년에 한두 편씩 꾸준히 쓰다 보니 어느새 내 연구의 중요한 한 축이 되어 버렸다. 돌이켜보면 가집 연구를 처음 시작할 때는 의욕과 용기가 넘쳐났던 것 같다. 『해동가요』(박씨본)을 대상으로 한 첫 발표의 제목이 「조선후기 가집 연구의 새로운 시각」이었으니 말이다. 이때의 의욕과 용기가 그 후에도 동일하게 지속되었다고 장담할 순 없지만 그래도 해당 가집을 제대로 된 관점에서, 새로운 시각으로 바라보려고 끊임없이 노력했다고는 말할 수 있을 듯하다. 이 책에 수록된 15편의 글은 바로 이런 노력의 결과들이다.

이 책은 지난 10여 년의 가집 연구를 결산하는 의미를 담고 있다. 때문에 이 기간에 쓴 가집 관련 글을 모두 수록하고자 하였다. 그러다 보니 초기에 쓴 3편의 글은 기존 저서에 이미 수록된 것임에도 불구하고 부득이 재수록하게 되었다. 이들 3편에 사용된 각종 통계 수치는 2012년에 편찬된 『고시조 대전』을 참조하여 모두 새롭게 수정하였다. 따라서 이들 3편의 경우 이전의 저서보다는 이 책에 수록된 것을 이용해주기 바란다.

이 책을 준비하면서 만감이 교차함을 느꼈다. 그것을 여기에 다 적을 수는 없으니 핵심만 간추린다. 한편에서는 홀가분함이 나를 지배하였다. 그 동안 참 힘들고 어렵게 가집 연구를 수행했는데 이 책을 계기로 이제 여기서 벗어나도 되겠다고 생각하니 해방감을 맛볼 수 있었다. 그런데 한편으로는 무거운 책임감이 나를 짓누르고 있었다. 지난 10여 년간 개별 가집들에 대한 정밀한 탐구를 수행하여 책을 묶어 낼 정도가 되었으니 이제 이를 바탕으로 좀 더 수준 높은 가집 연구를 수행해야 하는 것이 아니냐 하는 책무감!! 이 글을 쓰고 있는 지금도 답을 구하지 못했다. 아니 굳이 답을 찾으려 하지 않겠다. 인생을 좀 살아보니 이제 이걸로 가집 연구는 끝이라고 선언할 필요도, 이제는 차원이 다른 가집 연구를 하겠노라고 다짐할 필요도 없다는 것을 알게 되었다. 그저 주어지는 대로, 쓰게 되면 쓰고 아니면 말고, 재미있으면 하고 재미없으면 말고.

앞으로의 일은 그때 가서 생각하기로 하고 지금 이 순간은 행복감을 느끼고 싶다. 10년 전 민족문화연구원과 계약한 약속을 비로소 실행에 옮기는 순간이므로. 밀린 방학숙제를 다 끝낸 어린 학생의 심정으로 돌아가, 의욕적으로 가집 연구를 처음 시작하던 민족문화연구원 시절을 추억하며 만면에 미소를 지어 본다.

2015년 2월 긴 설 연휴 마지막 날 밤에
적막이 감도는 교정을 바라보며 이상원 씀.

차 례

제2부 19세기 가집 연구

제1부

18세기 가집 연구

제1장
18세기 가집 편찬과 『청구영언』(장서각본)의 위상

1. 문제제기

이 글은 한국학중앙연구원 장서각에 소장되어 있는 『청구영언(靑丘永言)』의 성격을 고찰함으로써 이것이 18세기 가집 편찬사에서 차지하는 위상을 살피는 데 목적이 있다.

『청구영언』(장서각본, 이하 『청장』으로 약칭)[1]은 강명관이 처음 소개한 이래[2] 전혀 연구가 이루어지지 않았다. 소개된 지 몇 년이 흘렀음에도 후속 연구가 전혀 진행되지 않은 것은 무엇보다도 지금의 연구 풍토와 관련이 있는 것으로 보인다. 최근의 시조 연구 동향은 상당 부분 해석학에 편중되어 있으며, 이에 따라 상대적으로 문헌학적 관심은 현저히 줄어들고 있다. 문학 연구의 최종 귀착점이 해석학에 놓여 있다는 점을 감안할 때 해석학에 대한 관심의 증대는 비난할 일이 아니라 오히려 환영할 만한 일이다. 그러나 문헌학적 토대 없이는 온전한 해석학에 도달

1) 이 가집의 약칭과 관련하여 『靑硏』, 『靑精』, 『靑藏』 등으로 다양하게 사용되었다. 여기서는 이 중 『고시조 대전』(김흥규 외 6인, 고려대 민족문화연구원, 2012)에서 제시한 『청장』을 사용하기로 한다. 아울러 앞으로 이 책에서 사용하는 가집의 명칭은 모두 『고시조 대전』에서 제시한 약칭임을 밝혀 둔다.

2) 姜明官, 「精文硏本 『靑丘永言』에 대하여」, 『艸田張琯鎭敎授定年紀念國文學論叢』, 동 간행위원회, 1995.

할 수 없다는 점에서 연구의 지나친 불균형은 심각한 문제를 초래할 수도 있다. 이런 점에서 문헌학적·실증적 작업에 대한 관심이 지금보다는 늘어나야 할 것으로 생각된다. 또한 강명관의 친절한 소개가 후속 연구의 필요성을 못 느끼게 한 측면도 있는 것으로 보인다. 그는 과거의 가집 소개자들과 달리 가집의 전반적인 체재는 물론 그 성격까지 자세히 밝혀 놓음으로써 가집 소개의 모범을 제시하고 있다. 그러나 아무리 친절한 소개라 하더라도 그것이 소개인 한 본격 연구의 길은 열려 있다고 보아야 할 것이다. 이런 점에서 그 동안 이 가집에 관심을 가진 연구자가 나타나지 않았다는 것은 매우 아쉬운 부분이라 할 수 있다.

위의 두 가지 아쉬움을 가지고 있던 터에 『청장』을 꼼꼼히 검토하는 과정에서 이 가집이 상당히 문제적인 가집이라는 생각을 하게 되었다. 『청장』은 전반부와 후반부로 뚜렷이 대별된 편성 체재를 취하고 있다. 이는 전반부에 해당하는 어떤 가집을 전사(轉寫)하고 나서 거기에다 후반부를 덧붙였음을 보여주는 것이다. 도대체 왜 이런 현상이 나타난 것일까? 그리고 전반부는 어떤 가집을 전사한 것일까? 이런 의문을 해결하기 위해 이 글에서는 우선 이 가집의 전반부에 주목하고자 한다. 논의를 이 가집의 전반부에 집중하고자 하는 것은, 이 가집의 전반적 성격을 논한다는 것이 쉽지 않다는 현실적 이유 외에 『청장』 전반부가 차지하는 중요성 때문이다.

『청장』 전반부는 『청구영언』(진본)과 매우 유사한 체재를 갖추고 있으면서도 세부적으로는 차이를 드러내고 있어 『청진』 이후 가집의 개찬(改撰) 분화(分化) 과정을 이해하는 데 중요한 시사점을 제공한다고 볼 수 있다. 이 점과 관련하여 강명관은 『해동가요』(박씨본)과의 친연성을 바탕으로 『청장』 전반부가 『해박』보다 다소 앞선 시기에 김수장이 편찬했을 가능성이 높다고 하였다.[3] 이런 강명관의 추정은 『청진』을 계승한 가집으로 김수장의 『해동가요』만을 고려한 데서 나온 것으로 생각된다. 여기서 『청진』 이후 가집의 개찬 분화 과정과 관련된 중요한 논점 하나가 제기될 수 있다. 18세기 중반 무렵 『청진』을 계승한 가집으로 김수장의 『해동가요』 계열만 존재했던 것일까? 아니면 『해동가요』 계열과 더불어 또 다른 계통의 가집이 공존했던 것일까? 이는 18세기 중반 가곡 연행과 관련하여 반드시 짚고 넘어가야 할 중요한 문제라 할 수 있다. 지금까지 우리는 18세기 중반 가곡 연행과 관련하여 김수장과 그가 편찬한 『해동가요』를 과대평가한 측면이 있는데, 만약 『해동가요』 계열과 뚜렷한 차이를 드러내는 가집의 존재가 확인된다면 기존의 평가는 상당 부분 수정되어야 할 것이기 때문이다. 바로 이 점과 관련하여 『청장』 전반부는 시사하는 바가 매우 크다고 볼 수 있다.

2. 『청장』의 성격 – 『해박』과의 비교 검토

1) 편성 체재

『청장』은 독특한 성격의 가집이다. 이 가집의 독특한 성격은 편성 체재를 통해 금방 드러난다. 이 가집의 편성 체재를 들면 다음과 같다.[4]

卷頭部 : 昔陰康氏之時~, 古之秦靑~, 各調體格

3) 위의 논문.

4) 이 가집의 편성 체재에 대해서는 이미 강명관의 논문에 제시된 바가 있다. 그러나 그가 제시한 내용에 일부 오류가 발견되어 다시 제시하고자 한다. 강명관은 전체 작품 수를 455수로, 전반부 작품 수를 254수로 제시하였으나 이는 각각 454수와 255수의 잘못이다. 이런 오류가 빚어진 것은 전반부 여항산인과 후반부 이삭대엽의 작품 수를 잘못 계산한 때문으로 생각된다.

本文

初中大葉(1)[5) : 1[6)

二中大葉(1) : 2

三中大葉(1) : 3

北殿(1) : 4

二北殿(1) : 5

初數大葉(1) : 6

二數大葉(205) : 7~211

列聖御製(7)[7] : 7~13

麗末(10)[8] : 14~23

本朝(142)[9] : 24~165

閭巷散人(23)[10] : 166~188

年代欠考(4)[11] : 189~192

海東名妓(11)[12] : 193~203

失名氏(8) : 204~211

三數大葉(8) : 212~219

樂戱調(10) : 220~229

蔓横(24) : 230~253

將進酒(2) : 254~255

---

5) 이 숫자는 해당 악곡에 수록된 총 작품수를 나타낸다.

6) 이 숫자는 작품의 일련번호이다.

7) 太宗大王, 孝宗大王, 肅宗大王.

8) 李穡, 鄭夢周, 孟思誠(江湖四時歌), 四時歌.

9) 金宗瑞~雲吉山下老人歌 총 65명. 이 숫자는 '정철'과 〈雲吉山下老人歌〉를 포함한 것임. 정철의 경우 "松江歌辭關東別曲合付枚不書"라 하여 작품을 싣고 있지 않으며, 〈운길산하노인가〉는 제목만 있고 작가는 표기되지 않았다.

10) 朴仁老, 朱義植, 張鉉, 金三賢, 金聖器, 金裕器.

11) 林晋, 李仲集, 朴明賢, 金應鼎.

12) 眞伊, 小栢舟, 梅花, 笑春風, 寒雨, 求之, 松伊, 平梅.

羽調 初中大葉(2) : 256~257

羽調 二中大葉(2) : 258~259

桂面調 初中大葉(1) : 260

桂面調 二中大葉(1) : 261

桂面調 初數大葉(1) : 262

桂面調 二中大葉(1) : 263

桂面調 初數大葉(2) : 264~265

後庭花(1) : 266

羽調桂面調平調 二數大葉(27) : 267~293

三數大葉(10) : 294~303

無名氏(151) : 304~454[13)]

위의 편성 체재를 보면 '초중대엽~장진주'까지의 전반부(앞으로 『청장』A로 지칭하기로 함)와 '우조 초중대엽~무명씨'까지의 후반부(앞으로 『청장』B로 지칭하기로 함)로 대별됨을 알 수 있다. 『청장』B의 체재가 우조와 계면조로 나뉘어 배열되어 있고, 또한 무명씨 부분에 영조의 죽음을 소재로 한 작품(441번)[14)]이 실려 있는 것으로 볼 때 이 가집의 편찬 시기는 빨라야 정조대 이후로 볼 수 있다. 그러나 이는 『청장』B를 덧붙여 이 가집을 최종적으로 완성한 시기가 그렇다는 것일 뿐 『청장』A까지 정조대 이후의 산물로 보기는 어렵다. 왜냐하면 『청장』A는 『청진』이나 『해박』과 같은 18세기 초·중반에 편찬된 가집들과 유사한 편성 체재를 보이고 있기 때문이다.

『청장』A의 편성 체재는 외견상 『청진』과 가장 유사하다. 이삭대엽에

13) 454번 작품의 경우 앞의 작품들과 별도로 편지글 뒤에 쓰여 있어 후대에 가필된 것임을 알 수 있으나 일단 포함시켰다.

14) "卽位 五十年인 제 明明聖德 ᄒᆞ시더니 / 萬民을 바리시고 乘彼白雲 ᄒᆞ시도다 / 至今에 蒼梧山色이 어제런듯 ᄒᆞ여라."

서 '열성어제'가 '여말' 앞으로 이동하였고, '장진주'와 '만횡'의 위치가 바뀐 것을 제외하면 완전히 같다고 할 수 있다. 이런 점에서 『청장』A는 『청진』의 영향을 강하게 받았음을 알 수 있다. 그러나 이런 외견상의 유사함에도 불구하고 좀 더 구체적으로 들어가면 『청장』A와 『청진』 사이에는 많은 차이가 존재한다. 세부적인 측면까지 고려한다면 『청장』A는 『청진』보다 오히려 『해박』과 유사성을 지닌다고 볼 수도 있다.[15] 바로 이런 점 때문에 강명관은 『해박』보다 다소 이른 시기에 김수장이 편찬했을 가능성이 높다고 하였다. 그러나 『청장』A는 『해박』과 유사한 점도 있지만 다른 점도 상당 부분 존재하고 있다. 주목해야 할 것은 『청장』A와 『해박』의 차이점 가운데 양자를 동일 계통이라고 보기 어려운 것도 있다는 점이다. 지금부터 두 가집의 차이 중 의미 있다고 생각되는 것들을 살펴보기로 한다.

2) 초중대엽~이삭대엽 유명씨

『청장』A와 『해박』의 북전에는 서로 다른 가사가 실려 있다. 『청장』A의 북전에는 "흐리누거 괴이시든~"이 실려 있는데, 이는 『청진』을 비롯하여 『해수』·『병가』·『청가』·『영류』 등 일부의 가집에만 수록된 것이다. 반면 『해박』의 북전에 실린 "누은들 좀이 오며~"는 무려 81개 가집에 수록되어 있다.[16] 여기서 『해수』·『병가』·『청가』가 두 가사를 모두 싣고 있는 것을 감안하면 『청장』A에 실린 "흐리누거 괴이시든~"을 북전의

15) 이에 대해서는 '강명관, 앞의 논문' 참조.

16) 김흥규 외, 앞의 책 1103.1번, 237~238면 참조. 여기 81이라는 숫자는 동일 가집에 복수로 수록된 것을 포함한 수치이다. 복수로 수록된 것을 한 번만 계산할 경우 실제 수록 가집의 수는 67개이다. 앞으로 이 책에서 작품 수록 가집의 수를 밝히는 경우 모두 복수로 수록된 것을 포함한 수치임을 미리 밝혀둔다.

제3장

『고금가곡』의 체재와 성격

1. 서론

『고금가곡(古今歌曲)』은 주제별 분류 가집이라는 특성 때문에 각종 개론서나 문학사류 등에 자주 언급되어 왔다. 하지만 그 명성만큼 연구가 진행된 것은 아니었다. 일찍이 도남 조윤제와 모산 심재완이 해제를 작성한 것[1]이 20세기 『고금가곡』 연구의 전부라 해도 과언이 아니다.[2] 이렇듯 이 가집에 대한 연구가 부진했던 것은 이 가집이 대부분의 가집들과 달리 주제별 분류 방식을 취한 탓에 곡조별 분류 가집을 다루는 데 익숙한 연구자들 입장에서는 성격 파악이 쉽지 않았던 점과 더불어 원본이 부재한 상태에서 전사본(轉寫本)만 전하고 있는 것이 크게 작용했다고 볼 수 있다.

한편 21세기로 접어들면서 『고금가곡』에 대한 연구가 비로소 본격화하기 시작하는데, 이는 중요한 인식 전환이 있었기에 가능했다. 원본 부재를 연구의 근본적 한계로 보던 과거의 인식에서 벗어나 현전 전사본에

---

1) 조윤제, 「고금가곡」, 『조선어문학회보』 제4호, 조선어문학회, 1933. 이 글은 '『조선시가의 연구』, 을유문화사, 1948, 257-265면'에 재수록되어 있다. 심재완, 『시조의 문헌적 연구』, 세종문화사, 1972, 28-29면.

2) 물론 가집 전반을 대상으로 삼거나 가집의 주제별 분류를 문제 삼는 연구에서 부분적으로 언급된 적은 있었다.

대한 실증적 검토를 통해 선본(善本)이 되는 전사본을 찾고 이를 통해 가집의 성격을 최대한 파악해 보자는 쪽으로 생각이 바뀌었다. 그리하여 허영진은 남창본에 대한 실증적 탐색을 통해 남창본의 자료적 가치를 부각하고 『고금가곡』에 대해 잘못 알려진 일부 사실을 바로잡으면서 이 가집의 위상을 정립하기 위한 본격 연구를 시도하였다.[3)] 이어 허영진의 연구에서 남창본의 저본으로 추정된 마에마 교사쿠[田間恭作] 전사본이 일본 동양문고에 소장되어 있는 것이 확인되었으며, 성무경과 윤덕진은 이 마에마 전사본을 대상으로 『고금가곡』의 성격을 자세히 고찰[4)]하였을 뿐만 아니라 주해본을 발간하기에까지 이르렀다.[5)] 마에마 전사본의 발굴로 여타 전사본에서 누락시켰던 전반부 장가의 내용을 확인하게 됨으로써 베일에 가려졌던 『고금가곡』의 실상이 거의 드러나게 되었다. 그러던 중 드디어 원본이 발굴되는 개가를 올리게 된다. 권순회는 일본 궁내청(宮內廳) 서릉부(書陵部)에 소장된 『가사유취(歌詞類聚)』라는 제목의 필사본 가집을 소개하면서 마에마 전사

〈그림 5〉『고금가곡』 원본 표지

3) 허영진, 「남창본 『고금가곡집』의 실증적 재조명」, 『국제어문』 제31집, 국제어문학회, 2004, 115-138면.

4) 성무경, 「주제별 분류 가곡 가집, 『고금가곡』의 문화도상 탐색-마에마 교오사쿠[田間恭作] 전사 동양문고본을 대상으로-」, 『한국시가연구』 19집, 한국시가학회, 2005, 255-298면; 윤덕진, 「고금가곡의 장가 체계」, 『고전문학연구』 28집, 한국고전문학회, 2005, 185-212면.

5) 윤덕진·성무경 주해, 『18세기 중·후반 사곡 가집 고금가곡』, 보고사, 2007.

본과 대교하는 한편 그가 작성한 원본 해제를 참조하여 이것이 아사미 린타로[淺見倫太郞]가 소장하던 『고금가곡』 원본임을 확정하였으며, 아울러 4종의 전사본 -마에마본, 남창본, 가람본, 도남본- 이 파생된 경로를 파악하고 각 전사본의 특징을 정리하였다.[6)]

21세기 들어 시작된 『고금가곡』 연구는 위에서 보는 바와 같이 불과한 5년 사이에 생각지도 않았던 원본 발굴이라는 큰 성과를 거두기에 이르렀다. 뿐만 아니라 이 과정에서 편찬자의 성향, 편찬 시기 문제, 가집의 성격 및 위상 등 『고금가곡』을 둘러싼 제반 사항들과 관련해서도 상당한 진척이 있었다. 이런 성과들을 바탕으로 최근에는 『고금가곡』에 수록된 일부 내용을 따로 떼어 고찰하는 연구들이 속속 발표되고 있다.[7)] 그러나 최근 몇 년간의 집중적인 관심에도 불구하고 왜 장가와 단가가 결합된 독특한 가집 형태를 띠게 된 것인지, 단가의 경우 곡조별 분류로 되어 있는 대부분의 가집들과 달리 왜 주제별 분류 방식을 취하게 된 것인지 등 가장 기본적인 문제에 대해서도 명쾌한 결론이 내려지지 않았다. 이것이 이 글을 집필하게 된 이유라 할 수 있다. 이 글은 이런 의문에 대한 해답을 지역성의 측면에서 찾게 될 것이다.

2. 『고금가곡』의 구성과 체재

『고금가곡』의 성격을 논하기에 앞서 우선 이 가집의 구성과 체재를

6) 권순회, 「『고금가곡』의 원본 발굴과 전사 경로」, 『우리어문연구』 34집, 우리어문학회, 2009, 129-159면.

7) 남정희, 「『고금가곡』 내 「단가이십목」에 대한 고찰」, 『한국고전연구』 23집, 한국고전연구학회, 2011; 강재헌, 「『고금가곡』의 〈만횡청류〉 고찰」, 『어문연구』 68집, 어문연구학회, 2011.

정리해 보기로 한다. 분석 대상 텍스트는 최근에 발굴된 원본(일본 궁내청 서릉부 소장)[8]을 사용하기로 하며, 필요할 경우 마에마 전사본[9]을 참조하기로 한다.

8) 『歌詞類聚』, 국립중앙도서관, 마이크로필름본. 이 마이크로필름본은 일본 궁내청 서릉부에서 2004년에 촬영한 것을 국립중앙도서관에서 2005년에 입수한 것이다.

9) 마에마 교사쿠(田間恭作), 『古今歌曲』, 일본 동양문고 소장. '윤덕진 · 성무경 주해, 『18세기 중 · 후반 사곡 가집 고금가곡』, 보고사, 2007.'은 이 마에마 전사본을 저본으로 하여 주해한 것이다.

10) 숫자는 페이지를 나타내는 것이다.

風雅別曲序 : 32~34

⑤ 漁父辭九章 : 35~36
感君恩四章 : 37~38
相杵歌 : 38~40
關東別曲(贈關東按使尹仲素履之, 贈楊理一) : 41~51
思美人曲 : 51~55
續美人曲(聽松江歌詞) : 56~59
星山別曲 : 59~65
將進酒辭(過松江墓, 松江歌詞跋文, 論東方歌曲) : 65~69
江村別曲 : 69~72
閨怨歌 : 72~76
春眠曲 : 76~80

⑥ 依其言咏而歌 : 81~82

⑦ 短歌二十目 : 83~139(142)[11)]

⑧ 蔓横淸類 : 143~155(159)[12)]

⑨ 自作 : 160~162

⑩ 北邊三快, 西塞三快, 平生三快, 楓岳石刻, 金水亭石刻, 甲申春 : 163

마에마 전사본의 끝에 첨부된 해제에 따르면 현전『고금가곡』은 도광

11) 작품이 적힌 것은 139면까지이며, 140-142면의 3면은 아무것도 기록하지 않은 백지임.
12) 이 역시 작품이 적힌 것은 155면까지이고, 156-159면의 4면은 아무것도 기록하지 않은 백지임.

(道光)[13] 말쯤 개장(改裝)한 것이라 한다. ①의 목록 부분은 바로 이 때 개장자가 정리하여 붙인 것으로 보인다. 이렇게 보는 것은 다음 세 가지 이유 때문이다. 첫째 이 부분 글씨가 본문과 다르다. 이에 대해서는 이미 마에마도 "그 필적은 후인의 손에 의한 것으로 개장(改裝)할 때 적어 넣은 것으로 생각된다."[14]고 한 바가 있다. 둘째 『고금가곡』에는 편찬자의 것으로 추정되는 세 가지 인(印) -甁形, '孝家', '一壑松桂一里烟月'- 이 있는데, 이것이 목록이 있는 첫 면이 아니라 본문 시작하는 다음 면에 찍혀 있다는 점이다. 처음부터 목록이 존재하였다면 목록이 있는 면에 인(印)이 찍혀 있을 터인데, 그렇지 않다는 것은 목록이 나중에 정리되었음을 보여주는 것이다. 셋째 목록 중 본문과 일치하지 않는 것이 일부 존재한다. 〈감군은〉과 〈상저가〉의 순서가 본문과 바뀌어 기록되어 있다. 즉 본문에는 〈감군은〉-〈상저가〉의 순으로 수록되어 있는데, 목록에는 〈상저가〉-〈감군은〉의 순으로 기록되어 있다. 또한 제목이 긴 것을 축약하여 기록하였다. 〈관공손대랑제자무검기행(觀公孫大娘弟子舞劒器行)〉은 〈무검기행(舞劒器行)〉으로, 〈대규인답경박소년(代閨人答輕薄少年)〉은 〈답경박소년(答輕薄少年)〉으로, 〈여랑요란송추천(女娘撩亂送秋千)〉은 〈여랑송추천(女娘送秋千)〉으로, 〈대이태백혼송전죽지사(代李太白魂誦傳竹枝詞)〉는 〈송전죽지사(誦傳竹枝詞)〉로 축약하였다.

위에서 살펴본 것처럼 ①은 후대에 개장하면서 덧붙인 것이므로 원책의 시작은 ②부터라 할 수 있다. 도잠(陶潛, 365-427)의 〈귀거래사〉부터 작품이 시작되는데, 이 시작하는 부분에는 '歸去來辭'와 '陶潛'을 적은 아래 여백에 병(甁) 모양의 인(印)과 '孝家', '一壑松桂一里烟月'이라는

13) 청나라 선종 도광제의 연호로 1821년부터 1850년까지 30년간 쓰였다.

14) 윤덕진 · 성무경 주해, 『18세기 중 · 후반 사곡 가집 고금가곡』, 보고사, 2007, 413면.

글씨가 새겨진 인 등 3개의 인이 찍혀 있다. 여기에는 중국 작가의 한시 사부 10편이 수록되어 있는데, 이 10편의 작품은 한 작품이 끝나더라도 여백을 두지 않고 연이어 계속 적고 있다. 그런데 ②의 마지막 작품인 소식(蘇軾, 1036-1101)의 〈적벽부〉가 끝나는 부분을 보면 6행에서 작품이 끝나 4행이 남았음에도 불구하고[15] 이를 여백으로 남겨두고 다음 면으로 넘겨서 허균(許筠, 1569-1618)의 〈여랑요란송추천〉을 적고 있다. 이렇게 하여 ②와 ③이 성격적으로 구분되는 작품들이라는 것을 알려주고 있다. 이런 필사 원칙은 그 뒤에도 계속해서, 그리고 철저하게 지켜지고 있다. 이로 보건대 『고금가곡』의 편찬자는 매우 뚜렷한 분류 의식을 가지고 있었다고 할 수 있다.

③에는 우리나라 작가의 과체시(科體詩) 3편이 실려 있다. 과체시는 우리나라에서 과거시험을 위해 특별히 창안한 시체로서 동시(東詩)라고도 불렸는데, 이 과체시 중 일부는 시창(詩唱) 형태로 가창된 것으로 알려지고 있다. 여기 실린 3편의 작가인 허균, 김창흡(金昌翕, 1653-1722), 이재(李縡, 1680-1746)는 이사명(李師命, 1647-1689), 신광수(申光洙, 1712-1775) 등과 함께 과체시의 명가(名家)로 알려진 인물들이다. 한 가지 의문은 과체시 중 가장 널리 가창된 것으로 알려진 신광수의 〈등악양루탄관산융마(登岳陽樓歎關山戎馬)〉가 실려 있지 않다는 것이다.

④는 〈풍아별곡(風雅別曲)〉이라는 이름으로 포괄할 수 있는 것들이다. 〈풍아별곡〉과 〈겸가삼장(蒹葭三章)〉은 1710년에 권익륭이 창작한 것으로 『시경(詩經)』 시편과 시조를 결합시킨 노래라는 점에서 동질적인 작품이다. 〈풍아별곡서〉에는 권익륭의 자서와 김창흡의 발문이 실려 있다. 〈겸가삼장〉은 〈풍아별곡〉과 같은 성격의 작품이라는 점에서, 〈풍아별곡

---

15) 이 책은 1면에 10행씩 정연하게 필사하고 있으므로 남은 여백을 4행으로 추산한 것이다.

서〉는 〈풍아별곡〉의 서문 또는 발문이라는 점에서 〈풍아별곡〉으로 수렴될 수 있는 것들이다. 책머리의 목록에는 이 셋을 다 기록하지 않고 〈풍아별곡〉이라고만 기록하였는데, 이는 19세기 중반의 개장자도 이 셋을 〈풍아별곡〉으로 포괄하여 이해했음을 보여주는 것이다.

⑤에는 국문가사 11편이 실려 있다. 이 작품들의 수록 순서는 〈강촌별곡〉과 〈규원가〉를 제외하면[16] 작가 생년 순을 따르고 있다.[17] 〈강촌별곡〉과 〈규원가〉를 바꾸어 배열한 것은 작품 성격상 〈규원가〉가 〈춘면곡〉과 상통하는 점이 있음을 고려하여 양자를 나란히 배치하려 했기 때문으로 보인다. 한편 11편 중 정철(鄭澈, 1536-1593)의 작품이 무려 5편이나 차지하고 있는 것도 특기할 만한 일이다. 이는 『송강가사』에 실려 있는 내용을 그대로 가져왔기 때문으로 보이는데, 어쨌든 정철의 가사 작품을 하나도 빼지 않고 모두 수록했다는 것은 분명 주목해야 할 사실이다.

지금까지 살펴본 ②~⑤는 중국 작가의 한시사부, 우리나라 과체시, 『시경』+시조 형태의 〈풍아별곡〉, 그리고 국문가사로서 모두 제각각의 특징을 가지고 있지만 한 가지 공통점이 있다. 그것은 뒤에 이어지는 노래들과 견주어 봤을 때 길이가 긴 노래라는 점, 즉 장가(長歌)라는 점이다.

반면에 ⑥~⑨는 단가(短歌)인 시조와 관계된 내용을 기록한 부분이다. 이 중 ⑥은 노래 이론을 설명한 부분이다. 먼저 "依其言咏而歌(그 말에

---

16) 〈강촌별곡〉의 작가 차천로(車天輅, 1566-1615)보다 〈규원가〉의 작가 허난설헌(許蘭雪軒, 1563-1589)이 3년 앞서 태어났으므로 작가 생년 순으로 한다면 〈규원가〉-〈강촌별곡〉의 순서가 되어야 옳다.

17) 여타 작가들의 생몰 연대는 다음과 같다. 이현보(1467-1555), 상진(1493-1564), 이황(1501-1570), 정철(1536-1593).

의지하여 읊조리고 노래한다)", "歌永言語短聲遲(노래는 말을 길게 하는 것이니 말은 짧지만 소리는 길다)", "歌之所不無有五(노래에 없어서는 아니 될 것이 다섯 가지가 있다)" 등 노래 일반의 특징을 설명하는 구절이 나온다. 여기서 주목되는 것은 마지막에 있는 "歌之所不無有五"라는 구절이다. "노래에 없어서는 아니 될 것이 다섯 가지가 있다"고 했는데 이어지는 내용을 살펴보면 크게 다섯 가지가 나타나고 있기 때문이다. 이 다섯 가지는 상단과 하단으로 나뉘어 기록되어 있는데 상단에

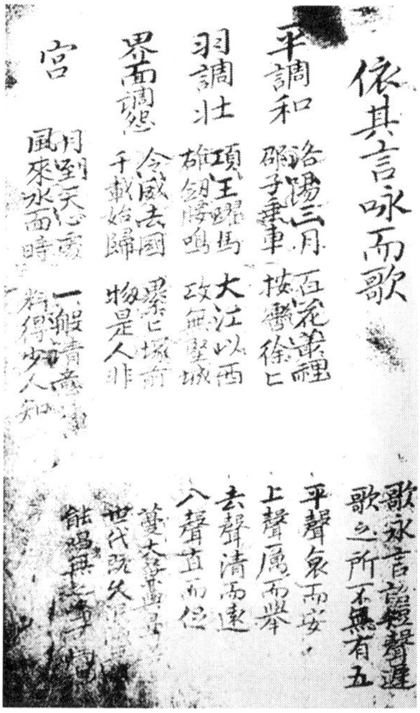
依其言咏而歌
平調和 洛陽三月 邵子乘車 百花叢裡 按轡徐ヒ
羽調壯 項王躍馬 雄劍腰鳴 大江以西 攻無堅城
界面調怨 令威去國 千載始歸 纍纍塚前 物是人非
宮 月到天心處 風來水面時 一般清意味 料得少人知
歌永言語短聲遲
歌之所不無有五
平聲哀而安
上聲厲而擧
去聲清而遠
入聲直而促

〈그림 6〉『고금가곡』 노래 이론 부분

세 가지, 하단에 두 가지를 적고 있다. 상단 첫 번째에는 평조·우조·계면조 등 세 가지 조의 특성을 설명한 내용이 실려 있는데,[18] 이는 남효온의 〈현금부(玄琴賦)〉에서 가져온 것이다.[19] 이 삼조에 대한 설명은 비단 이 책뿐만 아니라 여러 가집에 실려 있는데, 이는 아마도 송상기 등이 1713년에 편찬한 『동문선』[20]에 남효온의 〈현금부〉가 실리게 되면서 널

---

18) "平調和, 洛陽三月, 邵子乘車, 百花叢裡, 按轡徐徐. 羽調壯, 項王躍馬, 雄劍腰鳴, 大江以西, 攻無堅城. 界面調怨, 令威去國, 千載始歸, 纍纍塚前, 物是人非."

19) 남효온의 〈현금부〉에는 우조, 만조(慢調), 평조, 계면조의 순서로 나오는데 여기서 만조를 빼고 평조를 맨 앞으로 조정하였다.

20) 1713년 청나라에 갔던 사은사(謝恩使)가 돌아오는 길에 강희제(康熙帝)가 『고문연감(古文淵鑑)』·『패문운부(佩文韻府)』 등 300여 권의 책을 보내주면서 우리나라의 시부(詩賦)를 보여 달라고 청하였으므로, 조정에서는 이 책을 새로이 편찬하여 보내게

리 알려졌기 때문으로 풀이된다. 상단 두 번째에는 궁(宮)·우(羽)·상(商) 등 세 가지의 특성을 설명한 내용이 실려 있는데, 비슷한 내용이 다른 가집에는 평조·우조·계면조의 특성을 설명한 앞의 내용들과 통합되어 있다. 따라서 이 또한 각 조의 특성을 설명한 것이 아닌가 생각된다. 궁에는 송나라 시인 소옹(邵雍, 1011-1077)의 〈청야음(淸夜吟)〉,[21] 우에는 이백(李白, 701-762)의 〈오로봉(五老峯)〉[22], 상에는 이백의 〈유동정(遊洞庭)〉[23]이 실려 있다. 그런데 궁과 상에 실린 시는 여타 가집에 실린 것과 동일한 데 비해 우에 실린 시는 여타 가집에 실린 것[24]과 다름을 볼 수 있다. 이는 『고금가곡』의 편자가 우조의 특성을 설명하는 시를 바꾸었음을 말해주는 것이다. 상단 세 번째 역시 궁(宮)·우(羽)·상(商) 등 세 가지의 특성을 설명한 내용이 실려 있는데, "宮和,[25] 羽壯,[26] 商怨[27]"이라 하여 각각의 특징을 요약한 '和, 壯, 怨'이 첫 번째에서 설명한 평조·우조·계면조의 내용과 동일한 것으로 보아 이 역시 조격(調格)을 설명한 것으로 보인다.

이상 상단에 있는 세 종류의 글이 평조·우조·계면조 등 삼조의 조격을 설명한 것임을 알 수 있었다. 그렇다면 하단에는 어떤 내용이 실려

되었다. 기존의 『동문선』과 『속동문선』을 참조로 하면서 명종 이후 숙종까지의 시문을 많이 수록한 것이 특징이다. 조선전기의 『동문선』과 구별하기 위해 '신찬 『동문선』'이라 부르기도 한다.

21) "月到天心處, 風來水面時, 一般清意味, 料得少人知."

22) "五老峯爲筆, 羊瀾作硯池, 靑天一張紙, 寫我腹中詩." 이는 이백 시의 원문과 약간 차이가 있다. 이백의 시에는 제2구가 "三湘作硯池"로 되어 있다.

23) "洞庭西望楚江分, 水盡南天不見雲, 日落長沙秋色遠, 不知何處弔湘君."

24) 여타 가집에는 고적(高適, 707~765)의 〈옥문관청취적(玉門關聽吹笛)〉이 실려 있다. "雪淨胡天牧馬還, 月明羌笛戍樓間, 借問梅花何處落, 風吹一夜滿關山."

25) "宮和, 舜於南薰殿上, 率八元八凱, 彈五絃之琴, 歌南風之詩, 以和天下."

26) "羽壯, 秦始皇帝呑二周, 席卷天下, 御阿房宮, 朝六國諸侯."

27) "商怨, 班婕妤久廢長信宮, 空階苔生, 玉輦不來, 黃昏花落, 拱頤嗚咽."

있을까? 하단 첫 번째 것은 평성 · 상성 · 거성 · 입성 등 사성의 특성을 간략히 설명한 것인데,[28] 다수의 가집에 실려 있는 것과 내용이 동일하다. 반면 하단 두 번째 것은 악곡의 특징을 설명한 것인데, 몇 가지 특이한 점이 발견된다. 우선 만대엽과 심방곡에 대한 간략한 기록[29]을 통해 만대엽을 부를 수 없는 것에 대한 안타까운 심정을 나타냈다는 점이다. 이는 이 책의 편자가 고악(古樂) 또는 고조(古調)에 관심이 많았음을 보여주는 것이다. 다음으로 풍도형용(風度形容)을 제시한 악곡이 다른 가집과 크게 차이가 난다는 점이다. 가집에서 악곡의 풍도형용을 제시하는 방식은 두 가지이다. 하나는 '중대엽, 북전(또는 후정화), 삭대엽'의 셋으로 단순화하여 제시하는 방식이다. 『청구영언』(장서각본), 『가조별람』 등이 이런 방식을 사용하고 있다. 다른 하나는 앞의 세 악곡이 분화한 형태나 거기서 파생된 악곡까지 자세히 밝히는 방식이다. 『해동가요』(주씨본) 이후 보편화된 가지풍도형용십사조목(歌之風度形容十四條目)이 이 방식을 대표하는 것이다. 그런데 『고금가곡』의 방식은 이 둘 중 어느 것과도 같지 않다. 『고금가곡』에는 초중대엽, 이중대엽, 삼중대엽, 북전, 삭대엽 등 다섯 개 악곡의 풍도형용이 제시되어 있다.[30] 중대엽 부분은 후자의 세분하는 방식을, 북전과 삭대엽은 전자의 포괄적 방식을 사용했다. 왜 이렇게 한 것일까? 여기에는 『고금가곡』의 편자가 당대의 가곡을 바라보는 관점이 투사된 것으로 생각된다. 그것은 중대엽 중심의 관점이다. 『고금가곡』의 편자는 중대엽의 경우 초중대엽, 이중대엽, 삼중대엽의 차이를 인정하여 각각의 풍도형용을 제시하였다. 그러나 북전과

28) "平聲哀而安, 上聲厲而擧, 去聲淸而遠, 入聲直而促."

29) "蔓大葉與尋芳曲, 世代旣久泯滅無□, 能唱者無之嗚, 可惜也."

30) "初中大葉, 白雲行遏, 流水洋洋; 二中大葉, 王孫臺郎, 舞洛陽市; 三中大葉, 草裡驚蛇, 雲間雷落; 北殿, 睡罷紗窓, 打起鷪兒; 數大葉, 變通無常, 造化多端."

삭대엽의 경우 둘 또는 셋으로 분화된 상태였음에도 불구하고[31] 그 차이를 인정치 않고 그냥 북전과 삭대엽으로 포괄하여 풍도형용을 제시하였다. 여기서 우리는 『고금가곡』의 편자가 신조인 삭대엽보다 고조인 중대엽을 훨씬 선호했음을 알 수 있다.

⑦은 평시조 249수[32]를 스무 묶음으로 나누어 수록한 부분이다. 그 수록 형태를 보면 1면에 10행씩 규칙적으로 적고 있는데, 한 작품을 2행에 나누어 적고 있으므로 한 면당 다섯 작품씩 수록하고 있는 셈이다. 동일한 내용의 작품들을 이런 식으로 적어 나가다가 내용이 바뀌는 부분이 되면 넉 줄 정도의 여백을 남기고 다음 작품을 적고 있다. 기존에 알려진 인륜(人倫), 권계(勸戒) 등의 주제어는 한 묶음이 시작되는 작품의 윗부분에 적혀 있는데, 이 위치는 필사 영역에 속하지 않는, 위쪽 여백에 해당하는 부분이다. 주제어가 작품 우측에 적혀 있지 않고 위쪽 여백에 적혀 있다는 것은 20개 주제어의 명명과 필사가 『고금가곡』 편자에 의해 이루어진 것이 아니고 후대의 개장자에 의해 추록된 것임을 말해주는 것이다. 달리 말하면 『고금가곡』의 편자는 내용을 고려하여 시조 작품을 20개 항으로 분류는 하였으나 각 항을 규정짓는 명칭은 사용하지 않았던 것이다. 이는 전반부 장가에서 뚜렷한 분류 의식을 가지고 성격별로 구분하여 수록하되 한시사부, 과체시, 국문가사 등의 명명은 하지 않은 것과 같은 맥락이라 할 수 있다.

⑧에는 "만횡청류"라는 제목 하에 사설시조 34수[33]가 실려 있다. 첫 행에 작품보다 한 글자 정도 내려 "蔓橫淸類"라 적고 두 번째 행부터

31) 이미 『청구영언』(진본)에 북전은 두 가지 형태(북전, 이북전)로, 삭대엽은 세 가지 형태(초삭대엽, 이삭대엽, 삼삭대엽)로 분화된 양상이 나타나고 있다.

32) 추록 1수와 중복 1수를 포함한 것임.

33) 추록 1수를 포함한 것임.

작품 필사를 하고 있다. 따라서 이 "만횡청류"라는 제목은 『고금가곡』 편찬 당시 편자가 붙인 것이 확실해 보인다. 주지하다시피 만횡청류라는 말은 김천택이 편찬한 『청진』에 등장하는 용어인데, 양자를 견주어보면 약간의 차이가 존재한다. 34수에서 후대에 추록된 1수를 제외한 33수 중 30수가 『청진』에도 실려 있는데 이 30수 중 28수는 만횡청류에, 나머지 2수는 낙시조에 실려 있다. 비록 2수에 불과하지만 『청진』 낙시조 부분에 실린 것이 포함되었다는 것은 『고금가곡』의 만횡청류가 『청진』의 만횡청류에 낙시조를 포함하는 개념으로 사용되었음을 말해준다.[34] 『청구영언』, 『해동가요』, 『가조별람』 등 18세기 초·중반에 편찬된 가집들이 모두 독립적 악곡으로 분류한 낙시조를 만횡청류에 포함시켜 이해하고 있는 것은 북전과 삭대엽의 악곡 분화를 인정치 않고 하나로 통합하여 풍도형용을 제시한 것과 같은 맥락으로서 『고금가곡』 편자의 보수적 시각을 보여주는 것이라 할 수 있다.

⑨는 자작시조 14수를 수록한 부분이다. 그런데 이 부분 역시 첫 행부터 바로 작품을 적고 있으며 "自作"이라는 제목은 작품 위쪽에 적혀 있다. 따라서 이것도 『고금가곡』의 편자가 붙인 것이 아니라 후대의 개장자가 편자의 작품으로 판단하고 이렇게 써넣은 것으로 추정된다.

⑩에는 다섯 종의 글과 필사기가 실려 있다. 먼저 〈북변삼쾌(北邊三

34) 『청진』에 실려 있지 않은 세 작품을 통해서도 이는 어느 정도 확인이 된다. 세 작품은 "돌아 돌아 블근 돌아~", "ᄇᆞ람도 쉬여 넘는 고개~", "어우와 긔 뉘옵신고~"이다. 이 중 "돌아 돌아 블근 돌아~"는 『가조별람』과 『시가』(박씨본)에는 삼삭대엽에, 『병와가곡집』과 『청구영언』(육당본)에는 이삭대엽에 실려 있어 낙시조로 불린 것인지 알 수 없으나 뒤의 두 작품은 낙시조로 불린 것이 확인된다. "ᄇᆞ람도 쉬여 넘는 고개~"는 『가조』와 『시박』에는 삼삭대엽에 실려 있으나 그 외 대부분의 가집에는 낙시조 계통의 악곡에 수록되어 있다. "어우와 긔 뉘옵신고~"는 대부분의 가집에 소용으로 분류되어 있는데 이 소용은 원래 낙시조에서 파생된 악곡이다. 이 작품이 『가조』와 『시박』에는 낙시조에 실려 있음이 이를 입증하고 있다.

快)〉,[35] 〈서새삼쾌(西塞三快)〉,[36] 〈평생삼쾌(平生三快)〉[37] 등 3종은 서종순(徐宗愼)[38]과 관계된 것으로 알려져 왔고, 또 자작시조 14수 중 5~7번 작품[39]이 〈북변삼쾌〉의 내용을 반영하고 있어 서종순이 『고금가곡』의 편찬자일 가능성이 제기되기도 하였다.[40] 그런데 원본을 자세히 살펴보면 〈서새삼쾌〉의 세 번째 항 둘째 구인 "面屈胡差"의 아래에 "徐宗愼"이라 써놓았는데, 글씨 크기가 본문 글귀보다 작은데다 필체도 본문과 달라 보인다. 따라서 이는 후대의 누군가가 추록한 것이며, 가리키는 내용도 3종 글 전체가 아니라 "胡差"에 국한된 것이라 할 수 있다. 서종순은 청초(淸初)에 청으로 귀순한 서대용(徐大勇)의 증손으로 건륭제(乾隆帝, 1711-1799, 재위 1735-1795) 때 통사관(通事官)으로 활동한 인물이다.[41] 그는 동생 서종맹(徐宗孟)과 함께 통사관으로 활동하면서 많은 횡포를 일삼아 당시 우리 조정과 대신들에게 매우 부정적으로 그려지고 있다.[42] 〈서새삼쾌〉의 세 번째 항은 바로 이와 관련이 있는 것으로 보인

---

35) "一 摩天嶺上 東臨大海, 二 豆滿江水 戎衣馳馬, 三 戍樓風雪 燈下佳人."

36) "一 威化島中 秋日大獵, 二 統軍亭上 遠放大砲, 三 龍灣館裡 面屈胡差."

37) "一 早謝擧業 不入場屋, 二 周行邦域 歷覽山川, 三 未老投閒 花鳥自娛."

38) 서종순에 대해서는 마에마 전사본에는 '徐宗忄+貞'으로 남창본, 가람본, 도남본 등에는 '徐宗順'으로 차이가 있는데, 徐宗順이 옳다. 원본에는 '愼'으로 쓰여 있는데, 이는 '順'과 통용자이기 때문이다.

39) "摩天嶺 올나 안자 東海를 구버보니 / 믈 밧긔 구름이오 구름 밧긔 하늘이라 / 아마도 平生壯觀은 이거신가 ᄒᆞ노라."(5번) "掛弓亭 ᄒᆡ 다 져믄 날의 큰 칼 집고 니러셔니 / 胡山은 져거시오 豆滿江이 여긔로다 / 슬프다 英雄이 늘거가니 다시 뎜기 어려웨라."(6번) "緣分이 그만인가 오ᄂᆞᆯ이 離別이라 / 一去 三千里예 ᄯᅩ 언제 다시 보리 / 곳 픠고 ᄃᆞᆯ이 ᄇᆞᆰ거든 날 왓ᄂᆞᆫ가 너겨라."(7번)

40) 성무경, 앞의 논문.

41) 『八旗滿洲氏族通譜』, 遼海出版社 영인, 2002.

42) 비국 당상 홍봉한(洪鳳漢)이 진연(診筵)에서 아뢰기를, "애양 책문(靉陽柵門) 밖에 예전에는 인가가 없었는데, 근래에 청인(淸人)이 땅을 일구어 살고 있으므로 우리나라에서 급히 통지하여 금지하려 하니, 청국(淸國)의 통관(通官) 서종순(徐宗順)이,

다. 다음으로 〈풍악석각(楓岳石刻)〉[43]과 〈금수정석각(金水亭石刻)〉[44]이라는 제목의 글이 실려 있는데 그 아래에는 "楊蓬萊"라 쓰여 있어 이것이 양사언(楊士彦, 1517-1584)의 글임을 알려주고 있다. 〈풍악석각〉은 양사언의 문집인 『봉래시집(蓬萊詩集)』에 〈제발연반석상(題鉢淵磐石上)〉이라는 제목으로 실려 있으며,[45] "최옹(崔顒), 차식(車軾)과 더불어 각각 한 편씩 지어 돌 위에 새겼다."[46]는 주석이 붙어 있다. 그런데 『봉래시집』과 『고금가곡』 사이에는 차이가 나는 구절이 하나 있다. 세 번째 구가 그것인데 『봉래시집』에는 "皥皥煙霞古"로 되어 있는데 『고금가곡』에는 "浩浩烟波古"로 되어 있다. 『고금가곡』의 "浩浩烟波古"는 허균의 『성소부부고(惺所覆瓿稿)』, 이익(李瀷, 1681-1763)의 『성호사설(星湖僿說)』에 실려 있는 것과 일치하고 있다. 〈금수정석각〉은 『봉래시집』에 〈증금옹

'내가 중간에서 주선할 것인데 급히 통지할 것 없다.'고 말하였는데, 이윽고 또 말을 바꾸어, '이 땅은 본디 책문 안이었으니 백성이 살고 안 사는 것은 귀국(貴國)에서 알 바가 아니며 급히 통지하고 아니하는 것은 내가 권하거나 막을 것이 아니다.'라고 하였다 합니다. 대신(大臣)은, 허둥지둥 급히 통지하면 경계를 넘어가서 엿보았다는 의심을 받을까 염려된다. 이에 의주 부윤(義州府尹)으로 하여금 다시 형지(形止)와 원근(遠近)을 탐지하여 치계(馳啓)하게 해야 하겠다 합니다." 하니, 임금이 옳게 여겼다. 영조 30년(1754년) 4월 8일 네 번째 기사, 『CD-ROM 국역 조선왕조실록』, 서울시스템주식회사, 2001.

서종맹(徐宗孟)은 6품(品)인 큰 통관(通官)이다. 그의 형 서종순이 오랫동안 사개(使价)의 권세를 쥐고 있어서 이름이 동방에 진동하였는데, 종순이 죽은 뒤에 그의 업(業)을 계승하였다. 그는 성질이 매우 사납고 탐욕(貪慾)이 많았으며, 조선말을 잘하고 일을 처리함에 있어 기민함이 남보다 뛰어났으므로 모든 통역들은 그를 범과 이리처럼 무서워하였다. 요즈음 병 때문에 아문 밖에 나가 있었다. 홍대용, 〈아문제관(衙門諸官)〉, 「연기(燕記)」, 『국역 담헌서 Ⅳ』, 민족문화추진회, 1989.

43) "白玉京, 蓬萊島, 浩浩烟波古, 凞凞風日好, 碧桃花下閒來往, 笙鶴一聲天地老."

44) "綠綺琴, 伯牙心, 一鼓復一吟, 鍾子是知音, 泠泠虛籟起遙岑, 江月娟娟淸水深."

45) "白玉京, 蓬萊島, 皥皥煙霞古, 熙熙風日好, 碧桃花下閒來往, 笙鶴一聲天地老." 『봉래시집』 권1, 『한국문집총간』 36, 민족문화추진회, 1989, 422면.

46) "與崔顒車軾, 各述一篇, 刻石上."

(贈琴翁)〉이라는 제목으로 실려 있으며,[47] "금옹은 금수정 주인이다. 준암에 이 시를 새겼다."[48]는 주석이 붙어 있다. 그런데 이 역시 차이가 있다. 『고금가곡』에 실린 것은 5언으로 된 3구와 4구의 순서가 바뀌어 있으며, 3구 "鍾子始知音"의 '始'가 '是'로 바뀌어 있다. 이 시는 여러 논자들에게 인용되고 있는데 그 중 『고금가곡』과 완전히 일치하는 것은 이민구(李敏求, 1589-1670)의 〈금수정시서(金水亭詩序)〉[49]와 이익의 『성호사설』이다. 따라서 종합하면 『고금가곡』의 편자는 이익의 『성호사설』 「시문문(詩文門)」 〈봉래시(蓬萊詩)〉를 참조하여 〈풍악석각〉과 〈금수정석각〉을 수록한 것으로 판단된다. 마지막으로 "甲申春"이라는 필사기가 적혀 있는데, 여기 갑신년은 1764년으로 추정된다.

3. 『고금가곡』 편자의 성향과 지역성

지금까지 『고금가곡』의 구성과 체재를 비교적 상세히 살펴보았다. 여기서 우리가 알 수 있는 것은 이 가집이 매우 독특한 가집이라는 것이다. 전반부 장가와 후반부 단가로 이대별 된 체재는 동시대 그 어떤 가집에서도 찾아볼 수 없는, 이 가집만의 독특한 특성이다. 주지하다시피 18세기 가집의 경우 가곡 위주로 수록한 가곡집이라 할 수 있고, 19세기 가집의 경우 가곡 이외에 가사나 잡가를 실은 것이 있지만 이 경우에도 어디까지나 중심은 가곡에 놓여 있다. 그런데 『고금가곡』은 18세기 중반에

47) "綠綺琴, 伯牙心, 鍾子始知音, 一鼓復一吟, 冷冷虛籟起遙岑, 江月娟娟淸水深." 『봉래시집』 권1, 『한국문집총간』 36, 민족문화추진회, 1989, 422면.

48) "琴翁, 錦水亭主人也. 刻此詩於尊岩."

49) 『동주선생문집』 권2, 『한국문집총간』 94, 민족문화추진회, 1992, 294면.

편찬되었으면서도 장가와 단가를 동등한 비중으로 수록하였을 뿐만 아니라 장가를 단가보다 앞세웠다. 이런 독특함은 세부 구성에 있어서도 마찬가지로 나타나고 있다. 장가의 경우 '한시사부 / 과체시 / 〈풍아별곡〉 / 국문가사' 등 다양한 양식을 수록함으로써 여타 가집과 확실히 차별화된 모습을 취하고 있다. 단가의 경우에도 일반적인 곡조별 분류 방식을 택하지 않고 주제별 분류 방식을 선택하였다. 그렇다면 이런 이 가집의 독특함은 어디서 연유하는 것일까?

우선 고악(古樂) 또는 고조(古調)를 선호하는 편자의 보수적 성향이 이런 독특함을 낳은 것으로 보인다. 조선후기 가집 편찬자들의 일반적인 성향은 새로운 음악을 선호하는 것이었다. 그렇기 때문에 그들은 『고금가곡』의 전반부에 수록된 장가들이 연행 현장에서 불리고 있었음에도 불구하고 이보다는 빠른 속도로 변화해 가고 있던 단가, 즉 가곡에 집중적인 관심을 나타냈다. 또 가곡에 있어서도 고조인 중대엽의 경우에는 최소한의 작품만을 제시한 데 비해 당대에 유행하고 있던 삭대엽에 대해서는 악곡을 세분화해 최대한 많은 작품들을 제시하려고 하였다. 이런 전반적인 상황과 견주어보면 『고금가곡』은 고악(古樂) 또는 고조(古調)를 선호하는 보수적 성향이 두드러짐을 볼 수 있다. 권익륭이 고악 회복에 대한 강한 의지를 갖고 창작한 〈풍아별곡〉을 수록한 것이 이를 단적으로 입증한다.50) 여러 편의 한시사부를 수록한 것도 마찬가지다. 한시사부는 대체로 지방에서 불렸다는 기록은 전하고 있으나 서울의 유흥공간에서 불렸다는 기록은 거의 보이지 않고 있다. 이는 한시사부가 지방을 방문하는 사신을 접대할 때 주로 사용되었으며, 서울의 유흥공간을 주도하던 중간계층에게는 별로 수용되지 못했음을 말하는 것이다. 또한

50) 〈풍아별곡〉에 나타난 권익륭의 고악 회복 의지에 대해서는 '이상원, 「권익륭의 〈풍아별곡〉 연구」, 『한민족문화연구』 38집, 한민족문화학회, 2011.' 참조.

후반부 단가에서도 악곡별 분류를 하지 않고 주제별 분류를 하고 있는 점, 인륜・권계 등 인간으로서 지켜야 할 윤리를 앞세우고 이별・별한 등 남녀 관계를 마지막으로 배치한 것 등을 통해 보수적 시각을 드러내고 있다. 그렇다면 『고금가곡』 편자의 이런 보수성은 어디에 기인하는 것일까?

『고금가곡』의 편자가 어떤 인물인지에 대해서는 정확히 알 수 없다. 하지만 그의 대체적인 성향은 작품을 통해 짐작이 가능하다.

> 三十年 風塵 속의 東西南北 奔走ᄒᆞ여
> 이 몸이 盡ᄒᆞ도록 나라 은혜 갑쟈터니
> 病 들고 나히 만하 쇽졀 업시 져ᄇᆞ려라.

> 七十의 冊을 뻐셔 몃ᄒᆡ를 보쟈 말고
> 어와 망녕ㅣ야 ᄂᆞᆷ이 일졍 우을노다
> 그려도 八十이나 살면 오래 볼 법 잇ᄂᆞ니.

우선 첫 번째 작품을 통해 『고금가곡』의 편자는 약 30년 정도의 벼슬살이를 했으며, 주로 외직을 역임했음을 알 수 있다. 그리고 책 말미에 있는 〈북변삼쾌〉와 〈서새삼쾌〉, 그리고 〈북변삼쾌〉를 작품화한 것으로 보이는 자작시조 5~7번 작품을 참조할 때 편자는 함경도와 평안도 일대에서 주로 벼슬생활을 한 무인으로 추정된다. 다음으로 두 번째 작품을 통해 칠십이라는 늙은 나이에 책을 엮었음을 알 수 있다. 따라서 둘을 종합하면 무인 신분의 편자가 변방 지역을 중심으로 벼슬생활을 하다가 은퇴한 뒤 만년에 이 책을 엮었다고 정리할 수 있는데, 바로 이런 점이 이 책이 보수적 색채를 띠게 된 한 원인이라 할 수 있다.

한편 편자의 성격 못지않게 중요한 것이 편찬 지역의 문제라 할 수 있다. 이 책은 과연 어디에서 편찬된 것일까? 이 물음에 정확히 답할 수 있으면 좋겠지만 편자를 알 수 없는 지금의 상태에서는 이 책이 어디에서 편찬되었는지 확실히 알 수 없다. 따라서 우리는 우회로를 택할 수밖에 없는데, 그것은 이 책에 반영된 지역성을 찾아서 이것을 통해 이 책의 편찬 지역을 추정해 보는 것이다.

이와 관련 첫 번째로 주목되는 것이 권익륭의 〈풍아별곡〉이다. 『고금가곡』은 단가보다 장가를 중시하여 '전반부 장가 + 후반부 단가'의 체재를 갖추고 있으며, '전반부 장가'의 경우 '중국의 한시사부 / 과체시 / 〈풍아별곡〉 / 국문가사' 등으로 구성되어 있다는 점에 대해서는 이미 앞서 살펴본 바 있다. 그런데 '전반부 장가'의 여러 양식 중 국문가사를 제외한 나머지 세 양식은 여타 가집에는 전혀 수록되지 않은 것들이다. 따라서 이들을 통해 『고금가곡』의 지역성을 고찰하는 것이 가장 효율적이라 할 수 있겠는데, 이 중 특히 주목되는 것이 〈풍아별곡〉이다. 왜냐하면 이 작품은 권익륭이 강원도 간성군수로 재직하고 있던 1710년에 창작한 것으로 고성과 간성 일대를 중심으로 향유되었기 때문이다.[51] 강원도 고성과 간성 일대를 중심으로 향유된 〈풍아별곡〉이 『고금가곡』에 수록되어 있다는 것은 일단 이 책이 강원도 -특히 고성·간성·속초·양양·강릉 등 관동지방- 와 일정한 관련이 있음을 시사하고 있다.

『고금가곡』에서 두 번째로 주목되는 것은 정철의 『송강가사』를 대폭 수용하고 있다는 점이다. 장가의 경우 『송강가사』에 수록된 전편을 통째로 수용하였다. 뿐만 아니라 단가의 경우에도 정철의 시조를 9수[52]나 수록하여 여타 작가와 비교할 수 없을 정도로 많이 수용하였다.[53] 그러면

---

51) 〈풍아별곡〉의 창작과 향유에 대해서는 '위의 논문' 참조.

52) 이는 성주본에만 수록되어 있어 송강의 작인지 의심되는 작품(3수)은 뺀 수치다. 성주본 수록 작품까지 포함하면 12수로 늘어난다.

『고금가곡』의 편자는 왜 이렇게 정철의 작품들을 대거 수록하게 된 것일까? 『송강가사』에 수록된 장가 전편을 통째로 수록한 것으로 보아 『고금가곡』의 편자는 『송강가사』를 접했음에 분명하다. 『고금가곡』의 편자가 활동했던 18세기 전・중반에는 이미 각지에서 『송강가사』가 간행되었으며, 그 중 특히 황주본・관북본・관서본 등은 편자가 주로 벼슬생활을 한 관북지방과 관서지방에서 간행된 것들이다. 따라서 『고금가곡』의 편자는 자연스럽게 『송강가사』를 접했을 것으로 생각된다. 그러나 『송강가사』를 접했다고 해서 무조건 이를 수록할 필요는 없다. 물론 정철의 가사가 당시에도 최고로 꼽히고 있었기 때문에 『송강가사』를 접한 편자가 이를 수록하기로 결정했다고 쉽게 생각할 수도 있다. 하지만 『고금가곡』의 편자가 『송강가사』를 수록한 데는 이런 일반적인 이유 이상의 뭔가 특별한 이유가 있었을 것으로 보인다. 여기서 첫 번째로 주목했던 〈풍아별곡〉과 연계하여 생각을 정리해보자. 그러면 바로 〈관동별곡〉 때문이라는 답이 나오게 된다. 주지하다시피 〈관동별곡〉은 정철이 강원도 관찰사로 부임하여 금강산과 관동팔경을 돌아보고 그 감회를 적은 작품이다. 때문에 〈관동별곡〉은 강원도, 특히 관동지방과 떼어놓고 생각할 수 없는 작품이다. 이렇게 보면 『고금가곡』의 편자가 『송강가사』를 접한 것이 관북지방이나 관서지방이 아니라 관동지방일 가능성도 충분히 있다. 정철의 아들 정종명(鄭宗溟, 1565-1626)은 강릉부사를 역임했으며, 종명의 아

53) 『고금가곡』은 '후반부 단가'에서 작가 표기를 하지 않았다. 단가 43번 작품의 끝에 "晦谷南公二首丙子"라 부기한 것이 있으나 이는 후대의 추록으로 추정된다. 따라서 어떤 작가의 작품이 얼마나 수록된 것인지를 알기 위해서는 여타 가집에 수록된 사정을 참조하는 수밖에 없다. 이렇게 하여 조사해본 결과 작가를 알 수 있는 작품 중 1수를 남긴 작가가 대부분이었고, 2수 이상을 남긴 작가는 14명에 불과했다. 이 14명을, 작품을 많이 남긴 작가 순으로 정리하면 다음과 같다. 정철(9), 김유기(4), 이항복(4), 김광욱(3), 이명한(3), 황진이(3), 주의식(2), 김상헌(2), 효종(2), 이황(2), 이현보(2), 남선(2), 황희(2), 권익륭(2).

들이자 송강의 손자인 정양(鄭瀁, 1600-1668)은 간성군수를 지냈는데, 이 계통은 『송강가사』의 전승에서 중요한 위치를 차지하고 있다.

> 또 기옹(畸翁)의 측실(側室) 아들인 이(涖)가 베낀 책과 비교해 보니 우리 집에서 보관하고 있던 것과 같은 종류였다. 대개 우리 집에서 보관한 것은 내 할아버지이신 포옹공(抱翁公)께서 베끼도록 명하신 것이고, 이(涖)가 베낀 것은 기옹공(畸翁公)이 전한 것을 직접 보고 베낀 것이니 이 책이 진본임을 믿을 수 있다.[54]

위의 기록은 『송강가사』의 고본(稿本)이 포옹공(抱翁公)과 기옹공(畸翁公)의 두 계열로 나뉘어 전해진 것임을 밝히고 있는데, 여기에 등장하는 포옹공이 바로 간성군수를 지낸 정양이다. 따라서 정양이 보관하던 고본이 전사되어 간성 일대에 유통되었을 가능성도 충분히 있을 것으로 생각된다. 아무튼 『고금가곡』의 편자는 강원도와 밀접한 관련이 있는 〈관동별곡〉 때문에 『송강가사』에 관심을 갖게 되었으나, 비단 〈관동별곡〉뿐만 아니라 송강의 모든 가사가 다 뛰어나기 때문에 아예 송강의 장가 전편을 통째로 가져온 것으로 보인다. 그리고 단가의 경우 인륜과 권계 등을 중시한 『고금가곡』의 편자가 〈훈민가〉에서 다수의 작품을 가져왔기 때문에 송강 작품의 비중이 늘어나게 되었다.[55]

이상 〈풍아별곡〉과 『송강가사』의 수록을 통해 『고금가곡』이 강원도, 특히 관동지방과 밀접한 관련이 있을 가능성을 검토해 보았다. 그러면

---

54) "又取畸翁側室子涖所自謄者, 而參互考証焉, 則一與吾家舊藏相類. 盖吾家所藏, 出於我王考抱翁公所命寫者, 而涖之所寫, 親承畸翁公所傳, 則可信此本之爲眞也." 鄭澔, 『송강가사』(성주본) 발문.

55) 9수 중 6수가 〈훈민가〉에서 가져온 것이며, 이 6수는 인륜에 4수, 권계에 2수가 수록되어 있다.

나머지 작품들에서 과연 얼마나 이를 뒷받침할 수 있을까? 결론부터 미리 말하면 강원도와 관련된 작품들이 생각보다 많아 놀라움을 금치 못할 정도다.

중국작가의 한시사부는 특별히 지역성을 알 수 있는 근거가 없다. 그런 가운데 이백의 〈양양가〉가 주목된다. 심유(沈攸, 1620-1688)는 양양부사가 되어 떠나는 유거(柳椐, 1613-1691)[56]에게 두 편의 시를 지어 주었는데 여기에는 "歌傳太白襄陽歌", "我詠太白襄陽歌" 등의 구절이 보인다.[57] 한편 강석규(姜錫圭, 1628-1695)는 역시 유거에게 〈양양가〉 운에 차운한 시를 지어 주었다.[58] 이와 같은 예들은 '양양'이라는 지명의 동일성으로 인해 이백의 〈양양가〉가 특히 강원도 양양과 관련하여 불렸을 가능성을 시사하고 있다.

과체시는 허균의 〈여랑요란송추천(女娘撩亂送秋千)〉, 이재의 〈대이태백혼송죽지사(代李太白魂誦竹枝詞)〉, 김창흡의 〈와념소유언(臥念小游言)〉 등 세 편이 실려 있는데 이들 과체시 작가 세 사람은 강원도와 밀접한 관련을 맺고 있는 인물들이다. 허균(許筠, 1569-1618)은 강원도 강릉에서 태어났고, 삼척부사를 지냈으며, 강릉부사 정구와 함께 『강릉지』를 편찬한 인물이다. 이재(李縡, 1680-1746)는 1722년 임인옥사[59] 때 중부(仲父) 이만성(李晩成, 1659-1722)이 옥사하자 은퇴하고 강원도 인제에 들어가 성리학

56) 유거는 자가 子美, 호는 石汀이다. 유거가 양양부사에 제수된 것은 숙종 4년(1678년) 12월 25일이다.

57) 〈寄襄陽府伯柳子美〉, 『梧灘集』 권9, 『한국문집총간』 속34, 민족문화추진회, 2007, 328면. 〈別襄陽府伯柳子美〉, 『梧灘集』 권12, 『한국문집총간』 속34, 민족문화추진회, 2007, 394면.

58) 〈次李白襄陽歌韻, 送襄陽太守柳椐之任〉, 『斡齖齋集』 권5, 『한국문집총간』 속38, 민족문화추진회, 2007, 99면.

59) 이른바 노론 4대신 등 60여명이 처형된 옥사 사건.

연구에 전념하였다. 김창흡(金昌翕, 1653-1722)은 1709년 9월 설악산에 영시암(永矢庵)을 짓고 영원히 은거하겠다는 뜻을 표방한 후 설악산과 금강산을 오가며 지냈고, 〈풍아별곡〉을 지은 권익륭과 교유하며 그의 작품에 발문을 써준 인물이다. 이렇듯 강원도와 밀접한 관련을 맺고 있는 세 인물의 과체시가 수록된 데 비해 1746년 창작과 더불어 널리 애송되어 대표적인 과체시로 알려진 신광수(申光洙, 1712-1775)의 〈등악양루탄관산융마(登岳陽樓歎關山戎馬)〉가 실려 있지 않다는 것은 이 가집의 편찬이 강원도라는 지역성이 반영된 결과라는 것을 강하게 시사하는 것이라 하겠다.

국문가사는 11편이 수록되어 있는데, 이 중 송강가사 5편 -관동별곡, 사미인곡, 속미인곡, 성산별곡, 장진주사- 이 통째로 실려 있는 것에 대해서는 이미 말한 바 있다. 그렇다면 이것을 뺀 나머지 6편의 사정은 어떠할까? 〈감군은〉의 작가 상진(尙震, 1493-1564)[60]은 1534년-1535년에 강원도관찰사를 지냈다. 〈상저가〉의 작가로 되어 있는 이황(李滉, 1501-1570)은 1542년 8월 재상어사(災傷御史)가 되어 강원도에 간 적이 있고 이 때 〈관동일록(關東日錄)〉을 지었다. 그리고 1544년에는 고성군수를 희망하였으나 뜻을 이루지 못한 것으로 연보에는 기록되어 있다. 〈어부사〉의 작가 이현보(李賢輔, 1467-1555)는 이황과 분리해서 생각할 수 없는 인물이다. 왜냐하면 그의 〈어부가〉와 이황의 〈도산십이곡〉이

---

60) 〈감군은〉은 다음에서 보는 바와 같이 이미 세종 때 불렸다는 기록이 있으므로 상진이 작가일 수 없다. "관습도감(慣習都監)에게 전지(傳旨)하기를, '지금부터 중국 사신에게 위로연[慰宴]을 베풀 때에 정재(呈才)가 없고 술만 마실 때는, 낙양춘(洛陽春) · 환궁악(還宮樂) · 감군은(感君恩) · 만전춘(滿殿春) · 납씨가(納氏歌) 등의 곡조(曲調)를 서로 틈틈이 바꿔가면서 연주하도록 하라.' 하였다." 세종 24년(1422년) 2월 22일 네 번째 기사, 『CD-ROM 국역 조선왕조실록』, 서울시스템주식회사, 2001. 그러나 여기서는 『고금가곡』의 편자가 상진을 작가로 인식하여 그렇게 표기하였다는 것이 중요하므로 이렇게 표현한 것이다.

합본된 판본이 상당히 널리 유포되어 있었기 때문이다. 『고금가곡』에는 후반부 단가 부분에 이현보의 〈어부단가〉와 이황의 〈도산십이곡〉이 각 2수씩 수록되어 있다. 따라서 〈어부가〉와 〈도산십이곡〉이 합본된 것을 보았을 가능성이 크다 하겠고, 이로 인해 〈어부장가〉도 수록하게 된 것으로 보인다.[61] 〈강촌별곡〉의 작가 차천로(車天輅, 1556-1615)는 부친인 차식(車軾, 1517-1575)이 고성군수를 하던 때 거기서 태어났다. 차식은 앞서 잠깐 언급한 대로 양사언과 함께 〈풍악석각〉을 남긴 인물이다. 〈규원가〉의 작가 허난설헌(許蘭雪軒, 1563-1589)은 주지하다시피 허균의 누이로서 강원도 강릉 출신이다. 이렇게 보면 11편 중 〈춘면곡〉을 제외한 10편이 강원도와 관련이 있는 작가의 작품임을 알 수 있다. 〈춘면곡〉은 〈어부사〉와 함께 당대에 가장 널리 불리던 12가사 중의 하나였던 데다가 『고금가곡』 편자가 벼슬생활을 한 관서지방 일대에서 많이 불렸으므로[62] 자연스럽게 선택된 것으로 보인다.

한편 책 말미에는 편자의 것으로 보이는 〈북변삼쾌(北邊三快)〉, 〈서새삼쾌(西塞三快)〉, 〈평생삼쾌(平生三快)〉와 양사언(楊士彦, 1517-1584)의 〈풍악석각(楓岳石刻)〉, 〈금수정석각(金水亭石刻)〉 등이 기록되어 있는데 여기 양사언 또한 강원도와 밀접한 관련을 맺고 있는 인물이다. 그는 고성 출신으로 평창군수·강릉부사·철원군수·회양군수 등을 지냈고, 회양군수로 있을 때는 금강산에 자주 가서 경치를 완상하였으며, 만폭동(萬瀑洞)의 바위에 '蓬萊楓岳元化洞天'이라 새겨진 그의 글씨가 지금도 남아

---

61) 또한 여기에는 이현보의 부친인 이흠(李欽)이 인제현감을 지냈다는 것이 고려되었을 수도 있다. 한편 〈어부사〉는 이황과의 관계와 상관없이 〈춘면곡〉과 함께 당대에 가장 널리 불리던 12가사였기 때문에 수록했을 가능성도 충분히 존재한다.

62) 〈춘면곡〉의 전승 양상에 대해서는 '「박애경, 「〈춘면곡〉을 통해본 19세기 시정문화와 그 주변」, 『한국시가연구』 제28집, 한국시가학회, 2010.' 참조.

있다. 뿐만 아니라 1564년에는 고성군의 구선봉 밑 감호(鑑湖) 가에 비래정(飛來亭)이라는 정자를 짓고 풍류를 즐기며 은거했을 정도로 강원도와 깊은 인연을 맺고 있는 인물이다.

이상의 사실을 통해 『고금가곡』이 강원도라는 지역성을 반영하고 있음을 알 수 있었다. 그렇다면 『고금가곡』은 강원도에서 편찬된 것일까? 『고금가곡』이 강원도라는 지역성을 반영하고 있다고 해서 반드시 강원도에서 편찬되었으리라는 보장이 없다. 왜냐하면 강원도 출신의 인물이 다른 지역에서 편찬하면서 강원도와 관련된 작품을 집중적으로 수록할 수도 있기 때문이다. 그러나 다음의 자작시조를 보면 강원도에서 편찬되었을 가능성이 큰 것으로 생각된다.

> 벼ᄉᆞᆯ을 ᄆᆞ양 ᄒᆞ랴 故山으로 도라오니
> 一壑 松風이 내 塵[埃] 다 시서다
> 松風아 世上 긔별 오거든 블여 도로 보내여라.
>
> 늘거지니 벗이 업고 눈 어두워 글 못 볼싀
> 古今 歌曲을 모도와 쓰ᄂᆞᆫ 뜻은
> 여긔나 興을 브쳐 消日코쟈 ᄒᆞ노라.

“벼ᄉᆞᆯ을 ᄆᆞ양 ᄒᆞ랴 故山으로 도라오니”라는 구절을 통해 벼슬길에서 물러나 고향으로 돌아온 뒤에 이 가집을 편찬했음을 알 수 있다. 그리고 “여긔나 興을 브쳐 消日코쟈 ᄒᆞ노라.”라는 구절을 통해 마땅히 할 일이 없는 늙은 나이에 개인적인 소일거리로 삼기 위해 이 책을 엮었음을 알 수 있다. 이로써 이 가집은 편자가 벼슬생활을 마치고 만년에 고향인 강원도로 돌아와 편찬한 것이라 할 수 있다.[63] 따라서 이 가집은 편자의 고향인 강원도 일대에서 가창되던 노래들을 중심으로 하면서, 여기에 편자가 벼슬생활을 했던 관북지방과 관서지방에서 가창된 노래[64]를 일부 반영하여 편찬된 것으로 생각된다. 한마디로 이 가집은 지방의 산물이라 할 수 있는데 이것이 이 가집이 독특한 형태를 띠게 된 근본 원인이라 할 수 있다. 그러면 지방의 교방이나 풍류 공간에서 과연 『고금가곡』에 수록된 것과 같은 다양한 종류의 노래들이 불렸을까? 이에 대해서는 다음 기록이 주목된다.

> 서흥(瑞興) 관아의 북쪽에 새로 지은 한 작은 정자가 있다. 여섯 모로 널찍하고 툭 트였는데 달빛을 타서 올라가 거문고와 노래를 들었다. 한 어린 기생이 나이는 겨우 15세인데 황계사(黃鷄詞), 백구사(白鷗詞), 죽지사(竹枝詞), 권주가(勸酒歌), 노군악(路軍樂), 귀거래사(歸去來辭), 양양가(襄陽歌), 악양루기(岳陽樓記), 적벽부(赤壁賦), 관동별곡(關東別曲), 춘면곡(春眠曲), 오동추야가(梧桐秋夜歌) 들을 부르는데, 처음에는 앵무새가 지저귀는 것 같더니 갑자기 학이 맑은 소리로 우는 듯, 앵두 같은 입술에서 속삭이듯 줄줄 흘러나오니 소녀 중의 박식(博識)이라 하겠다.[65]

---

63) 강원도 중에서도 고성 또는 간성이 유력한 것으로 보인다. 그것은 〈풍아별곡〉의 유통 범위가 그렇게 넓었을 것으로 보이지 않는데다, 정철의 〈관동별곡〉과 양사언의 〈풍악석각〉 등 금강산과 관련된 것들이 유독 많기 때문이다. 따라서 이 가집은 고성이나 간성 지역의 교방과 고성의 삼일포·사선정이나 간성의 청간정·운근정 같은 사대부 풍류 공간에서 향유되던 노래들을 바탕으로 편찬된 것으로 추정된다.

64) 다음 두 작품이 대표적이다. ① 뭇노라 져 바회야 네 일홈이 兄弟岩가 / 兄友弟恭은 우리도 ᄒᆞ려니와 / 每日의 써날 뉘 업ᄉᆞ니 그를 블워 ᄒᆞ노라(인륜8). ② 닷 드쟈 빈 써나니 이제 가면 언제 올고 / 萬頃滄波의 가ᄂᆞᆫ 듯 도라오소 / 밤듕만 至菊叢 소ᄅᆡ예 애 긋ᄂᆞᆫ 듯ᄒᆞ여라(이별4). ①의 초장에 등장하는 형제암은 함경북도 부령에 있는 바위이므로 이 작품은 관북지방에서 가창된 노래라 할 수 있다. ②는 청에 의해 점령된 요동의 육로를 피해 뱃길로 중국 사행을 떠나던 상황 속에서 생겨난 일명 '수로조천가(水路朝天歌)'로서 관서지방을 중심으로 가창되었다.

65) "瑞興衙軒之北, 有新搆一小亭, 六稜軒廠, 乘月而上, 聽琴歌. 有眇然一小妓, 年纔十

순조 때 박사호(朴思浩)가 쓴 사행일기로서 1829년 3월 28일의 기록이다. 황해도 서흥 관아의 북쪽에 있는 정자에서 어린 기생이 부르는 노래를 들었다는 것인데, 이 때 기생이 부른 노래의 종류가 꽤 다양함을 볼 수 있다. 12가사가 중심을 이루고 있지만 〈귀거래사〉, 〈악양루기〉, 〈적벽부〉 등 중국사부가 있고 〈관동별곡〉도 포함되어 있다. 이 기록은 19세기 초반의 것으로 『고금가곡』의 편찬연대인 1764년과는 다소 거리가 있지만 조선후기 지방 관아 주변에서 어떤 노래들이 주로 불렸는지는 어느 정도 짐작할 수 있다. 그리고 이를 통해 왜 『고금가곡』이 대부분의 가집들과 달리 한시사부나 가창가사 등의 장가들을 단가인 가곡과 동일한 비중으로 수록한 것인지 알 수 있다.

4. 결론

지금까지 『고금가곡』의 구성과 체재, 그리고 성격에 대해 집중적으로 살펴보았다. 이를 간략히 정리하는 것으로 글을 마무리하고자 한다.

우선 『고금가곡』의 성격을 본격적으로 고찰하기에 앞서 이 책의 구성과 체재를 상세히 논하였다. 그 결과 이 책은 '전반부 장가 + 후반부 단가'의 체재를 갖추고 있으며, 전반부 장가의 경우 '중국작가의 한시사부 / 과체시 / 〈풍아별곡〉 / 국문가사'로 구성되어 있고, 후반부 단가의 경우 '노래 이론 / 단가 이십목 / 만횡청류 / 자작' 등으로 구성되어 있음을

五, 唱黃鷄詞, 白鷗詞, 竹枝詞, 勸酒歌, 路軍樂, 歸去來辭, 襄陽歌, 岳陽樓記, 赤壁賦, 關東別曲, 春眠曲, 梧桐秋夜歌. 初若鸎語之間關, 忽作鶴唳之寥亮, 櫻脣呫囁, 津津流出, 可謂女娘中博識也." 박사호, 「연계기정」, 『심전고』 제1권, 『국역 연행록선집』 09, 민족문화추진회, 1982.

알 수 있었다. 그리고 이 과정에서 책머리의 목록과 후반부 단가 이십목에 붙인 주제어가 후대의 추록임도 알게 되었다.

다음으로 구성과 체재에 대한 자세한 검토를 바탕으로 이 책의 성격을 고찰하였다. 이 책은 전반부 장가와 후반부 단가로 이대별 된 체재뿐만 아니라 세부 구성에 이르기까지 매우 독특한 모습을 보이고 있는데, 이는 편자의 성향과 지역성에 기인하는 것이다. 조선후기 가집 편찬자들의 일반적인 성향과 달리 이 책의 편자는 고악 또는 고조를 선호하는 보수적 성향을 가진 것으로 보이며, 이런 편자의 보수적 성향으로 인해 이 책은 전반적으로 보수적 색채가 두드러지게 나타나고 있다. 편자의 성향 못지않게 중요한 것이 편찬 지역의 문제라 할 수 있는데, 이 책이 편찬된 지역은 강원도 특히 고성과 간성을 중심으로 한 관동지방으로 추정된다. 이는 강원도와 관련이 있는 작가의 작품이 대거 수록된 양상을 통해 확인할 수 있다.

『고금가곡』을 대하는 사람이면 누구나 갖게 되는 일차적 의문이 '왜 이 가집은 다른 가집들과 달리 다양한 형태의 장가를 앞세웠을까, 곡조별 분류로 되어 있는 대부분의 가집들과 달리 왜 이 가집은 주제별 분류로 되어 있을까' 하는 것이다. 이 의문에 대한 답을 한마디로 제시하면 그것은 이 책이 지방의 산물이기 때문이다.

제4장

『해아수』의 정체와 가치

1. 서론

이 글은 18세기 중반 가집으로 알려진 『해아수(解我愁)』의 성격을 고찰하는 데 목적이 있다.

『해아수』는 명칭부터 악곡 구성에 이르기까지 독특한 면모를 지닌 가집이다. 『청구영언』, 『가조별람』, 『해동가요』, 『악부』, 『가곡원류』 등에서 보는 것처럼 대부분의 가집들이 '영언', '가조', '가요', '악부', '가곡'과 같은 명칭을 사용함으로써 그것이 노래책임을 분명히 나타내고 있다. 이는 『고금가곡』이나 『근화악부』처럼 내용별로 작품을 분류하여 수록한 가집의 경우에도 마찬가지다. 그런데 『해아수』는 이런 일반적인 관례를 따르지 않았다. 왜 그랬을까?

악곡 구성에 있어서도 『해아수』는 초중대엽, 이중대엽, 삼중대엽, 북전, 삭대엽, 만횡청류 등 6개 악곡만 나타나고 있어 대부분의 가집들과 차별화된 모습을 보여준다. 『해아수』의 악곡 구성을 『청구영언』(진본)과 견주어보면 가장 크게 차이가 나는 것이 삭대엽 부분이다.[1] 『청진』의

---

1) 참고로 『청진』의 악곡 구성을 제시하면 다음과 같다. 초중대엽, 이중대엽, 삼중대엽, 북전, 이북전, 초삭대엽, (이삭대엽), 삼삭대엽, 낙시조, 장진주사, 맹상군가, 만횡청류.

이 부분에는 초삭대엽, 이삭대엽, 삼삭대엽, 낙시조 등이 수록되어 있다. 비단 『청진』뿐만 아니라 18세기에 편찬된 대부분의 가집들이 이런 방식을 따르고 있다. 그런데 『해아수』는 네 개 악곡을 통합하여 삭대엽으로 처리하고 있다. 도대체 그 이유가 무엇일까?

『해아수』는 진동혁이 소개한[2] 이후 오종각[3]과 김윤희[4]에 의해 본격적인 연구가 진행되었다. 그리고 최근에는 선행 연구를 바탕으로 이 가집에 대한 해제가 작성되었다.[5] 이 과정에서 이 가집이 1761년에 임한장(林翰章)에 의해 편찬된 것이라는 점이 밝혀졌다. 이런 연구사의 흐름을 감안하면 위의 두 가지 의문에 대한 해답이 도출되었을 법하지만 실상은 그렇지 못하다. 대부분의 논자들이 이 두 가지 의문에 관심을 표하기는 했지만 그 누구도 시원하게 의문을 풀지는 못했다. 이것이 이 글을 쓰게 된 이유다. 이제 위의 두 가지 의문을 해소하기 위해 우선적으로 편자 임한장의 정체를 파악하는 것으로부터 논의를 시작하고자 한다. 왜냐하면 이것이 의문을 풀 수 있는 핵심 열쇠라 생각되기 때문이다.

---

2) 진동혁, 「새로 발굴된 시조집 『해아수』에 관하여」, 『도솔어문』 제6집, 단국대학교 인문대학 국어국문학과, 1990; 「새로 발굴된 시조집 『해아수』에 관하여」, 『모산학보』 제1집, 동아인문학회, 1990.

3) 오종각, 「시조집 『해아수』 연구」, 단국대학교 석사논문, 1992; 「시조집 『해아수』에 수록된 시조작품 연구」, 『시조학논총』 제8집, 한국시조학회, 1992.

4) 김윤희, 「18세기 중・후반 가집 특성의 일국면-『영언유초』, 『해아수』를 대상으로」, 『한국시가연구』 제25집, 한국시가학회, 2008.

5) 신경숙, 「해아수」, 신경숙 외 5인, 『고시조 문헌 해제』, 고려대학교 민족문화연구원, 2012.

2. 편자 임한장의 정체

〈그림 7〉 林翰章印

『해아수』의 실질적인 시작 부분인,[6] 음악 이론을 소개한 첫 면 우측 하단에는 "林翰章印"이라는 인장이 찍혀 있다. 따라서 이 임한장이 이 가집의 편자일 것으로 추정해 왔다. 그런데 문제는 임한장이 구체적으로 어떤 인물인지, 하다못해 어느 계층에 속한 인물인지조차 알 수가 없었다는 점이다. 이것이 『해아수』의 성격 파악을 어렵게 만든 일차적인 원인이다. 이 점에서 다음 『승정원일기』의 짧은 기록은 주목을 끌기에 충분하다.

> 또 의금부의 말로 아뢰기를, "설리 중관 임한장 · 김응려 · 박수담 · 이덕성 · 한종엽 등은 또한 이미 붙잡아 가두었으니 우선 전교에 따라 처리한 것입니다. 제서유위율에 따라 각각 장 일백은 수속하고[7] 고신을 모두 빼앗아야 하나, 기왕에 이미 추탈하였으니 고신은 일등을 가하고 풀어주겠다는 뜻을 감히 아뢥니다." 하니, 알았다고 전교하였다.[8]

『승정원일기』 영조 45년(1769년) 9월 24일자 기록인데, 임한장을 설리

6) 이 가집에는 약 3군데 정도 추록된 부분이 있다. 가집의 시작 부분인 음악이론 소개의 앞에도 추록 작품 15수가 실려 있어 이렇게 표현한 것이다. 이 가집의 전반적인 체재에 대해서는 신경숙의 해제에 자세히 나와 있으므로 이를 참조하기 바란다.

7) 국사편찬위원회에서 제공하는 『승정원일기』 탈초본에 "各杖一有收贖"이라 되어 있는데, 이는 "各杖一百收贖"의 잘못으로 보인다. 제서유위율에 따르면 제서를 받들어 시행함에 있어 이를 위배되게 한 자는 장 일백에 처한다고 되어 있기 때문이다.

8) "又以義禁府言啓曰, 薛里中官林翰章 · 金應麗 · 朴壽聃 · 李德成 · 韓宗曄等, 亦已拿囚, 爲先依傳教, 以制書有違私律, 各杖一有收贖, 盡奪告身, 而既已追到, 加一等告身, 放送之意, 敢啓. 傳曰, 知道." 『승정원일기』 영조 45년 9월 24일, 국사편찬위원회.

중관이라 하였다. 중관은 내시부에 소속된 환관을 가리키며, 설리 중관은 환관 중에서 특히 임금에게 올리는 음식에 관한 일을 맡아보던, 종4품에서 정7품까지의 환관을 지칭하던 말이다.

이 기록 외에 임한장과 관련된 것을 추가로 찾을 수는 없으므로[9] 『해아수』의 편자 임한장이 위의 기록에 등장하는 환관 임한장과 일치하는 인물이라고 단정할 수는 없다. 다만 다음과 같은 『해아수』의 특징으로 미루어 두 인물이 동일인일 가능성이 큰 것으로 판단된다.

> 이 몸이 죽어 죽어 一百 番 고쳐(터)[10] 죽어
> 白骨이 塵土ㅣ 되여 넉시라도 잇고 업고
> 님 向훈 一片丹心이야 가싈 줄이 이시랴. (18)[11]

> 이 몸이 죽고 죽어 一百 번을 다시 죽어
> 白骨이 塵土ㅣ 되여 넉시야 잇고 업고
> 君子의 一片丹心이야 變홀 줄 이실가. (175)

익히 알려진 정몽주의 〈단심가〉이다. 이 〈단심가〉의 가집 수록 양상은 크게 둘로 나뉜다. 하나는 이중대엽으로 수록된 경우이고, 다른 하나는 이삭대엽 또는 두거로 수록된 경우이다. 대부분의 가집에 이삭대엽 또는 두거로 수록되어 있으며, 『동가선』과 『영언유초』에만 이중대엽으로 수록되어 있다.[12] 그런데 『해아수』의 경우 이 두 가지 양상이 다 나

9) 환관 족보로 알려진 『養世系譜』(국립중앙도서관 소장)에 혹 나오지 않을까 해서 찾아보았으나 찾을 수 없었다.

10) 괄호 속의 글자는 원문의 옆에 가필한 것을 나타낸다.

11) 이 숫자는 『해아수』 470수 중 몇 번째 작품인지를 나타내는 가번임.

12) 그리고 일부 금보에 중대엽으로 수록된 것을 볼 수 있다. 한편 『객악보』와 『영언』(규장각본)의 경우 율당삭엽 또는 반엽삭엽으로 수록되어 있어 별도의 양상을 띠고 있

타나고 있다. 위에서 앞의 것은 이중대엽에 수록된 것이며, 뒤의 것은 삭대엽에 수록된 것이다.

그러면 『해아수』의 편자는 왜 〈단심가〉를 중복 수록했을까? 일차적으로 이 노래가 중대엽으로도 불렸고 삭대엽으로도 불렸기 때문에 이런 가창 현실을 충실하게 반영하기 위함이었다고 생각해 볼 수 있다.[13] 그러나 이런 이유라면 여타 가집에서도 유사 사례가 많이 나타나야 할 터인데, 다른 가집의 경우 둘 중 하나를 선택할 뿐 양자를 중복 수록한 예는 찾을 수 없다. 따라서 이런 이유보다는 다른 이유가 더 크게 작용했을 가능성이 높다. 이와 관련 이 작품이 임금을 향한 일편단심을 노래한 것이라는 내용적 측면에 주목할 필요가 있다. 주지하다시피 환관은 임금을 가장 지근거리에서 모시는 관계로 임금에 대한 그들의 충성심은 일반 관리들보다 훨씬 강했다고 할 수 있다. 이런 점에서 위의 〈단심가〉 중복 수록은 『해아수』의 편자인 환관 임한장의 심리 상태를 반영한 것으로 판단된다.

이런 해석에 중점을 두는 것은 나름의 이유가 있기 때문이다. 내용별 분류 가집인 『고금가곡』 및 『근화악부』와의 비교를 통해 이를 확인해 보기로 하자.

다. 이에 대해서는 '김흥규 외 6인, 『고시조 대전』, 고려대학교 민족문화연구원, 2012.' 참조.

13) 이 작품 외에 "豪華코 富貴키야~"로 시작되는 작품도 삭대엽(88번)과 만횡청류(426번)에 중복 수록되어 있어 이 가능성을 어느 정도 뒷받침하고 있다.

〈표 3〉『해아수』와 『고금가곡』·『근화악부』 중복 작품 비교

『해아수』와 『고금가곡』 중복 작품 수		『해아수』와 『근화악부』 중복 작품 수	
『고금가곡』의 분류	『해아수』/『고금가곡』	『근화악부』의 분류	『해아수』/『근화악부』
인륜(人倫)	2/10	윤상(倫常)	3/14
권계(勸戒)	3/9	권계(勸戒)	6/13
송축(頌祝)	3/7	송축(頌祝)	5/10
정조(貞操)	7/6	정조(貞操)	10/10
연군(戀君)	6/12	연군(戀君)	6/17
개세(慨世)	7/22	개세(慨世)	9/25
우풍(寓諷)	6/11	우풍(寓諷)	9/16
회고(懷古)	5/11	회고(懷古)	2/6
탄로(歎老)	8/12	탄로(歎老)	10/17
절서(節序)	7/9	절서(節序)	7/9
심방(尋訪)	1/6	심방(尋訪)	4/8
은둔(隱遁)	8/10	은일(隱逸)	7/8
한적(閑寂)	11/29	한정(閑情)	18/41
연음(讌飮)	3/10	연음(宴飮)	4/9
취흥(醉興)	9/11	취흥(醉興)	9/15
감물(感物)	5/9	감물(感物)	8/25
염정(艶情)	1/9	염정(艶情)	5/16
규원(閨怨)	6/8	담략(膽略)	1/3
이별(離別)	5/8	이한(離恨)	18/51
별한(別恨)	14/40		
만횡청류(蔓橫淸類)	15/34	만횡청(蔓橫淸)	27/81
합계	132/283	합계	168/394

『고금가곡』은 만횡청류를 제외한 평시조 작품들을 20개의 내용으로 분류하여 수록하고 있다. 그런데 각 항목에 수록된 작품 수에 꽤 큰 차이가 나타남을 볼 수 있다. 위의 〈표 3〉에서 보면 별한, 한적, 개세 등에 수록된 작품들은 다른 항목에 비해 월등히 많은 데 비해 송축, 정조, 심방 등에 수록된 작품들은 상대적으로 적은 편에 속한다. 이를 통해 『고

금가곡』 편자의 취향을 가늠할 수 있으며, 나아가 『고금가곡』이 편찬된 당대의 시대적 조류도 어느 정도 짐작할 수 있다.

한편 『고금가곡』에 실린 작품 중 『해아수』에도 수록된 작품 수를 보면 『고금가곡』에서 많은 비중을 차지한 항목은 『해아수』에서도 여전히 많이 실려 있고, 『고금가곡』에서 적은 비중을 차지한 항목은 『해아수』에서도 대체로 적게 실려 있다. 그런데 문제는 이런 일반적인 경향성에서 벗어난 것들도 꽤 나타난다는 점이다. 〈표 3〉에서 굵은 글씨로 나타낸 정조, 절서, 은둔, 취흥, 규원 등은 『고금가곡』에서 평균 또는 그 이하의 비중을 차지하는 것들인데 『해아수』에서는 오히려 평균 이상의 비중을 차지하고 있다. 반면 개세의 경우 『고금가곡』에서는 세 번째로 많은 22수를 수록하고 있으나 『해아수』에는 평균 정도인 7수만 실려 있다. 이런 것들은 『고금가곡』과 『해아수』가 상당히 다른 기반에서 편찬된 가집임을 말해주는 것이다. 두 가집의 중출 빈도가 46.6%(132/283[14])에 지나지 않는 것도 이를 뒷받침해 주고 있다.

중출 작품의 비교만으로 두 가집의 성격을 논한다는 것은 분명 한계가 있다. 그럼에도 불구하고 위의 비교를 통해서 개세의 경우 『고금가곡』에 비해 『해아수』에서는 훨씬 덜 중시되고 있다는 점과 정조, 절서, 은둔, 취흥, 규원 등의 경우 역으로 『해아수』에서 상대적으로 훨씬 더 중시되고 있다는 점을 확인할 수 있다. 특히 정조의 경우 『고금가곡』에 6수가 실려 있는데 이 중 1수[15]를 제외한 5수가 『해아수』에 실려 있으며, 5수 중

14) 이 숫자는 『고금가곡』 전체에서 단가 이십목과 만횡청류에 수록된 작품만을 합친 것이다. 즉 여기에는 전반부에 실려 있는 〈풍아별곡〉과 〈겸가삼장〉을 합친 8수와 마지막에 수록된 자작 14수가 빠져 있다. 만약 이 22수를 포함한 305수 전체를 기준으로 할 경우 중출 비율은 43.3%(132/305)로 떨어지게 된다.

15) "믜온 님 괴려ᄂᆞ니 괴ᄂᆞᆫ 님을 쳐괴리라 / 새님 번오 마오 녜님을 조ᄎᆞ리라 / 눈 속의 솔가지 것거 이 내 뜻을 알외리라." 이 작품은 『고금가곡』 외에 오로지 『근화악부』에

2수는 표기를 다소 달리한 채 중복 수록되어 있다. 2수 중 1수는 앞서 든 〈단심가〉이며, 나머지 1수를 들면 다음과 같다.

> 이 몸이 죽어 가셔 무어시 될고 ᄒᆞ니
> 蓬萊山 第一峯에 落落長松 되여 이셔
> 白雪이 滿乾坤ᄒᆞᆯ 제 獨也青青ᄒᆞ리라. (30)

> 大丈夫ㅣ 죽어 가셔 무어시 될고 ᄒᆞ니
> 層巖絶壁에 落落長松 되어 잇셔
> 白雪이 滿乾坤ᄒᆞᆯ 제 獨爲青青ᄒᆞ리라. (102)

초장과 중장 부분에서 약간의 차이가 발견되지만 기본적으로 같은 작품임을 알 수 있다. 앞서 든 〈단심가〉의 경우 한 작품은 이중대엽에, 나머지 작품은 삭대엽에 수록되어 있어 양쪽 악곡으로 불린 가창 현실을 반영하는 측면도 어느 정도 있을 수 있다고 보이지만, 위의 작품들은 둘 다 삭대엽에 실려 있어 그렇게 이해할 수도 없다. 결국 이 사례는 이런 유형의 작품에 대한 편자의 각별한 애착, 나아가 집착으로 해석될 수밖에 없을 듯하다. 『고금가곡』뿐만 아니라 『근화악부』와의 비교에서도 유독 정조 부분에서 절대적인 중출 빈도가 나타나는 것을 볼 수 있는데 이 또한 이를 뒷받침하는 것이다.

다음으로 권두부에 있는 그림과 권말에 쓰인 필사기 또한 편자 임한장이 환관일 가능성을 보여주고 있다.

권두부 음악관련 정보가 끝난 아래 여백에 임금 왕(王)자를 속에 넣은 나라 국(国)자를 중심으로 네 모서리에 '天下壽域'이라 쓴 〈그림 8〉이

만 수록되어 있다.

그려져 있다. 이는 최세진(崔世珍, ?-1542)의 『훈몽자회(訓蒙字會)』에 있는 '평상거입정위지도(平上去入定位之圖)'를 참고한 것으로 보이며, 기본적으로는 사성의 특성을 나타낸 그림이라 할 수 있다. 그런데 사성의 특성을 나타내는 사례를 하필 이런 형태로 표현한 것은 임금의 만수무강과 태평성대를 기원하는 의미를 담고자 했기 때문일 것이다. 먹의 농도가 본문 글씨와 차이가 나는 것으로 보아 이 그림은 후대에 추가된 것으로 보이며, 따라서 임한장과 직접적으로 관련된 것은 아니지만, 이 책이 임한장의 대를 잇는 환관 가문에서 전승된 것으로 추정된다는 점에서 이 역시 환관들의 심리의 일단을 보여주는 것으로 해석된다.

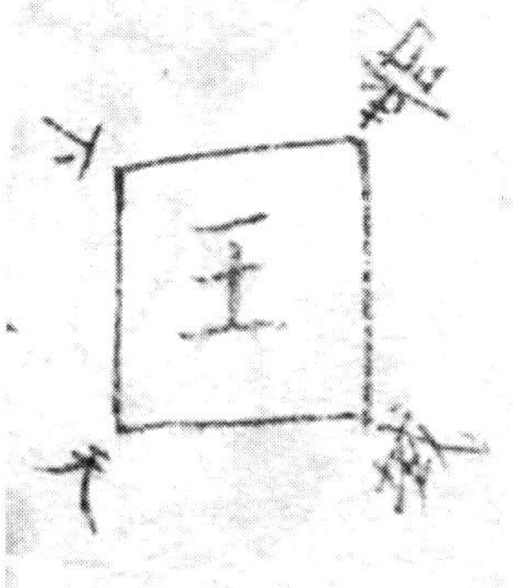

〈그림 8〉 평상거입정위지도(해아수)

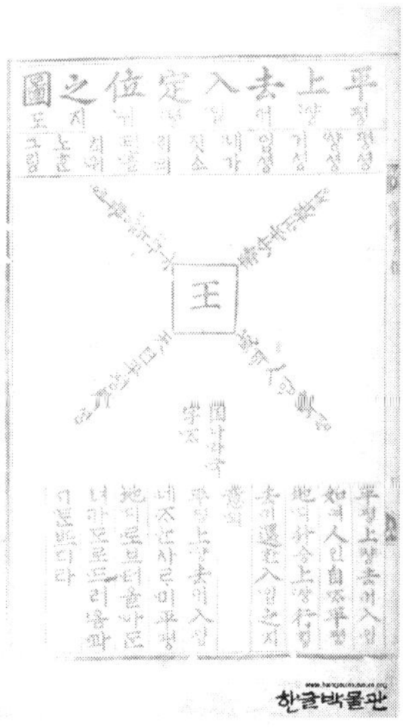

〈그림 9〉 평상거입정위지도(훈몽자회)

권말의 필사기에서도 환관과 관련된 내용을 찾을 수 있다. 필사기에는 "歲金蛇臘月長東寓草"라 되어 있는데, 이는 신사년(辛巳年, 1761년) 섣달 장동에 우거하여 썼다는 의미로 이해된다. 그런데 여기 장동은 비록 한자가 다르기는 하나 壯洞을 가리키는 것으로 보이며, 이 장동은 조선시대에 환관이 많이 거주한 대표적인 지역이다.

이 밖에 '잠'과 관련된 작품에 집착하는 경향을 보여주고 있는 것도 환관과 관련지어 생각할 수 있을 듯하다.

술을 내 즐기던가 狂藥인 줄 알것마는
一寸肝腸에 萬斛(曲)愁 실러 두고
져근듯 醉훈(술 醉코 즘든) 덧이나 실음 닛쟈 ᄒᆞ노라. (198)

待人難 待人難ᄒᆞ니 鷄三呼ᄒᆞ고 夜五更이라(오)
出門望 出門望ᄒᆞ니 青山(은) 萬重이오 綠水ᄂᆞᆫ 千回로다 이윽고 개 즛ᄂᆞᆫ 소릭에 白馬遊野郎이 넌즈시 돌아들어 ᄒᆞ로밤 서로 만나 ᄉᆡ로운 情이 無窮貪貪ᄒᆞ야
반갑고 즐거오미야 어ᄂᆡ 그지 이시리. (417)

水澤은 漁龍之國이오 山林은 禽獸之家ㅣ라
今日之黃昏에 내 어ᄃᆡ 자고 가리
두어라 莫非王土ㅣ니 한 ᄃᆡ 잔들 엇더ᄒᆞ리. (447)

『해아수』는 아주 기본적인 몇 개 악곡만을 기준으로 분류해 놓은 가집이므로 작가나 내용과 관련된 분류는 나타나지 않는다. 그런데 일부 작품들에는 작가나 내용과 관련된 사항을 표기한 것이 있어 주목된다. 본격적인 분류에 의한 것이 아니고 일부 작품의 끝에 적은 것이므로 편찬 당시의 기록이 아닌 후대 전승 과정에서 덧붙인 것으로 보인다. 작가 표기 중에도 '천로(淺露)', '설사(雪沙)' 등 이 가집에만 등장하는 작가가 일부 보이고 있어 이에 대한 탐색이 필요하지만 여기서는 이것보다 내용 관련 표기에 주목하고자 한다.

내용과 관련된 표기는 세 가지가 보인다. 위 198번에는 '잠', 417번에는 '夜', 447번에는 '鳥'라고 적혀 있다. 그런데 '夜'와 '鳥'의 경우는 위에 인용한 한 작품으로 국한된 데 비해 '잠'의 경우는 무려 22번이나 나타나고 있음이 주목된다. 잠과 관련된 작품에만 유독 집중적으로 표시를 했다는 것은 전승자가 이 부분에 어떤 특별한 집착을 보이고 있음을 의미한다.

그러면 이 가집의 전승자는 도대체 왜 이 '잠'에 유독 집착하게 된 것일까? 위 198번에서 그 해답을 찾아보기로 하자. 이 작품의 화자는 만곡수(萬斛愁)를 가진 사람이다. 그는 이 엄청난 시름을 잊기 위해 술이 광약(狂藥)인 줄 알면서도 이를 마시고자 한다. 술기운을 빌려 취한 순간만이라도 시름을 잊고자 하는 것이다. 그런데 원래 "져근듯 醉ᄒᆞᆫ 덧이나"로 되어 있던 것을 후대 전승자는 "술 醉코 ᄌᆞᆷ든 덧이나"로 바꾸어 놓았다. 그냥 '취한 동안'이라고 하는 것보다는 '술이 취해 잠든 동안'이라고 하는 것이 훨씬 공감대가 높다고 판단한 것이다.[16] 아무튼 이 작품은 취하여 잠든 동안이라도 시름을 잊고자 하는 소망을 나타낸 것인데, 여기서 시름을 잊고자 하는 문제는 이 가집의 제목인 『해아수』와 긴밀히 연결되어 있다는 점에서 주목을 요한다. 가집의 제목을 『해아수』로 삼았다는 것은, 편자인 임한장에게 있어 시름의 문제가 가장 크게 자리잡고 있었음을 말해주는 것이며, 동시에 시름을 해소하는 것을 노래의 가장 중요한 기능이라고 임한장이 생각했음을 보여주는 것이다. 한편 '잠'은 일시적으로나마 시름을 해소할 수 있는 통로 구실을 한다. 즉 '잠'은 먼저 임한장의 생각을 집약한 말인 '해아수'와 밀접한 관련이 있는 것이다. 이런 점에서 편자 임한장과 '잠'이라고 표기한 전승자가 의식적으로 동궤에 있음을 확인하게 된다. 따라서 특정 작품의 끝에 '잠'이라 표기한 후대 전승자는 편자 임한장과 같은 처지에 놓여 있었던 환관일 것으로 추정된다. 결국 이 가집은 환관 임한장에 의해 편찬되어 그의 후손가에서 전승된 것으로 보인다.

지금까지 이 가집의 제목이 왜 일반적인 가집의 제목과 달리 『해아수』

---

16) 대부분의 가집에 "醉ᄒᆞ여 ᄌᆞᆷ(잠)든" 또는 "술 醉코 ᄌᆞᆷ는"(『영언유초』)이라 되어 있으며, "져근듯 醉ᄒᆞᆫ"은 오직 『해아수』에만 나타나고 있는 것을 통해 이를 확인할 수 있다.

라는 독특한 이름으로 나타나게 된 것인지와 관련하여 이를 환관이라는 특수한 집단에 속한 임한장에 의해 편찬되었기 때문임을 살펴보았다.

그렇다면 서론에서 제기한 두 번째 의문인, 악곡을 세분하지 않은 것은 어떻게 해명될 수 있을까? 이 역시 편자 임한장이 환관이라는 것과 관련이 깊은 것으로 보인다. 환관의 신분은 자신이 태어난 본래 신분을 유지하는 것으로 알려져 있으며, 사회적 지위는 직역에 있어서 품계를 받기 때문에 중인으로 대우받는 것으로 알려져 있다. 그러나 중요한 것은 그들 스스로는 양반임을 자처하였다는 점이다.[17] 환관이 양반임을 자처했다는 것은 양반의 의식을 가지고 살았음을 말하는 것인데, 『해아수』에서 악곡을 세분하지 않고 최소화한 것은 이와 관련이 있다.

조선후기 대부분의 가집은 중인 가객들에 의해 편찬된 것이다. 이 가집들은 대체로 세세한 악곡별로 분류하여 작품을 수록한 것이 특징이다. 그런데 극히 일부 가집의 경우 아예 분류 자체가 나타나지 않거나 악곡별 분류가 아닌 내용별 분류로 된 것이 있다. 전자를 대표하는 것이 이한진 편 『청구영언』이며, 후자를 대표하는 것이 『고금가곡』이다. 중요한 것은 이 두 가집이 모두 중인 가객이 아닌 양반에 의해 편찬된 것이라는 점이다. 이는 가집 편찬이 편자의 계층에 따라 다른 방식으로 이루어졌음을 말해주는 것이다. 『해아수』는 기본적인 악곡 분류에 따라 작품을 수록하고 있으므로 중인 가객들의 가집 편찬 방식을 따른 것처럼 보인다. 그러나 중대엽만 초중대엽, 이중대엽, 삼중대엽으로 세분하였을 뿐 가장 많은 비중을 차지하고 있는 삭대엽의 경우 전혀 세분하지 않고 그냥 삭대엽으로 묶어 처리하고 있다는 점에서 중인 가객들의 가집 편찬 방식을 온전히 따르고 있다고 보기는 어렵다. 그렇다면 이는 어디에 근

---

17) 장희홍, 『내시, 권력을 희롱하다』, 경인문화사, 2006, 62면.

거한 것일까? 이와 관련 『고금가곡』의 서두에 이와 동일한 분류 방식이 나타나고 있어 주목된다.

주지하다시피 『고금가곡』은 내용별 분류 가집이다. 하지만 이 또한 가집이므로 서두 부분에 음악과 관련된 핵심 정보들이 간략히 소개되어 있는데, 그 중 악곡 관련 부분만 인용하면 다음과 같다.

> 初中大葉 : 白雲行遏, 流水洋洋
> 二中大葉 : 王孫臺郎, 舞洛陽市
> 三中大葉 : 草裡驚蛇, 雲間雷落
> 北殿 : 睡罷紗窓, 打起鸎兒
> 數大葉 : 變通無常, 造化多端.

많은 가집의 서두에는 악곡 분류와 그것에 대한 풍도형용이 소개되어 있는데, 그 방식은 '중대엽, 북전(또는 후정화), 삭대엽'의 셋으로 단순화하여 제시하거나 아니면 앞의 세 악곡이 분화한 형태나 거기서 파생된 악곡까지 자세히 밝히는 둘 중의 하나로 나타난다. 그런데 위에 인용한 『고금가곡』의 경우는 중대엽은 세분하여 나타냈으나 삭대엽은 하나로 묶이 나다냈다. 악곡 분류와 풍도형용을 이와 같은 방식으로 분류하여 소개한 것은 『고금가곡』이 유일하다.[18] 문제는 바로 이 『고금가곡』의 방식이 『해아수』에 그대로 적용되고 있다는 점이다. 『해아수』의 경우 『고금가곡』처럼 서두의 음악이론을 소개하는 부분에 배치한 것이 아니라 본문의 작품 분류에 이를 적용했다. 그리하여 작품을 이 다섯 개 악곡으로 분류한 다음[19] 악곡의 이름을 적은 아래에 풍도형용을 표기했는데,

---

18) 이에 대해서는 이 책에 수록된 「『고금가곡』의 체재와 성격」 참조.

19) 물론 이 다섯 개 악곡의 뒤에는 만횡청류가 이어지고 있다. 만횡청류는 『고금가곡』에도 본문에만 나타나기 때문에 굳이 언급하지 않은 것이다.

그 내용이 『고금가곡』과 완전히 동일하다.[20]

그러면 『고금가곡』과 『해아수』가 악곡 분류와 풍도형용에서 동일한 인식을 보여주는 것을 어떻게 이해해야 할까? 우선 어느 한쪽이 다른 한쪽에 영향을 미친 것으로 이해할 수 있다. 이 가능성을 자세히 알아보기 위해 두 가집의 관련 내용을 〈표 4〉로 정리하면 다음과 같다.

〈표 4〉『고금가곡』과 『해아수』의 음악 관련 정보 비교

<table>
<tr><th>『고금가곡』</th><th>『해아수』</th></tr>
<tr><td>依其言咏而歌.</td><td>依其言咏而歌.</td></tr>
<tr><td>歌永言語短聲遲.</td><td rowspan="2">歌永言語短聲, 歌之所不無者有五.[21]</td></tr>
<tr><td>歌之所不無有五.</td></tr>
<tr><td>平調和, 洛陽三月, 邵子乘車, 百花叢裡, 按轡徐徐.
羽調壯, 項王躍馬, 雄劍腰鳴, 大江以西, 攻無堅城.
界面調怨, 令威去國, 千載始歸, 纍纍塚前, 物是人非.</td><td>平調和, 洛陽三月, 邵子乘車, 百花叢裡, 按轡徐徐.
羽調壯, 項王躍馬, 雄劍腰鳴, 大江以西, 攻無堅城.
啓眠(界面)調怨, 令威去國, 千載始歸, 纍纍塚前, 物是人非.</td></tr>
<tr><td>宮, 月到天心處, 風來水面時, 一般淸意味, 料得少人知.
羽, 五老峯爲筆, 羊瀾作硯池, 青天一張紙, 寫我腹中詩.
商, 洞庭西望楚江分, 水盡南天不見雲, 日落長沙秋色遠, 不知何處弔湘君.</td><td>×</td></tr>
<tr><td>宮和, 舜於南薰殿上, 率八元八凱, 彈五絃之琴, 歌南風之詩, 以和天下.
羽壯, 秦始皇帝呑二周, 席卷天下, 御阿房宮, 朝六國諸侯.
商怨, 班婕好久廢長信宮, 空階苔生, 玉輦不來, 黃昏花落, 拱頤嗚咽.</td><td>×</td></tr>
<tr><td>平聲哀而安, 上聲厲而擧, 去聲淸而遠, 入聲直而促.</td><td>平聲哀而安, 上聲厲而擧, 去聲淸而遠, 入聲直而促.</td></tr>
</table>

20) 二中大葉의 "王孫臺郎, 舞洛陽市"에서 '臺'가 『해아수』에는 '大'로 바뀌어 나타나는 것이 유일한 차이다.

蔓大葉與尋芳曲, 世代旣久泯滅無□, 能唱者無之嗚, 可惜也. 初中大葉, 白雲行遏, 流水洋洋 二中大葉, 王孫臺郎, 舞洛陽市 三中大葉, 草裡驚蛇, 雲間雷落 北殿, 睡罷紗窓, 打起鸎兒 數大葉, 變通無常, 造化多端.	初中大葉, 白雲行遏, 流水洋洋 二中大葉, 王孫大郎, 舞洛陽市 三中大葉, 草裡驚蛇, 雲間雷落 北殿, 睡罷紗窓, 打起鸎兒 數大葉, 變通無常, 造化多端. (본문에 제시)

두 가집의 내용을 견주어보면 『고금가곡』이 『해아수』보다 훨씬 자세한 것을 알 수 있다. 뿐만 아니라 정확성의 측면에서도 『고금가곡』이 『해아수』보다 정확하다. 『고금가곡』의 "歌永言語短聲遲(노래는 말을 길게 하는 것이니 말은 짧지만 소리는 길다)"가 『해아수』에서는 '遲'가 빠져 있으며, 다음 문장과 하나로 통합된 것에서 이를 확인할 수 있다. 이런 점에서 『해아수』가 『고금가곡』에 영향을 미쳤다고 보기는 어려울 것 같고 『고금가곡』이 『해아수』에 영향을 미쳤다고 보는 것이 자연스러울 듯하다. 그런데 『고금가곡』은 1764년에 편찬된 것으로 추정되고 있고, 『해아수』는 1761년에 편찬된 것으로 추정되고 있기 때문에 『고금가곡』이 『해아수』에 영향을 미쳤다고 볼 수는 없다. 따라서 우리는 두 번째 가능성을 고려해야 한다. 그것은 이 가집들이 편찬된 18세기 중반 무렵에 이와 같은 분류 의식이 어느 정도 공유되고 있었을 가능성이다. 『고금가곡』과 『해아수』에 이런 의식이 나타나는 것으로 보아 그 공유는 아마도 양반계층에 국한된 것으로 짐작된다. 중인 가객들은 직업적 가수라는 점에서 빠르게 분화되어 가던 삭대엽의 파생곡들을 정확히 알아둘 필요가 있었을 것이다. 하지만 양반들의 경우에는 개별적 차원이나 집안 내에서 노래를 즐겼으므로 삭대엽의 분화에 대해 그렇게 민감할 필요는

21) 『고금가곡』과의 선명한 대비를 위해 순서를 이 부분으로 조정하였다. 원래는 다음 내용에 이어 세 번째로 적혀 있다.

없었을 것으로 보인다. 또한 중인 가객들이 신곡(新曲) 위주의 흐름을 적극적으로 주도한 것에 비해 양반계층들은 고조(古調)의 사라짐을 안타까워하는 보수적 시각을 가지고 있었다는 점도 고려되어야 할 것이다.

3. 『해아수』의 가치

지금까지 『해아수』라는 가집의 명칭이 왜 일반적인 여타 가집들과 다르게 나타난 것인지, 그리고 악곡 분류가 세분되지 않고 왜 삭대엽 계열은 삭대엽으로 묶어 분류한 것인지와 관련하여, 이것이 환관 출신의 편자 임한장의 의식과 깊은 관련이 있음을 살펴보았다. 이제부터는 이와는 좀 다른 차원에서 『해아수』의 가치를 조명해 보고자 한다.

『해아수』에서 가장 주목되는 것은 〈그림 10〉에서 보는 바와 같은 가필(加筆) 부분이다. 가필은 물론 『해아수』에서만 나타나는 것은 아니다. 하지만 『해아수』에 나타나는 가필은 다음 두어 가지 점에서 특별한 데가 있다.

우선 『해아수』에서는 가필이 매우 광범위하게 나타난다는 점이다. 총 470수 중 한 글자라도 가필이 이루어진 경우를 헤아려 본 결과 약 190수 정도로 파악되었는데, 이는 전체의 40.4%에 해당하는 것이다. 물론 이 중 상당수는 단순한 자구적 차원의 수정에 지나지 않는 것이지만 일부 작품의 경우는 아주 유익한 정보를 제공하고 있기도 하다.

다음으로 『해아수』의 가필은 원래 필사한 내용을 그대로 둔 상태에서 옆에 덧붙여 적은 것이 대부분이다. 또 일부 원래 필사한 것을 수정한 경우에도 완전히 삭제하지 않고 애초의 글씨를 확인할 수 있도록 처리하고 있다. 그리하여 원본과 가필본의 비교가 가능하다는 점에서 주목을 요한다. 이것이 왜 중요한가? 〈그림 10〉의 작품을 원본과 가필본으로 나누어 놓고 보면 그 이유를 알 수 있다.

> 오늘이 오늘이쇼셔 每日의 오늘이쇼셔
> 졈그러지도 새지도 마ᄅ시고
> 새나마 每양長息에 오늘이쇼셔.(17-1)
>
> 오늘이 오늘이쇼셔 每日의 오늘이쇼셔
> 졈무러지도 새지도 말고 오늘이쇼셔
> 새나마 晝夜長常의 오늘이쇼셔.(17-2)[22]

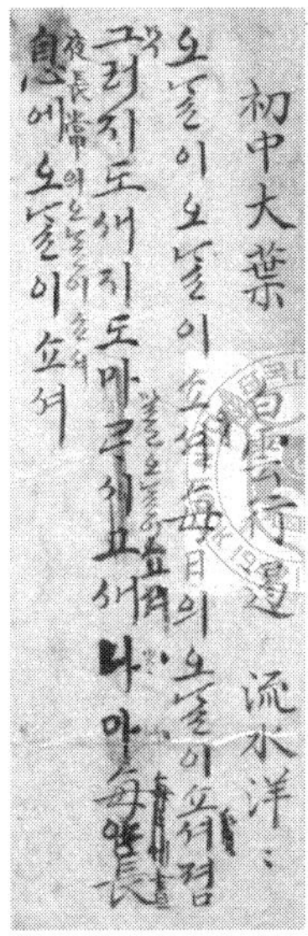

〈그림 10〉『해아수』의 가필 사례

원본(17-1)과 가필본(17-2)을 견주어보면 가필본이 중장에 "오늘이쇼셔"를 추가함으로써 훨씬 더 의미가 분명해진 것을 알 수 있다. 후대 전승자는 의미가 명료한 방향으로 수정을 가한 것이다. 그런데 수정의 방향이 이것만 있는 것이 아니라는 점에 주목할 필요가 있다. 종장 둘째 음보에도 수정이 가해졌는데 이번에는 의미에 별 차이가 없는 다른 표현으로 대체되었다. 이를 통해『해아수』의 전승자는 노랫말이 다른 것을 접하게 되면 이를 적극 추가하려 했음을 알 수 있다. 이런『해아수』 전승자의 노력으로 인해 전승 계보에 따라 각기 다르게 전승되던 두 개의 노랫말[23]을 우리는 이 한 가집에서 동시에 만날 수가 있게 되었다.

그런데 전승 계보에 따른 노랫말의 차이가 위의 경우처럼 단지 표현

22) 여기서부터는 원본과 가필본을 별도로 나누어 인용하고자 한다.

23) 17-1의 노랫말은『청구영언』 계열의 가집에서 나타나고 있으며, 17-2의 노랫말은『해동가요』 계열의 가집에서 나타나고 있다.

상의 차이에 그치는 경우만 있는 것이 아니다. 단순히 표현상의 차이만 존재한다면 비록 다른 전승이라 하더라도 큰 의미를 갖는다고 보기는 어려울 것이다. 우리가 가집별 다양한 전승 상황에 주목하는 것은 거기에서 단순한 표현상의 차이 그 이상의 변화상을 포착할 수 있기 때문이다. 『해아수』의 가치는 바로 여기에서 찾을 수 있다. 여러 가집을 통해야만 확인할 수 있는 다양한 전승 형태를 『해아수』라는 하나의 가집을 통해 확인할 수 있는 것이다. 지금부터 이에 해당하는 대표적인 몇 가지를 살펴보기로 한다.

> 煙霞로 집을 삼고 風月로 벗을 삼아
> 太平聖代에 <u>病으로</u> 늙어 가닉
> 이 듕에 ᄇ라는 일은 허믈이나 업고져.(21-1)

> 煙霞로 집을 삼고 風月로 벗을 삼아
> 太平聖代에 <u>病 업시</u> 늙어 가닉
> 이 듕에 ᄇ라는 일은 허믈이나 업고져.(21-2)

이황의 〈도산십이곡〉 중 전육곡의 두 번째 작품이다. 이미 많이 알려진 바와 같이 중장에 나오는 "병으로 늙어간다"는 표현은 작가 자신의 개인적 상황을 반영한 것이다. 그런데 이를 개인적 체험과 무관하게 관념적으로 접근함으로써 결과적으로 작가의 원뜻을 훼손하고 왜곡한 것이 "병 없이 늙어간다"는 표현이다. 하지만 이것을 무조건 원뜻을 왜곡한 것으로 치부하고 말 수는 없다. 후대의 전승자들 입장에서는 태평성대와 어울리는 표현으로 "병으로"보다는 "병 없이"가 훨씬 낫다고 생각할 수 있기 때문이다. 실제로 가집 수록 현황을 분석해보면 이런 해석의 전승이 만만치 않게 이루어졌음을 볼 수 있다.[24] 뿐만 아니라 시대에 따른 차이도 나타나고 있어 흥미롭다. 18-19세기의 경우 "병으로"가 훨씬 우세하게 나타나며, "병 없이" 형태를 취한 것은 『청구영언』 계열과 『가곡원류』 계열에서 독특한 위상을 차지하는 일부 가집에 불과하다.[25] 그런데 20세기의 경우에는 대부분의 잡가집에 "병 없이" 형태가 수용됨으로써 이것이 우세하게 나타나고 있으며, "병으로" 형태는 『가곡선』과 『해동영언』 등 극히 일부에 그치고 있다. 이상에서 보는 것처럼 이 작품은 크게 두 가지 유형으로 나뉘어 전승이 이루어졌는데, 『해아수』는 이 두 가지 전승을 모두 수용하여 보여준다는 점에서 의미가 있다.

> 功名 富貴과란 世上 사름 맛져 두고
> 말 업슨 江山에 일 업시 누어 이셔
> 갑 업슨 風月을 거ᄂ려 醉鄕에서 늙으리라.(27-1)

> 功名 富貴과란 世上 사름 맛져 두고
> 말 업슨 江山에 일 업시 누어시니
> 봄비의 절노 난 山菜 긔 分인가 ᄒ노라.(27-2)

위의 작품은 부귀공명을 탐하는 세속적 삶에서 벗어나 강호자연에 파묻혀 한가롭게 살아가는 시적화자의 삶을 노래한 것이다. 이런 시적 지향이나 분위기에 훨씬 어울리는 것은 27-2의 종장이라 할 수 있다. 『청진』 무명씨에 이것이 처음 실린 것으로 보아 이 유형이 이 작품의 원형

24) 『고시조 대전』을 참조한 결과 "병으로" 형태를 취한 것이 39개, "병 없이" 형태를 취한 것이 20개, 그리고 "일 없이" 형태를 취한 것이 2개로 나타났다. "일 없이"가 "병 없이"와 같은 인식에 기초해 있다는 점에서 이를 "병 없이"에 통합하게 되면 "병으로"와 "병 없이"는 39:22로서 이를 백분율로 나타내면 64% : 36%가 된다.

25) 『청구영언』 계열의 『청홍』과 『청영』, 『가곡원류』 계열의 『원하』, 『화악』, 『원가』, 『원김』, 『성악』 등.

인 것으로 보인다. 또한 가집 수록 현황을 보더라도 이 유형이 훨씬 더 많은 가집에 수록되어 있음을 확인할 수 있다.[26] 한편 27-1은 원작을 가져와서 종장에 수정을 가한 것인데, 그 개작의 방향은 강호자연의 세계에서 즐겁게 살고자 하는 시적화자의 욕망과 의지를 한층 강조하는 쪽인 것으로 이해된다. 이 유형은 『가조』, 『시박』, 『청홍』 등에 실린 것으로 보아 18세기 중반 무렵에 형성된 듯하다. 특이한 것은 『해아수』 수록 현황이다. 소수의 가집에 수록된 변이형이 원본으로 선택되었고, 다수 가집에 수록된 보편형은 후대에 가필본으로 기록되었기 때문이다. 이렇게 다수 가집에 수록된 보편형보다 소수 가집에 수록된 변이형이 원본으로 선택된 경우는 이 밖에도 여러 작품에서 나타나고 있다. 이런 작품은 아마도 『해아수』가 편찬된 1760년대 당시 바로 당대에 형성된 변이형이어서 일시적이나마 크게 영향을 미친 것들이 아닌가 추정된다.

한편 『해아수』는 여항 가객에 의해 편찬된 것이 아니라 환관 임한장에 의해 편찬된 것이라는 점에서 독특한 위상을 갖는 가집이다. 이로 인해 이 가집에는 유형 단독출현 42수, 군집 단독출현 53수 등 총 95수에 달하는 단독출현 작품이 나타나고 있다.[27] 이 95수는 『해아수』 전체 작품 470수의 20.2%에 해당하는 것으로, 이는 가곡창 가집 중 『동국명현가사집록』 다음으로 단독출현 작품의 비중이 높은 것이다.[28] 하지만 이런 『해아수』의 독특한 위상은 후대 전승자의 가필로 인해 어느 정도 완화되는 측면을 보여준다. 군집 단독출현 작품 일부에 가필을 하였는데, 이 가필한 가사는 여타 가집들에 수록된 것이기 때문에 가필본을

---

26) 『청진』을 비롯하여 12개 가집에 이 유형이 수록되어 있다.

27) 이에 대해서는 '신경숙 외 5인, 『고시조 문헌 해제』, 고려대학교 민족문화연구원, 2012, 55면.'을 참조할 것.

28) 참고로 『동국명현가사집록』의 단독출현 작품 비중은 48.3%(229/474)이다.

기준으로 보면 더 이상 단독출현 작품이 아니게 되는 것이다.

> 山中에 冊曆 업서 節 가는 줄 내 몰내라
> 쏫 픠면 봄인가 닙 지면 ᄀᆞ올인가
> **<u>靑山에 눈 진 날이면 겨울인가 ᄒᆞ노라.</u>**(114-1)

> 山中에 冊曆 업서 節 가는 줄 내 몰내라
> 쏫 픠면 봄인가 닙 지면 ᄀᆞ올인가
> **<u>世上에 甲子를 닛고 이리져리 늘그리라.</u>**(114-2)

『고시조 대전』에 따르면 이 작품은 네 개의 군집으로 나뉘어 존재한다. 이 중 종장의 차이만 고려할 경우 세 개의 군집으로 나뉘게 된다. 세 개의 군집 중 가장 많은 가집에 수록된 군집의 종장은 "아이들 헌 옷 찾으면 겨울인가 하노라."이다. 『고금』, 『병가』, 『청가』, 『근악』, 『시김』 등 5개 가집이 이런 모습을 취하고 있다. 그 다음이 『가조』, 『시박』, 『가권』 등 3개 가집에 수록된 "세상의 갑자를 잊고 이리저리 늙으리라." 이다. 그런데 『해아수』의 편자는 이 두 가시가 아닌 제3의 가사(114-1)를 수록해 놓았다. 이 제3의 가사는 오직 이 가집에만 존재하는 것이다. 이렇게 하여 군집 단독출현 작품이 탄생한 것인데, 후대의 전승자는 이를 보완하는 차원에서 자신이 접한 새로운 가사를 추가하였다. 이 가필(114-2)로 인해 개성이 강하던 가집이 훨씬 일반적 가집에 가까워지는 결과를 가져오게 되었다. 지금의 관점에서 보면 분명 이렇게 해석될 수 있는데, 과연 이렇게만 해석되어야 할까?

다음을 참고하게 되면 달리 해석될 소지가 있다는 걸 깨닫게 된다.

산촌이라 달력이 없으니	山城無曆日
계절이 변하는 걸 알기 어렵네.	節序難記識
꽃이 피면 봄이 온 줄을 알고	花開知春敷
잎이 다 지면 가을이 온 줄 알지.	葉盡爲秋落
꽃이 피고 잎이 다 진 뒤에는	花開葉盡後
겨울이 왔다는 것을 알 뿐일세.	認是玄冬索[29]

이응희(李應禧, 1579-1651)의 〈해가곡(解歌曲)〉이라는 시다. 제목으로 보나 내용으로 보나 앞의 시조를 한역한 것이 분명하다. 이응희는 자가 자수(子綏), 호가 옥담(玉潭)이며, 성종대왕의 삼남인 안양군(安陽君)의 현손(玄孫)으로, 평생을 경기도 과천 수리산 아래에 은거하며 평범한 향촌의 사족으로 살았던 인물이다.[30] 이런 그의 행적으로 미루어 위의 시는 자신의 시조를 한역한 것으로 짐작된다. 『옥담사집』에 실린 전후 시들을 고려할 때 창작 시기는 작자의 만년인 1650년이다.

문제는 "산중에~"의 세 개 하위군집 가운데 『해아수』의 원본 가사가 이응희의 한역시와 가장 가깝다는 점이다. 물론 "청산에 눈 진 날이면"도 "꽃 피고 잎 진 뒤에는"과 다른 표현이긴 하지만, 여기에는 자연의 변화를 통해 계절을 감지한다는 공통점이 내재되어 있다. 이런 점에서 "산중에~"의 세 개 하위군집은 "청산에 눈 진 날이면 겨울인가 하노라." →"아이들 헌 옷 찾으면 겨울인가 하노라."→"세상의 갑자를 잊고 이리저리 늙으리라."의 순으로 파생된 것으로 추정된다.

아무튼 단독으로 출현하는 가사라고 하여 무조건 후대에 생겨났다고

---

29) 이응희 지음, 이상하 옮김, 『玉潭私集』, 소명출판, 2009, 417면.

30) 이응희의 행적과 관련된 자세한 내용은 '이종묵, 「17세기 향촌생활이 오롯이 담긴 빼어난 풍속시」, 이응희 지음, 이상하 옮김, 『玉潭遺稿』, 소명출판, 2009.'를 참조하기 바란다.

보아서는 안 된다는 점을 여기서 기억할 필요가 있다. 또한 17세기 중반 향촌 사족이 창작한 시조를 가장 원형에 가깝게 전승하고 있는 것은 이 가집이 양반임을 자처한 환관 신분의 임한장에 의해 편찬된 것과 관련이 있는 것으로 보인다.

한편 앞의 예와는 반대로 가필본이 단독출현 가사인 경우도 있다.

> 富貴를 ᄇᆞ라지 마라 富貴 간 ᄃᆡ 말 ᄒᆞ더라
> 功名도 밧바 마라 白眼 모든 싸히러라
> <u>天쟉을 닷가 두어라 반졋ᄒᆞᆯ 일 업스리라.</u>(34-1)

> 富貴를 ᄇᆞ라지 마라 富貴 간 ᄃᆡ 말 ᄒᆞ더라
> 功名도 밧바 마라 白眼 모든 싸히러라
> <u>내 몸이 開眼곳 ᄒᆞ면 긔분인가 ᄒᆞ노라.</u>(34-2)

『해아수』 편찬 당시의 가사인 34-1은 약간의 자구적 차이가 있기는 하나 『고금』과 『근악』에도 실려 있다. 그런데 후대에 가필된 가사인 34-2는 그 어떤 가집에도 실려 있지 않다. 따라서 34-2는 34-1과 같은 유형이면서 다른 하위군집에 속한다고 할 수 있다. 하지만 『고시조 대전』에는 가필 가사가 반영되지 않았기 때문에 위의 작품은 복수의 하위군집이 존재하지 않는 단일군집 유형으로 처리되어 있다.

이상에서 『해아수』에는 상당히 많은 가필이 있으며, 그 중에는 유의미하게 해석될 수 있는 것들이 여럿 존재한다는 것을 살펴보았다. 『해아수』의 전승자는 단순히 노래책을 소지하는 데 그치지 않고 이를 자신이 원하는 방향으로 적극 수정을 가했다. 그런데 『해아수』의 전승자가 지혜롭다고 할 수 있는 것은 편찬 당시의 원가사를 삭제하지 않고 그것을 그대로 둔 상태에서 자신이 접한 노랫말을 추가했다는 점이다. 이렇게

함으로써 결과적으로 편자가 엮은 『해아수』(『해아수』1)와 전승자가 추가한 『해아수』(『해아수』2)를 동시에 만날 수 있게 해주었다는 점이다. 따라서 우리는 『해아수』1을 통해 원래의 편자가 지향한 가집 편찬의 목적이 어떤 것이었는지 알 수 있게 되었고, 『해아수』2를 통해 이 가집이 전승되는 과정에서 어떤 계열의 노랫말이 추가되었는지를 볼 수 있게 되었다. 이런 점에서 『해아수』는 하나의 가집이 아니라 두 개의 가집이라 할 수 있다. 『해아수』의 이런 가치를 제대로 살리기 위해서는 원가사 위주로만 자료를 정리할 것이 아니라 가필된 가사도 함께 고려하는 자료 정리가 이루어져야 할 것으로 보인다.

4. 결론

이 글에서는 18세기 중반 가집인 『해아수』의 정체를 밝히고, 이를 바탕으로 이 가집의 가치를 조명하고자 했다.

『해아수』는 기존 연구에서 1761년에 임한장에 의해 편찬된 가집이라는 것이 밝혀졌으나 편자 임한장이 어떤 인물인지에 대해서는 전혀 알려진 바가 없었다. 이에 따라 명칭부터 악곡 구성에 이르기까지 여타 가집과 달리 독특한 특성을 보여주고 있는 『해아수』의 성격을 파악하는 데 한계가 있었다.

이에 이 글에서는 편자 임한장의 정체를 파악하는 데 우선 집중하였다. 그리하여 임한장에 관한 기록이 『승정원일기』에 나오는 것을 확인하고 여기 등장하는 환관 임한장이 『해아수』의 편자 임한장과 동일인물일 가능성에 대해 검토하였다. 그 결과 정조(貞操)와 관련된 작품이 유난히 강조되어 나타나는 점, 권말의 필사기에 보이는 장동이 당시 환관들의 집단 거주지였다는 점 등에서 이 가집의 편자 임한장은 『승정원일기』에 등장하는 환관 임한장일 가능성이 큰 것으로 보았다. 이어서 이를 간접적으로 입증하기 위해 이 가집이 환관 가문에서 전승된 흔적들에 대해 살펴보았다. 이 가집의 권두부에는 임금 왕(王)자를 속에 넣은 나라 국(国)자를 중심으로 네 모서리에 '天下壽域'이라 쓴 그림이 있는데 이는 임금의 만수무강과 태평성대를 기원하는 것으로 보인다. 또한 이 가집의 본문 중에는 유독 '잠'과 관련된 작품에 집착하여 이런 작품들에만 '잠'이라 표시한 후대 전승자의 표기가 나타나고 있다. 이런 사실들은 이 가집이 환관 임한장에 의해 편찬된 뒤 그의 집안을 중심으로 전승이 이루어지면서 나타난 현상이 아닌가 한다.

이 가집의 명칭이 대부분의 가집들에서 나타나는 것처럼 노래를 뜻하는 용어가 사용되지 않고 "시름을 풀다"라는 뜻을 가진 『해아수』라는 독특한 형태로 나타나는 것은 바로 이 가집이 환관 임한장에 의해 편찬된 것과 밀접한 관련이 있는 것으로 보인다. 아울러 당시 가장 활발하게 분화되어 가던 삭대엽의 파생악곡들-초삭대엽, 이삭대엽, 삼삭대엽 등-을 분류의 도구로 전혀 사용하지 않고 그냥 삭대엽이라는 통합 명칭으로 묶어 분류한 것 역시 환관 임한장에 의해 편찬된 것과 관련이 있다. 환관의 사회적 지위는 중인으로 인식되고 있었으나 환관들 스스로는 이런 사회적 인식과 상관없이 양반으로 자처하였는데, 환관 임한장의 양반의식이 투영된 결과가 삭대엽이라는 통합 명칭을 사용해 분류하는 것으로 나타났다. 당시 중인 가객에 의해 편찬된 가집의 경우에는 악곡 분류가 매우 세분되어 나타나지만 양반에 의해 편찬된 가집의 경우에는 악곡의 세분화에 별로 관심이 없는 것으로 나타나는 것이 이를 뒷받침하고 있다.

한편 『해아수』의 가치는 이 가집의 정체를 밝히는 과정에서도 어느 정도 드러나고 있지만, 이와 별도로 또 다른 차원에서도 발견된다. 이 가집에는 매우 광범위한 차원에서 가필이 이루어지고 있는데, 그 가필 양상은 원래의 가사를 훼손하지 않고 그대로 둔 상태에서 그 옆에 덧붙여 적은 것이 대부분이다. 이로 인해 원래 가사와 가필 가사를 동시에 접할 수 있는데, 이는 곧 전승 계보에 따라 각기 다르게 전승된 두 개의 노랫말을 하나의 가집에서 동시에 만날 수 있음을 의미한다. 따라서 이에 대한 분석을 통해 우리는 조선후기 가곡의 다양한 전승 양상을 확인할 수 있다. 이런 점에서 본문 말미에서 "『해아수』는 하나의 가집이 아니라 두 개의 가집이라 할 수 있다"고 한 말은 다음과 같이 수정되어야 할 것으로 보인다. 이 가집에 가필된 노랫말이 어떤 특정 계열에 속하는 하나의 내용을 반영한 것이 아니라 노래마다 실로 다양한 계열의 가사를 가져와서 보여주고 있다는 점에서, 『해아수』는 두 개보다도 훨씬 더 많은 여러 가집의 집합소로서, 노랫말 전승의 보고(寶庫)라 할 수 있다.

제5장

『해동가요』(박씨본) 연구의 새로운 시각

1. 문제제기

조선후기 가집 편찬은 그 자체로 하나의 문화다. 가집 편찬의 역사는 약 200여 년에 달하며, 그 사이에 편찬된 가집의 수는 150여 종[1]에 이른다. 이러한 사정을 감안할 때 조선후기 가집 편찬의 역사는 노래 문화의 향유 실상을 그대로 보여주는 것이라 할 수 있다. 그렇다면 지금까지의 가집 연구는 이런 실상에 부합하게 진행되어 왔는가? 이 글은 이런 원론적인 의문으로부터 출발하고자 한다.

지금 이 시점에서 우리는 조선후기 가집 편찬과 관련하여 이를 문화적 맥락에서 읽어내려는 노력이 얼마나 진행되어 왔는가를 반성할 필요가 있을 듯하다. 가집은 조선후기가 낳은 문화적 산물이다. 조선후기에 노래를 향유한 사람들은 사대부로부터 이름 없는 사람들에 이르기까지 실로 다양하다. 가집은 이들 다양한 사람들에 의해 편찬되고 전승되어 온 것이다. 따라서 백 수십 종에 이르는 가집들 하나하나가 소중한 의미를 가진다고 할 수 있다. 그럼에도 불구하고 오늘날 우리들은 모든 가집들이

1) 『고시조 대전』은 총 316종의 문헌을 대상으로 하였는데, 이에 따르면 현재까지 발굴되어 이 책에 반영된 가집은 153종이라 한다. 김흥규 외 6인, 『고시조 대전』, 고려대학교 민족문화연구원, 2012.

지니는 제 나름의 가치를 인정하기보다 특정 가집 몇 개에만 관심을 집중하고 있으며, 편찬자를 알 수 있는 소수 가집에 매달려 이름 없는 사람들이 남긴 무수한 가집들에 대해서는 대부분 눈길을 주지 않고 있다. 이것이 과연 온당한 시각일까?

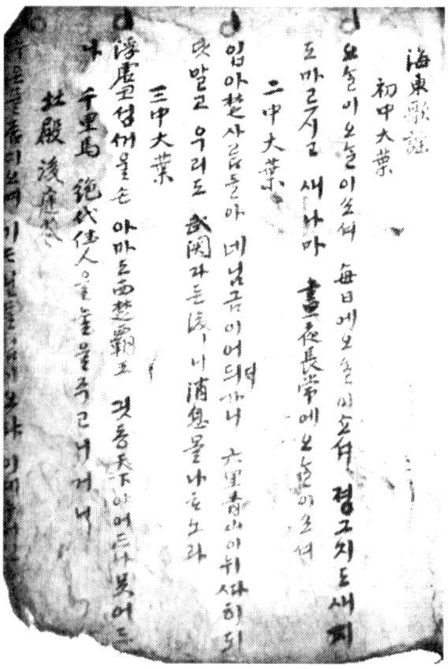

〈그림 11〉『해박』 본문 시작 부분

이 글은 이러한 문제의식 하에 가집 연구의 새로운 시각을 확보하고자 기획되었다. 이를 위해 주 검토 대상으로 삼은 것은 『해동가요』(박씨본)이다. 특별히 『해박』을 대상으로 삼은 데는 물론 이유가 있다. 『해박』은 박영돈(朴永弴)씨 소장본으로 1979년에 처음 소개된 이래[2] 약간의 연구가 진행된 바 있다.[3] 그런데 그간의 연구를 검토해보면 『헤박』이 김수장이 편찬한 『해동가요』 1차본이라는 데 관심이 집중되어 있음을

---

2) 朴永弴, 「海東歌謠 異本書誌 小考와 因緣記」, 『韓國文學』 通卷六三號, 韓國文學社, 1979.
李相寶, 「異本 海東歌謠 및 永言選 考察」, 『韓國文學』 通卷六三號, 韓國文學社, 1979.
『海東歌謠 附永言選』, 奎章文化社 영인, 1979.

3) 朴魯春, 「朴氏本 「海東歌謠」의 資料的 價值性(乾)」, 『국회도서관보』 137호, 1979. 1.2. 합집.
朴魯春, 「朴氏本 「海東歌謠」의 資料的 價值性(坤)」, 『국회도서관보』 138호, 1979.3.
崔東元, 「「青珍」·「海朴」·「海周」의 對比的考察」, 『古時調論』, 三英社, 1980.
權斗煥, 「朝鮮後期 時調歌壇 研究」, 서울대학교 박사논문, 1984.
梁熙讚, 「시조집의 편찬 계열 연구」, 고려대학교 박사논문, 1993.12.
김용찬, 『18세기 시조문학과 예술사적 위상』, 月印, 1999.

볼 수 있다. 이에 따라 『해박』의 유명씨 부분에 초점을 맞춤으로써 무명씨 이하 부분에 대해서는 관심을 기울이지 않았다. 사정이 이렇게 된 것은 『해박』을 그 자체로 보지 않고 김수장이라는 편찬자에 관심을 집중했기 때문이다. 물론 이는 그 나름의 이유가 존재한다. 그것은 현재 전하는 『해박』이 김수장의 수고본(手稿本)이 아니라 후대의 전사본(轉寫本)이기 때문이다. 후대의 전사본을 토대로 김수장이 편찬한 『해동가요』의 원래 모습을 복원하는 작업은 중요한 의미가 있다. 문제는 여기에 너무 집착한다는 데 있다. 현전 『해동가요』가 후대의 전사본이라는 것은 김수장이 편찬한 원래 모습과 일정한 거리가 있을 것임을 당연히 예상케 한다. 따라서 『해동가요』 연구에서는 『해동가요』의 원래 모습을 복원하는 작업과 함께 후대의 전사자 -이때 전사자는 단순한 전사자가 아니라 편찬자의 역할을 하는 경우가 대부분이다- 가 추가한 부분의 의미를 해명하는 작업이 동시에 진행되어야 한다. 이런 점에서 이 글은 기존 연구에서 크게 주목받지 못했던 『해박』의 무명씨 부분에 관심의 초점을 맞추고자 한다.

2. 『해박』을 보는 시각

앞서 지적한 대로 『해박』은 김수장이 편찬한 원본이 아니라 후대의 전사본이다. 이는 『해박』의 구성과 체재를 살펴보면 쉽게 알 수 있다.

海東歌謠序
夫文章詩律~ : 十洲書于甲戌之夏
我東所作歌曲~
餘嘗有疾~ : 乙丑仲春花史子書于欲吟齋

昔陰康氏時~
古秦靑韓娥~
各調體格

海東歌謠
初中大葉(1)
二中大葉(1)
三中大葉(1)
北殿(後庭火, 1)
二北殿(1)
初數大葉(1)
(二數大葉) : 92명, 302수
張福紹 발문 : 乙亥孟夏之初張福紹書于十州之觀德齋
金壽長 발문 : 乙亥孟夏之初十州金壽長書

無名氏(1) : 후대 추록.

永言選序 : 崇禎三壬午孟秋後學上黨韓維信謹書
(韓維信)(11)
韓中樞歌敍跋 : 花溪申玏書
題永言選後 : 甲申冬至日淸風金致默題
題永言選跋 : 乙酉四月日無名岱人書 金福鉉
題永言選卷後 : 沙伐散人稿
題永言選後 : 丙戌春巴陵散人李賢書
(鷺城過客跋) : 丙戌暮春鷺城過客跋 朴師厚
(稷下散人跋) : 丁亥九月初吉稷下散人書于江陽郡齋 沈祥雲
(龍山行人跋) : 丁亥仲冬日龍山行人書吳

無名氏(41) : 마지막 3수는 후대 추록.

接騷聳數大葉可合者抄集(11)

樂時調(26)[4)]

蔓數(31)[5)]

背面裏書한 無名氏 作品(93)[6)]

위에서 제시한 체재를 살펴보면, 중간에 『영언선』 관련 기록이 삽입되어 있고, 마지막에 배면이서(背面裏書)한 무명씨(無名氏) 작품이 수록되어 있는 등 후대의 전사본이라는 것이 확연히 드러난다. 이 점에 대해서는 이미 선행 연구에서도 지적된 바가 있다. 그런데 문제는 바로 여기에 있다. 선행 연구에서는 『해박』이 후대의 전사본이라는 것을 충분히 파악하고 있음에도 불구하고 『영언선』 관련 기록과 후대에 추록된 작품 일부를 제외하면 김수장이 편찬한 『해동가요』 1차본의 원본에 가깝다고 보고 있는 것이다. 과연 그럴까?

위에서 보듯 『해박』의 권두부는 다양한 내용들로 구성되어 있다. 여기서 "夫文章詩律~"로 시작하는 김수장의 서문이 『청구영언』(진본)에 있는 김천택의 '권말지(卷末識)'에 부분 수정을 가한 것이며, "我東所作歌曲~"으로 시작하는 글이 『청진』 〈만횡청류서(蔓橫淸類序)〉를 그대로 가져온 것이라는 점에 대해서는 이미 기존 연구에서 밝혀진 바가 있다.[7)] 그런가 하면 "昔陰康氏時~"로 시작하는 '학가무(學歌舞)'에 대한 설명과 "古秦青韓娥~"로 시작하는 '선가자(善歌者)'에 대한 설명 부분, 그리고 평조·우

4) 398번 작품 뒤에 중·종장이 결락된 작품 - 영인본에서는 이 작품에 번호를 붙이지 않았다 - 이 보인다. 이로써 이 다음에 낙장이 있음을 알 수 있다.

5) 432번 작품 뒤에 중·종장이 결락된 작품 - 영인본에서는 이 작품에 번호를 붙이지 않았다 - 이 보인다. 이로써 이 다음에도 낙장이 있음을 알 수 있다.

6) 영인본에서 번호를 붙인 작품의 수를 가리킨다.

7) 최동원, 앞의 논문. 김용찬, 앞의 책.

조·계면조로 나누어 설명하는 각조체격(各調體格) 부분 역시 『청구영언』(장서각본)에 이 기록들이 실려 있다.[8] 이렇게 볼 때 『해박』의 권두부는 그때까지 전하던 각종 기록들을 수집하여 수록했다고 볼 수 있다. 이런 관점에서 보면 을축년(1745년)에 화사자(花史子)가 쓴 글이 끼어든 것을 이상하게 생각할 필요가 전혀 없다. 화사자의 글을 이상하게 여기는 것은 『해박』이 김수장이 편찬한 원본에 가깝다고 보기 때문이다. 그러나 『해박』은 후대의 전사본이며, 이때의 전사자는 단순히 베끼는 차원이 아니라 자신이 입수한 여러 책을 바탕으로 체재를 재조정하고 관련 기록을 첨가·삭제하는 등 가집 편찬자의 역할을 수행했다고 봐야 한다. 한유신의 〈영언선서(永言選序)〉를 참고할 때 『해박』의 편자는 김유기의 『영언선』, 김천택의 『해동가곡』(또는 『해동가요록』)을 참조하여 『해박』을 엮은 것으로 보인다.

> 어떤 사람이 『해동가곡(海東歌曲)』 1부를 주었는데, 바로 김천택 군이 여러 군자들이 지은 것을 모은 것이었다. 끝에 국조 명창과 자신이 지은 것을 붙였는데, 공(김유기 : 필자 주)의 신번(新飜) 7~8결(闋)도 또한 그 중에 들어 있었다. 세 번 반복하여 읊으니 심목(心目)이 모두 밝아지고, 가을물이 성하고 갈대가 짙푸르던 때에 그 분이 완연히 있던[9] 생각이 처연히 생겨나서, 더욱 눈물이 흘러내림을 금할 수가 없었다. 드디어 1본을 베껴 『영언선(永言選)』과 더불어 나란히 상자에 넣어두고, 또 야인(野人)의 말로 단사(短詞) 10여 결을 지어 권말에 그것을 기록했다.[10]

8) 이에 대해서는 이 책에 수록된 「18세기 가집 편찬과 『청구영언』(장서각본)의 위상」 참조.

9) "秋水蒹葭其人宛在"는 『詩經』 「秦風」 '蒹葭'를 차용한 것이다.

10) "客有遺以海東歌曲一部, 乃金君天澤所裒集諸君子所製也. 末附國朝名唱及其所自製, 而公之新飜七八闋 亦在其中矣. 三復諷詠, 心目俱明, 凄然有秋水蒹葭其人宛在之懷, 而益不禁涕潸之下也. 遂謄一本, 與永言選並藏之篋笥, 又以野人語, 作短詞十

임오년(1762년)에 한유신이 쓴 이 글은, 그가 김유기의 『영언선』[11]과 김천택의 『해동가곡』을 분명히 소유했음을 보여주고 있다. 김유기의 작품수가 『청진』보다 『해동가요』와 일치한다는 점을 근거로 『해동가곡』이 책명으로 쓰인 것이 아니라 일반명사로 쓰였으며, 따라서 김천택은 김수장의 착각이라고 봐야 한다는 견해가 있지만, 그렇게 해석해도 좋을지 의문이다. 『해박』이 한유신 사후로부터 그리 멀지

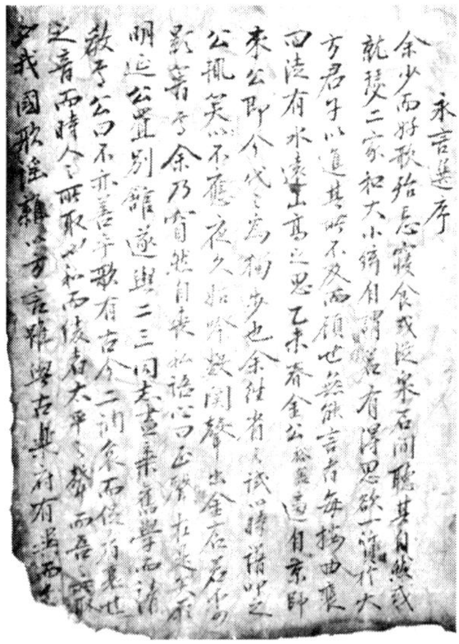

〈그림 12〉 한유신의 〈영언선서〉

않은 때에 편찬된 것으로 추정된다는 점, 어떤 식으로든 한유신과 연관이 있는 사람이 『해박』을 편찬했을 가능성이 높다는 점,[12] 그리고 위의 기록에서 국조 명창과 김천택·김유기가 함께 언급되고 있는 것으로 보아 '어항육인'을 묶어 다루고 있는 『청진』의 체재에 더 가깝다는 점 등으로

餘閑, 錄之卷末." 韓維信, 〈永言選序〉, 『海東歌謠 附永言選』, 奎章文化社 영인, 1979.

11) 『영언선』의 편찬자에 대해서는 약간의 이설이 있으나 한유신의 〈영언선서〉로 미루어 김유기임이 분명해 보인다. 이에 대해서는 '沈載完, 「韓維信과 永言選」, 『모산학보』 제3집, 모산학술연구소, 1992.' 참조.

12) 『해박』의 체재를 보면 이삭대엽 유명씨와 무명씨 사이에 『영언선』 관련 기록과 한유신의 작품이 있다. 이는 『해박』의 편찬자가 이삭대엽 유명씨의 끝에 한유신의 작품을 의도적으로 배치했음을 보여주는 것이다. 가집의 편찬자가 자신의 작품을 이삭대엽 유명씨 마지막에 배치하는 것이 일반적임을 감안할 때 『해박』의 이런 체재는 한유신의 편찬 가능성을 제기한다. 그러나 『영언선』 관련 기록 중에 한유신 사후에 쓴 글이 들어 있으므로 한유신과 밀접한 관련이 있는 사람이 한유신 사후에 『해박』을 편찬했다고 보는 것이 옳을 듯하다.

미루어 이 기록은 신뢰해도 좋을 듯하다.

한편 『해박』의 권두부가 김수장의 서문으로 시작하고 있으며, 유명씨부 끝에 장복소의 발문과 김수장의 글이 실려 있다는 점에서 『해박』의 편자가 『해동가요』를 주요 저본으로 삼았음을 부인하기 어렵다. 이상의 사실로써 『해박』은 『영언선』, 『해동가곡』, 『해동가요』 등 세 가지 가집을 참고하여 이루어졌음을 짐작할 수 있다. 비록 세 가지 가집을 참고했지만 『영언선』과 『해동가곡』은 각각 『영언선』 관련 기록과 화사자의 발문을 통해 그 흔적을 엿볼 수 있을 뿐 『해동가요』가 중심적 비중을 차지하고 있다. 이는 『해동가요』가 세 가집 중 가장 후대본이었기 때문일 것이다.

그런데 『해동가요』가 중심을 차지한다고 하더라도 이는 어디까지나 전반부 -즉 초중대엽에서 김수장 발문까지- 에 국한하는 얘기다. 『해박』은 이삭대엽 유명씨 김수장 작품 뒤에 장복소 발문과 김수장이 쓴 글을 싣고 있다. 이는 김수장이 편찬한 『해동가요』가 유명씨부로 그쳤을 가능성을 제기한다.

> 옛사람들의 풍채를 더듬어 지금 사람들의 호화로운 놀이를 보건대 넓고 넓은 대해(大海)에 졸졸 흐르는 세류천(細流川)이 함께하는 것이니 참으로 한심하다 하겠다. 30년 전에는 깊은 숲과 궁벽한 곳, 폭포와 장송(長松)의 아래에서 혹은 세 명 혹은 다섯 명이 종일토록 노래를 익혀 마침내 일가를 이룬 사람들이 많았다. 이 시기에는 어찌하여 이러한 일들이 영영 끊어졌는지 알지 못하겠으니 어찌 차탄하지 않으리오? 일벌이기를 좋아하는 사람도 없고 이것을 즐기는 사람도 없으니 이런 까닭에 그것이 영영 사라져 없어질 처지가 될 것을 염려하여 부득이 스스로 단가 20여 장을 지어 끝으로 여러 사람들의 아래에 덧붙인다. 제발 눈살을 찌푸리지 말고 그 자취를 이었다고 관대히 봐주면 좋겠다.[13]

을해년(1755년)에 김수장이 쓴 이 글은 장복소 발문 다음에 실려 있는 위치상으로도 그렇지만 내용상으로도 발문의 성격을 지닌다고 볼 수 있다. 지금의 상황을 30년 전의 상황과 견주면서 노래가 사라질까 염려하는 대목에서 노래의 영멸(永滅)을 막기 위해 김수장이 『해동가요』를 편찬했음을 짐작할 수 있다. 그런데 김수장은 이 발문의 마지막 부분에서 자신이 지은 단가 20여 장을 제공(諸公)의 아래에 부미(附尾)한다고 하였다. 부미(附尾)란 끝에 덧붙인다는 말이니 이로써 『해동가요』가 유명씨로 끝을 맺었음이 입증된다. 또한 "말미에 자신이 지은 것을 덧붙여 한 부로 합하였다."[14]는 장복소 발문의 기록을 통해서도 『해동가요』가 김수장의 작품으로 마무리된 것임을 알 수 있다. 이상의 사실을 통해 김수장이 『해동가요』 1차본을 편찬하던 당시에는 무명씨부를 고려하지 않았음을 알 수 있다.

그러면 후대의 개찬본에서는 어떠했을까? 필자는 후대의 개찬본에서도 사정은 달라지지 않았다고 본다. 만약 위에서 살펴본 것이 『해박』의 특수한 사정에 기인하는 것이라면 『해박』의 편자가 이렇게 만들었다고 봐야 할 것이다. 그러나 이는 『해박』에 국한하는 얘기가 아니다. 주씨본과 UC본이 유명씨부로 끝나고 있고, 일석본의 경우 김수장과 관련된 기록을 모두 삭제했지만 정황상 유명씨부 끝에 장복소 발문이 실려 있었을 것으로 추정된다는 점 등을 고려한다면 김수장은 『해동가요』를 편찬

---

13) "憶昔古人之風儀, 觀今諸君之豪游, 浩浩大海之與潺潺細流川者也, 良可寒心. 至於三十年前, 出林幽僻之處, 瀑布長松之下, 或三或五, 盡日唱習, 終爲成家者多矣. 未知斯世如何而此類永絶, 豈不嗟乎. 好事者無, 樂此者無, 故恐其永滅沈晦之地, 不得已自製短歌卄餘章, 附尾於諸公之下. 幸勿嚬蹙, 恕其繼跡焉." 『海東歌謠 附永言選』, 奎章文化社 영인, 1979.

14) "(尾附)自家所製合一部." 여기서 "尾附" 두 글자는 떨어져 나갔기 때문에 주씨본을 참고하여 보충한 것이다.

하면서 무명씨부를 고려하지 않았다고 보는 것이 옳다.

김수장이 『해동가요』를 편찬하면서 무명씨부를 고려하지 않았다는 것은 일석본과 주씨본의 이삭대엽 유명씨부에 사설시조가 수록된 데서도 드러나고 있다. 주지하다시피 일석본의 이정보 작품 중에는 사설시조가 들어 있다. 주씨본에는 이정보의 사설시조가 일석본보다 늘어났으며, 또 편찬자인 김수장의 사설시조가 상당수 수록되어 있다. 이는 매우 특이한 현상임에도 지금까지 연구자들은 이에 대해 전혀 주목하지 않았다. 이삭대엽이 작가별 분류 방식을 취하고 있다는 것 때문에 특이한 현상이 아주 자연스럽게 받아들여졌던 것이다. 그러나 생각해 보라. 김수장이 『해동가요』를 편찬하면서 악곡을 열 몇 개로 나누고 그 악곡에 따라 작품을 배치한다고 했을 때 이정보나 자신의 사설시조를 악곡에 따르지 않고 누가 지었느냐를 중시해 이삭대엽에 과연 배치했을까? 이는 상식에도 맞지 않고 18세기 가집 편찬의 원칙에도 어긋나는 것이다. 『청진』은 물론이고 18세기 말에 편찬된 것으로 추정되는 『병와가곡집』에 이르기까지 가집 편찬의 제일 원칙은 악곡별 분류다. 따라서 김수장이 무명씨부를 고려했다면 이정보나 자신의 사설시조는 당연히 낙시조 이하의 악곡들에 배치되었을 것이다. 이는 이정보나 김수장의 사설시조가 『병와가곡집』에서는 다시 제 악곡을 찾아 재배치되고 있는 데서 확실히 알 수 있다.[15]

이런 점 때문에 이 글에서는 『해박』 무명씨부의 경우 김수장과 관련이

15) 19세기 가집의 경우 크게 우조와 계면조로 나누어지고 여창이 분화하는 등 분류 체계에 있어 18세기 가집과는 많이 달라진다. 그러나 19세기 가집의 경우에도 크게 보아 곡조별 분류라는 점에서는 동일하다고 할 수 있다. 그렇기 때문에 안민영은 『가곡원류』가 있음에도 불구하고 자신의 개인 가집인 『금옥총부』를 별도로 편찬했다고 볼 수 있다. 안민영의 경우를 보더라도 김수장이 무명씨부를 갖춘 가집을 만들면서 자신의 사설시조를 이삭대엽에 배치했다고 보기는 어렵다.

없는 것으로 보고 논의를 전개하고자 한다. 『해박』 무명씨부가 김수장과 관련이 없다면 어떤 산물로 간주해야 할까? 앞서 『해박』 편찬에는 세 가지 책이 참고되었다고 했는데, 그렇다면 『영언선』과 『해동가곡』의 내용이 수용되었을 가능성을 고려해야 한다. 특히 『해동가곡』의 경우 화사자 발문에 의거 1745년경에 편찬된 것으로 본다면 많은 참조가 되었을 것으로 생각된다. 그러나 『해박』 무명씨부가 전적으로 『해동가곡』에 의존하고 있다고 보기는 어렵다. 18세기 가곡사에서 무명씨부는 상당히 역동적으로 움직이는 양상을 띠고 있기 때문이다. 따라서 『해박』 무명씨부의 경우 입수한 가집을 참조하되 『해박』이 편찬되었던 당대 -즉 18세기 후반- 의 음악 실상을 대폭 반영한 것으로 보고자 한다.

3. 『해박』 무명씨의 내적 질서

지금까지 『해동가요』 계열 가집 연구에서는 지나치게 김수장을 의식한 듯하다. 그리하여 김수장은 무려 몇 차례에 걸쳐 『해동가요』를 편찬한 열정의 소유자요, 사설시조를 적극적으로 받아들여 향유하고 또 직접 상당수의 작품을 창작한 대단한 작가라는 점이 부각되었다. 그런데 문제는 개인에 대한 부각이 그 개인이 속한 당대의 역사적 · 문화적 실상을 총체적으로 이해하는 데 방해 요소로 작용하는 경우가 종종 있다는 점이다. 『해동가요』 연구에서도 이 점은 예외가 아닌 듯하다. 『해동가요』는 가집이다. 그것도 『청구영언』, 『가곡원류』와 더불어 3대 가집으로 일컬어져 왔던 중요한 가집이다. 그런데 『청구영언』이나 『가곡원류』의 경우에 있어서는 가집의 내적 질서를 상당 부분 파악하고 있는데 비해 『해동가요』의 실체에 대해서는 별로 파악된 바가 없다. 이는 『해동가요』가 실체를 알 수 없는 가집이기 때문인가? 아니면 연구자들의 편향된 시각 때문인가? 이에 조금이나마 답하기 위해 여기서는 『해박』의 무명씨 항목에 주목하고자 한다.

주지하다시피 김천택은 『청구영언』을 편찬하면서 이삭대엽의 무명씨 부분을 내용별로 분류한 바 있다.[16] 『청진』은 전체적으로는 악곡별로 분류하고 있으면서도 이삭대엽 부분은 유명씨 부분과 무명씨 부분으로 나누어 유명씨 부분은 작가 연대순으로, 무명씨 부분은 내용별로 세부 분류를 시도하고 있다. 이는 이삭대엽이 당대에 가장 널리 가창되던 중심 악곡이었기 때문이다. 18세기 가곡사에서는 이삭대엽이 중심 악곡이었기 때문에 유명씨 부분의 작가 연대순 배열 원칙이 지켜지지 않은 18세기 가집은 없다. 그렇다면 무명씨 부분은 어떨까? 『청진』의 원칙이 그대로 이어진 것일까? 아니면 새로운 분류 체계가 도입된 것일까? 『해박』을 통해 이를 확인해 보기로 하자.

『해박』의 무명씨 항목에는 모두 41수가 수록되어 있다.[17] 이 중에서 마지막 3수는 필체가 다른 것으로 후대의 추록임이 분명해 보인다. 따라서 여기서는 마지막 3수를 제외하고 38수를 분석 대상으로 삼고자 한다.

『해박』의 무명씨 작품을 『청진』과 견주어보면 『청진』에 없는 작품이 9수나 되며 『청진』에 수록되어 있더라도 무명씨 부분이 아닌 삼삭대엽(5수)이나 낙시조(1수)에서 이동한 것들도 있다. 따라서 『청진』 무명씨 작품이 그대로 『해박』 무명씨로 이동한 것은 23수에 지나지 않는다. 『청

16) 『청진』 무명씨의 분류 체계에 대해서는 '김용철, 「『진청』 「무씨명」의 분류체계와 시조사적 의의」, 『고전문학연구』 제16집, 한국고전문학회, 1999.'에서 상세히 다룬 바 있다.

17) 『해박』의 무명씨 항목은 두 개가 존재한다. 김수장의 작품이 끝난 다음에 무명씨라는 제하에 1수가 실려 있다. 그리고 『영언선』 관련 기록이 끝난 다음에 무명씨라는 제목이 다시 나온다. 전자는 후대에 추록된 것이다. 따라서 여기서 문제 삼고자 하는 것은 후자의 것이다.

진』 무명씨에 수록된 작품이라 하더라도 배열순서가 일정하게 지켜지는 것도 아니다. 이렇게 겉으로 드러난 점만 보면 도무지 그 속에 아무런 내적 질서도 존재하지 않을 것 같다. 그러나 유심히 살펴보면 놀라운 질서가 존재함을 발견하게 된다. 결론부터 미리 말하면『해박』무명씨 역시 내용별 분류에 입각해 작품을 배열하고 있음을 알 수 있다. 지금부터『해박』무명씨를 분석한 결과를 제시하고 그것이 어떤 의미를 갖는지 생각해보기로 하겠다.

324 내ᄒᆡ 좃타 ᄒᆞ고 ᄂᆞᆷ 슬흔 일 ᄒᆞ지 말며
ᄂᆞᆷ이 ᄒᆞᆫ다 ᄒᆞ고 義 아니면 좃지 말이
우리ᄂᆞᆫ 天性을 직희여 삼긴 대로 ᄒᆞ리라.(『청진』341, 修身)

325 世上 사ᄅᆞᆷ들이 입들만 셩ᄒᆞ여셔
제 허물 젼혀 잇고 ᄂᆞᆷ의 凶 보ᄂᆞᆫ고나
ᄂᆞᆷ의 凶 보거라 말고 제 허물을 곳치고져.(『청진』420, 삼삭대엽)

이 두 작품은 '수신(修身)'으로 묶일 수 있다. 324번 작품이 이미『청진』에서 '수신'으로 분류되고 있는데다 325번 작품의 경우 특별한 설명 없이도 324번 작품과 시적 지향이 같음을 알 수 있기 때문이다.

그 다음에 이어지는 326번, 327번 작품은 각각『청진』345번, 344번 작품이 순서만 바뀐 채 수록되었다.[18] 따라서 이들 작품은『청진』에서 분류한 바에 따라 '주편(周便)'으로 묶을 수 있다.

---

18) "닙엇 ᄒᆞ샤 ᄒᆞ니 모난 ᄃᆡ ᄀᆞ일세라 / 둘엇 ᄒᆞ쟈 ᄒᆞ니 ᄂᆞᆷ의손ᄃᆡ 둘일세라 / 外둘엿 内번듯ᄒᆞ면 기둘닐 줄 이시랴."(326) "가마귀 검거라 말고 海오리 흴 줄 어이 / 검거니 희거니 一便도 ᄒᆞᆫ져이고 / 우리ᄂᆞᆫ 수리둘옴이라 검도 희도 이녜롸."(327)

328 치위를 막을션졍 굿틔여 비단옷가
곱흔 빅 몌올션졍 山菜라타 關係ᄒᆞ랴
이 밧긔 雜시름 업ᄉᆞ면 긔 죠흔가 ᄒᆞ노라.(『청진』326, 守分)

329 功名과 富貴과란 世上 사름 맛져두고
말 업슨 江山에 일 업시 누엇시니
봄비예 절로 난 山菜 긔 分인가 ᄒᆞ노라.(『청진』310, 山林)

이 두 작품은 주목을 요한다. 왜냐하면 『청진』에서는 '수분'과 '산림'으로 따로 분류되었던 것이 여기서는 시적 지향이 같다고 보아 나란히 배치되고 있기 때문이다. 여기서 우리는 『해박』이 『청진』의 분류 체계를 이어받아 내용별 분류를 시도하고 있으면서도 『청진』의 편찬자들과는 다른 인식을 가지고 『청진』의 한계를 극복하고 있음을 보게 된다. 328번 작품을 앞에 배치한 것으로 보아 『해박』의 편찬자는 이 두 작품을 '산림'보다는 '수분'으로 포괄할 수 있다고 본 듯하다. 329번 작품의 경우 『청진』에서는 공간을 중시하여 '산림'으로 분류했으나 『해박』에서는 작품의 의미 지향을 중요하게 보아 '수분'으로 분류했다. 이를 통해 『해박』의 편찬자가 일관된 기준을 적용하기 위해 꽤 고심하였음을 알 수 있다. 이러한 고심의 흔적은 『해박』 무명씨 전체에서 나타나고 있는 현상이다.

330 時節이 太平(이)[19]로다 이 몸이 閑暇커니
竹林 深處에 午鷄聲 아니런들
깁히 든 一場華胥夢을 어닉 벗지 씨오리.(『청진』313, 閑寂)

---

19) 괄호 처리한 것은 나중에 적어 넣은 것이다. 이하 같음.

331 아희는 藥을 킈라 가고 竹亭은 뷔엿는듸
훗더진 바독을 뉘 주어 담을소니
술醉코 松下에 져(누엇)시니 節가는 줄 몰래라.(『청진』314, 閑寂)

332 世上이 말ᄒᆞ거늘 셜치고 山林에 가니
一頃 荒田과 八百 桑株ᄲᅮᆫ이로다
生利야 不足다마은 시름 업서 ᄒᆞ노라.(『청진』320, 隱遁)

333 十年을 經營ᄒᆞ여 草廬三間 지어내니
나 ᄒᆞᆫ 間 ᄃᆞᆯ ᄒᆞᆫ 間 淸風 ᄒᆞᆫ 間 맛져두고
江山은 들일 듸 업ᄉᆞ니 둘너두고 보리라.(『청진』370, 兼治)

334 목 불근 山上雉와 홰예 안즌 白松骨이
집 압 논 무살미예 고기 엿는 白鷺ㅣ로다
草堂의 너희곳 업ᄉᆞ면 消日 어이 ᄒᆞ리요.(『청진』315, 野趣)

이들 다섯 작품은 과연 하나로 묶일 수 있는지 문제다. 330번과 331번 작품의 경우 이미 『청진』에서 '한적'으로 분류되어 있으므로 문제될 것이 없으나 다음에 이어지는 세 작품은 『청진』에서 분류한 대로 두어야 할지, 아니면 동일한 시적 지향을 추구하는 것으로 보아 하나로 묶어야 할지 고민거리다. 이 점과 관련하여 해결의 실마리를 찾을 수 있는 것이 333번 작품이다. 위 다섯 작품 중 333번을 제외한 나머지 작품들은 『청진』에서 항목이 나뉘기는 했어도 인접하여 배열되고 있다. 네 작품 중 세 작품은 연속되어 나오는 것이며 332번 작품이 다소 떨어져 있으나, 이는 중간에 '야취'에 해당하는 작품이 네 작품 더 있기 때문에 생겨난 결과다. 『청진』에서 '한적', '야취', '은둔'이 인접 배치되고 있는 것은 이들이 모두 자연적 삶에 대한 태도를 나타내는 것으로, 보다 넓은 의미에

서는 상통한다고 보았기 때문이다.[20] 그런데 333번 작품은 『청진』에서 이들과 멀리 떨어져 존재한다. 멀리 떼어 따로 배치했다는 것은 이 작품의 시적 지향이 '한적', '야취', '은둔'과는 확연히 구별되는 것으로 파악한 결과다. 아무튼 김천택은 이 작품의 의미를 '겸치(兼治)'로 이해했다.

그러면 『해박』의 편찬자는 이 작품의 의미를 어떻게 이해했을까? 일단 이 작품이 '한적', '야취', '은둔'을 노래한 작품과 함께 배열된 것으로 보아 자연적 삶에 대한 태도라는 범주에서 이해하고 있음을 볼 수 있다. 여기에다 『고금가곡』에서 '한적'으로, 『근화악부』에서 '한정'으로 이 작품을 분류한 것을 참고한다면 자연적 삶에 대한 태도 중에서도 '한적'으로 이해했을 가능성이 크다. 333번 작품을 '한적'으로 이해했을 것이라는 추정이 맞다면 그 앞뒤에 배치한 332번과 334번 작품까지를 포괄하여 위의 다섯 작품 전체를 『해박』의 편찬자는 '한적'으로 분류한 것으로 봐야 할 것이다. 이럴 경우 『청진』이 초장에 의미 비중을 두고 내용 분류를 하고 있는데 비해 『해박』은 초장보다는 종장에 의미 비중을 두고 분류하고 있다는 차이를 읽을 수 있다.

335 故園 花竹들아 우리를 웃지 마라
林泉 舊約이야 닛은 적이 업건만은
聖恩이 至重ᄒᆞ신니 갑고 가려 ᄒᆞ노라.(『청진』302, 報效)

336 一生에 恨ᄒᆞᆫ기를 羲皇쩍의 못 난 줄이
草衣를 무릅(쓰)고 木實을 먹을만졍
人心이 淳厚ᄒᆞᆫ던 줄을 못내 부러ᄒᆞ노라.(『청진377, 羨古)

20) 이에 대해서는 '김용철, 앞의 논문' 참조.

337 어져 可憐ᄒᆞ다 宇宙ㅣ 어이 忽忙턴고
南薰殿 五絃琴이 어늬 ᄯᅢ어 긋쳐진지
春風(秋)에 風雨ㅣ 亂ᄒᆞ니 그를 슬허ᄒᆞ노라.(『청진』414, 삼삭대엽)

338 胸中에 먹은 뜻을 쇽졀업시 못 일오고
半世 紅塵에 남의 우음 된 게이고
두어라 時乎時乎ㅣ니 恨ᄒᆞᆫ 줄이 이시랴.(『청진』383, 命蹇)

339 홍홍 노래ᄒᆞ고 던덕쿵 븝을 치고
宮商 角徵羽을 맛출릿경 ᄒᆞ엿더니
어긔고 다 齟齬ᄒᆞ니 허허 욷고 마노라.(『청진』334, 悶世)

작품 인식의 태도 면에서 『청진』과 『해박』은 일정한 거리가 존재한다는 것을 앞에서 느낄 수 있었다. 그러나 위 다섯 작품을 보게 되면 앞서 느꼈던 거리는 아무것도 아님을 알 수 있다. 이들 작품이 『청진』에 수록된 순서를 살펴보면 그 위치가 모두 제각각이다. 이는 『청진』이 편찬된 18세기 초반에는 이들 작품에서 공통분모를 전혀 찾을 수 없었음을 의미한다. 그러나 18세기 후반의 『해박』 편찬자는 이들 작품에서 동일한 지향을 읽고 있다.[21] 도대체 그것이 무엇일까? 336번 작품이 『근화악부』에 '개세(慨世)'로 분류된 데서 결정적인 힌트를 얻을 수 있다. 사실 336번 작품은 '선고(羨古)'로도 읽을 수 있고, '개세'로도 읽을 수 있다. 겉으로 드러난 의미는 '선고'에 가깝다. 인심이 순후하던 태고시절을 동경하고 있기 때문이다. 그러나 시적 화자가 태고시절을 동경하는 이유를 헤아려

21) 이들 다섯 작품 중 마지막 작품을 제외한 나머지는 『해일』에서도 『해박』과 같은 순서에 따라 나란히 배열되고 있다. 이는 18세기 후반의 문화인들에게 이들 작품이 동일한 지향을 내포한 것으로 이해되었다는 또 다른 증거다.

작품을 읽으면 '개세'로 파악된다. 어떻게 읽는 것이 작품의 실상에 부합하는지는 알 수 없다. 그것은 감상자의 몫이기 때문이다. 여기서는 18세기 후반의 문화인들이 '선고'보다는 '개세'로 파악하고 있었다는 것이 중요하다. 위의 다섯 작품을 '개세'로 묶을 경우 약간의 논란은 있겠지만 대체로 이에 포괄될 수 있다고 본다. 단 335번 작품은 여전히 문제다. 종장에서 보듯이 '보효(報效)'를 노래한 작품이 분명하기 때문이다. 그러면 이 작품을 '개세'로 볼 수 있는 여지는 전혀 없는 것인가? 그렇지 않다. "林泉舊約을 잊은 적이 없다", "聖恩을 갚고 가려 한다"는 시적 화자의 발언을 자기합리화나 변명에 지나지 않는 것으로 받아들이면 이 작품은 '개세'로 분류되기에 충분하다. 『해박』의 편찬자는 아마도 이런 의미로 이 작품을 이해한 듯하다.

다음에 이어지는 340, 341, 342번 작품은 '탄로(歎老)'로 묶일 수 있는 것들이다.[22] 341, 342번 작품은 『청진』에서도 '탄로'로 분류하고 있다. 340번 작품은 『청진』에서 '취은(醉隱)'으로 분류했는데 이것이 작품 실상에 부합하는 듯하지만 크게 보아 '탄로'로 묶을 수 있지 않을까 한다. 그 다음 두 작품(343, 344)은 '규정(閨情)'으로 묶을 수 있다.[23] 343번 작품은 『청진』에 '규정'으로 분류된 것이며, 344번은 『청진』에 수록되지 않았지만 '규정'으로 묶는 데 큰 무리는 없어 보인다. 다음에 이어지는

---

22) "三角山 프른 빗치 中天에 소사올라 / 鬱蔥 佳氣란 象闕에 붇쳐두고 / 江湖에 盞잡은 늙으니란 每樣 醉케 ᄒᆞ쇼셔."(340) "ᄋᆞ자 내 少年이여 어드러로 간 거이고 / 酒色에 점겻신제 白髮과 밧괴도다 / 이제야 아므만 차잔(ᄎᆞᄌᆞᆫ)들 다시 오기 쉬오랴."(341) "ᄂᆞᆷ도 준 바 업고 바든 바도 업건만ᄂᆞᆫ / 怨讐 白髮이 어드러셔 온 거이고 / 白髮이 公道ㅣ 업도다 날을 몬져 ᄇᆡ얀다."(342)

23) "梨花에 月白ᄒᆞ고 銀漢이 三更인 제 / 一枝 春心을 子規야 알아마ᄂᆞᆫ / 多情도 病인양ᄒᆞ여 ᄌᆞᆷ 못 일워 ᄒᆞ노라."(343) "思郎도 ᄒᆞ엿노라 離別도 지내엿노라 / 雪月 紗窓에 기들여도 보완노라 / 前前에 괴던 思郎이 語僞런가 ᄒᆞ노라."(344)

두 작품(345, 346)은 벗과 관련된 노래라는 점에서 묶일 수 있다.[24] 345번 작품은 벗이 찾아온 정황을, 346번 작품은 벗을 기다리는 심정을 노래한 것이다. 때문에 『청진』에서는 전자를 '객지(客至)', 후자를 '대객(待客)'으로 분류하고 있다. 그러나 앞서도 보아왔듯이 『해박』의 편자는 이렇게 세분하지는 않았을 것 같다. 이 둘을 묶을 경우 벗과 만나 술 한 잔 기울이고 싶은 내면 정서를 표출하고 있다는 점에서 '취흥(醉興)'이 어떨까 한다.[25]

347 물 알애 그림재 지니 ᄃᆞ리 우희 즁이 간다
져 즁 게 셔거라 너 가ᄂᆞᆫ ᄃᆡ 물어보쟈
막대로 白雲을 ᄀᆞᄅᆞ치며 말 안이(아니)코 가더라.
(『청진』455, 낙시조)

348 가마귀 츰가마귀 빗치나 ᄀᆡ자턴가
昭陽殿 月影을 제 ᄒᆞᆫ자 ᄯᅴ여 온다
뉘라셔 江湖에 좀든 鶴을 上林苑에 늘릴고.

349 ᄒᆡ도 낫이 계면 山河로 도라들고
ᄃᆞᆯ도 보름 後ㅣ면 ᄀᆺ붓터 이저 간다
世上에 富貴功名이 다 이런가 ᄒᆞ노라.(『청진』381, 盈虧)

이 세 작품은 『해박』에서 가장 다루기 곤란한 것들이다. 지금까지 우리는 18세기 초반의 『청진』과 18세기 중반의 『고금가곡』, 그리고 19세

24) "비즌 술 다 먹으니 먼ᄃᆡ셔 벗이 왓다 / 술집은 졔엿만은 헌오새 언마 주리 / 아희야 셕이지 말고 준ᄂᆞᆫ 대로 바다라."(345) "곳은 밤비에 픠고 비즌 술 다 닉거다 / 거믄고 가진 벗이 ᄃᆞᆯ홈긔 옴아터니 / 아희야 茅簷에 ᄃᆞᆯ 올론다 손 오ᄂᆞᆫ가 보와라."(346)

25) 345번 작품의 경우 『고금가곡』과 『근화악부』에서 '취흥(醉興)'으로 분류하고 있다.

기의 『근화악부』에 기대어 『해박』 무명씨의 세부 질서를 어느 정도 파악할 수 있었다. 하지만 여기서는 참고할 것이 별로 없다. 349번 작품이 『청진』에서 '영휴(盈虧)'로 분류되어 있어 약간의 참고가 되지만, '영휴'로서는 세 작품 모두를 포괄하기에 적절치 않다는 점이 문제다. 거기다 347번과 348번 작품의 성격을 파악하기가 쉽지 않다는 것도 어려움을 증폭시키고 있다. 이런 어려움을 솔직히 고백하면서 나름대로 적절한 용어를 찾아보기로 한다. 347번 작품에서 중심을 이루고 있는 것은 백운의 맑고 깨끗한 이미지라 할 수 있다. 348번 작품 또한 성격이 모호하긴 하지만 '강호에 잠든 학'에 중심이 놓여있는 것만은 분명하다. 그리고 이 때 '강호에 잠든 학'은 '가마귀'와 대비적으로 사용되고 있다. 349번 작품은 어떤가? 부귀공명이, 때가 되면 기우는 자연현상과 같다는 화자의 인식 속에는 부귀공명을 멀리 하겠다는 의식이 내포되어 있다. 이렇게 본다면 이들 세 작품을 포괄할 수 있는 개념어로 '결신(潔身)'[26] 정도가 적당하지 않을까 한다.

350번부터 354번까지의 다섯 작품은 중국고사에 대한 회고를 노래한 것들이다. 350번은 후정화와 관련된 고사이며,[27] 351번은 초회왕과 굴원,[28] 352번은 항우,[29] 353은 장자방,[30] 354는 관우[31]와 관련된 내용을

---

26) "세속의 더러움이나 영욕(榮辱)에 물들지 않고 자신의 깨끗함을 지킴." '김홍규/권순회 지음, 『고시조 데이터베이스의 계량적 분석과 시조사의 지형도』, 고려대학교 민족문화연구원, 2002, 15면.' 참조.

27) "秦淮예 ᄇᆡ를 ᄆᆡ고 酒家을 ᄎᆞ자가니 / 隔江 商女ᄂᆞᆫ 亡國恨을 모로고셔 / 煙籠水 月籠沙ᄒᆞᆫᄃᆡ 後庭花을 브르더라."

28) "洞庭 ᄇᆞᆯ근 ᄃᆞᆯ이 楚懷王의 넉시 도야 / 七百里 平湖에 둘엿이 빗현(췬) 뜻은 / 屈三閭魚腹裡忠魂을 못내 ᄇᆞᆰ켜 홈이라."

29) "公番된 天下業을 힘으로 엇을 것가 / 秦宮室 블질음도 오히려 無道커던 / ᄒᆞ물며 義帝를 죽이고 하ᄂᆞᆯ罪를 免ᄒᆞ랴."

30) "鞠躬 盡瘁ᄒᆞ야 죽은 後에 말올씨니 / 漢天下 安危를 左右裡예 붓쳐두고 / 赤松子

다루고 있다.

355번부터 360번까지는 두 작품씩 묶을 수 있다. 우선 355번[32]과 356번[33]은 '연군(戀君)'을 노래한 작품들이다. 이 두 작품은 『청진』과의 관련성보다는 후대의 『근화악부』에서 변모된 양상이 주목된다.[34] 『근화악부』에는 355번과 356번이 각각 '이한(離恨)'과 '연군(戀君)'으로 분류되어 있다. 이는 355번의 경우 군왕과 관련된 어휘가 직접적으로 노출되지 않아 남녀 간의 문제로 전이될 개연성이 있는데 비해, 356번의 경우 '성주(聖主)'라는 어휘 때문에 여전히 '연군'으로 이해된 결과로 볼 수 있다.

다음에 이어지는 357번[35]과 358번[36]은 '유락(遊樂)'으로 묶일 수 있다. 357번은 『청진』 삼삭대엽에 수록되어 있고, 358번은 『청진』에 수록되지 않은 것이다. 따라서 이 작품들 역시 『청진』의 도움을 직접적으로 받을 수는 없지만 작품의 지향이 『청진』 무명씨 '유락(遊樂)'에 수록된 작품들[37]과 동일하다는 점에서 '유락'으로 규정하는 데 문제가 없다고

좃츠렷노라 거즛말도 ᄒᆞᄂᆞᆫ 것가."

31) "力拔山 氣蓋世ᄂᆞᆫ 楚霸王의 버금이오 / 秋霜節 烈日忠을 伍子胥의 우히로다 / 千古에 凜凜ᄒᆞᆫ 丈夫ᄂᆞᆫ 壽亭侯ㅣᆫ가 ᄒᆞ노라."

32) "두어도 다 석ᄂᆞᆫ 가ᄉᆞᆷ 드ᄂᆞᆫ 칼노 졈여내여 / 珊瑚箱 白玉函에 點點이 담앗다가 / 암모나 가ᄂᆞᆫ 이 잇거ᄃᆞᆫ 님의손(계신)ᄃᆡ 보내리라."

33) "主辱 臣死ㅣ라 ᄒᆞ니 내 죽엄즉 ᄒᆞᆫ것만은 / 큰칼 넙희 ᄎᆞ고 이제도록 사랏기ᄂᆞᆫ / 聖主의 萬德中興을 다시 보려 ᄒᆞ노라."

34) 355번은 『청진』에 수록되지 않았고, 356번은 삼삭대엽에 수록되어 있다.

35) "華豪코 富貴키야 信陵君만 ᄒᆞᆯ가만은 / 百年이 못ᄒᆞ여 무덤우ᄒᆡ 밧츨 가니 / ᄒᆞ믈며 날 ᄀᆞᄐᆞᆫ 늙은이야 아니 놀고 어이라."

36) "長生術 거즛말이 不死藥을 긔 뉘 본고 / 秦王塚 漢武陵에 暮烟 秋草ᄲᅮᆫ이로다 / 人生이 아ᄎᆞᆷ이슬이라 아니 놀고 어이라(ᄒᆞ리)."

37) 『청진』 무명씨 '유락(遊樂)'에 수록된 것은 다음의 두 작품이다. "人生이 둘가 셋가 이 몸이 네다섯가 / 비러온 人生에 ᄭᅮ어온 몸 가지고셔 / 平生에 사롬 일만 ᄒᆞ고 언제 놀려 ᄒᆞᄂᆞ니."(337) "一定 百年 산들 百年이 긔 언매라 / 疾病 憂患 더니 남ᄂᆞᆫ 날 아조 젹의 / 두어라 非百歲人生이 아니 놀고 어이리."(338)

본다.

다음으로 359번[38]과 360번[39]은 '권계(勸誡)'로 묶일 수 있는 작품들이다. 여기까지가 『해박』의 편찬자가 나름의 기준을 가지고 무명씨 작품의 내용을 분류한 것이다.

마지막 한 작품은 위의 작품들과는 구별되는 독립적인 위상을 갖는 것으로 판단된다.

361 一千株 심근 남기 다만 두리 香남기라
혼 남근 紫丹이오 또 혼 남근 沈香이라
沈香이 紫丹을 만나 써날 뉘를 모른다.

이 작품은 다른 가집에 수록된 예가 없는 『해박』 유일의 것이다. 이런 전승의 측면에서도 알 수 있지만 작품 내부를 보더라도 이는 『해박』의 편찬자가 즉흥적으로 만들어 즐기던 작품이라 생각된다.

이상에서 『해박』 무명씨 부분의 내적 질서를 탐색해 보았다. 그 결과 구체적인 표제어를 붙이지는 않았지만 철저한 내용 분류에 입각해 작품을 배열하고 있음을 알 수 있었다. 이제 앞서 두서없이 소개한 것을 재정리하고 그것의 의미에 대해 간략히 따져 보기로 하자.

『해박』 무명씨 부분은 13개 내용[40]에 입각해 작품을 배열하고 있다. 이를 『청진』과 견주어보면 『해박』의 분류가 훨씬 정교함을 볼 수 있다. 『청진』의 경우 앞에서는 비교적 체계적인 분류를 시도하고 있고 작품

---

38) "善으로 밴일 보며 惡으로 인일 본가 / 이 두 즈음이 取捨ㅣ 아니 明白혼가 / 眞實로 惡된 일 아니면 自然爲善 흐느니."

39) "言忠信 行篤敬흐고 酒色을 삼가흐면 / 내 몸에 病이 업고 남을 아니 무이는이 / 行흐고 餘力이 잇거든 學文조차 흐리라."

40) 수신(2), 주편(2), 수분(2), 한적(5), 개세(5), 탄로(3), 규정(2), 취흥(2), 결신(3), 중국고사(5), 연군(2), 유락(2), 권계(2).

수도 많으나 뒤로 갈수록 체계가 흐트러지는 모습을 보이고 작품도 한 수씩 배치되는 경우가 대부분이다. 이는 『청진』 무명씨의 분류 체계가 미완에 그치고 있음을 보여주는 것이다. 김천택은 체계적인 내용 분류를 시도했지만 후반부로 갈수록 역량의 한계를 드러낸 것으로 보인다. 그리하여 후반부에서는, 가집을 필요로 하는 사람들–즉 가자(歌者)들–에게 유용한 정보를 제공하기 위해 액면적 의미를 바탕으로 인상비평적인 표제어를 붙였다는 느낌을 갖게 한다. 이런 점에서 『청진』에 사용된 개념어들이 단일하지 않고 주제, 소재, 미의식, 인물, 공간 등 다양한 층위에 걸쳐 있는 것은 어쩌면 당연한 현상인지도 모른다. 이에 비하면 『해박』은 『청진』의 유산을 계승하면서도 고심한 흔적이 역력하다. 『해박』 역시 오늘날의 관점에서 보자면 완전한 내용 분류라고 하기 어렵다. 그러나 『청진』에서 잡다한 층위의 것들이 복합되어 있던 것을 최대한 극복하고자 노력했다. 13개 항목 모두가 그런 것은 아니지만 『해박』은 대체로 화자의 심적 태도에 초점을 맞추어 분류하고 있다. 이는 『해박』의 편찬자가 일관된 기준을 적용하기 위해 얼마나 노력했는지를 단적으로 보여주는 것이다.

인간의 처신과 관련된 항목이 중요한 비중을 차지하고 있다는 점도 『해박』 무명씨에서 주목해야 할 부분이다. 김천택은 『청구영언』을 편찬하면서 연군으로 수렴될 수 있는 것들(연군, 견적, 보효)을 무명씨의 가장 앞쪽에 배치했다. 『청진』에서 그 다음에 배치된 것은 강호로 수렴될 수 있는 것들(강호, 산림, 한적, 야취, 은둔, 전가, 수분)이다. 이는 김천택의 경우 연군과 강호를 가장 중요한 것으로 생각했다는 단적인 증거다.[41] 그러나 『해박』의 편자는 김천택의 전례를 따르지 않았다. 『해박』에서 이

41) 이상 『청진』 무명씨 관련 서술은 '김용철, 앞의 논문' 참조.

에 해당하는 것들은 양적 비중 면에서도 줄어들었을 뿐만 아니라 그 위치도 뒤로 돌려졌다. 대신 『청진』의 연군과 강호에 해당하는 지위를 부여받은 것은 '수신', '주편', '수분'과 같은 것들이다. 그만큼 『해박』의 편자는 인간의 처신과 관련된 문제를 중요하게 생각했다는 얘기다. 『해박』의 편자가 인간의 처신을 중요하게 생각했다는 것은 '권계'로 무명씨 부분을 마무리한 데서도 드러난다. 『청진』이 뒤쪽으로 갈수록 흐트러지는 양상을 띠는 데 반해 『해박』은 전체가 정연한 질서를 갖추고 있다. 따라서 『청진』의 마무리와 『해박』의 마무리는 동일 선상에서 해석될 수 없다. 즉 『청진』은 마무리가 중요한 의미를 갖는다고 볼 수 없지만 『해박』은 마무리가 중요한 의미를 갖는 것으로 생각된다. 이렇게 볼 때 『해박』의 편자가 '권계'를 노래한 작품을 무명씨의 마지막에 배치한 것은 다분히 의도적이었다고 볼 수 있다. 또한 앞서 살펴본 바대로 335번과 336번 작품을 '개세'로 이해하고 있는 것도 인간의 처신을 중요하게 생각하는 『해박』 편자의 시각이 투영된 결과라 할 수 있다.

그러면 이러한 『해박』의 분류 체계에 시대적 의미를 부여할 수 있을까? 즉 인간의 처신을 중시한 태도는 『해박』이 편찬된 당대-18세기 후반-의 보편적 인식일까, 아니면 『해박』 편자의 독특한 시각일까? 이 점과 관련하여 시대적 의미를 부여하기는 어려울 것으로 보인다. 『해박』 무명씨의 분류 체계가 18세기 후반의 보편적 인식을 반영하는 것이라면 비슷한 시기에 편찬된 일석본이나 『병와가곡집』도 그러해야 할 것이다. 그러나 일석본과 『병와가곡집』의 경우 『해박』처럼 인간의 처신을 중시한 면모를 전혀 찾을 수 없다. 일석본과 『병와가곡집』의 경우는 『해박』과는 또 다른 분류 체계에 의해 작품을 배치하고 있는 것으로 보인다. 결국 인간의 처신을 중요하게 생각한 것은 18세기 전반의 『청진』에서도 나타나지 않고 동시대의 일석본이나 『병와가곡집』에서도 찾을 수 없다는 점에서 『해박』 편자의 독특한 입장이었던 것으로 이해된다. 그리고 이는 한유신을 중심으로 한 대구 지역 가곡 향유의 분위기를 어느 정도 대변한 것으로 보인다. 『해박』에 수록된 『영언선』 관련 기록을 통해볼 때 당시 대구 지역의 문화적 분위기는 서울과는 사뭇 달랐던 것으로 보인다.

우선 한유신은 김유기의 고조(古調) 지향 의식을 계승하기 위해 노력한 흔적이 역력하다. "노래는 고금의 두 곡조가 있는데, 슬프고 빠른 것은 쇠약한 세상의 음으로 지금 사람들이 취하는 바요, 조화롭고 느린 것은 태평시대의 소리로 내가 취하는 바이다."[42]라는 발언을 통해 김유기가 고조를 선호했음을 알 수 있다. 한유신은 김유기가 남긴 『영언선』을 보존하는 것과 함께 고조를 선호한 김유기의 뜻을 충실히 계승하고자 했음이 『영언선』 관련 기록 곳곳에서 발견된다.[43] 이는 고조를 배척하지 않으면서도 상대적으로 신성(新聲)을 중시하던 당시 서울의 분위기와는 분명 다른 것이다.

다음으로 노래에 대한 관점의 차이를 들 수 있다. 우리는 조선후기로 접어들면서 시가관이 변모한 것으로-교화론적 관점에서 개인의 정감을 중시하는 방향으로-알고 있다. 이는 마악노초의 〈청구영언후발(靑丘永言後跋)〉이 입증하는 바다. 그런데 『영언선』 관련 기록에서는 여전히 교화론적 관점이 지배적임을 볼 수 있다. 대표적인 것 하나만 보기로 하자.

> 율(律)은 구할 만한 이치가 있으니 덕성이 순후한 자라야 그것을 안다고 할 수 있다. 율(律)이란 소리의 바름[正]인데 한(韓) 노인의 지음(知音)이

---

42) "歌有古今二調. 哀而促者, 衰世之音, 而時人之所取也. 和而緩者, 太平之聲, 而吾之所取也." 韓維信, 〈永言選序〉, 『海東歌謠 附永言選』, 奎章文化社 영인, 1979.

43) 대표적인 것 하나만 들면 다음과 같다. "師死而不背, 又能守其古調, 以不趨時好, 是固今世之蕭長夫耶." 金致默, 〈題永言選後〉, 위의 책.

> 이미 이와 같으니 그 덕의 순후함을 의심할 바가 없다. 한 조각 마음이 왕성하고 충만하여 자기를 바로잡고 덕을 단련할 수 있다면 사시(四時)를 조화롭게 하고 만물을 길러내는 오묘함이 마음속에 찬연히 구비될 것이다. 마음은 축(柷)과 같아서 외물이 그 속에 닿은 연후에 그것을 울릴 수 있는 것이지 축이 외물에서 울림을 구하는 것이 아니다.[44]

"덕성이 순후한 자라야 율(律)을 안다."는 말에서 보듯 박사후(朴師厚)가 강조하고 있는 것은 내면의 덕성이라 할 수 있다. 그가 덕성의 순후함을 강조한 것은 노래 중에서도 바른 노래를 의식하고 있기 때문이다. 이는 마악노초 이정섭이 〈청구영언후발〉에서 민간의 다양한 노래들을 긍정하기 위해 그 모든 것들이 "각각 자연의 진기(眞機)에서 나왔다."고 한 발언과 견주어볼 때 상당한 차이가 나는 것이다. 이러한 관점이 당시 대구 지역의 분위기를 반영하는 것이라고 섣불리 일반화하기는 어렵겠지만, 적어도 한유신 그룹[45]의 지향점을 드러낸 것만은 분명하다 하겠다. 이렇게 본다면 『해박』 무명씨의 분류 체계는 한유신 그룹의 시각이 충실히 반영된 산물이라 할 수 있다.

4. 결론

지금까지 『해박』은 정당한 대우를 받지 못했다는 것이 필자의 생각이

---

44) "律有可求之理, 德性淳厚者, 可以知之. 律者, 音之正也, 韓老之知音, 已如此, 其德之淳且厚, 無疑. 一片靈府인緼磅礴, 可以直己鍊德, 和四時育萬物之妙, 燦然具備於虛明湛一之內, 而心猶柷也, 有物觸其中, 然後鳴之, 非柷求鳴於物也." 朴師厚, 〈鶩城過客跋〉, 위의 책.

45) 한유신을 중심으로 하여 『영언선』 관련 기록을 남긴 문사들, 그리고 『해박』의 편자로 추정되는 한유신의 제자들을 묶어 편의적으로 지칭한 것이다.

었다. 따라서 이 글은 『해박』의 위상을 제고하고자 『해박』을 보는 시각 교정의 필요성을 역설하였으며 이삭대엽 무명씨 부분의 내적 질서에 주목하였다.

『해박』은 그 동안 『해동가요』 1차본의 모습을 보여준다는 점에서 주목받아 왔다. 그리하여 중간에 삽입된 『영언선』 관련 기록을 제외하면 『해동가요』 1차본의 모습에 거의 가까운 것으로 추정되었다. 그러나 이는 김수장의 『해동가요』에 집착한 상태에서 『해박』을 바라본 결과일 뿐 실상은 그렇지 않다. 『해박』은 한유신과 관련이 있는 인물이 한유신 사후에 편찬한 것으로, 『해동가요』 1차본의 단순 전사본이 아니다. 『해동가요』 1차본이 『해박』의 중요 저본이 된 것은 부인할 수 없지만 『해박』의 편찬에는 그 외에도 『영언선』, 『해동가곡』(또는 『해동가요록』) 등도 참고가 되었다. 이는 화사자 서문과 『영언선』 관련 기록이 입증하는 바다.

한편 『해박』이 『해동가요』 1차본의 단순 전사본이 아니라는 것은 무명씨부를 통해 확연히 드러난다. 『해박』 무명씨의 내적 질서를 분석한 결과 13개 항목의 내용별 분류 방식을 취하고 있음을 알 수 있었다. 정연한 분류 체계를 갖추고 있는 것도 놀라운 일이지만, 심적 태도를 분류 기준으로 삼고 있으며 그 중에서도 인간의 처신과 관련된 항목이 중요한 비중을 차지하고 있다는 점이 특히 주목된다. 이는 『영언선』 관련 기록에 보이는 한유신 주변 인물들의 고조 지향 의식, 교화적 시가관과 일맥상통한다는 점에서 『해박』이 한유신과 관련이 있는 인물에 의해 편찬되었음을 뒷받침해 주는 것이다.

조선후기 가집 편찬은 당대의 문화적 실상을 반영한 것이다. 이런 관점에서 이 글은 『해박』이 한유신을 중심으로 전개된, 18세기 후반 대구 지역의 문화적 분위기를 일정하게 반영한 것으로 보고 논의를 전개했다. 이는 『해박』을 『해동가요』 1차본의 전사본이라고 본 기존의 시각과는 많은 차이를 갖는 것이다. 이 글이 앞으로 가집 연구의 새 장을 여는 데 조그만 밑거름이나마 될 수 있기를 희망해 본다.

제6장
『해동풍아』의 성격과 무명씨 작품 배열 원리

1. 문제제기

『해동풍아(海東風雅)』는 기존에 『해동가요』(일석본)으로 널리 알려진 가집이다. 이 글에서는 기존에 통용되던 명칭 대신에 『해동풍아』라는 새로운 명칭을 사용하고자 한다. 기존에 통용되던 명칭을 버리고 굳이 새로운 명칭을 사용하고자 하는 것은 명칭 문제가 이 가집을 바라보는 시각의 문제와 관련되어 있다고 보기 때문이다.

원칙적으로 가집의 명칭은 그렇게 중요하다고 할 수는 없다. 대부분의 가집이 우리나라를 뜻하는 '청구(靑丘)', '해동(海東)' 등과 노래를 의미하는 '영언(永言)', '가요(歌謠)' 등의 합성어로 이루어져 있기 때문에 가집의 명칭이 무슨 특별한 의미를 갖는 것은 아니다.[1] 그러나 일부 가집의 경우 명칭 문제가 중요한 비중을 차지하는 측면이 있을 수 있다. 『해동풍아』의 경우가 바로 그런 예라 할 수 있다.[2] 가집의 명칭이 『해동가요』(일석본)일

---

1) 이런 점에서 『청구영언(靑丘永言)』, 『해동가요(海東歌謠)』 등은 그 명칭으로부터 편찬자의 특별한 의도를 읽을 수 없다. 다만 『가곡원류(歌曲源流)』의 경우는 이들과 사정이 다르다고 볼 수 있다. 즉 『가곡원류』는 제명(題名)에서 이미 편찬자들의 의도를 강하게 드러낸 것으로 보인다.

2) 『해동풍아』 외에 명칭을 바로잡을 필요가 있다고 생각되는 것으로 『해동가요 박씨본 附永言選』과 『靑丘詠言』(가람본)이 있다. 『해동가요 박씨본 附永言選』의 경우 『영

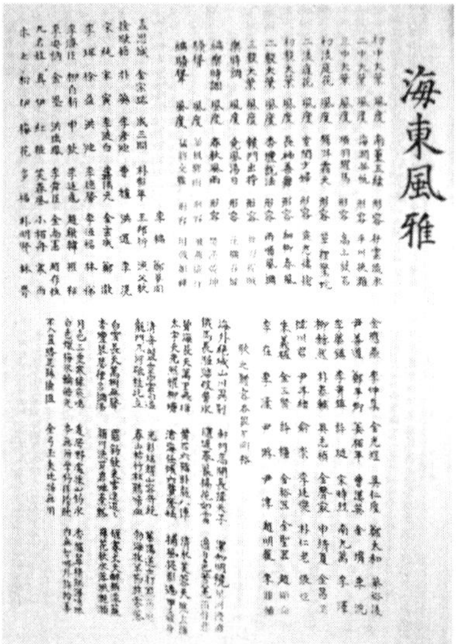

〈그림 13〉『해동풍아』 권두부

경우 연구자들은 자연스럽게 이 가집의 성격을 김수장의 『해동가요』와 연관 지어 사고하게 될 것이다. 실제로 지금까지의 연구가 그러했다. 조윤제는 『해동가요』(주씨본)을 건편(乾篇)으로 하고 『해동가요』(일석본)의 무명씨 부분을 곤편(坤篇)으로 교합한다면 『해동가요』의 완본(完本)으로 가정할 수 있다고 하였으며,[3] 심재완은 "『해일』이 그 체재로 보아 완본에 가깝"다고 보았다.[4] 선학들의 이런 시각은 이 책의 모든 내용을 김수장과 연관 지어 사고한 결과라 할 수 있다. 김용찬은 "김수장의 편찬본을 전사자가 일부 변개해서 만들어진 가집"[5]이라 하여 선학들의 완본 의식에 제동을 걸었다. 그러나 그 역시 무명씨부를 김수장의 산물로 보고 있다는 점에서는 동일하다 하겠다. 한편 『해동풍아』라는 새로운 명칭을 부여받게 될 경우 김수장이나 『해동가요』와 어느 정도 떼어놓고 사고할 수 있는 바탕이 마련된다. 여기서 후자의 시각은 전자의

언선』을 참조한 흔적이 남아 있을 뿐 『영언선』이 덧붙어 있는 것은 아니기 때문에 '부영언선'이라는 꼬리표를 떼야 한다. 『青丘詠言』(가람본)은 속표지와 권두에 모두 '海東歌謠錄'이라 되어 있고, 본문 서두에 '青丘詠言'이라는 제목이 보인다. 따라서 이 경우 속표지와 권두에 나오는 『海東歌謠錄』을 가집의 명칭으로 삼는 것이 옳다고 본다.

3) 조윤제, 『조선시가사강』, 박문출판사, 1937.

4) 沈載完, 『時調의 文獻的 研究』, 世宗文化社, 1972, 15면.

5) 김용찬, 『18세기 시조문학과 예술사적 위상』, 月印, 1999, 151면 주64) 참조.

시각에서 간과한 측면을 볼 수 있게 만드는 이점이 존재한다.

이상과 같은 이유로 기존에 『해일』로 부르던 것을 이 글에서는 『해동풍아』로 지칭하고자 한다. 거듭 말하거니와 이 글에서 새로운 명칭을 제안하는 것은 이 가집을 바라보는 필자의 시각과 관련이 있다. 『해동풍아』는 김수장의 『해동가요』와 일정한 거리가 있는 가집이다. 지금부터 이에 대해 구체적으로 살펴보기로 한다.[6)]

2. 『해동풍아』의 성격

『해동풍아』는 성격이 단순치 않은 가집이다. 이 가집의 복잡한 성격을 일차적으로 보여주는 것이 책의 제목이다. 이 책은 표제(表題)에 '海東風雅'라 기재되어 있고, 본문 시작하는 부분에는 '海東歌謠'라 쓰여 있다. 선학들은 이 책이 김수장이 편찬한 『해동가요』의 원본에 가깝다고 보아 책명을 『해동가요』(일석본)으로 규정한 바 있다. 그러나 『해동가요』보다는 『해동풍아』가 이 가집의 실상에 부합한다고 본 수 있다. 본문 시작 부분에 나오는 '해동가요'는 전체를 포괄하는 명칭으로 쓰였다기보다는 이삭대엽 유명씨까지를 포괄하는 명칭으로 사용된 듯하다. 왜냐하면 유

6) 『해동풍아』는 한국전쟁 중에 원본이 소실되었으며, 현재 원본을 전사한 것 두 종-조윤제 전사본과 이재수 전사본-이 전하고 있다. 이 글에서 대본으로 삼은 것은 이재수 전사본이다. 이재수 전사본은 유명씨부와 무명씨부의 연번을 따로 매겨놓았는데 이에 따르면 유명씨부 321수, 무명씨부 314수(총 635수)인 것으로 되어 있다. 그러나 이는 잘못된 것이다. 필자가 컴퓨터 입력 작업을 통해 확인한 바에 따르면 『해동풍아』의 작품 수는 총 638수(유명씨부 321수, 무명씨부 317수)이다. 세 수 차이가 나는 것은 이재수 전사본에서 번호를 붙여야 하는데 붙이지 않은 곳이 5군데, 붙여서는 안 되는 엉뚱한 자리에 붙인 곳이 2군데 있기 때문이다. 따라서 본문에서 필자가 거론하는 작품 번호가 기존에 알려진 것과 다소 차이가 날 수 있음을 미리 밝혀둔다.

명씨 뒤에 이어지는 무명씨부는 김수장과 관련이 없는,[7] 『해동풍아』 편찬자의 산물이기 때문이다.[8] 그러니까 『해동풍아』의 편찬자는 김수장의 『해동가요』를 참조하여 전반부를 구성한 뒤 자신이 수집한 무명씨부를 덧붙여 『해동가요』와는 다른 『해동풍아』를 편찬한 것이다.

『해동풍아』가 김수장이 편찬한 『해동가요』 원본이 아니며, 또한 후대의 단순 전사본도 아니라는 것은 김수장과 관련된 모든 기록을 삭제한 데서 분명히 알 수 있다. 이 가집에 대해서는 『해동가요』 계열 이본 중 무명씨부가 가장 풍부하다는 점에서 그 의의를 인정한 데 비해 이삭대엽 유명씨 부분의 경우 훼손된 내용이 많다는 점에서 불완전한 가집으로 알려져 있다. 현전 『해동풍아』가 표면적으로 불완전한 모습을 띠는 것은 사실이다. 그러나 이는 두 가지로 나누어 이해할 필요가 있다.

우선 『해동풍아』에서 탈락된 내용 중에는 전사상의 실수에 의한 단순 누락으로 추정되는 것들이 있다. 이완의 경우 권두 작가목록에는 이름이 있으나 본문 해당 부분에 작품이 누락되었다. 작가목록에 이름이 올라 있는 것으로 보아 이완의 작품이 수록되지 않은 것은 전사상의 실수라 할 수 있다. 조식의 경우 "頭流山 兩端水~"로 시작하는 작품이 빠져 있는데 이 역시 전사상의 실수로 추정된다. 이 작품의 경우 모든 『해동가요』 계열 이본에 수록된 작품으로 삭제할 특별한 이유가 없기 때문이다. 박인로의 경우는 "반중 조홍감이~"로 시작하는 작품과 관련기록이 누락되었다. 이 경우는 이완이나 조식의 경우처럼 작품 1수만 누락된 것이 아니라 관련기록까지 없기 때문에 단순 누락이라고 단정 짓기 어려운 측면이 있다. 하지만 다음에 살펴볼 의도적 삭제와는 분명히 구별된

7) 김수장은 『해동가요』를 편찬하면서 무명씨부를 고려하지 않은 것으로 보인다. 이에 대해서는 이 책에 수록된 「『해동가요(박씨본) 연구의 새로운 시각」을 참조할 것.

8) 이에 대해서는 다음 장에서 자세히 논할 것이다.

다 하겠다. 그 외 김광욱과 이정보의 경우 작품 수에 차이가 나타남을 볼 수 있다. 이 역시 판단하기 어려운 측면이 존재한다. 김광욱의 작품은 11수가 수록되어 있는데, 박씨본과 UC본에는 15수, 주씨본에는 14수가 수록되어 있다. 이정보의 작품은 42수가 수록되어 있는데, 박씨본에는 수록되지 않았고, UC본과 주씨본에는 공히 82수가 수록되어 있다.

한편 『해동풍아』에서 탈락된 내용 중에는 편자에 의해 의도적으로 삭제된 것들이 있다. 여기에 속하는 것들은 모두 김천택이나 김수장과 관련되어 있다는 점에서 주목을 요한다. 지금부터 의도적 삭제로 추정되는 내용들에 대해 하나하나 살펴보기로 한다.

우선 권두 1장이 삭제되었다. 심재완은 "권두 1장이 누락되었"다고 하였다.[9] 그러나 이는 누락된 것이 아니라 의도적으로 삭제한 것이다. 앞서 이미 살펴보았듯이 이 책은 '海東風雅'라는 표제로 시작되고 있다. 따라서 이 앞에 낙장(落張)이 있다고 볼 수 없다. 낙장이 있다면 '海東風雅'라는 표제도 마땅히 함께 사라졌어야 할 것이다. 그러면 『해동풍아』의 편자는 이 부분을 왜 삭제했을까? 『해주』를 참고로 할 때 이 부분에 있었을 것으로 추정되는 내용은 김수장의 〈해동가요서(海東歌謠序)〉와 '각조체격(各調體格)', '선가자(善歌者)'와 '학가무(學歌舞)'에 대한 설명 등이라 할 수 있다. 이 중에서 김수장의 서문 때문에 1장 정도의 분량이 통째로 삭제된 것으로 보인다.[10] 다음으로 작가목록에서 김천택과 김수

9) 심재완, 앞의 책, 15면.

10) 여기서 이런 의문이 생길 수 있다. 김수장의 흔적을 지우기 위한 것이라면 김수장의 서문만 삭제하면 될 터인데 여타의 내용까지 포함하여 1장을 통째로 삭제한 이유가 무엇일까? 이 의문을 확실하게 풀어줄 만한 단서는 없다. 다만 『해동가요』에서 김천택이나 김수장과 관련된 장을 찢어낸 것이 전승되다가 이것이 후대의 전사자를 만나 전사된 것으로 추정해 볼 수는 있다. 본문에서도 관련 부분만 삭제된 것이 아니라 장 단위로 삭제된 것이 대부분이므로 이러한 추정은 검토할 가치가 충분히 있다고 본다.

장의 이름이 삭제되었다. 작가목록에서는 김천택과 김수장의 이름이 삭제된 것 외에도 '열성어제(列聖御製), 인평대군(麟坪大君), 적성군(積城君), 낭원군(郎原君)'이 추가로 삭제되었다.[11] 이는 기존 연구에서 지적한 대로 "왕과 왕족의 권위를 위하여 諱한 흔적"[12]으로 볼 수 있다. 이 중 열성어제의 경우 본문에서도 이름을 밝히지 않은 데 비해 왕족의 경우 본문에서는 이름을 밝히고 있는 차이가 있다.

다음으로 본문에서 삭제된 내용을 보기로 한다. 먼저 윤선도의 〈어부가 오십이장〉에 대한 김수장의 발문이 삭제되었다. 이현보의 〈어부가발〉, 이황의 〈도산십이곡발〉, 최립(崔岦)의 〈고산구곡담기〉, 신흠의 〈방옹시여서〉 등이 모두 수록되어 있는 데 비해 윤선도의 〈어부가 오십이장〉에 대한 기록이 삭제된 것은 이 글을 쓴 사람이 바로 김수장이기 때문이다. 『해동가요』 UC본과 주씨본에는 이 글과 관련하여 "歲癸未杏花節, 七四翁老歌齋金壽長書"라고 되어 있다. 다음으로 주의식의 작품 1수와 김삼현의 작품 전부(5수)가 삭제되었다. 이는 주의식의 작품에 대해 김천택이 평한 글이 중간에 들어있기 때문이다. 즉 김천택의 글을 삭제하기 위해 전후에 있는 주의식의 작품 일부와 김삼현의 작품 전부를 포

11) 기존 연구 중에는 이 부분에서 '열성어제'만 삭제된 것으로 본 견해가 있다. 그러나 『해동가요』(UC본)을 참고할 때 이 부분에서 삭제된 것은 '열성어제, 인평대군, 적성군, 낭원군'이라고 보는 것이 옳다. 기존 연구에서 '열성어제'만 삭제되었다고 본 것은 본문 작품 수록에서 여말 작가의 작품 앞에는 열성어제의 작품만 수록되어 있으며 '인평대군, 적성군, 낭원군'의 작품은 뒤쪽에 수록되어 있는 점을 고려한 때문으로 보인다. 그러나 UC본에서 실제 작품 수록의 위치와 상관없이 작가 목록에서는 '인평대군, 적성군, 낭원군'이 '열성어제' 다음에 배치되고 있다는 점을 고려할 때 『해동풍아』에서 삭제된 것은 '열성어제, 인평대군, 적성군, 낭원군'이라고 보는 것이 타당할 듯하다. 이재수 전사본에서 이 자리에 네 명의 이름이 들어갈 공간을 비워둔 것은 이를 뒷받침하는 것이다.

12) 정재호, 「U.C. 소장 해동가요」, 『한국 시조 문학론』, 태학사, 1999.

함하여 1장이 통째로 삭제된 것이다. 이런 현상은 뒤에서도 나타나고 있다. 『해동풍아』에는 김유기의 작품이 4수만 수록되어 있으며,[13] 김성기(5수), 조현명(1수), 이재(1수), 이유(3수), 윤유(2수), 윤순(1수), 조명리(4수) 등의 작품이 모두 수록되어 있지 않다. 그러니까 원래 이 부분에 수록되어 있어야 할 21수의 작품이 탈락한 것이다. 이것 역시 이들 작가의 작품이 문제되었다기보다 김천택과 김수장의 이름으로 된 관련기록이 문제되었다고 볼 수 있다. 『해동가요』 UC본과 주씨본을 참고할 때 이 부분에는 김유기, 김성기의 작품과 관련된 김천택의 글과 조명리의 작품에 대한 김수장의 간단한 평이 있다. 따라서 이들 관련기록을 삭제하기 위해 21수의 작품도 함께 삭제된 것으로 보인다. 마지막으로 김천택과 김수장의 작품이 삭제되었다. 김천택 작품의 경우 UC본과 주씨본에 수록된 작품수가 57수로 일치하고 있어 그 정도의 작품이 삭제되었다고 볼 수 있다. 하지만 김수장 작품의 경우는 UC본과 주씨본에 수록된 작품 수에 차이가 크기 때문에[14] 어느 정도의 작품이 삭제된 것인지 판단하기 어렵다.

이상의 사실을 통해 『해동풍아』에서 탈락한 내용 중 일부를 제외한 대부분은 김천택이나 김수장과 관련된 것인을 알 수 있다. 이는 이들 관련 내용이 단순한 전사상의 실수나 오류에 의해 탈락한 것이 아니라 편자에 의해 의도적으로 삭제되었음을 보여주는 것이다. 그러면 『해동풍아』에서는 왜 김천택이나 김수장과 관련된 내용이 모두 삭제된 것일까? 김천택이나 김수장과 관련된 내용을 삭제한 것은, 같은 의도적 삭제라 하더라도 왕이나 왕족의 이름을 지운 것과는 차원이 다르다. 열성어

---

13) 『해동가요』 UC본과 주씨본에는 김유기의 작품이 8수가 수록되어 있다. 따라서 김유기 작품의 경우 4수 정도가 삭제되었다고 볼 수 있다.

14) UC본에는 23수, 주씨본에는 119수가 수록되어 있다.

제의 경우 작품은 그대로 둔 채 작가목록과 본문에서 이름만 지웠으며, 왕족의 경우 작가목록에서 이름만 지웠을 뿐이다. 그런데 김천택이나 김수장의 경우 이름은 물론이고 그들의 작품과 그들의 이름으로 써진 관련기록까지 철저하게 삭제했다. 도대체 왜 이런 일이 생겨난 것일까? 현재로서는 이에 대한 명쾌한 답을 내린다는 것이 쉽지 않다. 따라서 여기서는 한 가지 유력한 가능성을 제기하는 데서 그치고자 한다.

그것은 『해동풍아』 편찬 당시 김천택과 김수장의 위상과 관련되어 있을 가능성이다. 현대 연구자들에게 있어 김천택과 김수장은 18세기 가집 편찬자로서, 또한 다수의 시조 창작자로서 절대적인 위치를 차지하는 것으로 인식되고 있다. 그런데 당대에도 과연 그랬을까? 이 점과 관련하여 한 가지 흥미로운 사실을 발견할 수 있다. 그것은 김천택과 김수장의 이름이 올라있는 가집이 생각 외로 제한되어 있다는 점이다. 김천택의 경우 대부분의 작품들이 『청구영언』(진본)과 『해동가요』에 수록된 것들이며, 그의 이름으로 표시된 작품 중 가장 많이 수록된 것이 7개 가집에 불과하다. 이는 김수장의 경우도 마찬가지다. 자신이 편찬한 『해동가요』를 제외하면 『병와가곡집』과 『악부』(서울대본) 등 한정된 일부 가집에만 수록되어 있으며, 그의 이름으로 표시된 작품 중 가장 많이 수록된 것이 불과 5개 가집밖에 되지 않는다. 이렇게 이들 두 작가의 작품이 제한된 일부 가집에 수록된 것도 문제적이지만 보다 중요한 것은 19세기 가집에서 이들 두 작가의 이름으로 표시된 작품을 거의 찾아볼 수 없다는 점이다. 이는 대부분의 작가들이 -사대부 작가는 물론 여항인들까지 포함하여- 19세기 후반에 편찬된 『가곡원류』에까지 지속적으로 이름을 올리고 있는 것에 비추어 볼 때 매우 특이한 현상이다. 이것을 어떻게 해석해야 할까?

이와 관련하여 우리는 계통적으로 『청진』, 『해동가요』 계열과는 구별되는 또 다른 가집들의 존재와 이 계통의 가집들이 후대 가집들에 미쳤을 영향력을 고려할 필요가 있다. 근자에 소개된 『청구영언』(장서각본)은 이 점과 관련하여 중요한 시사점을 제공하고 있다. 이 가집은 『해동가요』보다 다소 앞서는 것으로 추정되는 것인데,[15] 문제는 김천택의 작품이 전혀 수록되지 않았다는 점이다. '여항산인(閭巷散人)'이라는 항목하에 박인로, 주의식, 장현, 김삼현, 김성기, 김유기 등 당대 여항인들의 작품을 모두 수록하고 있는 데 비해 김천택의 작품은 단 1수도 수록되지 않았다. 비단 『청장』만이 아니라 18세기에 편찬되었을 것으로 추정되는 가집 중 상당수가 김천택과 김수장을 배제하고 있거나 아주 미약하게 취급하고 있다. 이는 김천택·김수장 그룹 외에도 많은 그룹이 활동하고 있었으며,[16] 그들에 의해 『청진』이나 『해동가요』와는 다른 성격의 가집들이 편찬되었을 가능성을 강력히 시사하는 것이다.

이런 사정과 함께 김천택·김수장의 작품에 대한 신빙성에 의문을 가졌을 가능성을 고려해야 할 것 같다. 18세기 가집 편찬자들이 김천택과 김수장을 과소평가한 것은 김천택과 김수장을 믿지 못한 때문이 아닌가 한다. 주지하다시피 김천택과 김수장이 썼다는 글들 중에는 이미 있던 글에 부분적인 변개를 가한 것이 많이 있으며, 그들의 작품 중에도 기존의 작품에 약간의 변개를 가한 것이 일부 포함되어 있다.[17] 이런 이유로 18세기 가집 편찬자들은 김천택과 김수장이 쓴 글을 싣지 않았으며, 그들의 작품 또한 아예 배제하거나 무명씨 작품으로 처리한 것으로 생각된

15) 이에 대해서는 이 책에 수록된 「18세기 가집 편찬과 『청구영언』(장서각본)의 위상」 참조.

16) 종래 김천택·김수장 그룹 외에 이세춘 그룹 정도를 상정해 왔으나 실은 이보다 더 많은 그룹들이 존재했을 것으로 보인다. 이 점과 관련하여 우리는 『해동가요』에 있는 '고금창가제씨(古今唱歌諸氏)' 56인을 기억할 필요가 있을 듯하다.

17) 이에 대해서는 '이상원, 「李鼎輔 時調 해석의 시각」, 『조선시대 시가사의 구도와 시각』, 보고사, 2004.' 참조.

다. 18세기 가집 편찬의 전반적인 흐름을 이상과 같이 정리할 때, 『해동풍아』에서 김천택 · 김수장의 작품과 관련기록을 삭제한 것이 자연스럽게 이해될 수 있게 된다. 그러나 이는 하나의 가설에 지나지 않으므로 앞으로 이에 대한 지속적인 관심과 모색이 필요할 것으로 생각된다.

3. 『해동풍아』 무명씨의 작품 배열 원리와 그 의미

『해동풍아』의 무명씨 부분은 이른 시기부터 주목받아 왔다. 일찍이 조윤제는 『해동풍아』의 무명씨부가, 유명씨부만 수록되어 있는 『해주』를 보완해 준다는 점에서 주목한 바 있다.[18] 조윤제의 이런 시각은 후대 연구자들에게서도 크게 달라지지 않은 것으로 보인다. 그러나 『해동풍아』 무명씨부는 김수장의 산물이 아니다. 필자는 『해동가요』(박씨본)을 논하는 자리에서 김수장의 『해동가요』가 유명씨부로 끝맺었을 가능성을 제기한 바 있다.[19] 『해동풍아』 무명씨에 나타나는 다음과 같은 현상은 이러한 가능성을 크게 뒷받침하는 것으로 보인다.

『해동풍아』 이삭대엽 무명씨에는 유명씨와 중복된 작품이 있어 주목된다.

331 감아괴 눈비 맛자 희는 듯 검노ᄆᆡ라
夜光 明月이 밤인들 어두오랴
님 向ᄒᆞᆫ 一片丹心잇ᄯᆞᆫ 變ᄒᆞᆯ ᄌᆞᆯ이 잇시랴.

---

18) 조윤제, 앞의 책.

19) 이 책에 수록된 「『해동가요』(박씨본) 연구의 새로운 시각」 참조.

449 놉흔아 놉흔 남게 날 勸ᄒᆞ여 올려두고
이 보오 벗님네야 흔드지나 마르되여
죽기는 셟지 안이되 님 못 볼싸 ᄒᆞ노라.

475 비 오는 날 들으히 가랴 살입 닷고 쇼 먹여라
霾히 每樣(이)랴 장기 연장 다슬여라
쉬다가 개는 날 보와 ᄉᆞ래코 밧 갈리라.

위 세 작품은 유명씨에 이미 수록된 것이 무명씨에 재수록된 것들이다. 상호 간에 표기상의 출입이 약간 있기는 하나 331은 25번(박팽년), 449는 54번(이양원), 475는 178번(윤선도)과 동일한 작품이다. 이는 『해동풍아』의 무명씨가 김수장의 산물이 아니라 『해동풍아』 편찬자의 산물임을 보여주는 단적인 증거다. 가집에서는 동일 작품이 표기를 다소 달리한 채 서로 다른 곡조에 수록된 예를 가끔 찾아볼 수 있다. 이는 한 작품이 두 개 이상의 곡조로 불렸던 가창 현실을 반영하는 것이다. 그러나 위의 경우는 이것과는 차원이 다른 문제다. 위에 제시한 예들은 같은 이삭대엽 내에서 유명씨와 무명씨에 중복 수록된 것들이기 때문이다. 따라서 이를 단순히 전사상의 실수로 보기보다는 유명씨로 끝난 김수장의 『해동가요』를 바탕으로 『해동풍아』의 편자가 무명씨 이하를 재구성하는 과정에서 생겨난 현상으로 보는 것이 옳다고 생각된다.

이제 『해동풍아』의 무명씨가 김수장과 아무 관련이 없는, 『해동풍아』 편자의 산물임을 전제로 그 내적 질서에 대해 살펴보기로 하자. 가집 무명씨의 경우 그 동안 특별한 주목을 받지 못하다가 김용철에 의해 비로소 본격적인 분석이 시도된 바 있다. 김용철은 『청진』 무명씨가 내용별 분류 방식을 취한 데 주목하고, 그 분류 체계가 갖는 의미를 탐구한 바 있다. 여기서 그는 『청진』 무명씨의 분석을 통해 '인식론적 단절의 흔적들', '태평성대 인정물태의 여러 표현'이라는 두 가지 특성을 읽어내고 있다.[20] 그의 이러한 시도는 무명씨 분류 체계에 대한 최초의 본격 연구라는 점은 물론이고, 18세기 전반 문화적 산물의 집적인 『청진』을 대상으로 18세기와 현대를 오가면서 그것의 의미를 조명하고 있다는 점에서 의의가 자못 크다 하겠다. 필자는 김용철의 논의를 바탕으로 『청진』 무명씨의 분류 체계가 후대 가집에 계승되었을 것이라는 가정 하에 『해박』 무명씨의 내적 질서를 분석한 바 있다. 그리하여 『해박』 무명씨의 경우 『청진』에서처럼 내용별 표제어를 제시하지는 않았으나 체계적인 분류에 입각해 작품을 배열하고 있음을 확인할 수 있었다. 그리고 『해박』 무명씨의 분석을 통해 한유신 그룹을 중심으로 한 대구 지역 문화의 한 특성을 읽을 수 있었다.[21]

그러면 『해동풍아』의 무명씨에서는 무엇을 읽을 수 있을까? 『해동풍아』 무명씨는 양적인 면에서 『청진』이나 『해박』과 비교할 수 없을 정도로 많다. 『해동풍아』 무명씨에 수록된 158수는 『청진』의 약 1.5배에 해당하는 양이며, 『해박』의 4배가 넘는 양이다.[22] 이미 선행 연구를 통해 『해동풍아』의 2/3에 해당하는 『청진』의 경우에도 체계적인 분류가 쉽지 않았음이 확인되고 있다.[23] 이는 『해동풍아』 무명씨의 작품 배열이 어떤 원리에 따라 이루어지고 있을 것인지에 대한 궁금증을 자아낸다. 『해동풍아』는 과연 『청진』과 『해박』에서 시도된 내용 분류가 이어지고 있

20) 김용철, 「『진청』 「무씨명」의 분류 체계와 시조사적 의의」, 『고전문학연구』 제16집, 한국고전문학회, 1999.

21) 이에 대해서는 본서에 수록된 「『해동가요』(박씨본) 연구의 새로운 시각」 참조.

22) 『청진』 무명씨에 수록된 작품 수는 104수이며, 『해박』 무명씨에 수록된 작품 수는 38수(후대 추록 3수 제외)이다.

23) 『청진』 무명씨의 경우 앞에서는 체계적인 분류가 시도되고 있으나 뒤로 갈수록 흐트러지는 양상을 띠고 있다. 이에 대해서는 '김용철, 앞의 논문' 참조.

는가? 아니면 이들과는 다른 방식으로 배열되고 있는가?

『해동풍아』 무명씨의 작품 배열 원리를 확인하기 위해 우선 처음 몇 작품을 간단히 검토해 보기로 한다.

322 時節이 太平토다 이 몸이 閒暇커니
竹林 深處에 牛鷄聲 안이런들
깁피든 一場華胥夢을 언의 벗이 씨오리.

323 功名 富貴과란 世上살람 맛져 두고
말 업쓴 江山에 일 업씨 누엇신이
봄비에 절로 난 山菜 긔 分인가 ᄒᆞ노라.

324 집方席 내지 말아 落葉엔들 못 안즈랴
솔불 혀지 말아 어제 진 ᄃᆞᆯ이 돗아 온다
아희야 濁酒山菜ㄹ만졍 업다 말고 내여라.

325 十年을 經營ᄒᆞ야 草廬三間 지여내이
나 ᄒᆞᆫ 間 ᄃᆞᆯ ᄒᆞᆫ 間 淸風 ᄒᆞᆫ 間 맛져 두고
江山은 들일 씌 업쓴이 한듸 두고 보리라.

326 九萬里 너른 한을 四方으로 될 쨕씸연
길건아 쟈르건아 一定限이 잇시련이와
암아도 이 님의 思郞은 ㄱ 업쓴가 ᄒᆞ노라.

위 다섯 작품의 배열을 보면 대체로 비슷한 내용의 작품들을 묶어 배치하고 있음을 알 수 있다. 마지막 326을 제외하면 모두가 자연 속에서의 한적, 수분, 야취 등을 노래한 것들이다. 내용별 분류 방식을 취하고 있는

다른 가집을 참고하여 이를 좀 더 구체적으로 살펴보도록 하자. 322~324는 『청진』에서 자연적 삶을 노래한 작품으로 분류되고 있다.[24] 325는 『청진』에서는 '겸치'로 분류되어 있으나, 후대 가집인 『고금가곡』과 『근화악부』에서는 각각 '한적'과 '한정'으로 분류되고 있다. 이 작품은 『해박』에서도 '한적'으로 분류되고 있는 점을 감안할 때,[25] 『해동풍아』의 편자 역시 이 작품에 대해 자연적 삶을 노래한 것으로 이해한 듯하다. 이렇게 본다면 『해동풍아』 무명씨의 작품 배열 역시 내용별 분류 방식을 취한 것이 아닌가 하는 의심이 든다. 그러나 326번 작품이 이 가능성을 완전히 차단하고 있다. 326은 위 네 작품과는 완전히 다르게 사랑을 노래한 작품이다. 만약 다음에 이어지는 327이 사랑을 노래한 작품이라면 326부터 새로운 내용이 시작되는 것으로 볼 수 있을 것이다. 그러나 327[26]은 사랑을 노래한 작품이 아니라 '야취'를 노래한 작품으로서 322~325의 작품들과 오히려 통하고 있다. 이렇게 본다면 326은 자연적 삶을 노래한 작품들이 묶여 배치되는 중간에 끼어든 작품이라고 볼 수밖에 없다. 그러면 왜 완전히 엉뚱한 내용을 노래한 작품이 중간에 끼어든 것일까? 그것은 325의 초두에 나오는 '十年' 때문이다. 자연적 삶을 노래한 작품들을 적어가던 편자는 325번 작품에서 '十年'이 나오자 바로 이 '十'이라는 숫자에 견인되어 '九'라는 숫자로 시작되는 작품을 한 수 떠올려 적은 것이다.

비록 초반 다섯 작품을 가지고 확인한 바이지만 이런 사실은 여기에 국한되지 않고 『해동풍아』 무명씨 전체를 지배하고 있다. 따라서 위에서 확인한 사실이 바로 『해동풍아』 무명씨의 작품 배열 원리라 할 수

---

24) 322는 '한적', 323은 '산림', 324는 '야취'로 분류되어 있다.

25) 「『해동가요』(박씨본) 연구의 새로운 시각」, 본서 수록.

26) "목 불근 山上雉와 홰예 안즌 白松骨이 / 집압논 무살미예 고기 엿는 白鷺들아 / 草堂에 너희곳 업쓰면 消日 어이 ᄒᆞ리오."

있다. 『해동풍아』 무명씨는 전반적인 측면에서 볼 때 내용이나 성격이 비슷한 작품들을 한꺼번에 모아놓고 있다. 자연적 삶을 노래한 작품, 늙음을 노래한 작품, 사랑과 관련된 작품 등을 묶어 배열하는 양상이 분명 눈에 띈다. 그러나 『해동풍아』의 경우 『청진』이나 『해박』에서 보여준 것과 같은 진지한 내용 분류를 시도하고 있지는 않다. 비슷한 내용의 작품들이 대체로 묶여 있지만 반드시 그런 것은 아니다. 즉 자연을 노래한 작품이 앞에서도 나오고, 중간에도 나오고, 끝에도 나오고 하는 식이다. 따라서 편자가 의식적인 내용 분류를 시도했다고 보기는 어려울 듯하다. 이런 가운데 『청진』이나 『해박』과는 다른 차원에서 『해동풍아』 나름의 독특한 배열이 보이고 있어 주목되는바 그것은 바로 **연상의 원리**라 할 수 있다. 위에서 인용한 작품들 다음에 이어지는 작품들을 통해 이를 확인해 보기로 한다.

329 田園에 봄이 온이 이 몸이 일이 하다
곳남근 뉘 옴김여 <u>藥</u>밧츤 언제 갈리
아희야 대 뷔여 오ᄂᆞ라 삿갓 몬져 결을이라.

330 <u>감아괴</u> 너를 본이 글여도 애ᄃᆞ래라
너 무슨 <u>藥</u>을 먹ᄭᅩ 마리좃차 검엇는다
암아도 白髮 검길 藥은 못 어들ᄶᅡ ᄒᆞ노라.

331 <u>감아괴</u> 눈비 맛자 희는 듯 검노ᄆᆡ라
夜光 <u>明月</u>이 밤인들 어두오랴
님 向ᄒᆞᆫ 一片丹心잇ᄯᆞᆫ 變ᄒᆞᆯ ᄶᅮᆯ이 잇시랴.

332 곳 픠자 술이 닉고 ᄃᆞᆯ ᄇᆞᆰ쟈 벗이 왓ᄂᆡ
이 ᄀᆞᆺ치 죠흔 ᄯᅢ를 어이 그저 본앨쏜이

ᄒᆞ물며 四美具ᄒᆞᆫ이 長夜醉를 ᄒᆞ리라.

333 감아괴 검거라 말고 海올이 흴 줄 어이
검건이 희건이 一便도 ᄒᆞᆫ져이고
울이는 술이두름이라 검도 희도 안예롸.

334 감아괴 싸호는 골에 (白)鷺야 가지 말아
性낸 감아괴 흰빗츨 새올쎄라
淸江에 조히 시슨 몸을 덜어일싸 ᄒᆞ노라.

335 감아괴 검다 ᄒᆞ고 白鷺야 웃지 말아
엇치 검은들 속조차 검을쏜야
암아도 것 희고 속 검기는 녓븐인가 ᄒᆞ노라.

336 감아괴 ᄎᆞᆫ감아괴 빗치나 기잣튼가
昭陽殿 日影을 제 ᄒᆞᆫ자 씌여 온다
뉘라셔 江湖에 좀든 鶴을 上臨苑에 늘릴쏘.

337 明皇도 太眞을 일코 몃 날인아 우둣쓴고
昭陽殿 月三更에 生覺홈도 긋이 업다
馬塊驛 死別餘魂을 닐러 무슴 ᄒᆞ리오.

위의 작품들은『해동풍아』무명씨의 작품 배치가 연상의 원리에 따른 것임을 보여주는 하나의 사례라 할 수 있다. 위에서 보듯 329번 작품은 자연적 삶을 노래한 작품이며, 바로 앞의 328번 작품 역시 그러하다.27)

27) 329번 바로 앞의 작품인 328번 역시 '야취'를 노래한 것이다. "씌 업쓴 손이 온아늘 갓 안 쓴 主人이 마자 / 여나모 亭子에 朴櫟棊 벌여 녹코 / 아희야 서나술 걸으고 욋싸 노하 내여라."(328)

또 337번 다음에 이어지는 338번[28] 역시 자연적 삶을 노래한 작품이다. 이렇게 볼 때 무명씨의 초반부는 자연적 삶을 노래한 작품들이 계속 이어지고 있음을 알 수 있다. 그런 가운데 332를 제외하고 330~336의 경우 까마귀와 관련된 작품들이 묶여 있는 모습을 취하고 있다. 앞에서 한 작품이 끼어든 경우를 보았는데 여기서는 무려 8수(330~337)가 끼어든 것을 볼 수 있다.[29]

끼어든 작품들의 내부 배치도 주목할 만하다. 전체적으로 까마귀와 관련된 작품들을 배치하면서도 까마귀와 상관없는 332와 337이 존재하기 때문이다. 만약 『해동풍아』의 편자가 『청진』이나 『해박』의 경우처럼 까마귀를 소재로 한 작품들을 대상으로 의식적인 분류를 시도한 것이었다면 332번 작품이 중간에 끼어들어서는 안 된다. 그럼에도 이 작품이 끼어든 것은 331번 작품 중장에 나타난 '明月' 때문이다. '달'이 사용된 작품이 나오자 편자는 초장에 '달'이 사용된 작품을 한 수 떠올려 적은 것이다. 이는 336번 작품에서 337번 작품으로 이동하는 과정에서도 똑같이 나타나고 있다. 336번 작품 중장에 '昭陽殿'이라는 어휘가 등장하고 있음을 볼 수 있는데 이를 계기로 '昭陽殿'이 사용된 작품을 한 수 떠올려 337번 작품으로 배치한 것이다. 사실 이러한 원리에 기초한 작품 배치는 329번 작품에서 까마귀를 소재로 한 작품으로 이동하는 과정에서 이미 시작된 것이다. 자연적 삶을 노래한 작품들이 까마귀 소재의 작품으로 이동하게 된 것은 329번 작품의 중장에 나오는 '藥' 때문이다.

---

28) "江湖에 봄이 듣이 이 몸이 일이 하다 / 나는 금을 깁고 아희는 밧출 간이 / 뒷뫼희 엄기는 藥을 언제 키쟈 ᄒᆞ리요."

29) 330~337의 8수가 중간에 끼어들었다는 점은 그 앞뒤에 배치된 329와 338의 시적 지향이 거의 같고 동일 어휘(藥)와 동일한 구절이 사용되고 있는 데서 충분히 짐작할 수 있다.

330번 작품의 중장에 '藥'이라는 어휘가 등장하고 있는 데서 이를 짐작할 수 있다.

이상의 사실을 통해 『해동풍아』 무명씨의 경우 내용별 분류보다는 연상 작용을 이용한 원리가 훨씬 지배적인 것임을 알 수 있다. 비슷한 내용의 작품들을 모아놓은 가운데 다시 그 내부의 작품 배열은 연상의 원리를 따르고 있는 것들이 대부분이기 때문이다. 그러면 『해동풍아』 무명씨의 작품 배열에 사용된 연상의 원리는 어떤 양상을 띠고 나타나는 것일까? 이와 관련하여 우선 눈에 띄는 것은 **동일 어휘에 의한 연상 작용**이다. 앞서 든 예들이 이에 해당한다고 할 수 있는데 전형적인 예를 하나만 더 제시하기로 한다.

382 어제 감든 말이 혓마 오늘 다 셸쏜야
鏡裡 衰容이 이 어인 늙은이오
님계셔 뉜다 ᄒᆞ셔든 내 그로라 ᄒᆞ이라.

383 간밤의 우든 여흘 슬픠 울어 진아거다
이제야 生覺ᄒᆞᆫ이 님이 울어 보내도다
져 물이 거슬이 흐르곳여 나도 울어 녜리라.

384 梨花에 月白ᄒᆞ고 銀漢이 三更인 제
一枝 春心을 子規ㅣ야 알아만은
多情도 病인 양ᄒᆞ야 ᄌᆞᆷ 못 들어 ᄒᆞ노라.

385 글여 사지 말고 이 몸이 곳의죽어
梨花 一枝예 蝶蝀새 넉시 되야
님 자는 碧紗窓外예 울어 녤ᄭᅡ ᄒᆞ노라.

386 **思郎**도 거즛말이 **님** 날 思郎 거운말이
ᄭᅮᆷ에 와 뵌닷 말이 암아도 헷말이레
날ᄀᆞᆺ치 즘곳 안이오면 언의 ᄭᅮᆷ에 뵈이리.

387 **思郎**도 ᄒᆞ엿노라 離別도 지내엿노라
雪月 紗窓에 기들여도 보왓노라
前前에 괴든 思郎이 語僞런가 ᄒᆞ노라.

이들 여섯 작품은 남녀 간의 사랑과 이별, 그리움을 노래한 것이라는 공통점이 있다. 그런 가운데 이들 작품이 위와 같은 순서로 배열된 것은 어휘의 연상 작용을 활용하여 작품을 적었기 때문이다. 이는 밑줄 친 작품을 중심으로 앞뒤의 작품들을 견주어보면 쉽게 알 수 있다. 즉 '님→님', '간밤→三更', '梨花→梨花', '님→님', '思郎→思郎'으로 생각의 연쇄를 이어가고 있음이 드러나는 것이다. 이렇듯 동일 어휘에 의한 연상 작용을 활용하는 것이 『해동풍아』 무명씨 작품 배열에서 가장 많이 사용되고 있는 방식이다. 그러나 『해동풍아』 무명씨 작품 배열에서 사용되는 방식이 동일 어휘에 의한 연상 작용으로 국한되는 것은 아니다.

다음의 예들은 어휘의 차원이 아닌, 문장의 차원에서 연상의 원리가 작동하고 있음을 보여준다.

349 江湖에 期約을 두고 十年을 奔走ᄒᆞᆫ이
그 모른 白鷗는 더듸 온다 ᄒᆞ련이와
聖恩이 至重ᄒᆞ신이 갑소 갈여 ᄒᆞ노라.

350 靑山아 웃지 말아 白雲아 譏弄 말아
白髮 紅塵에 내 죠화 ᄃᆞᆺ니는야
聖恩이 至重ᄒᆞ신이 갑소 갈여 ᄒᆞ노라.

351 故園 花竹들아 울이를 웃찌 말아
林泉 舊約이야 니즌 젹이 업썻만은
<u>聖恩이 至重ᄒᆞ신이 갑고 갈여 ᄒᆞ노라.</u>

위의 세 작품은 종장이 모두 동일하다. 348번[30] 종장에 등장하는 '江湖'라는 어휘에 견인되어 349번에서는 '江湖'로 시작하는 작품이 배치되었다고 할 수 있다. 여기에서는 앞서 살펴보았듯이 동일 어휘가 연상의 원리로 활용된 예라 할 것이다. 그러나 349번 다음에 350번과 351번이 나란히 이어지게 된 것은 349번 종장 때문이다. 349번 종장이 "聖恩이 至重ᄒᆞ신이 갑고 갈여 ᄒᆞ노라"로 끝나자 자신이 알고 있는 작품 중 이것과 동일하게 종장이 마무리되는 두 작품을 떠올려 그 다음에 배치시켰다고 볼 수 있다.

이상에서 『해동풍아』 무명씨의 작품 배열이 연상의 원리에 입각한 것임을 알 수 있었다. 『해동풍아』 무명씨의 작품 배열에 사용된 연상의 원리는 위에서 살펴본 동일어(또는 유사어), 동일구문(또는 유사구문) 외에도 소재[31]나 이미지의 차원에 이르기까지 다양하게 나타나고 있다. 그러니까 연상의 원리로서 사용될 수 있는 거의 모든 것이 활용되고 있다고 해도 과언이 아니다. 그러면 이것이 갖는 의미는 무엇일까?

『해동풍아』 이전에 편찬된 가집 중 무명씨를 별도로 설정한 대표적인 것으로 『청진』과 『해박』이 있다. 이미 잠깐 언급한 바대로 『청진』과 『해박』의 무명씨는 내용별 분류 방식을 취하고 있다. 이것이 『해동풍아』에 이르러 연상의 원리를 활용한 작품 배열로 바뀌고 있는 것이다. 도대체

30) "(忠誠이) 첫뜻이런이 님으로야 말안졔고 / 두어라 어이ᄒᆞ리 天分이 글어컨이 / 출하로 江湖에 主人 되여 이 世界를 니즈리라."

31) 술과 관련된 노래들을 모아놓거나 늙음의 문제를 노래한 것들을 모아놓은 것 등이 대표적 예라 할 수 있다.

이런 변화가 왜 나타난 것일까? 이는 시조(또는 가곡)에 대한 인식의 변화와 무관하지 않다. 주지하듯이 우리의 전통시는 시(詩)와 가(歌)의 결합물로 존재해 왔다. 그러나 그렇다고 하여 시와 가의 비중이 항상 동일했던 것은 아닌 듯하다. 논의를 시조의 경우로 좁혀보면 이미 초기시조에서부터 가창의 필요성에서 시조를 창작했다. 이는 이황의 〈도산십이곡발〉이 입증하는 바다.[32] 그러나 16-17세기의 경우 가창의 필요성을 인정하면서도 시조를 시로 이해한 측면이 강했다고 볼 수 있다. 연시조가 우세하게 나타나는 점, 서발을 붙였다는 점, 시조를 시여(詩餘)라 부르고 있는 것 등은 그들이 자신의 창작물을 문학 작품으로 이해했다는 단적인 증거다. 이에 비해 18-19세기는 가집 편찬의 시대라는 말에서 알 수 있듯이 노래의 우위가 확보된 시기다. 18-19세기에 편찬된 백수십 종의 가집은 대부분이 곡조별 분류 방식을 취하고 있어 시집이 아니라 노래책이라는 것을 분명히 보여주고 있다.

그런데 18-19세기가 노래의 우위가 확보된 가운데 가집 편찬이 이루어진 시대라 하여 18세기와 19세기가 동일한 성격으로 존재했던 것은 아니었다. 김천택의 『청진』은 전체적으로 악곡별 분류 방식을 택하여 그것이 노래책이라는 것을 분명히 하면서도 이삭대엽의 경우 유명씨와 무명씨로 나누고 유명씨는 작가연대순으로, 무명씨는 내용별로 작품을 배열하고 있다. 이러한 『청진』의 편찬체재는 이 시대가 노래의 우위가 확보된 시대임에도 불구하고 시조가 시라는, 즉 문학 창작물이라는 인식이 상당부분 남아 있었음을 보여준다. 이러한 인식은 대체로 『해박』이

32) "지금의 시는 옛날의 시와 달라 읊을 수는 있어도 노래 부를 수는 없다. 만약 노래로 부르려면 반드시 세속의 말로 엮어야 하니 대개 우리나라의 음절이 그렇게 하지 않을 수 없기 때문이다.(今之詩異於古之詩, 可詠而不可歌也. 如欲歌之, 必綴以俚俗之語, 蓋國俗音節, 所不得不然也.)"

편찬된 시기(1770년 전후)까지 이어진 것으로 보인다.

그러나 시가에 대한 이런 전통적 인식은 18세기 말~19세기 초로 접어들면서 중대한 변화의 국면을 맞이하는 것으로 생각된다. 『해동풍아』 무명씨의 작품배치를 통해 그 변화의 징후를 포착할 수 있다. 『해동풍아』는 이삭대엽 유명씨의 경우 『청진』과 『해박』의 작가연대순 배열을 이었으면서도 무명씨의 경우 내용별 분류방식을 취하지 않고 연상의 원리를 활용하여 기록했다. 유명씨에서는 이전의 전통을 살리고 무명씨에서는 새로운 변화를 모색한 셈인데, 이로써 『해동풍아』가 과도기적 특성을 보여주는 가집임을 알 수 있다.[33] 무명씨에서 먼저 변화가 나타난 것은 이것이 당대의 곡들을 수록하는 자리였기 때문이다. 무명씨는 당대의 곡을 수록하는 자리이므로 김천택이 『청진』을 편찬할 때부터 그 분류체계를 두고 고민을 했다고 볼 수 있다. 결과적으로 『청진』은 내용별 분류 방식을 택하였는데, 이런 점에서 『청진』의 편자들은 시조를 시와 가의 결합물로서 인식했음을 알 수 있다. 『청진』의 편자들은 시조를 시와 가의 결합물로 이해한 바탕 위에서 적어도 무명씨에서는 "문학의 우위에서 음악을 끌어안는 시조사를 마련"[34]했던 것이다. 이 점 『해박』의 경우도 마찬가지라 할 수 있다.[35] 그러나 『청진』과 『해박』의 무명씨에서 보여준 '문학의 우위'는 『해동풍아』에 이르러 계승되지 못했다. 『해동풍아』 무명씨가 내용별 분류를 포기하고 기억 속에 저장된 것을 연상의 원리에 따라 적었다는 것은 문학적 논리보다 음악적 논리가 지배적임을 보여주

---

33) 이런 과도기적 특성을 고려할 때 『해동풍아』의 편찬 시기는 『해박』보다 조금 늦은 18세기 말 또는 19세기 초로 추정된다.

34) 김용철, 앞의 논문, 111면.

35) 『청진』과 『해박』이 단순한 '가집(歌集)'이 아니라 문학적 측면을 고려한 '시가집(詩歌集)'이 될 수 있었던 것은 여기에 참여한 문사들의 역할이 컸던 것으로 보인다.

는 것이다. 이렇게 됨으로써 『해동풍아』는 이삭대엽 유명씨의 작가연대순 배열에서만 최소한의 문학적 논리가 존재하게 되었다.

한편 19세기로 넘어가면 문학적 측면을 보여주는 마지막 보루였던, 이삭대엽 유명씨의 작가연대순 배열마저 사라지는 양상을 띠게 된다. 19세기 가집의 경우 악곡별, 악조별로 분류가 되어 있을 뿐 일체의 작가 정보가 생략되어 있으며, 동일 악곡 내의 작품 수록 원리는 『해동풍아』 무명씨의 수록 원리와 유사한 특성을 보여주고 있다.[36] 19세기 가집의 이런 특성은 문학에 대한 음악의 절대 우위에 입각해 가집 편찬이 이루어졌음을 말하는 것이다.[37] 그리고 이는 가곡 문화 향유와 관련된 사회 전반의 인식 체계가 이전 시대와는 완전히 달라졌음을 반영하는 것으로 볼 수 있다.

4. 결론

이 글에서는 기존에 『해동가요』(일석본)으로 통용되던 가집인 『해동

36) 이에 대해서는 '성무경, 「가곡 가집 『영언』의 문화도상 탐새」, 『조선후기, 시가문학의 문화담론 탐색』, 보고사, 2004.'와 '신경숙, 「『가곡원류』의 재조명」, 『가객 박효관을 통해본 조선시대 정가세계』, 박효관의 달 기념 국악학술회의 자료집, 2002년 8월.' 참조. 성무경은 19세기 초・중반 가집 『영언』의 작품 수록 방식에 대해 편자가 모든 노랫말을 암기한 상태에서 연상법에 의지하여 수록하고 있다고 하였으며, 신경숙은 『가곡원류』의 작품 배열 방식이 '동일 어휘, 주제어, 이미지어' 등을 묶어서 배치하는 방법을 취하고 있는 점에 주목한 바 있다.

37) 19세기에 편찬된 모든 가집이 그렇다는 말은 아니다. 19세기 가집 중에는 『근화악부』처럼 내용별 분류 방식을 취한 가집도 있고, 18세기 가집과 동일한 형태는 아니지만 작가 표기를 중시한 가집도 발견된다. 따라서 모든 19세기 가집이 음악의 우위에 입각해 편찬되었다고 말하는 것은 당연히 잘못된 것이다. 이 글에서 말하고자 하는 것은 가집편찬사의 전반적인 흐름과 이에 내재된 사회적 인식 체계이므로 이 점 오해 없기 바란다.

풍아』를 대상으로 그 성격과 무명씨 부분의 작품 배열 원리에 대해 살펴보았다. 본격적인 논의에 앞서 『해동풍아』라는 이름으로 지칭하는 것이 좋겠다는 제안을 하였는데, 이는 표제에 그렇게 쓰여 있다는 실증적인 차원 외에 가집을 새롭게 바라볼 필요가 있다는 측면에서 제기한 것이다. 조선후기에 편찬된 백수십 종의 가집은 모두가 그 나름의 독자성을 가지고 있다. 『해동풍아』의 경우도 이 점에서 마찬가지라 할 수 있다. 따라서 이를 김수장이 편찬한 『해동가요』의 연장선에서 이해하는 것은 문제가 있다. 『해동풍아』는 김수장 편찬의 『해동가요』와 분명히 구별되는 특성을 보여주고 있으므로 이 점에서 주목될 필요가 있다.[38)]

『해동풍아』가 김수장 편찬의 『해동가요』와 구별되는 특성을 보여주는 것으로 김수장의 흔적을 삭제했다는 것을 들 수 있다. 김수장의 작품은 물론 그가 쓴 모든 기록을 삭제했다는 것은 이 가집을 김수장과 연관시켜 이해하는 것을 꺼렸다는 단적인 증거다. 어쩌면 꺼렸다는 소극적 표현을 뛰어넘어 적극적인 의미부여를 해야 할지도 모르겠다. 이는 김수장과 관련된 내용뿐만 아니라 김천택과 관련된 내용 또한 완전히 삭제하고 있다는 점에서 그렇게 볼 수 있는 여지가 충분하다. 전시대의 대표적인 가집 편찬자인 김천택과 김수장, 이 두 사람의 흔적을 모두 지워버렸다는 것은 이것이 자신의 산물임을 천명한 것이라 볼 수 있다. 이런 점에서 『해동풍아』는 『청진』, 『해동가요』와 구별되는 18세기 여타 가집

38) 『해동풍아』의 성격과 관련하여 김수장이 편찬한 『해동가요』의 이본으로 국한해서 사고할 필요가 있는가에 대한 의문은, 김용찬의 연구에 대한 신경숙의 서평에서 이미 제기된 바가 있다. 신경숙은 "당시 김수장 편찬 이외의 또 다른 『해동가요』 계열이 존재했을 가능성이 있다고 보여진다."라 하였는데, 이는 『해동가요』 계열 가집을 다채롭게 이해할 필요성을 제기했다는 점에서 중요한 발언이었다는 생각이 든다. '신경숙, 「18세기 시조문학사 정립을 위한 모색」, 김용찬, 『18세기 시조문학과 예술사적 위상』, 月印, 1999, 373면.' 참조.

들과 맥을 같이하고 있다.

무명씨 항의 설정은 『해동풍아』를 김수장 편찬의 『해동가요』와 구별 짓는 또 하나의 특성이다. 이미 이삭대엽 유명씨에 수록된 일부 작품이 무명씨에 재수록된 것을 고려할 때 무명씨는 『해동풍아』 편자의 산물임을 알 수 있다. 아울러 『해동풍아』 무명씨는 『청진』과 『해박』의 내용별 분류 방식을 따르지 않고 연상의 원리에 입각하여 작품을 배치하고 있다는 점이 주목된다. 이런 작품 배치의 차이는 시조(또는 가곡)에 대한 인식의 차이에 기인하는 것으로 해석할 수 있다. 즉 『청진』과 『해박』의 내용별 분류 방식에서 문학적 고려를 읽을 수 있다면, 연상의 원리에 따라 작품을 배치한 『해동풍아』를 통해 문학에 대한 음악의 우위를 확인할 수 있는 것이다. 그리고 『해동풍아』 무명씨에 나타난 작품 배열 원리가 19세기 가집에서는 전면적으로 나타난다는 점에서 『해동풍아』의 위상을 찾을 수 있다.

제2부

19세기 가집 연구

제1장

『병와가곡집』의 악곡 편제와 가곡사적 위상

– 삭대엽과 낙희조를 중심으로 –

1. 서론

『병와가곡집』은 조선후기에 편찬된 가집 중 가장 많은 작품을 수록하고 있는 대표적인 가집이다. 이런 위상 때문에 일찍부터 많은 연구가 진행되었다. 뿐만 아니라 영인본[1]과 주석집[2]이 거듭 출간되기도 하였다. 그럼에도 불구하고 이 가집의 실체와 관련된 모든 문제가 다 해명되었다고 볼 수는 없다. 특히 이 가집의 악곡 편제와 관련하여 삭대엽과 낙희조에 대한 의문은 여전히 미해결 과제로 남아 있다. 따라서 이 연구에서는 삭대엽과 낙희조의 성격을 우선적으로 규명하고자 하며, 나아가 이를 바탕으로 『병가』의 가곡사적 위상에 대해서도 점검해 보고자 한다.

『병가』는 손완섭에 의해 처음 소개된[3] 이후 꾸준히 주목을 받아왔으

1) 『악학습령』, 동국대 한국학연구소, 1978. 『병와전서』 제10권, 한국정신문화연구원, 1982.

2) 김용찬, 『교주 병와가곡집』, 월인, 2001; 이상규 · 이정옥 주해, 『주해 악학습령』, 『한국음악학학술총서』 9, 국립국악원, 2013.

3) 손완섭, 「고시조의 새 자료-가곡집 〈여중락(與衆樂)〉을 발견」, 《영남일보》, 1956년 9월 12일.

며, 최근에도 다른 가집과 비교한 연구가 제출되었다.[4] 여기서는 삭대엽과 낙희조를 중심에 놓고 고찰하고자 하기 때문에 『병가』 전체에 대한 연구사는 최근에 제출된 연구에 미루고, 삭대엽과 낙희조에 관련된 연구사에 대해서만 간략히 검토하기로 한다. 삭대엽과 낙희조에 대해서는 그렇게 많은 연구가 이루어진 것은 아니지만 그런 가운데서도 의미 있는 성과를 거둔 것으로 볼 수 있다.

우선 삭대엽에 대해서는 김용찬과 김태웅의 논의가 대표적이다. 김용찬은 『병가』의 삭대엽에 대해 "음악사에서 18세기 초부터 초·이·삼삭대엽 이외에 삭대엽 제4의 변주곡이 출현하였음을 보고하고 있는데, 본 가집에 등장하는 삭대엽이 그것을 실증하고 있는 것으로 여겨진다."고 하여 삭대엽 제4 변주곡으로 이해하였다.[5] 일리 있는 주장이지만 이것이 삭대엽 제4 변주곡이 맞다면 삭대엽의 다른 변주곡의 예에 따라 사삭대엽이라 하지 않고 왜 그냥 삭대엽이라 한 것인지 의문이 남는다. 김태웅은 『병가』 삭대엽에 수록된 18개 작품의 타 가집 수록 현황을 일일이 검토한 뒤 이를 바탕으로 '유동적 악곡'으로 규정하였다.[6] 김태웅의 견해는 18개 작품에 대한 세밀한 검토를 통해 도출된 것이기 때문에 상당한 타당성을 갖는 것으로 생각된다. 따라서 여기서는 '유동적 악곡'임을 인정하면서 좀 더 구체적으로 범위를 좁히는 문제에 초점을 맞추어 보고자 한다.

다음으로 낙희조에 대해서는 김학성과 김용찬이 대표적으로 논하였

4) 육민수, 「18세기 가집 편찬의 두 가지 문제에 대한 탐색-『병와가곡집』 편찬 시기와 『청진』의 위상을 중심으로-, 『어문연구』 제41권 제2호, 한국어문교육연구회, 2013년 여름. 김태웅, 「18세기 후반~19세기 초중반 가집의 전개 양상 연구-『병와가곡집』, 서울대본 『악부』, 『홍비부』를 중심으로, 성균관대학교 박사논문, 2013.

5) 김용찬, 앞의 책.

6) 김태웅, 앞의 논문.

다. 김학성은 "상당히 이른 시기에 사설시조를 얹어 부르던 악곡"으로 규정하고 이것이 후에 소용, 삼삭대엽, 낙시조, 편락시조 등으로 변주되어 갔다고 보았다.[7] 결국 낙희조를 낙시조와 다른 별개의 악곡으로 본 것인데 그렇게 볼 수 있을지 의문이다.[8] 반면 김용찬은 낙희조는 낙시조의 이칭(異稱)이라고 하면서 구체적으로는 낙희조의 풍도형용이 낙시조와 편락시조의 풍도형용을 합친 것과 거의 일치하는 것을 근거로 '낙희조=낙시조+편락시조'로 이해하였다. 이런 김용찬의 견해는 상당한 타당성을 갖는 것으로 보인다. 다만 낙희조의 위치가 통상적인 삼삭대엽 다음이 아닌 만횡 다음에 놓인 이유에 대해서는 별다른 해명이 없다는 점에서 아쉬움을 남기고 있다.

2. 삭대엽의 성격

『병가』 삭대엽에 관한 최근 김태웅의 논의는 그 동안 베일에 가려져 있었던 삭대엽의 실체에 대해 상당히 면밀한 검토를 진행한 것으로 보인다. 하지만 '유동적 악곡'이라는 결론에 대해서는 쉽게 동의하기 어려운 측면이 있다. 따라서 여기서는 삭대엽이 구체적으로 무엇을 가리키는 것인지에 대해 다른 각도에서 다시 검토해 보고자 한다.

우선 상식적인 선에서 출발해 보도록 하자. 삭대엽이라는 명칭이 함의하는 바는 둘 중의 하나일 가능성이 크다.

---

7) 김학성, 「시조사의 전개와 낙시조」, 『한국 고시가의 거시적 탐구』, 집문당, 1997.

8) 『청구영언』(장서각본)에는 삼삭대엽 다음에 낙희조가 실려 있고 수록 작품도 대부분 『청구영언』(진본)의 낙시조와 겹치기 때문에-10수 중 8수가 겹침-이를 통해서 볼 때 낙희조는 낙시조와 같은 악곡이라 할 수 있다.

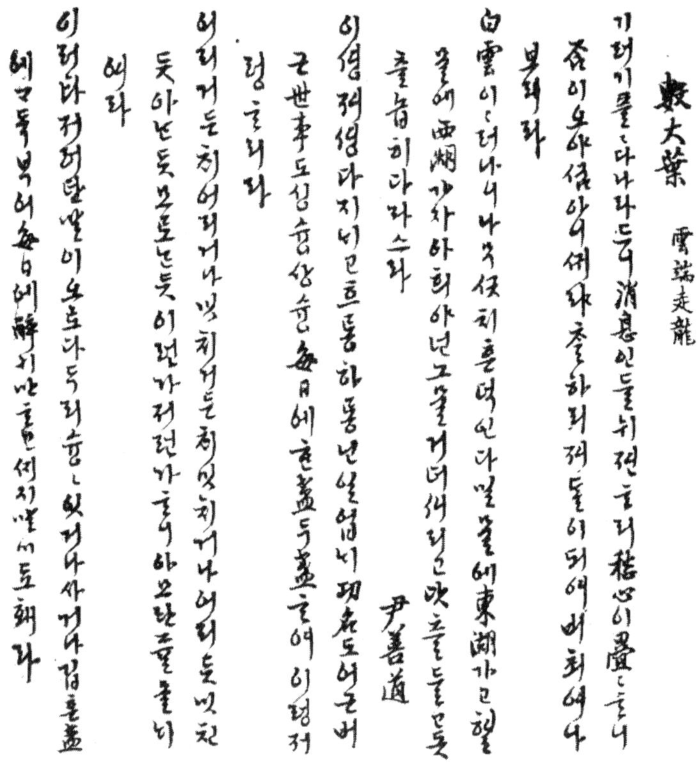

〈그림 14〉『병와가곡집』 삭대엽 부분

첫째는 초삭대엽, 이삭대엽, 삼삭대엽 등 삭대엽의 모든 변주곡들을 모두 포괄하는 개념으로 쓰였을 가능성이다. 즉 삭대엽에 수록된 곡들이 초삭·이삭·삼삭대엽 중 어느 하나로 고정화되어 불리지 않고, 이것으로 불리기도 하고 저것으로 불리기도 하여 유동적이기 때문에 초삭·이삭·삼삭대엽 중 어느 하나에 배치할 수 없는 작품들을 모은 것으로 볼 수 있다. 김태웅은 이렇게 본 것이다. 그런데 『병가』의 삭대엽을 이렇게 보기에는 수록 작품이 너무 적은 것이 문제다. 『병가』의 삭대엽과 비슷하게 '유동적 악곡'으로 볼 수 있는 것들이 여타 가집에도 일부 존재하는데 이들 악곡에 수록된 작품의 양을 보면 절대로 적은 수가 아니다. 『동국가사』에는 '우조 삭엽'이라는 악곡과 '계면조'라는 악곡이 있는데, 이들 악곡은 각각 우조와 계면조의 삭대엽 악곡들을 모두 가리키는 통합 명칭으로 사용된 것이다. 따라서 여기에는 상당한 양의 작품이 수록되어 있다.[9] 또한 『홍비부』에도 우조와 계면조로 다 부를 수 있는 작품들을 각조음이라는 이름으로 수록하고 있는데 여기 수록된 작품은 143수로 『홍비부』 전체의 32.8%(143/436)에 해당한다. 이들과는 약간 다른 사례로 『청구영언』(가람본)에는 '삼삭대엽낙희병초', '만대엽낙희병초'와 같은 악곡들이 존재하는데, 이들의 경우에도 각각 73수와 81수가 실려 있어 전체의 10.2%(73/716)와 11.3%(81/716)를 차지하고 있다.[10] 이에 견주어 보면 『병가』 삭대엽의 18수는 전체의 1.6%(18/1109)로 지나치게 적은 수라 할 수 있다. 따라서 이 가능성은 낮은 것으로 해석된다.

둘째는 초삭 · 이삭 · 삼삭대엽과 구별되는 삭대엽의 변주곡의 하나이되 아직 뚜렷한 명칭을 얻지 못한 곡들을 편의적으로 지칭하는 용어로 쓰였을 가능성이다. 여기서는 이 가능성에 무게를 두고 논의를 전개하고자 한다.

그러면 초삭 · 이삭 · 삼삭대엽과 구별되는 삭대엽의 변주곡으로서 『병가』 때만 하더라도 뚜렷한 명칭을 확보하지 못했지만 이후에는 제

9) '우조 삭엽'에는 64수, '계면조'에는 290수가 실려 있는데 이는 각각 전체의 15.5%(64/414), 70.0%(290/414)에 해당하는 것이다.

10) 『해동가요』(박씨본)의 '접소용삭대엽가합자초집'의 11수만이 전체의 2.0%로 다소 예외적이라 할 수 있는데, 이는 소용과 삼삭대엽이 원래 적은 수의 작품이 배치되는 악곡이라는 것과 어느 정도 연관이 있다.

이름을 갖게 된 악곡이 무엇일까? 그것은 바로 율당삭대엽이다. 이런 점에서 필자는 『병가』의 삭대엽이 곧 율당삭대엽을 가리키는 것으로 보고자 한다.

『병가』의 삭대엽이 율당삭대엽일 가능성은 우선 『악부』(서울대본)을 통해 확인할 수 있다.

〈표 5〉 『병가』 삭대엽 작품의 『악서』 수록 현황

『병가』 삭대엽 수록 작품	『악서』 율당대엽 수록 여부	여타 가집 율당삭대엽 수록 여부
829 기러기 풀풀 다 나라드니~	433 율당대엽	
830 白雲이 이러나니~	439 율당대엽[11)]	
831 이셩져셩 다 지닉고~	436 율당대엽	『홍비부』 34 율당삭대엽 『객악보』 71 율당삭엽 『영언』(규장각본) 80 반엽삭엽 『가곡원류』계 가집 율당삭대엽
832 어리거든 치 어리거나~	·	
833 이러타 저러탄 말이~	·	『청구영언』(육당본) 309 율당삭엽 『가곡원류』계 가집 율당삭대엽
834 世事ㅣ 삼ᄀ올이라~	·	
835 天地ᄂᆞᆫ 萬物之逆旅ㅣ오~	432 율당대엽	
836 西塞山前 白鷺飛ᄒᆞ고~	·	
837 뒷 뫼헤 ᄯᅢ구름 ᄭᅵ고~	·	
838 岳陽樓에 올나 안ᄌᆞ~	435 율당대엽	
839 壬戌之秋七月 旣望에~	·	
840 靑天 구름 밧긔~	437 율당대엽	『동국가사』 91 율당삭엽
841 건너셔ᄂᆞᆫ 손을 치고~	·	『홍비부』 33 율당삭대엽
842 九月 九日 黃菊 丹楓~	·	『동국가사』 86 율당삭엽 『객악보』 74 율당삭엽 『청구영언』(육당본) 311 율당삭엽 『가곡원류』계 가집 율당삭대엽

843 씌 업슨 손이 오난 ᄂᆞᆯ~	·	
844 ᄌᆞᄂᆡ 집의 술 익거든~	48 이삭대엽	
845 思郎도 ᄒᆞ엿노라~	·	
846 花山에 春日暖이오~	322 이삭대엽	

총 18개 작품 중 6개가 『악서』에도 율당대엽에 실려 있다. 이렇게만 보면 1/3에 불과하기 때문에 얼마 안 되는 것 같다. 하지만 미수록 작품을 제외하고 수록 작품만 놓고 보면 총 18개 중 『악서』에 수록된 것은 8개이고 그 중 6개가 율당대엽에 실려 있다. 이는 75%(6/8)에 해당하는 것이다. 『악서』는 심재완[12]을 필두로 여러 논자에 의해 『병가』와 가장 친연성이 있는 가집으로 지적된 것이다. 이런 『악서』에 75%에 해당하는 작품이 율당대엽에 수록되어 있다는 것은 『병가』 삭대엽이 율당삭대엽을 가리킬 가능성을 상당히 높여 주는 것이다.

그러나 이것만으로 『병가』 삭대엽이 율당삭대엽이라고 판단하기에는 아직 부족하다. 관건은 나머지 12개를 율당삭대엽으로 볼 만한 근거가 얼마나 되느냐에 달렸다고 할 수 있다. 이런 점에서 12개 작품에 대해 지금부터 검토해 보기로 한다.

우선 833번, 841번, 842번 작품은 여타 가집에 율당삭대엽으로 수록된 사례를 찾을 수 있다. 833번은 『청구영언』(육당본)의 율당삭엽에, 『가곡원류』계 가집의 율당삭대엽에 실려 있다. 841번은 『홍비』의 율당삭대엽에 실려 있다. 그리고 842번은 『동국』과 『객악보』 및 『청육』의 율당삭엽에, 『가곡원류』계 가집의 율당삭대엽에 실려 있다. 후대의 가집에 율당삭대엽으로 실려 있다는 것은 『병가』 시대에도 율당삭대엽으로 불렸

11) '93 이삭대엽'에도 실려 있음.

12) 심재완, 『시조의 문헌적 연구』, 세종문화사, 1972.

을 가능성이 크다고 볼 수 있다.

다음으로 나머지 작품들의 경우 훨씬 면밀한 검토가 필요한 것으로 보인다. 따라서 이에 대해서는 하나하나 자세히 살펴보기로 한다.

832번과 834번은 율당삭대엽으로 볼 만한 분명한 근거가 보이지는 않는다. 다만 앞뒤에 배치된 831번, 833번과 내용이 유사하여 『청진』의 이삭대엽 무명씨 '방랑' 부분에 나란히 배치되어 있는 작품[13]이라는 점에서 비교 검토를 통한 추론이 가능하다. 831번과 833번은 동일한 악곡 변천사를 보여주고 있다. 즉 『병가』 이전의 가집에는 이삭대엽 또는 삼삭대엽에,[14] 『병가』에는 삭대엽에, 『병가』 이후의 가집에는 율당삭대엽에 실려 있다. 그런데 특이한 것은 『동국』의 수록 양상이다. 831번은 『동국』의 '계면조'에 실려 있는 반면 833번은 『동국』의 '우조 삭엽'에 실려 있다. 동일한 악곡 변천사를 보여주는 831번과 833번이 『동국』에는 다른 악곡에 수록된 것이 의미하는 바는 무엇일까? 추정컨대 우조와 계면조의 분화가 확립되어 가던 초기에 이들 악곡은 어느 한쪽으로 고정화되기보다 비교적 자유로운 상태에서 우조와 계면조를 넘나들던 상태로 존재하다가 후에는 이런 특성으로 인해 전반부는 우조로 부르다가 후반부는 계면조로 바꾸어 부르는 율당삭대엽으로 정착된 것이 아닌가 한다. 이를 832번과 834번에 적용하면 우조와 계면조를 넘나들던 상태로 존재하던 이들 작품은 『병가』에서 일시적으로 율당삭대엽으로 불리다가 나중에는 계면조 이삭대엽으로 정착된 것으로 보인다.[15]

---

13) 831, 832, 833, 834번은 『청진』의 이삭대엽 무명씨 '방랑' 부분에 각각 329, 331, 330, 332번 작품으로 수록되어 있다.

14) 『청구영언』 계열의 가집에는 이삭대엽에, 『가조별람』 계열의 가집에는 삼삭대엽에 실려 있다.

15) 832번과 834번은 우조와 계면조의 구분을 표시한 가집 중에는 유일하게 『청육』에만 실려 있는데, 이 가집의 계면조 이삭대엽에 수록되어 있다.

836번은 수십 개 가집에 수록되어 있는데 대체적인 흐름을 보면 19세기 초반 가집[16]에는 계면조로, 19세기 중・후반 가집[17]에는 여창 계면조로, 20세기 초반 『대동풍아』에는 여창 우조[18]로 불린 것으로 나타나고 있다. 남창과 여창, 그리고 우조와 계면조를 자유롭게 넘나들던 곡임을 알 수 있다.

837번은 『병가』 외에 『해아수』와 『청장』에만 실려 있기 때문에 성격을 파악하기가 쉽지 않다. 『해아수』에서는 주의할 내용을 찾을 수 없지만,[19] 『청장』의 수록 양상에 대해서는 주의할 필요가 있다. 『청장』은 18세기 가집의 특징을 보여주는 전반부와 19세기 가집의 특징을 보여주는 후반부로 뚜렷이 대별되는데,[20] 이 작품은 후반부에 실려 있다. 그런데 후반부의 체재를 보면 초중대엽부터 초삭대엽까지는 우조와 계면조를 분명하게 구분하여 수록하고 있는데 반해 이삭대엽 이하는 '우조 계면조 평조'를 합하여 수록하고 있다. 『병가』 837번 작품은 '우조 계면조 평조'를 합하여 수록한 삼삭대엽의 첫 번째 작품으로 실려 있다. 이로써 이 작품이 우조와 계면조로 자유롭게 맞추어 부를 수 있는 곡이었음을 알 수 있다.[21]

839번은 18세기 가집인 『가조』와 『시박』에는 삼삭대엽에 실렸다가

16) 『동국』, 『홍비』, 『객악』, 『가보』 등.

17) 『영규』, 『청육』, 『가곡원류』 등.

18) 『대동풍아』의 우평조 중삭대엽에 실려 있는데 여기 우평조는 여창 우조에 해당한다.

19) 이 작품은 『해아수』의 '삭대엽' 부분에 실려 있는데 여기 '삭대엽'은 모든 삭대엽 작품을 뭉뚱그려 수록한 포괄적 악곡명이다.

20) 이에 대해서는 이 책에 수록된 「18세기 가집 편찬과 『청구영언』(장서각본)의 위상」 참조.

21) 김태웅 역시 이 작품이 『청장』에 수록되어 있는 것을 주목하였다. 그러나 그는 삼삭대엽 부분에 삼삭대엽과 만횡청류가 함께 수록된 것을 더 중요하게 해석하였다. '김태웅, 앞의 논문.' 참조.

19세기 초·중반 여창 계면조 이삭대엽을 거쳐 19세기 중·후반에는 여창 계면조 두거로 정착된다. 이삭대엽과 삼삭대엽을 넘나들다 최종적으로 두거로 정착되었음을 알 수 있으나, 악조의 넘나듦이 있었는지에 대해서는 확인할 길이 없다. 그런데 이 작품의 종장에 주목할 경우 재미있는 현상이 발견됨을 볼 수 있다.

> 壬戌之秋 七月旣望에 ᄇᆡ를 ᄐᆞ고 金陵에 ᄂᆞ려
> 손조 고기 낙가 고기 주고셔 술을 ᄉᆞ니
> 오ᄂᆞᆯ은 蘓東坡 업스니 놀 니 업셔 ᄒᆞ노라.

밑줄 친 종장 첫째 음보는 '오ᄂᆞᆯ(날)은', '지금에', '그곳에' 등 세 가지 유형으로 나타나고 있다. 이 중 대부분의 가집이 '지금에'와 '그곳에' 중 하나를 선택하고 있다. 반면 '오ᄂᆞᆯ(날)은'은 『병가』 외에 『가조』가 유일하다. 따라서 『병가』의 이 작품은 『가조』의 영향을 받은 것으로 보이는데, 문제는 이 작품이 실린 『가조』의 삼삭대엽에 수록된 작품 중 '삼삭대엽(『가조』)'→'삭대엽(『병가』)'→'율당삭대엽(19세기 가집)'의 경로를 거친 것이 여럿 보인다는 점이다. 831번, 833번, 842번이 이에 해당한다. 이런 점에 비추어보면 839번 작품 또한 율당삭대엽으로 불렸을 개연성이 있는 것으로 생각된다.

843번은 18세기 가집에는 이삭대엽에, 19세기 초·중반 가집에는 우조 또는 계면조 이삭대엽에,[22] 19세기 후반 『가곡원류』 계열에는 우조 두거에 실려 있다. 이로써 우조와 계면조를 넘나들며 불리던 곡임을 알 수 있다.

---

22) 『객악』과 『영규』에는 우조 이삭대엽에 실려 있는 데 비해 『청육』에는 계면조 이삭대엽에 실려 있다.

844번은 18세기 가집에는 이삭대엽에, 19세기 후반『가곡원류』계열에는 계면조 두거에 실려 있다. 그런데 19세기 초·중반 가집에서는 복잡한 양상을 띠고 있다.『동국』에는 계면조에,『홍비』에는 각조음에,『청육』에는 우조 이삭대엽에 실려 있다. 이로써 이 작품 역시 우조와 계면조를 넘나들며 불리던 곡임을 알 수 있다.

845번은『병가』외에 4개 가집에 실려 있으나 모두 우·계면의 구분이 나타나지 않는 가집이어서 판단이 불가능하다.

마지막 846번은 대부분의 가집에서 계면조 이삭대엽에 수록된 것으로 나타나고 있으며, 20세기 초에 편찬된『대동』에서만 유일하게 우조 이삭삭엽에 수록된 것으로 나타나고 있다. 아무튼 여기서도 우조와 계면조를 넘나들며 불리던 곡임을 엿볼 수 있다.

이상『병가』삭대엽에 수록된 18개 작품에 대하여 자세하게 검토해 보았다. 그 결과『병가』삭대엽은 율당삭대엽을 가리키는 것으로 판단하였다. 그런데 이쯤 되면 가집에 대해 좀 아는 독자라면 다음과 같은 의문이 생길 것이다. 율당삭대엽은 전반부는 우조로 부르고 후반부는 계면조로 부르는 곡으로, 우·계면의 분화가 나타나면서 우조에 해당하는 곡을 다 부르고 난 뒤 계면조에 해당하는 곡으로 넘어가기 위해 요구되던 곡이다. 그런데『병가』의 경우 아직 우·계면의 분화가 나타나기 이전 상태의 가집인데 어떻게 율당삭대엽이 존재할 수 있단 말인가? 이런 의문은 당연한 것이지만 한편으로 이런 의문이 지금까지『병가』의 해독을 가로막은 가장 큰 장애요인이었다고 할 수 있다.『병가』가 우·계면의 분화가 나타나기 이전 상태의 가집이라는 것은 우리의 편견에 지나지 않는다.『병가』는 우·계면의 분화가 나타나기 시작한 시대의 모습을 분명히 보여주고 있는데 우리가 이를 놓치고 있었을 뿐이다. 다음 장에서 이에 대해 본격적으로 논해 보기로 한다.

3. 낙희조의 성격

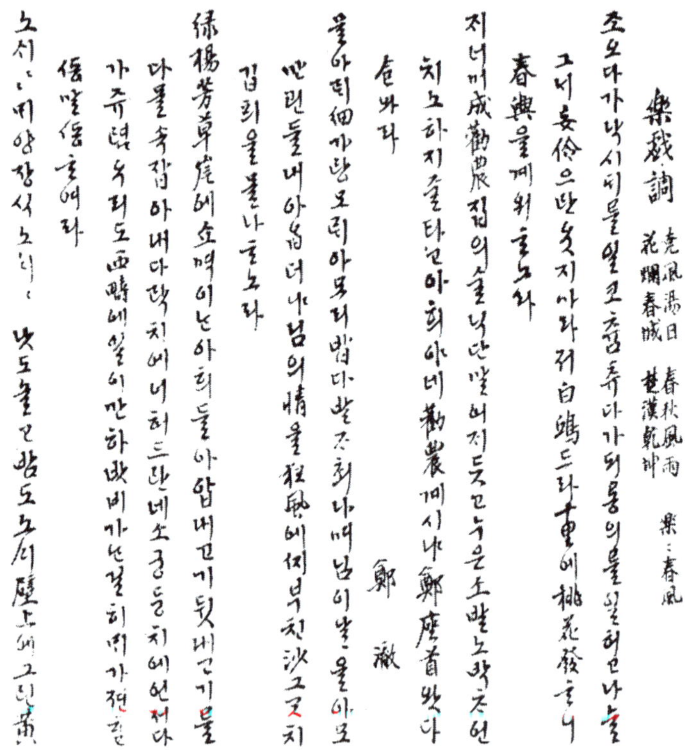

〈그림 15〉『병와가곡집』 낙희조 부분

낙희조가 낙시조와 동일한 악곡이냐 아니냐에 대한 논란이 있어 왔으나 이제 이에 대해서는 결론을 내려도 좋을 듯하다. 비교적 근자에 발견된 가집 중 일부에서 낙희조(또는 낙희사)라는 악곡이 추가로 발견됨으로써 『병가』의 낙희조가 특별한 악곡이 아님을 알게 되었고,[23] 또 거기에

23) 대표적으로 『청구영언』(장서각본)과 『시여』(김씨본)을 들 수 있다.

수록된 노래가 대부분의 가집에서 낙시조로 분류된 것들이라는 점이 확인됨으로써 낙희조는 곧 낙시조의 다른 이름이라는 것이 실증적으로 입증되었다. 문제는 『병가』의 낙희조, 즉 낙시조가 가리키는 정확한 의미 범주를 파악하는 것이다. 이를 위해 『병가』의 악곡 편제를, 전후 시기의 다른 가집과 견주어 보기로 한다.

〈표 6〉 『해동풍아』, 『병가』, 『청육』의 악곡 비교

『해동풍아』[24]	『병가』	『청육』
초중대엽(1) 이중대엽(1) 삼중대엽(1) 초북전(1) 이북전(1) 초삭대엽(1) 이삭대엽(473) 삼삭대엽(34) 낙시조(56) 편락시조(6) 소용(4) 편소용(1) 만삭대엽(58)	초중대엽(7) 이중대엽(5) 삼중대엽(5) 북전(4) 이북전(1) 초삭대엽(11) 이삭대엽(763) 삼삭대엽(32) 삭대엽(18) 소용(5) 만횡(114) 낙희조(104) 편삭대엽(40)	우조 초중대엽 이중대엽 삼중대엽 진화엽 계면 초중대엽 이중대엽 삼중대엽 북전 우조 초삭대엽 이삭대엽 삼삭대엽 소용이 율당삭엽 계면조 초삭대엽 이삭대엽 삼삭대엽 만횡 언롱 롱 계면 낙시조 우 낙시조 언락 편락 편삭대엽

24) 일반적으로 '『해동가요』(일석본)'으로 통하는 가집이다.

『해동풍아』는 북전이 초북전과 이북전으로, 낙시조가 낙시조와 편락시조로, 소용이 소용과 편소용으로 분화된 모습을 보임으로써 18세기 가집의 악곡 분화 양상을 가장 잘 보여주는 가집이라 할 수 있다. 그런데 이것과 『병가』의 악곡 편제를 견주어 보면 중요한 차이가 하나 발견되는데, 그것은 바로 낙시조의 위치가 다르다는 점이다. 『해동풍아』를 비롯하여 18세기의 모든 가집들에서 낙시조는 삼삭대엽 바로 뒤에 위치하고 있다. 그런데 『병가』에서는 소용과 만횡의 뒤에 위치하고 있다. 여기서 중요한 것은 낙희조가 만횡보다 뒤에 위치하고 있다는 점이다. 만횡은 『청진』의 만횡청류 이래 18세기 가집에서 항상 마지막을 장식하던 악곡이다. 위 『해동풍아』의 마지막에 있는 만삭대엽은 곧 만횡의 다른 이름이다. 이렇듯 줄곧 마지막을 장식하던 만횡이 앞으로 이동하고 그 뒤에 낙시조가 배치된 것은 무얼 의미하는 걸까?

이에 대한 해답을 찾기 위해 오른쪽에 제시된 『청육』을 참고해 보도록 하자. 『청육』은 우조와 계면조로 나누어 '가곡 한바탕'을 즐기던 모습을 잘 보여주고 있다. 그런데 이를 『해동풍아』와 견주어 보면 삼삭대엽까지는 우조와 계면조가 분화된 것을 빼면 별 차이가 없다. 가장 큰 차이는 계면조 삼삭대엽 다음부터라 하겠는데, 만횡에서 분화된 만횡·언롱·롱 등 '농' 계열의 악곡이 먼저 나오고 있으며, 낙시조에서 분화된 계락·우락·언락·편락 등 '낙' 계열의 악곡이 그 뒤에 이어지고 있다. 즉 18세기 가집의 낙시조에 해당하는 악곡들이 만횡에 해당하는 악곡들의 뒤에 배치되어 있음을 볼 수 있다. 이제 이것을 다시 『병가』의 악곡 편제와 견주어 보면 마지막의 만횡, 낙희조, 편삭대엽의 체재가 19세기 가집의 농, 낙, 편의 체재와 일치하는 것을 알 수 있다. 이로써 『병가』의 악곡 편제는 우조와 계면조의 구분을 명시적으로 드러내지는 않았으나 큰 틀에서 보면 18세기 가집보다 오히려 19세기 가집에 가깝다는 것을 알 수 있다.

우 · 계면의 분화와 상관없이 편찬된 18세기 가집 중에는 낙시조가 만횡보다 뒤에 배치된 것이 하나도 없다. 낙시조가 만횡보다 뒤에 오는 것은 불완전한 상태로라도 우 · 계면의 분화를 보이는 가집들에서 나타나는 현상이다. 『시조』(경대본), 『동국』 등은 아직 우 · 계면의 체재가 완성되지 못한 불완전한 모습을 보여주고 있다. 그런데 이들 가집에서도 낙시조가 만횡보다 뒤에 수록된 것을 볼 수 있다. 따라서 낙시조가 만횡보다 뒤에 배치되는 것은 우 · 계면의 분화와 밀접한 관련을 맺고 있다고 하겠다.[25] 이런 점을 고려할 때 『병가』 낙희조가 만횡보다 뒤에 배치된 것은 곧 『병가』가 우 · 계면의 분화가 시작되던 시기의 산물임을 보여주는 것이라 하겠다.

따라서 『병가』의 만횡과 낙희조는 18세기 가집의 만횡이나 낙시조와 그 명칭이 유사함에도 불구하고 내용적으로는 다르다고 봐야 할 것 같다. 즉 『병가』의 만횡은 우 · 계면의 분화로 기존의 만횡이 만횡 · 언롱 · 롱 등으로 다양하게 분화되어 불리던 작품들을 모은 것으로 봐야 하고, 마찬가지로 낙희조도 기존의 낙시조와 편락시조가 계락 · 우락 · 얼락 · 편락 등으로 분화되어 불리던 작품들을 모은 통칭으로 이해해야 한다. 여기서는 낙희조에 초점이 맞추어져 있으므로 낙희조에 수록된 작품들이 실제로 계락 · 우락 · 얼락 · 편락 등의 악곡으로 다양하게 나뉠 수 있는지를 확인해 보고자 한다. 다양한 비교를 위해 18세기 말의 『해동풍아』, 19세

25) 우 · 계면의 분화와 만횡의 위치 이동 사이의 상관성과 관련해서는 『시경』이 하나의 힌트를 제공하고 있다. 이 가집에서는 악곡별로 우조와 계면조의 짝을 맞추어 배열하고 있는데, 만횡은 우조 대엽조의 마지막을 장식하는 소용과 짝을 이뤄 계면조 대엽조의 마지막을 부르는 곡으로 배치하고 있다. 이런 측면에서 만횡이 계면조 삼삭대엽의 바로 다음으로 이동하면서 만횡과 동질적인 '농' 계열의 악곡이 이어지고 이에 따라 '낙' 계열의 곡들은 자연스럽게 그 뒤로 이동할 수밖에 없었다고 볼 수 있다.

기 초의 『시경』, 19세기 중반의 『청육』, 19세기 후반의 『원국』 등 4개 가집을 선택하여 그 가집에 『병가』 낙희조가 수록된 현황을 살펴보았다.〈부록 참조〉

우선 『병가』 낙희조의 104수 중 『해동풍아』에도 수록된 것은 56수였다. 이 56수 중 41수가 낙시조 계열(낙시조 37, 편락시조 4)에서 온 것임을 확인할 수 있었다. 나머지 15수는 이삭대엽(5), 삼삭대엽(1), 소용(1), 만삭대엽(8) 등에서 온 것이다. 결국 절대다수가 낙시조 계열과 만삭대엽(만횡)에서 온 것이라 하겠는데 여기서 주목되는 것은 만삭대엽(만횡)이다. 18세기에서 19세기로 가면서 새로운 악곡이 생겨나고 기존 악곡이 변신을 시도하는 등 다양한 변화의 양상들이 나타나는데, 아마도 그 중 가장 큰 변화를 겪는 것이 바로 낙시조가 아닌가 한다.[26] 초기 가집에서는 낙시조가 삼삭대엽 다음에 붙어 있으며 작품 수도 많지 않고 평시조에 가까운 작품들이 상당수를 차지하고 있다. 그런데 후대로 가면서 사설시조가 주로 수록되는 후반부로 위치가 이동하게 되고 이와 함께 사설시조의 비중이 늘어나는 것을 볼 수 있다. 그리고 전체 작품 수도 많아지게 된다. 이런 변화에 영향을 미친 것이 **'만횡의 낙시조화'**로 보인다. 부록으로 제시한 〈표〉를 보면 『해동풍아』의 만삭대엽 8수가 다른 가집에서는 대부분 낙시조 계열로 수록된 것을 볼 수 있다. 또한 『해동풍아』나 『병가』의 낙시조(낙희조)에 수록된 것들 중 일부가 『시경』, 『청육』, 『원국』에 만횡이나 얼롱, 롱으로 수록된 것을 볼 수 있다. 이는 만횡과 낙시조가 상호 넘나드는 현상이 빈번했음을 보여주는 것이라 하겠다.[27]

---

26) 낙시조의 혼란상을 가장 잘 보여주는 것이 『청가』이다. 이 가집에는 낙시조와 연관된 악곡이 삼삭대엽낙희병초, 만대엽낙희병초, 편락병초, 낙 등 4개나 나타나고 있고 이들 악곡에 수록된 작품 수는 무려 255수나 된다. 이는 전체의 35.6%(255/716)에 해당하는 것이다.

다음으로 『병가』 낙희조의 104수는 후대 가집에서 대부분 낙시조 계열의 악곡으로 수록된 것을 확인할 수 있다. 『시경』에는 『병가』 낙희조의 작품이 59수 실려 있는데 이 중 51수가 우락, 계락, 편락에 실려 있다.[28] 나머지 8수 중 2수(이삭대엽)를 제외한 6수는 '농' 계열의 악곡에 실려 있다.[29] 또한 『청육』에는 『병가』 낙희조의 작품이 100수나 수록되어 있는데 77수가 우락, 계락, 언락, 편락 등에 실려 있다. 나머지 23수 중에는 '농' 계열이 10수(롱 8, 얼롱 2)로 가장 많고 이삭대엽이 8수, 편삭대엽이 3수, 삼삭대엽과 소용이 각 1수로 나타나고 있다. 이삭대엽이 다소 많은 것이 이상한데 8수 중 1수는 『해동풍아』의 낙시조에 수록되어 있고 또 1수는 『시경』의 계락에 실려 있어 『병가』 시절에 낙시조로 존재한 것을 믿을 수 있다. 나머지 작품들 중에도 가집의 폭을 확대하면 낙시조로 불린 것이 확인되는 것들이 있다. 예컨대 992번 작품의 경우 부록의 〈표〉에 따르면 세 개 가집에는 실려 있지 않고 오직 『청육』에만 실려 있는데 이삭대엽으로 수록된 것을 볼 수 있다. 따라서 이 경우 과연 이 작품이 낙시조로 불렸다고 볼 수 있을까 의심이 들기도 하는데 가집의 폭을 확대하면 낙시조로 불린 것을 확인할 수 있다. 이 작품은 『동국』에 낙시조로, 『홍비』에 얼락으로, 『악부』(나손본)에 얼락으로 실려 있다. 이런 점에서 『병가』 낙희조에 수록된 곡들은 모두 당대에 '낙' 계열 악곡으로 불린 것으로 보아도 좋을 듯하다. 마지막으로 『원국』에는 78수가 수록되어 있고 이 중 69수가 우락, 계락, 얼락, 편락 등에 실려 있다.[30]

---

27) 『청가』의 '만대엽낙희병초'라는 악곡이 이를 단적으로 보여주는 사례라 할 수 있다.

28) 『시경』에는 얼락이라는 악곡이 존재하지 않는다.

29) 만삭대엽 계롱에 3수, 얼롱에 3수가 실려 있다.

30) 나머지 9수는 이삭대엽 1, 삼삭대엽 1, 율당삭대엽 1, 소용 2, 만횡 1, 농가 1, 편삭대엽 2 등으로 다양하다.

4. 『병가』의 가곡사적 위상 – 결론을 대신하여

이상 『병가』 악곡 중 그 동안 미해결 과제로 남겨져 있었던 삭대엽과 낙희조에 대해 검토해 보았다. 그 결과 삭대엽은 수록 작품 수가 매우 적다는 점, 후대 가집에 율당삭대엽으로 수록된 것이 절반을 차지한다는 점, 그리고 나머지 작품들의 경우도 우조와 계면조를 넘나들며 불린 곡들이라는 점 등을 고려할 때 율당삭대엽일 가능성이 큰 것으로 파악하였다. 또한 낙희조는 그 위치가 18세기 가집들과 다르고 오히려 우・계면의 분화를 반영한 19세기 가집과 일치한다는 점에서 우・계면의 분화로 파생되기 시작한 우락, 계락, 얼락, 편락 등 '낙' 계열의 악곡들을 두루 포괄하는 것으로 해석하였다. 이런 사실을 통해 우리는 새로운 사실을 하나 깨닫게 되었다. 그것은 바로 『병가』라는 가집이 18세기의 마지막 가집에 그치지 않고 19세기 가집의 시작을 알리는 가집이라는 사실이다.

『병가』는 조선후기에 편찬된 가집 중 가장 많은 작품을 수록한, 가장 방대한 규모의 가집이다. 이것이 가능했던 것은 『청진』에서 마련한 틀을 기초로 여기에 새로운 작품들을 계속 축적해 가는 전통을 충실히 계승했기 때문이다. 중대엽, 북전, 삭대엽의 세분된 악곡들로 크게 나눈 뒤 이삭대엽의 경우 유명씨와 무명씨로 나누고 유명씨는 다시 작가의 신분과 시대 순을 고려하여 작품을 배치하는 방식이 『청진』에서 마련되었는데, 그 후 『해동가요』에서는 이런 틀을 유지한 채 약간의 변형을 가하고 작품을 덧보태는 방식을 취하게 된다.[31] 『병가』는 이렇게 마련된 『해동가요』의 틀을 그대로 활용하고 있다.

---

31) 『해동가요』에서는 이삭대엽 유명씨 부분에서 원래 뒤에 있던 열성어제를 맨 앞으로 배치하고 사대부의 작품을 세 군데로 나누어 분산 배치하고 있다. 이에 대해서는 『고시조 문헌 해제』(신경숙 외 5인, 고려대학교 민족문화연구원, 2012)의 「해동가요 일석본」 부분을 참조하기 바란다.

열성어제 : 34~39
여말 이전 : 40~54
본조 1 : 55~354
여항인 1 : 355~393[32)]
본조 2 : 394~431
여항인 2 : 432~508
연대결고 : 509~517
여항인 3 : 518~525
본조 3 : 526~538
명기 : 539~560
추가 : 561~562[33)]

『병가』 이삭대엽은 아무런 분류를 하고 있지 않다. 562번 작품 다음에 '以下年代姓名欠詳'이라 적혀 있어 이를 기준으로 그 앞이 유명씨 부분이고 그 뒤가 무명씨 부분에 해당한다는 것을 알 수 있을 뿐이다. 하지만 이삭대엽 유명씨 부분을 자세히 분석해 보면 위와 같이 나름의 질서를 갖추고 있음을 볼 수 있다. 그런데 이 질서는 이미 앞 시기 『해동가요』에서 사용된 방식이다. 따라서 『병가』 이삭대엽의 경우 18세기 가집의 영향을 받아 작품 수를 최대한 확상한 것이라 할 수 있다. 이런 점에서 『병가』는 18세기 가집이 도달할 수 있는 최고 지점에 위치해 있다고 하겠다. 『병가』의 이런 의의에 대해서는 이미 상당한 합의가 이루어진 것으로 보인다.

한편 이삭대엽에 국한하지 않고 전체로 시야를 확대할 경우 『병가』는

32) 358(윤두서)과 359(조식)는 예외적이다.

33) 561번은 儒川君 㴐, 562번은 朴熙瑞의 작품인데 이들 두 작가의 작품은 이미 앞에서 수록되었다. 따라서 이 부분은 앞에서 필사할 때 빠뜨린 두 작가의 작품을 유명씨 마지막에 보충한 것으로 생각된다.

19세기 가집의 특징을 가장 앞서 보여주는 가집이라 할 수 있다. 비록 율당삭대엽이라는 명칭을 사용하지 않고 그냥 삭대엽이라 하였지만 반우반계로 불리는 새로운 악곡을 포함시켰고, 이에 따라 낙희조의 순서를 조정함으로써 '만횡→낙희조→편삭대엽'의 체재를 갖추게 되었는데, 이 체재는 19세기 가집에 그대로 계승되어 '농→낙→편'으로 자리를 잡게 된다. 따라서 『병가』는 19세기 가집의 새로운 모형을 창출한 가집이라 할 수 있다.

『병가』의 이런 특징은 삭대엽의 변주곡에서만 나타나는 것이 아니라 중대엽에서도 나타나고 있다. 18세기 가집의 경우 중대엽 악곡에는 각각 1수씩 실려 있는 경우가 대부분이다. 그런데 『병가』는 초중대엽 7수, 이중대엽 5수, 삼중대엽 5수를 수록하고 있다. 이는 이전 시대 금보나 가집에 수록된 중대엽 사설을 거의 대부분 수용한 결과다.[34] 18세기 가집의 경우 그때까지도 불리고 있던 상징적인 사설 1수씩을 대표로 싣는 것이 중대엽 수록 원칙이었다. 그런데 『병가』는 이 원칙을 바꾸어 지금 불리지 않더라도 과거에 중대엽으로 불린 적이 있는 곡은 중대엽으로 분류해 실었다. 문제는 『병가』 이후에 편찬된 19세기 가집들이 『병가』의 영향을 받아 가창의 실질과 상관없이 중대엽의 곡들도 우조와 계면조로 나누어 수록하고 있다는 점이다. 따라서 이 점에서도 『병가』는 19세기 가집을 추동하는 결과를 가져왔다고 할 수 있다.

이상의 사실을 통해 우리는 『병가』가 단순히 작품 수에 있어서만 최고의 가집이 아니고 명실상부 18세기 가집에서 19세기 가집으로 넘어가는 변곡점에 위치한 조선시대 최고의 가집임을 알 수 있다.

---

34) 권순회, 「가곡 연창 방식에서 중대엽 한바탕의 가능성」, 『민족문화연구』 44집, 고려대학교 민족문화연구원, 2006.

■ 부록

〈표 7〉『병가』 낙희조의 타 가집 수록 현황

『병가』 낙희조	『해동풍아』	『시조』(경대본)	『청구영언』(육당본)	『가곡원류』(국악원본)
966 조오다가~	異 514 낙시조	235 우락[35]	792 우락	594 우락
967 ᄌᆡ 너머~	72 이삭대엽	×	112 이삭대엽	×
968 물 아릐~	×	237 우락	978 여창 우락	589 우락 811 여창 우락
969 綠楊芳草岸에~	607 만삭대엽	異 274 우락	異 974 여창 우락	異 509 농가 異 823 여창 우락
970 노ᄉᆡ 노ᄉᆡ~	527 낙시조	298 계락	762 계락	572 계락 832 여창 계락
971 아희야~	×	291 계락	756 계락	571 계락
972 웃ᄂᆞᆫ 양은~	530 낙시조	×	818 얼락	608 얼락
973 져 건너~	×	280 우락	713 롱	609 얼락
974 눈섭은~	×	異 261 우락	異 809 얼락	異 607 얼락
975 드립더~	×	×	641 롱	623 얼락
976 나ᄂᆞᆫ~	×	272 우락	819 얼락	605 얼락
977 開城府 장ᄉᆞ~	543 낙시조	×	757 계락	557 계락
978 (宅들에~)[36]	×	252 우락	714 롱	×
979 아흔 아홉~	×	×	異 724 롱	616 얼락
980 閣氏ᄂᆡ~	558 낙시조	201 만삭대엽 계롱	616 얼롱	483 만횡
981 萬頃滄波之水에~	×	249 우락	972 여창 우락	807 여창 우락
982 白鷗는~	×	268 우락	816 얼락	599 얼락
983 李座首는~	×	188 만삭대엽 계롱	797 우락	591 우락
984 孫約正은~	637 만삭대엽	×	異 776 계락	異 559 계락
985 窓 내고져~	573 편락	×	782 계락	×

986 宅드레~	549 낙시조	276 우락	833 얼락	×
987 ᄉᆡᆨ약시~	556 낙시조	×	745 롱	×
988 白華山~	574 편락	×	806 얼락	598 얼락
989 龍ᄀᆞ치~	461 이삭대엽	×	447 이삭대엽	246 이삭대엽
990 소경놈이~	×	異 300 계락	異 772 계락	異 556 계락
991 가ᄉᆞᆷ에~	529 낙시조	×	834 얼락	606 얼락
992 긔여 들고~	×	×	異 549 이삭대엽	×
993 ᄇᆞ롬도~	×	異 244 우락	307 소용 987 여창 계락	828 여창 계락
994 君이~	×	297 계락	758 계락	567 계락
995 ᄌᆡ 너머~	×	×	890 편삭대엽	×
996 기름의 지진~	×	301 계락	750 계락	566 계락
997 閣氏님~	×	×	590 삼삭대엽	140 삼삭대엽
998 思郎을~	×	264 우락	980 여창 우락	824 여창 우락
999 靑山의~	異 538 낙시조	×	775 계락	×
1000 靑驄馬 타고~	×	290 계락	754 계락	553 계락
1001 물 아릐~	517 낙시조	247 우락	793 우락	588 우락 812 여창 우락
1002 花灼灼~	×	異 310 계락	異 542 이삭대엽	異 850 편삭대엽
1003 岩畔~	×	109 이삭대엽	768 계락	573 계락
1004 崔行首~	159 이삭대엽	×	異 140 이삭대엽	×
1005 아희ᄂᆞᆫ~	520 낙시조	×	557 이삭대엽 異 752 계락	異 549 계락

35) '우락'은 가집에 따라 '낙시조 우조'·'우 낙시조'·'우락' 등 다양하게 나타나고 있는데 여기서는 '우락'으로 통일하여 지칭하고자 한다. 마찬가지로 '낙시조 계면'·'계면 낙시조'·'계락' 등은 '계락'으로, '언락'·'얼락' 등은 '얼락'으로 통일하고자 한다.

36) 이 작품은 낙장으로 초장이 없다. '댁들에~'로 시작하는 작품들이 『병가』에는 모두 '宅들에(드레)~'로 표기되어 있어 이를 참고하여 이렇게 제시하였다.

1006 還上도~	521 낙시조	×	異 751 계락	異 561 계락
1007 홍홍~	367 이삭대엽	×	786 우락	×
1008 바독바독~	×	275 우락	814 얼락	617 얼락
1009 ᄇᆞ롬은~	532 낙시조	265 우락	976 여창 우락	613 얼락 814 여창 우락
1010 此生怨讎~	×	250 우락	822 얼락	612 얼락 813 여창 우락
1011 젼 업슨~	638 만횡	245 우락	825 얼락	595 우락
1012 싱ᄆᆡ ᄀᆞᆺ튼~	×	×	817 얼락	618 얼락
1013 青山도~	×	288 계락	982 여창 계락	826 여창 계락
1014 蜀道之難이~	×	294 계락	760 계락	550 계락
1015 ᄒᆞᆫ 히도~	535 낙시조	299 계락	759 계락	554 계락
1016 思郎 思郎~	×	242 우락	981 여창 우락	810 여창 우락
1017 思郎을~	523 낙시조	×	979 여창 우락	825 여창 우락
1018 壽夭 長短~	×	3 이삭대엽	753 계락	異 569 계락
1019 닷ᄂᆞᆫ 말도~	異 515 낙시조	246 우락	802 우락	575 계락
1020 내 思郎~	518 낙시조	×	543 이삭대엽	×
1021 저 건너~	×	×	×	×
1022 藍色도~	569 낙시조	271 우락	748 계락	574 계락
1023 님과 나와~	519 낙시조	241 우락	970 여창 우락	815 여창 우락
1024 南山에~	×	295 계락	766 계락	555 계락 835 여창 계락
1025 다나 쓰나~	162 이삭대엽 589 만횡	289 계락	988 여창 계락	異 164 율당삭대엽
1026 淸明時節~	537 낙시조	異 292 계락	異 777 계락	異 547 계락 異 834 여창 계락
1027 오ᄂᆞᆯ은~	×	×	242 이삭대엽	×
1028 況是青春~	×	×	異 795 우락	異 596 우락
1029 玉의ᄂᆞᆫ~	×	263 우락	836 얼락	158 소용 816 여창 우락

1030 언덕~	×	×	×	×
1031 君不見~	×	238 우락	791 우락	593 우락 819 여창 우락
1032 압논에~	606 만횡	異 223 얼롱	606 얼롱 975 여창 우락	478 만횡 820 여창 우락
1033 李仙이~	×	278 우락	784 우락	590 우락
1034 나는 마다~	×	×	異 882 편삭대엽	異 642 편삭대엽
1035 諸葛亮은~	×	226 얼롱	971 여창 우락	587 우락 808 여창 우락
1036 간밤에~	567 낙시조	×	808 얼락	×
1037 項羽ㅣ 즉흔~	610 만횡	240 우락	821 얼락	601 얼락
1038 世上~	526 낙시조	239 우락	804 우락	×
1039어이려뇨~	568 낙시조	×	813 얼락	×
1040 ᄇᆞ름갑이라~	異 542 낙시조	異 254 우락	異 824 얼락	異 621 얼락
1041 閣氏ᄂᆡ~	544 낙시조	256 우락	780 계락	×
1042 日月星辰도~	533 낙시조	×	826 얼락	620 얼락
1043 北邙山川이~	507 낙시조	157 만삭대엽 계롱	842 얼락	×
1044 누고셔~	506 삼삭대엽	×	785 우락	544 농가
1045 宅들에~	異 550 낙시조	×	異 715 롱	×
1046 宅들에~	546 낙시조	×	778 계락	×
1047 눈아 눈아~	×	×	異 781 계락	×
1048 屛風에~	541 낙시조	異 293 계락	異 986 여창 계락	異 829 여창 계락
1049 ᄉᆡ약시~	551 낙시조	×	異 855 편삭대엽	×
1050 고ᄅᆡ 물 혀~	516 낙시조	×	815 얼락	619 얼락
1051 부러지 활~	534 낙시조	異 304 계락	異 767 계락	異 568 계락
1052 ᄀᆞ올비 긔똥~	528 낙시조	255 우락	799 우락	558 계락 581 우락

1053 長衫 쓰더~	540 낙시조	308 계락	798 우락	563 계락
1054 正二三月은~	×	243 우락	794 우락	579 우락
1055 저 건너~	579 소용	×	300 소용	153 소용
1056 蜀魄啼山~	×	×	×	551 계락
1057 푸른 山中~	561 낙시조	×	801 우락	604 얼락
1058 閣氏닉~	566 낙시조	×	×	157 소용
1059 머귀 여름~	×	×	737 롱	583 우락
1060 이 몸이~	×	302 계락	985 여창 계락	560 계락 831 여창 계락
1061 擊汰梨湖~	626 만횡	×	608 얼롱	615 얼락
1062 술이라 ᄒᆞ면~	×	×	739 롱	×
1063 ᄀᆞ올 打作~	294 이삭대엽	×	×	×
1064 鳳凰臺上~	618 만횡	220 얼롱	848 편락	627 편락
1065 솔 아릐에~	×	312 편락	847 편락	626 편락
1066 한숨아~	572 편락	313 편락	853 편락	630 편락
1067 나무도 돌도~	575 편락	315 편락	850 편락	625 편락
1068 靑울치~	×	277 우락	851 편락	631 편락
1069 용山과~	×	×	546 이삭대엽	×

제2장

『청구영언』(가람본)의 성격과 계보학적 위상

1. 서론

이 글에서는 『청구영언』(靑丘永言, 가람본)의 성격을 파악하고 이를 바탕으로 이 가집의 계보학적 위상을 고찰하고자 한다.

『청가』에 대한 기본적인 내용은 심재완의 『시조의 문헌적 연구』[1]에 잘 정리되어 있다. 다만 이 가집의 편찬 연대를 1769년으로 추정한 것은 명백한 오류로 보인다. 이 가집의 말미에는 "乙丑十月初八日, 水門洞畢書"라는 필사기가 있는데, 여기의 '乙丑'을 '己丑'으로 잘못 판독한 결과 오류를 빚고 말았다. 이에 대해서는 이미 양희찬이 바로잡은 바 있다. 그는 을축년이 1745년일 가능성과 1805년일 가능성을 열어둔 상태에서 작품 배열, 수록 작가, 작품 변이 등을 두루 고찰한 다음 최종적으로 1745년이라는 결론을 내렸다.[2] 두 연구자가 공히 19세기 초반에 편찬되었을 가능성을 배제하고 18세기 중반에 편찬된 것으로 추정하고 있는데, 이는 이 가집의 악곡 분류가 비교적 단순하다는 점, 이 가집이 18세기 초반과 중반 가집인 『청구영언』(진본) 및 『시가』(박씨본)와 밀접한 관련이 있어 보인다는 점에 근거를 두고 있다.

---

1) 심재완, 『시조의 문헌적 연구』, 세종문화사, 1972.

2) 양희찬, 「시조집의 편찬 계열 연구」, 고려대학교 박사논문, 1993.

그렇다면 실상은 어떠할까? 겉으로 드러나는 몇 가지 사실을 토대로 한 편찬연대 추정은 얼마나 타당성을 갖는 것이며, 밀접한 관련이 있는 것으로 평가된 『청진』 및 『시박』과의 상관성은 과연 어떻게 되는 것일까? 지금부터 『청가』 자체에 대한 철저한 검증과 유관 텍스트와의 꼼꼼한 대비를 통해 『청가』의 성격을 진단하고 계보학적 위상을 점검하기로 한다.

2. 『청가』의 편찬 체재 및 편찬 연대

『청가』에 대한 기본적인 성격을 이해하기 위해 우선 이 가집의 체재부터 살펴보기로 하자.

초중대엽(1)[3] : 1[4]
이중대엽(1) : 2
삼중대엽(1) : 3
북전(1) : 4
이북전(1) : 5
초삭대엽(1) : 6
이삭대엽(442) : 7~448
여말(6) : 7~12
본조(225) : 13~237
여항(51) : 238~288
연대결고(4) : 289~292

3) 해당 악곡의 작품 수를 가리킨다.
4) 작품의 일련번호를 나타낸다.

규수(23) : 293~315

무명씨소술병초(133) : 316~448

삼삭대엽낙희병초(73) : 449~521

만대엽낙희병초(81) : 522~602

편락병초(72) : 603~674

낙(29) : 675~703

소용(2) : 704~705

장진주사(1) : 706

맹상군가(1) : 707

필사기 : 乙丑十月初八日, 水門洞畢書

발문 : 此靑丘永言, 盖自麗末爲始, 至于本朝肅宗以後. 或有入格之音, 或有違格之聲, 皆出於自然之情, 其中滛也, 樂也, 哀也, 怨也, 訴也, 忠也, 閑也, 各有不齊之音, 吟者察也哉.[5]

후대추록1(7)[6] : 708~714

후대추록2(2) : 715~716

이 가집의 기본 성격을 알아보기 위해 체재를 정리해보자고 하였으나 혼란스러운 점이 없지 않다. 우선 우조와 계면조의 구분 없이 악곡별 편찬 체재를 취하고 있다는 점에서 18세기 가집의 특징을 계승하고 있다. 이삭대엽을 여말~무명씨까지 세분하고 있는 것도 이를 뒷받침하는 요소라 하겠다. 하지만 삼삭대엽낙희병초 이후는 혼란스럽기 짝이 없다. 삼삭대엽낙희병초나 만대엽낙희병초처럼 두 개 악곡을 묶어 처리한 것

---

5) 이 발문은 앞부분과 필체가 달라 보인다. 따라서 후대의 추록으로 생각된다.

6) 708번 이후의 작품들은 앞의 작품들과 필체가 확연히 다른 것으로 보아 후대에 추록된 것이 분명하다. 한편 715와 716은 앞의 708~714와 필체가 다를 뿐만 아니라 작품을 구별로 분절하여 적고 있는 점에서 차이가 나므로 또 다른 사람의 추록인 것으로 보인다.

이 눈에 띄는데 이런 사례가 더러 나타나기는 하지만 낙희조(낙시조)가 삼삭대엽과 만대엽(만횡)에 함께 묶인 것은 유례를 찾기 힘든 것이다. 또한 낙과 관련된 악곡이 지나치게 많이 등장하고 있는 것도 이상하고, 편락이 끝난 뒤에 또다시 낙이 배치된 것도 납득하기 어렵다. 소용의 순서가 지나치게 뒷부분에 나오는 것도 드문 경우라 할 수 있다. 이렇게 보면 이 가집은 매우 복잡한 성격을 가진 것으로 파악된다. 이 복잡함을 풀어가기 위해서는 소단위로 나누어 자세히 분석하는 작업이 필요하고 또한 여타 가집과의 비교 고찰도 요구된다. 이에 대해서는 다음 장에서 살펴보기로 하고 여기서는 비교 고찰을 위한 전제로서 우선 이 가집의 편찬 연대를 정확히 알아보기로 하겠다.

앞서 말한 바와 같이 이 가집의 말미에는 "乙丑十月初八日, 水門洞畢書"라는 필사기가 있다. 따라서 여기 을축년이 언제인지만 밝히면 된다. 가집 편찬 시기인 18-19세기에 존재한 을축년은 1745년, 1805년, 1865년이다. 이 중 양희찬이 추정한 1745년은 일단 배제되어야 한다. 이유는 엉뚱한 데서 발견된다. 이 가집은 한문사본을 뒤집어 쓴 것인데, 이 한문사본에는 호남지역 인물들의 약력이 정리되어 있다. 따라서 이를 통해 이 한문사본의 완성 시기를 확정할 수 있다. 여러 인물 중 첫 번째로 등장하는 인물의 약력을 들면 다음과 같다.

> 靈光前監察李宗烈 : 本全州○襄悼公天佑十二代孫○年六十三
> 甲午增廣○乙未假注槐院○癸卯科十年出六○丙午典籍禮正平都○丙辰監察勿施○戊午典籍監察

『사마방목』과 『문과방목』에서 영광 사람으로 갑오년(1774년)에 증광시에 합격한 이종렬(李宗烈)을 찾아보았더니 1739년생으로 되어 있었다.

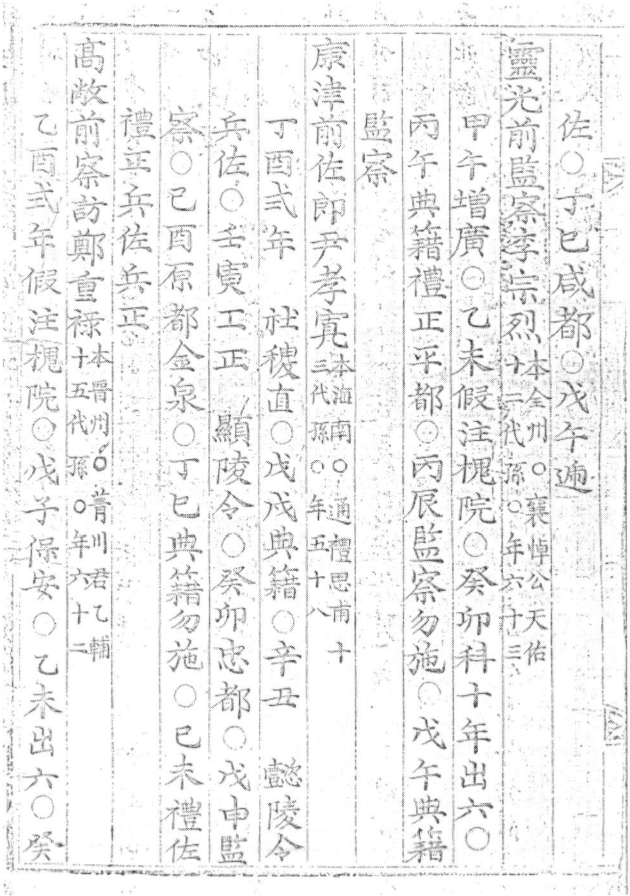
佐○丁巳咸都○戊午遞
靈光前監察李宗烈 本全州○襄悼公天佑十二代孫○年六十三
甲午增廣○乙未假注槐院○癸卯科十年出六○
丙午典籍禮正平都○丙辰監察勿施○戊午典籍
監察
康津前佐郎尹孝寬 本海南○通禮思甫十三代孫○年五十八
丁酉式年 社稷直○戊戌典籍○辛丑 懿陵令
兵佐○壬寅工正 顯陵令○癸卯忠都○戊申監
察○己酉原都金泉○丁巳典籍勿施○己未禮佐
禮正兵佐兵正
高敞前察訪鄭重祿 本晋州○晋川君乙輔十五代孫○年六十二
乙酉式年假注槐院○戊子保安○乙未出六○癸

〈그림 16〉『청가』가 필사된 한문사본

그런데 위에서 현재 나이가 63세라 하였으니 이 기록은 1801년에 쓴 것임을 알 수 있다. 이런 식으로 이 책자에 등장하는 인물 중 검증 가능한 사람들을 모두 조사해본 결과 1801년으로 완벽히 일치함을 확인할 수 있었다. 따라서 이 한문사본의 완성 시기는 1801년으로 확정해도 좋을 듯하다. 한편 『청가』는 이 한문사본을 뒤집어 쓴 것이므로 당연히 1801

년 이후에 편찬되었다고 봐야 한다. 이에 따라 필사기에 기록된 을축년은 1805년으로 생각된다. 1865년도 고려할 수는 있겠으나 그 가능성은 매우 낮은 것으로 판단된다. 다음을 보도록 하자.

> 237 壁嘯院 놉픈 집의 長釰 볘고 누어시니
> 邊境에 일이 업고 時節이 三月인 제
> 우리도 感曲恩 一曲으로 놀고 갈까 ᄒᆞ노라.

> 521 黃河水 맑다터니 우리 元子 나시도다
> 壽域 臣民니 뉘 아니 欣悅ᄒᆞ리
> 九重에 계오신 님은 萬歲無彊ᄒᆞ옵소셔.

237은 이삭대엽 본조 마지막에 수록된 정여직(鄭汝稷)의 작품이며, 521은 삼삭대엽낙희병초의 마지막에 수록된 이흥숙(李興淑)의 작품이다. 두 작품 모두 이삭대엽 본조와 삼삭대엽낙희병초의 마지막에 수록된 데다가 이 가집에만 수록되어 있기 때문에 이 가집의 편찬과 밀접한 관련을 맺고 있는 것들이라 할 수 있다. 따라서 정여직과 이흥숙의 활동 시기를 확인하면 이 가집의 편찬 연대를 어느 정도 확정할 수 있을 것이다.

정여직(1713-1776)은 영조 말에 훈련대장 등을 역임한 무신으로 주 활동 시기는 18세기 후반이다. 이흥숙은 『해주』 말미의 「고금창가제씨(古今唱歌諸氏)」에 소개된 이복령(李福羚)으로 추정되는데,[7] 그는 전체 56인 중 52번째 위치하고 있다. 따라서 이 역시 18세기 후반에 주로 활동한 인물로 보인다. 그렇다면 위 521은 정조의 아들인 문효세자 또는 순조의 탄생을 축하한 작품으로 보인다.[8] 문효세자는 1782년에 태어났고,

---

7) 「고금창가제씨」에는 이름 아래에 자나 호를 부기하고 있는데 이복령의 아래에 '興淑'이라 적혀 있다.

순조는 1790년에 태어났음을 고려할 때 이 작품은 18세기 말에 창작된 것으로 추정된다.

이상의 사실을 통해 『청가』의 편찬 연대는 1805년으로 확정해도 좋을 듯하다.

3. 항목별 고찰 1 : 초중대엽~이삭대엽

『청가』는 19세기 초에 편찬된 가집임에도 불구하고 악곡 편제에 있어서는 18세기 가집과 훨씬 유사한 측면을 보이고 있다. 왜 이런 현상이 나타나게 된 것일까? 지금부터 이 가집을 몇 개의 단위로 분절하여 자세히 분석함으로써 이에 대한 답을 찾아보기로 한다.

1) 초중대엽~초삭대엽

초중대엽에서 초삭대엽까지는 악곡별로 1수씩만 수록되어 있다. 이는 18세기 초 · 중반 가집들에서 주로 나타나는 현상이다. 그리고 이 부분에는 수록되는 작품도 거의 일치하고 있다. 그런 가운데 『청구영언』 계열과 『해동가요』 계열에 미세한 차이가 나타나고 있어 주목된다. 이를 〈표 8〉로 확인해보도록 하자.

---

8) 원손이 아니고 원자라 하였으니 정조는 아니라 할 수 있다.

〈표 8〉 초중대엽~초삭대엽의 작품 배열 비교

구분	『청진』	『청장』A[9]	『해박』	『해주』	『청가』
초중대엽	오ᄂᆞᆯ이 오ᄂᆞᆯ이쇼셔	오ᄂᆞᆯ이 오ᄂᆞᆯ이쇼셔	오ᄂᆞᆯ이 오ᄂᆞᆯ이쇼셔	오ᄂᆞᆯ이 오ᄂᆞᆯ이쇼셔	오날이 오날이소셔
이중대엽	이바 楚ㅅ사ᄅᆞᆷ들아	이바 楚ㅅᄉᆞᄅᆞᆷ들아	입아 楚사ᄅᆞᆷ들아	입아 楚ㅅ사ᄅᆞᆷ들아	이바 楚ㅅᄉᆞ람드라
삼중대엽	부헙코 섬써울슨	부헙코 셤거울슨	浮虛코 섬써울손	浮虛코 성거올쓴	浮虛코 셤써울손
북전	흐리누거 괴ᄋᆞ시든	흐리누거 괴이시든	누은들 좀이 오며	누은들 좀이 오며	흐리누거 괴오셔든
이북전	ᄋᆞ자 내 黃毛試筆墨을 뭇쳐	아자 ᄂᆡ 黃毛試筆墨을 뭇쳐	ᄋᆞ자 내 黃毛筆을 먹을 뭇쳐	ᄋᆞ자 내 黃毛試筆墨을 뭇쳐	ᄋᆞᄌᆞ 내 黃毛試筆墨을 무쳐
초삭대엽	어져 내 일이야	어져 내 일이야	어져 내 일이야	어져 내 일이여	어져 내 일이야

위의 〈표 8〉을 통해 '초중대엽~초삭대엽'의 경우 북전을 제외하고는 작품이 완전히 일치한다는 것을 알 수 있다. 문제는 북전이라 할 수 있는데, 『청구영언』 계열인 『청진』과 『청장』A가 일치하고 있고, 『해동가요』 계열인 『해박』과 『해주』가 일치하고 있다. 이는 18세기 가집사에서 북전이 가집의 계통을 파악하는 데 중요한 단서가 될 수 있음을 시사하는 것이다. 한편 북전은 가집의 계통뿐만 아니라 가집의 생성 시기를 추정하는 데도 유용한 측면이 있다. 『가조별람』의 경우 계통상으로는 『청장』A의 영향을 많이 받고 있는 가집이지만 북전에는 『해동가요』 계열과 일치하는 "누은들 좀이 오며~"가 실려 있다. 이는 『가조』가 『해동가요』와 비슷한 시기인 1750년경에 편찬된 것과 밀접한 관련이 있어 보인다.[10] 즉 북전의 곡목은 1750년을 전후로 하여 "흐리누거 괴ᄋᆞ시든~"에

9) 『청구영언』(장서각본)의 전반부를 가리킨다. 『청구영언』(장서각본)의 성격에 대해서는 이 책에 수록된 「18세기 가집 편찬과 『청구영언』(장서각본)의 위상」 참조.

10) 『가조』의 편찬 시기에 대해서는 이 책에 수록된 「『가조별람』의 문헌적 특성과 『시가』

서 "누은들 좀이 오며~"로 대체되어 갔다고 볼 수 있다.

그러면 『청가』의 경우는 어떤 수록 양상을 보여주고 있을까? 우선 위의 〈표 8〉에서 보다시피 『청가』의 북전 부분에는 "흐리누거 괴오셔든~"이 실려 있다. 『청가』가 『해동가요』보다 훨씬 뒤인 1805년에 편찬되었음에도 『해동가요』 계열을 따르지 않고 『청구영언』 계열을 따르고 있다는 것은 이 가집이 『해동가요』와는 무관하게 『청구영언』에 연원을 두고 생성되었음을 보여주는 것이다. 또 하나 기억해야 할 사실은, 그럼에도 불구하고 18세기 후반부터 새롭게 부상한 북전의 새 곡목인 "누은들 좀이 오며~"를 완전 외면하지는 않았다는 사실이다. 비록 북전 자리에는 실려 있지 않으나 이삭대엽 무명씨소술병초(389번)에 수록되어 있다. 이러한 사실은 이 가집이 계보학적으로 『청구영언』과 긴밀히 연관되어 있으면서도 18세기 후반 당대에 새롭게 생성된 곡들을 수용하기 위한 노력을 나름대로 기울이고 있다는 것을 말해주는 것이다. 이 점은 이 가집을 이해하는 데 매우 중요한 사실이라 할 수 있다.

2) 이삭대엽 본조(本朝)

『청가』가 『청진』의 영향을 절대적으로 받아 생성되었다는 사실은 이삭대엽 본조를 통해 확실히 알 수 있다. 여기에는 79명[11] 작가의 작품 225수가 수록되어 있는데 일부 작가의 경우 작품이 나뉘어 실려 있는 것을 볼 수 있다. 즉 백호 임제의 작품이 109번과 206번에 분리되어 실려 있다. 또한 신정하의 작품도 184번~185번에 석호(石湖)라는 호로 실

(박씨본)과의 관계」 참조.

11) 중복되어 나타나는 임제, 신정하, 조관빈은 한 번만 계산하였으며, 〈어부가〉는 작가명으로 보지 않았다.

려 있는가 하면 217번에 다시 서암(恕庵) 신정하(申靖夏)라는 이름으로 실려 있다. 조관빈 역시 186번에 광재(光齋)라는 호로 실려 있는데 192번~193번에 다시 매헌(梅軒) 조관빈(趙觀彬)이라는 이름으로 실려 있다. 이런 현상은 작가의 시대 순으로 작품을 배치하는 18세기 가집들에서는 나타나지 않는 것이다. 도대체 왜 이삭대엽 본조라는 같은 분류항 내에서 한 작가의 작품이 분리 배치된 것일까? 『청가』에 이런 이상한 현상이 나타나게 된 이유는 일단 『청진』을 절대적으로 참조한 다음 『청진』에 없는-다시 말해 『청진』 이후 시대에 새로 등장한-작가의 작품을 그 뒤에 배치하였기 때문이다.

『청가』 이삭대엽 본조 부분(13~237)은 절제(13번)~광재(186번)의 전반부와 율곡(187번)~정여직(237번)의 후반부로 대별되는데, 이 중 전반부 174수는 『청진』 이삭대엽 본조(13~215)를 절대적으로 참조한 것이다. 『청진』의 203수와 견주어 29수 차이가 나는 점,[12] 일부 작품의 순서를 조정하고 있는 점[13]을 제외하면 『청진』 이삭대엽 본조 부분을 거의 그대로 가져와 수록하고 있다. 『청가』 이삭대엽 본조 전반부가 『청진』 이삭대엽 본조 부분을 절대적으로 참조했다는 사실은 두 가집의 해당 부분을 일일

---

12) 이는 김종서 1수(2수→1수), 신흠 6수(30수→24수), 김광욱 4수(17수→13수), 낭원군 20수(30수→10수)가 탈락하고, 조관빈의 작품 1수가 뒷부분(193번)으로 이동하였으며, 이현보의 작품 3수(〈효빈가〉, 〈농암가〉, 〈생일가〉)가 추가된 결과 그렇게 된 것이다.

13) 세조 때의 인물인 남이의 순서를 대폭 앞당겨(106→17) 바로잡았으며, 이황의 〈도산십이곡〉의 순서도 조정해 놓았다. 『청진』을 비롯한 대부분의 가집들이 서경덕과 송인의 작품 뒤에 〈도산십이곡〉을 배치하고 있는데 『청가』의 편찬자는 서경덕과 송인의 작품 앞, 이현보의 〈어부가〉 뒤로 배치하고 있다. 이는 이현보와 이황의 관계, 〈어부가〉와 〈도산십이곡〉의 관계를 고려한 때문으로 이해된다. 또한 박인로와 이덕형의 경우 순서를 맞바꾸어 놓았다. 『청진』에는 박인로→이덕형의 순서로 수록되어 있는 것을 『청가』에서는 이덕형→박인로의 순서로 조정해 놓았는데, 이는 박인로와 이덕형의 관계에서 이덕형을 우위에 두고자 하는 인식이 작용한 결과로 보인다.

이 비교한 〈표〉[14]를 통해 쉽게 확인할 수 있는 바이지만, 이 자리에서 이를 모두 제시할 수는 없으므로 여기서는 그 〈표〉에서 드러난 몇 가지 특징적 사항만을 제시하기로 한다. 〈부록 참조〉

첫째 송강 정철 작품의 수록 양상이 일치한다. 주지하다시피 송강 정철의 경우 조선후기 가집에 가장 많은 작품이 수록된 작가 중 한 명이다. 때문에 그의 작품은 가집별로 큰 차이를 보여주고 있다. 이를 〈표〉로 정리하면 다음과 같다.

〈표 9〉 송강 정철 작품 수록 양상 비교

가집	『청진』	『가조』	『해주』	『해풍』	『병가』	『청가
작품 수	50	30	21	21	54	50

송강 정철의 작품은 『청진』에 50수가 수록되어 있다. 그런데 『가조』,

---

14) 필자는 『청가』의 계보학적 위상을 정확하게 파악하기 위해 『청가』 이전에 편찬된 18세기 가집들 중 대표적인 몇 가지를 선별하여 이것들과 『청가』를 비교하는 〈표〉를 만들었다. 비교 대상으로 삼은 18세기 가집은 『청진』, 『가조』, 『해주』, 『해동풍아』(이하 『해풍』으로 약칭), 『병가』 등이다. 『청진』, 『해주』, 『병가』는 각각 18세기 초·중·말을 대표하는 가집으로 이미 학계에서 인정을 받고 있는 가집들이다. 『가조』는 시기적으로 『청진』과 『해주』의 사이에 편찬된 것으로 추정되고 가집의 성격 또한 『청진』이나 『해주』와 일정한 차이를 갖는 것으로 알려져 있다.(이에 대해서는 이 책에 수록된 「『가조별람』의 문헌적 특성과 『시가』(박씨본)과의 관계」 참조) 『해풍』은 『해동가요』(일석본)으로 알려진 것인데, 『해동가요』와 밀접한 관련성을 맺고 있으면서도 18세기 말~19세기 초에 새롭게 편찬된 가집으로서(이에 대해서는 이 책에 수록된 「『해동풍아』의 성격과 무명씨 작품 배열 원리」 참조), 『병가』와 더불어 18세기 말의 상황을 보여주는 가집이라는 점에서 선택하였다.

한편 〈표〉를 작성하는 방식은 우선 『청가』를 순서대로 배열한 다음 해당 번호의 작품이 비교 대상 다섯 가집에 수록되어 있는지, 있다면 몇 번째 작품으로 실려 있는지를 파악하여 수록된 경우 가번을 적고 수록되지 않은 경우 ×로 표시하였다. 그리고 『청가』와 악곡이나 작가가 다른 경우 이에 대해서도 별도로 표시함으로써 악곡 일치 여부, 작가 표기의 일치 여부에 대해서도 쉽게 확인할 수 있게 하였다.

『해주』, 『해풍』으로 가면서 수록되는 작품 수가 대폭 줄어들다가 『병가』에 이르러 조금 늘어나는 추세를 보이고 있다. 그런데 『청가』의 경우 『청진』과 동일한 50수를 싣고 있다. 뿐만 아니라 수록 순서도 거의 일치하고 있다. 『병가』의 경우 수록 작품 수에 있어서는 비슷한 양상을 보이고 있으나 『청진』에 수록된 50수 중 11수가 빠지고 새로 15수가 추가되어 있어 내용적으로는 큰 차이를 보이고 있다.

둘째 전반부 끝부분에 수록된 일로당, 석교, 석호, 광재의 작품 수록 양상이 일치한다. 『청진』 이삭대엽 본조 끝부분에 수록된 일로당, 석교, 석호, 광재는 다른 여타의 작가들과 달리 호만 제시하고 약력에 대해서는 전혀 언급하지 않았는데, 이는 김천택과 동시대 인물이면서 그와 직·간접적인 교유관계에 있었기 때문이라는 견해가 설득력 있게 제시되어 있다.[15] 그런데 이들 4명의 작품이 『청가』의 이삭대엽 본조 전반부 끝부분에 수록되어 있을 뿐만 아니라 작가 표시나 수록 순서가 일치하고 있다.

〈표 10〉 일로당, 석교, 석호, 광재 작품 수록 양상 비교

구분	『청가』	『청진』	『가조』	『해주』	『해풍』	『병가』
이삭대엽 본조	178 (일로당 김성최)	206 (일로당)	218 (김성최)	249 (김성최)	243 (김성최)	334 (김성최)
	179	207	219	250	244	335
	180 (잠곡 김육)	208 (일로당)	174 (김육)	224 (김육)	219 (김육)	844 (삭대엽, 김육)
	181 (석교)	209 (석교)	227 (김창업)	254 (김창업)	248 (김창업)	345 (김창업)
	182	210	228	255	249	346
	183	211	229	256	250	347

15) '김용찬, 『18세기의 시조문학과 예술사적 위상』, 월인, 1999, 57~60면.' 참조.

	184 (석호)	212 (석호)	223 (신정하)	251 (신정하)	245 (신정하)	351 (신정하)
	185	213	225	253	247	352
	186 (광재)	214 (광재)	×	×	×	×

위의 〈표 10〉에서 보는 바와 같이 다른 가집에서는 모두 김성최, 김창업, 신정하 등 이름을 사용하여 표기하고 있는 데 비해 『청진』은 호를 사용하고 있다. 그런데 『청가』는 이 『청진』의 방식을 그대로 수용하고 있음을 알 수 있다. 주목할 것은 『청가』 180번 작품이다. 이 작품은 『청진』에 일로당의 세 번째 작품으로 수록된 것인데, 이후 김육의 작품으로 조정됨을 볼 수 있다. 그리하여 비교 대상 가집 전부에서 김육의 작품으로 표시되어 있으며 순서도 김육의 생존 연대를 고려하여 상당히 앞당겨졌다. 그런데 『청가』의 경우 이런 현실을 반영하여 작가를 잠곡 김육으로 표기하면서도 순서는 앞당기지 않고 『청진』의 순서 그대로 두었다. 이는 전체적으로는 『청진』을 따르되 부분적 오류가 있는 경우 이를 바로잡는 것을 원칙으로 하여 『청가』가 편찬되었음을 보여주는 것이다. 또한 마지막의 광재 조관빈 작품이 다른 가집에는 전혀 수록되지 않았는데 『청가』에 수록된 것을 통해서도 『청가』가 『청진』의 영향을 받아 편찬되었음을 알 수 있다.

셋째 전반부 끝부분 이외에서도 부분적으로 작가 표기나 작품 수록 양상에서 두 가집 간에만 일치하는 것들이 나타나고 있다.

17 長釰을 ᄡᅢ혀 들고 白頭山에 올나 보니
一葉 鯷岺이 胡越에 즘겨세라
언제나 南北風塵을 헤쳐 볼고 ᄒᆞ노라.

94 三冬에 뵈옷 닙고 巖穴에 눈비 마자
구ᄅᆞᆷ ᄭᅵᆫ 볏뉘을 쬔 적 업건마ᄂᆞᆫ
西山에 ᄒᆡ 지다 ᄒᆞ니 눈물계워 ᄒᆞ노라.

164 니영이 다 거두치니 울잣신들 셩ᄒᆞᆯ손냐
불 안니 ᄧᅢ인 房에 긴 밤 어이 새련니
ᄋᆞ희ᄂᆞᆫ 世事을 모르고 이야지야 ᄒᆞᆫ다.

17의 경우 남이의 작품인데 비교 대상 가집 중 『청진』에만 실려 있고 다른 가집에는 실리지 않았다. 164는 송호 허정의 작품인데, 이 작품은 아예 전체 가집 중 『청진』과 『청가』에만 수록되어 있을 뿐이다.[16)]94의 경우는 대부분의 가집에 조식의 작품으로 기록되어 있으며 비교 대상 가집의 경우에도 『청진』을 제외한 모든 가집에서 조식 작품으로 표기되어 있다. 그런데 『청진』은 송천 양응정의 작품으로 기록하고 있다. 『청진』에는 양응정의 작품으로 "太平 天地間에~"와 위의 작품 등 2수를 수록하고 있는데, 이 2수를 양응정의 작품으로 나란히 수록한 것은 『청진』 외에는 『청가』가 유일하다.

이상 몇 가지 사실을 통해 『청가』 이삭대엽 본조 전반부가 『청진』 이삭대엽 본조 부분을 절대적으로 참조하여 이루어졌음을 알 수 있었다. 그러면 후반부의 사정은 어떠할까?

〈표 11〉 이삭대엽 본조 후반부 작품 수록 양상 비교

구분	『청진』 수록 여부			여타 비교 대상 가집 수록 여부				『청가』 유일
	본조 (조관빈)	여항육인 (남파)	무명씨	『가조』	『해주』	『해풍』	『병가』	
작품 수	1	2	8	39(29)[17)]	31(25)	27(20)	38(29)	3

16) 그 외 20세기 시조집인 『역대시조선』에 수용되어 있다.

『청가』 이삭대엽 본조 후반부는 율곡(187번)~정여직(237번)까지 51수를 가리키는데, 여기에 수록된 작품들은 크게 보아 『청진』에 수록된 작품(11수)과 그렇지 않은 작품(40수)으로 나누어진다. 『청진』에 수록된 작품이 11수나 되지만 193번 조관빈의 작품[18] 한 수를 제외하면 나머지는 여항육인과 무명씨 등 본조가 아닌 부분에 실려 있던 것들이다. 따라서 전체 51수 중 50수가 『청진』 이삭대엽 본조에 실리지 않은 작품들로 구성된 것이 『청가』 이삭대엽 본조 후반부의 특징이라 할 수 있다. 그러면 『청가』 이삭대엽 본조 후반부의 경우 『청진』이 아닌 어떤 가집을 참조한 것일까? 이 부분의 경우 어떤 특정 가집을 절대적으로 참조하여 정리했다고 보기는 어려울 듯하다. 비교 대상 가집 중 공출 작품이 가장 많게 나타나는 것은 『가조』다. 『가조』의 경우 51수 중 39수가 공출되고 있는데, 이는 작품 수가 가장 많고 편찬 연대도 『청가』와 가장 가까운 『병가』의 38수보다 1수가 더 많다는 점에서 일단 주목할 필요가 있기는 하다. 또한 『가조』 또는 이 계열에만 등장하는 작가인 이의현(李宜顯), 이야(李壄), 송질(宋瓆), 이정작(李庭綽), 김식(金湜) 등의 작품이 수록되어 있는 것도 눈길을 끈다. 그러나 그렇다고 하여 『청가』 이삭대엽 본조 후반부가 『가조』를 절대적으로 참조했다고 보기는 어렵다. 51수 중 12수(23.5%)가 『가조』에 실려 있지 않은 작품인데다 『가조』에 등장하지 않는 작가의 작품도 여럿 존재하기 때문이다. 따라서 『청가』 이삭대엽 본조 후반부는 어떤 특정 가집만을 절대적으로 참조했다기보다는 여러 가집을 두루 참조했다고 보는 것이 자연스러울 것 같다. 다만 이 부분에서도 『해동가요』의 영향력이 미미하다는 점이 거듭 확인된다. 『해동가요』 계

17) 괄호 밖의 숫자는 본조 후반부 51수 전체 중 해당 가집에 수록된 작품 수를 가리키며, 괄호 안의 숫자는 『청진』에 없는 40수 중 해당 가집에 수록된 작품 수를 가리킨다.

18) 이 작품은 『청진』 본조 마지막에 수록된 광재(조관빈)의 작품이다.

열 가집에서 중요하게 다루어지고 있는 작가로 윤선도와 이정보를 들 수 있는데 『청가』에는 윤선도의 〈어부사시사〉가 1수만 수록되었고, 『해주』의 대표 작가라고 해도 좋을 이정보의 작품은 단 1수도 수록되지 않았다.[19)]

한편 본조 후반부의 경우 시대 순이라는 원칙은 크게 고려하지 않은 것으로 보인다. 대체적인 순서를 따른 듯 보이기도 하지만 세세하게 살펴보면 잘못 배치된 작가가 한둘이 아니다. 작가 설명에서 어떤 임금 때 등제했다고 기록해 놓고도 순서를 지키지 않은 경우가 있는 것으로 보아 특별한 의식을 갖고 배열한 것 같지는 않다. 본조 후반부에서 주목되는 것은 시대 순이라는 원칙의 확인이 아니라 시작 부분에 이이와 송시열을 배치한 점이다. 만약 본조 후반부가 시대 순의 원칙을 적용하여 정리한 것이라면 이이가 맨 앞에 올 수 없다. 이이보다 연대가 앞서는 작가가 다수 존재하기 때문이다. 또한 이이와 송시열 사이에 생존한 작가도 여럿 있기 때문에 이이와 송시열이 연이어 나와서도 안 된다. 그럼에도 불구하고 이이가 본조 후반부의 맨 앞에 배치되어 있고 연이어 송시열이 붙어 나온다는 것은 분명 편찬자의 의도가 개입되었기 때문으로 보인다. 아마도 편찬자는 당대 노론가문과 밀접한 관련이 있는 사람일 것으로 추정된다.

3) 이삭대엽 여항 및 규수

해당 분류항의 전반부에 『청진』 수록 작품을 배치하고 후반부에는 『청진』 미수록 작품을 배치하는 경향은 여항 및 규수에서도 동일하게

19) 이삭대엽 본조에 이정보라는 이름으로 수록된 작품이 하나도 없다는 뜻이다. 『청가』 전체로 확대할 경우 편락병초에 "壺洞 李判書"로 표기된 한 작품(670번)이 실려 있다.

나타난다.

여항에는 총 13명의 작가가 쓴 작품 51수(238~288)가 수록되어 있는데, 238~270과 271~288로 대별된다. 전반부 33수 중 31수는 『청진』 여항육인에 실려 있는 장현 · 주의식 · 김삼현 · 김성기 · 김유기의 작품이며, 순서도 거의 일치하고 있다. 나머지 2수 중 1수는 이 가집에만 실려 있는 장현의 또 다른 작품(239번)이며, 다른 1수는 『청진』에 없는 조응현(趙應賢)이라는 작가의 작품(240번)이다. 장현 작품의 경우 동일 작가의 작품을 한꺼번에 묶어 배치한다는 차원에서 이 자리에 놓인 것을 이해할 수 있으나, 조응현의 작품이 이 자리에 배치된 것은 정확한 이유를 알 수가 없다. 후반부의 경우 18수 중 16수가 『청진』에 수록되지 않은 작품들이며, 나머지 2수는 『청진』에 실린 김천택의 작품이다. 김천택의 경우 『청진』 수록 작품 2수와 미수록 작품 2수 등 4수의 작품을 수록하고 있는데, 작품 수가 얼마 안 되는 것도 의문이지만 왜 전반부에 배치하지 않고 후반부에 배치한 것인지도 의문이다.

규수에는 7명 작가의 작품 23수(293~315)가 수록되어 있는데, 이 역시 293~297과 298~315로 대별된다. 전반부 5수는 『청진』 규수삼인(황진, 소백주, 매화)에 수록된 작품을 그대로 가져온 것이다. 다만 295번 작품(靑山裏 碧溪水ㅣ야~)의 경우 『청진』에서는 황진이의 작품 3수 중 맨 앞에 수록한 것인데, 여기서는 명월 작으로 처리하고 진이의 작품 2수 다음에 이를 오게 했다. 즉 진이와 명월을 다른 인물로 처리하고 있는 것이 특이한 점이라 할 수 있다. 다음 후반부 18수는 『청진』에 없는 계단, 홍장, 송이의 작품들이다. 다른 가집에 전혀 등장하지 않는 계단이라는 작가가 나오는 점과 송이의 작품이 무려 14수나 실려 있는 것이 특이 사항이다.

4) 이삭대엽 무명씨소술병초

여기에는 총 133수(316~448)가 수록되어 있는데, 이 역시 전반부(316~423)와 후반부(424~448)로 대별된다. 전반부의 경우 108수 중 96수(88.9%)가 『청진』 무명씨에 실려 있는 것이다.[20] 나머지 12수 중 10수는 아예 『청진』에 실리지 않은 작품이며 2수는 삼삭대엽과 낙시조에 수록된 것이 이쪽으로 이동한 것이다. 다음으로 후반부의 경우 25수 전부가 『청진』에 실리지 않은 작품이다.[21]

한편 『청진』을 수용한 전반부 96수의 경우 그 배열 순서도 『청진』의 배열 순서와 거의 일치하고 있다. 주지하다시피 『청진』 무명씨의 경우 내용별 분류를 시도하고 있다. 따라서 『청가』의 이 부분이 『청진』과 배열 순서가 일치한다는 것은 『청가』 무명씨소술병초 역시 내용별 분류에 입각해 작품을 수록했음을 의미하는 것이다. 『청가』는 『청진』 무명씨에서 작가가 밝혀져 유명씨 본조로 이동한 8수를 제외한 96수를 전부 가져왔으며 이들을 『청진』 무명씨와 거의 같은 순서로 배열하고 있다. 그렇다고 하여 『청가』가 『청진』과 완전히 동일한 것은 아니다. 『청가』는 『청진』을 최대한 참조하되 일부 순서를 조정하기도 하고 『청진』 미수록 무명씨 작품 중 내용상 통하는 항목이 있으면 거기에 포함시켜 정리하기도 하였다.

---

20) 『청진』 무명씨(104수)에서 이 부분에 수용되지 않은 것으로 8수가 있는데 이 8수는 모두 이삭대엽 본조 후반부에 수록되어 있다.

21) 이 부분의 마지막에 수록된 작품(448번)의 경우 『청진』 228번 주의식 작품과 상당히 유사하다. 때문에 심재완의 『교본 역대시조전서』에서는 448번 작품을 『청진』 228번 주의식 작품의 이형(異形)으로 처리하고 있다. 그러나 『청진』 228번 주의식의 작품은 여항 주의식 247번으로 수용되어 있고 이것과 별도로 무명씨 부분에 이 작품이 실려 있다는 것을 감안할 때 『청가』의 편찬자는 이 448번을, 주의식의 작품을 변형한 새로운 작품으로 판단했음을 알 수 있다.

〈표 12〉『청가』와 『청진』의 무명씨 비교

『청가』	『청진』	『청가』	『청진』
316	299	384	365
317	301	385	366
318	302	386	367
319	×	387	368
320	304	388	369
321	305	389	×
322	306	390	×
323	307	391	×
324	308	392	×
325	309	393	×
326	310	394	372
327	311	395	397
328	312	396	370
329	×	397	371
330	313	398	373
331	314	399	296
332	315	400	375

왼쪽 두 칸은 무명씨소술병초 시작 부분을 『청진』 무명씨와 비교한 것이다. 319와 329에 『청진』 미수록 작품이 끼어 들어갔고, 『청진』 300번과 303번이 빠져 있는 것을 제하면 양자는 완벽히 일치하고 있다. 이로써 『청가』 무명씨소술병초가 『청진』 무명씨를 절대적으로 참조하여 이루어졌음을 분명히 확인할 수 있다.

한편 오른쪽 두 칸은 『청가』 무명씨소술병초 전반부에서 『청진』과의 일치도가 가장 낮은 부분을 〈표〉로 정리한 것이다. 389에서 393까지 『청진』 미수록 작품이 집중 배치되어 있으며, 394 이후에는 순서가 일정하지 않음을 볼 수 있다. 왜 이런 현상이 나타난 것일까? 그것은 『청가』

의 편찬자가 『청진』을 참조하면서도 이를 합리적으로 조정하려는 적극적인 노력을 기울였기 때문이다. 우선 389~393에 걸쳐 『청진』 미수록 작품을 다섯 작품이나 배치한 것이 눈에 띄는데 이는 그 앞의 384~388과 같은 내용이므로 묶어 수록한 것이다. 384~388은 『청진』 무명씨에서 규정(閨情)을 노래한 365~369를 그대로 가져왔다. 그리고 『청진』 이후 시대에 규정을 노래한 무명씨 작품 다섯을 골라 389~393에 수록했다. 이렇게 하여 『청진』 무명씨에서 규정을 노래한 작품이 5수이던 것이 『청가』 무명씨소술병초에서는 10수로 늘어났다. 다음으로 394~395의 경우 『청진』 무명씨의 순서를 새롭게 조정한 것으로 『청진』과 다른 『청가』의 인식을 엿볼 수 있는 예라 할 수 있다.

394 비즌 술 다 먹으니 먼 ᄃᆡ셔 벗지 왓다
술집은 제연마난 헌 옷세 얼마 쥬리
ᄋᆞ희야 셕이지 말고 쥬난 ᄃᆡ로 바다라.

395 쏫촌 밤비에 픠고 비즌 술은 다 익엇다
거문고 가진 벗지 ᄃᆞᆯ 흠긔 오마 터니
ᄋᆞ희야 茆廬에 ᄃᆞᆯ 올낫다 벗 오난가 보와라.

394는 『청진』 372번 작품으로 '객지(客至)'라 하였고, 395는 『청진』 397번 작품으로 '대객(待客)'이라 하였다. 전자가 벗이 찾아와서 겪게 된 상황을 노래한 것이라면 후자는 벗과의 약속을 떠올리며 그를 기다리는 심정을 노래한 것이다. 『청진』은 이런 차이를 중요하게 생각하여 내용이 다른 것으로 분류하였다. 그런데 『청가』의 경우 이런 세부적 차이보다 벗과의 만남이라는 공통점을 중시하였기 때문에 둘을 한자리에 묶어 연속적으로 배치한 것으로 보인다.[22] 작품을 둘러싼 이런 해석의 차이는 다음 작품에서 특히 두드러지게 나타난다.

399 간밤에 우던 여흘 슬피 우러 지내여다
이제야 生覺ᄒᆞ니 님이 우러 보내도다
져 물이 거슬이 흘으고쟈 나도 우러 녜리라.

400 十年 가온 칼이 匣裏에 우노매라
關山을 바라보며 ᄯᅢᄯᅢ로 만져 보니
丈夫의 爲國功勳를 어닉 ᄯᅢ에 들이울고.

399는 『청진』에 연군(戀君)으로 분류되어 있으며, 『가곡원류』에는 이 작품의 작가가 원호(元昊)라고 기록되어 있다. 그리하여 이 작품은 생육신의 한 사람인 원호가 단종에 대한 그리움을 절절하게 표현한 것으로 이해되고 있다. 그러면 『청가』에서는 이 작품을 어떻게 해석한 것일까? 이를 알아보기 위해서는 전후에 수록된 작품을 참조할 수밖에 없는데, 앞에 실린 398번은 내용상 연관성이 거의 없는 작품이다. 따라서 뒤에 이어지는 400번 작품과 연관되어 있다고 봐야 한다. 400은 『청진』에 장회(壯懷)로 분류되어 있다. 내용을 보더라도 장부의 우국충정(憂國衷情)이 중심을 이루고 있다. 이로써 보건대 『청가』의 경우 399를 연군보다 우국충정 쪽으로 해석하였기 때문에 여기에 배치한 것이 아닌가 생각된다.

22) 이 두 작품을 연속적으로 배치한 것은 이미 『해박』에서 나타나고 있다. 이에 대해서는 이 책에 수록된 「『해동가요』(박씨본) 연구의 새로운 시각」 참조.

4. 항목별 고찰 2 : 삼삭대엽낙희병초~낙

지금까지 초중대엽~이삭대엽에 대한 고찰을 통해 『청가』가 『청진』의 영향을 절대적으로 받아 형성되었음을 볼 수 있었다. 그렇다면 삼삭대엽낙희병초 이후의 사정은 어떠할까? 이를 알아보기 위해 역시 악곡별로 나누어 살펴보기로 한다.

1) 삼삭대엽낙희병초

삼삭대엽낙희병초의 경우도 『청진』과 깊은 관련성을 맺고 있다. 여기에는 총 73수(449~521)의 작품이 실려 있는데 이것이 비교 대상 가집에 수록된 정도를 나타낸 다음 〈표 13〉을 보면 이를 금방 확인할 수 있다.

〈표 13〉 삼삭대엽낙희병초 공출 작품 수 비교

가집	『청진』	『가조』	『해주』	『해풍』	『병가』
작품 수	55	45	5	39	52

73수 중 55수(75.3%)가 『청진』에 수록되어 있어 『병가』의 52수보다 3수가 더 많음을 볼 수 있다. 더욱이 『청진』의 55수는 모두 삼삭대엽(52수) 아니면 낙시조(3수)에 수록된 것이다. 반면에 『병가』에 수록된 것은 삼삭대엽이 9수, 낙희조가 5수인데 비해 이삭대엽 29수, 초중대엽 2수, 초삭대엽 4수, 소용 1수, 만횡 2수 등으로 삼삭대엽이나 낙희조가 아닌 다른 악곡에 속한 작품들이 훨씬 더 많은 비중을 차지하고 있다. 이는 정도의 차이가 있기는 하나 『가조』나 『해풍』의 경우에도 마찬가지다. 이로써 이 부분 역시 『청진』과 가장 밀접한 관련성을 맺고 있음을 알 수 있다.

그런데 이 부분의 경우 이삭대엽 이전과 차이가 나는 점이 있다. 이삭대엽 이전에는 작품 배열 순서까지 일치하는 것을 앞에서 확인한 바가 있다. 그러나 삼삭대엽낙희병초의 경우 다음 〈표 14〉에서 보는 바와 같이 순서가 들쭉날쭉함을 알 수 있다.

〈표 14〉 삼삭대엽낙희병초 작품 수록 양상 비교

『청가』	『청진』	『가조』	『해주』	『해풍』	『병가』
449 (박명현)	398 (삼삭대엽)	351 (무명씨)	×	×	×
450	428 (삼삭대엽)	×	×	432 (무명씨)	×
451	399 (삼삭대엽)	353 (무명씨)	×	440 (무명씨)	×
452	431 (삼삭대엽)	×	×	×	659 (이삭대엽)
453	400 (삼삭대엽)	×	×	444 (무명씨)	628 (이삭대엽)
454	402 (삼삭대엽)	×	×	×	65 (유성원)
455	401 (삼삭대엽)	481 (무명씨)	×	×	178 (김장생)
456	407 (삼삭대엽)	×	×	492 (삼삭대엽)	825 (삼삭대엽)
457	409 (삼삭대엽)	559 (삼삭대엽)	×	×	×
458	421 (삼삭대엽)	518 (삼삭대엽)	×	493 (삼삭대엽)	809 (삼삭대엽)

삼삭대엽낙희병초의 시작 부분 10수를 정리한 것이다. 『청진』 삼삭대엽의 배열 순서와 일치하지 않음을 쉽게 확인할 수 있다. 이는 비단 이 부분에서만 나타나는 현상이 아니며, 삼삭대엽낙희병초 전체에서 나타

나는 현상이다. 그렇다면 도대체 왜 이런 현상이 나타나는 것일까? 『청가』는 『청진』 삼삭대엽의 대부분을 가져왔다. 『청진』 삼삭대엽에는 55수가 수록되어 있는데 이 중 52수를 이 부분에서 수용하여 수용률이 무려 94.5%에 이른다. 이렇게 『청진』 삼삭대엽의 대부분을 가져왔으면서도 『청진』의 배열 순서를 따르지 않은 이유가 무엇일까? 이를 알아보기 위해 부득이 위의 〈표 14〉에서 제시한 10수의 작품을 직접 인용해 보기로 한다.

449 主辱臣死ㅣ라 ᄒᆞ니 내 죽엄즉 ᄒᆞ다마난
칼칼 녑픠 ᄎᆞ고 이제도록 사랏기난
聖主의 萬德中興을 다시 보려 ᄒᆞ노라. 朴明賢

450 겨울ᄂᆞᆯ ᄃᆞᄉᆞᄒᆞᆫ 빗출 님의게 빗최고져
봄 미나리 ᄉᆞᆯ진 마슬 님의게 들이고져
님이야 무어시 업스리 내 못 니져 ᄒᆞ노라.

451 功名도 辱이러라 富貴도 羞愧러라
萬頃滄波에 鶴髮漁翁 되야 이셔
白日이 照滄浪ᄒᆞᆯ 제 오명 가명 ᄒᆞ리라.

452 世事를 내 아더냐 가리라 渭水濱에
벗지 나를 ᄉᆡᆫ들 山水조차 나를 ᄉᆡ랴
江湖에 一竿漁父ㅣ 되야 待天時ᄒᆞ리라.

453 ᄭᅩᆺ 지고 속닙 나니 綠陰이 다 펴젓다
솔가지 손조 썩거 柳絮를 쓸이치고
醉ᄒᆞ여 겨유 든 ᄌᆞᆷ을 喚友鶯이 ᄭᆡ괘라.

454 草堂에 일이 업셔 거문고 벼고 누어
太平聖代를 꿈의나 보려 터니
門前에 數聲漁笛이 즘든 날 씨괘라.

455 대 심거 울을 삼고 솔 갓고이 亭子ㅣ로다
白雲 덥핀 듸 날 잇난 쥴 졔 뉘 알니
庭畔에 鶴徘徊ᄒᆞ니 긔 벗진인가 ᄒᆞ노라.

456 니러니 져러이 ᄒᆞ고 世俗寄別 傳치 마라
남의 是非ᄂᆞᆫ 나의 알 ᄇᆡ 아니로다
瓦樽에 슐 닉엇시니 긔 조흔가 ᄒᆞ노라.

457 슐 먹고 뷔걸을 제 먹지 마자 盟誓ㅣ러니
盞 잡고 구버보니 盟誓ᄒᆞ미 虛事ㅣ로다
두어라 醉中盟誓ㅣ를 닐너 무슴 ᄒᆞ리오.

458 酒客이 淸濁을 갈희랴 다나 쓰나 마고 걸너
잡거니 勸ᄒᆞ거니 量대로 먹으리리
醉ᄒᆞ고 草堂 발근 달에 누어신들 엇더리.

위의 작품들을 조금만 유의해서 살펴본다면 비슷한 내용의 작품들이 연속해서 등장한다는 것을 쉽게 간파할 수 있다. 449~450은 연군의 정을 노래한 것이고, 451~455는 포괄적으로 보아 강호적 삶을 노래한 것이며,[23] 456~458은 술에 관한 노래들이다. 이로써 『청가』의 경우 삼삭

23) 451~455는 둘로 나누어 이해할 수 있다. 451~452는 강호를 속세와 대립되는 공간으로 바라보는 어부의 삶을 노래한 것이다. 반면 453~455는 강호의 한가로운 풍경과 그 속에서 살아가는 화자의 여유로운 모습을 그리고 있다.

대엽낙희병초에서도 이삭대엽 무명씨소술병초와 같은 내용별 분류를 시도하고 있음을 알 수 있다. 바로 이것이 『청진』 삼삭대엽과 배열 순서가 어긋나게 된 핵심 이유라 할 수 있다.

『청진』의 경우 이삭대엽에 대해서는 정연한 질서를 구축해 놓고 있다. 일단 유명씨와 무명씨로 크게 나눈 다음 유명씨의 경우 시대와 신분을 종합적으로 고려하여 여말, 본조, 열성어제, 여항육인, 규수삼인, 연대결고 등으로 세분해 놓았다. 그리고 무명씨의 경우 주제나 제재를 고려한 내용별 분류에 입각해 작품을 수록하고 있다. 하지만 삼삭대엽 이하에 대해서는 뚜렷한 내적 질서를 발견하기 힘들다. 따라서 18세기 초반에 편찬된 『청진』의 경우 이삭대엽에 초점이 맞추어진 가집이라 할 수 있다.

『청가』는 19세기 초에 편찬된 가집임에도 불구하고 『청진』을 계승하려는 의식이 매우 강하다는 것을 앞서 확인한 바가 있다. 그런데 『청가』의 『청진』 계승이 가집 전반에 동일한 모습으로 나타나는 것은 아닌 듯하다. 이삭대엽 이전의 경우 앞서 살펴본 바와 같이 절대적인 영향을 받고 있다. 해당 분류항에 속한 『청진』의 작품들을 통째로 가져와서 수록함으로써 배열 순서까지 거의 일치함을 볼 수 있었다. 이런 점에서 이삭대엽 이전의 경우 『청가』는 『청진』에 종속되어 있다고 해도 과언이 아니다. 하지만 지금 살피고 있는 삼삭대엽낙희병초에서는 다른 양상이 나타나고 있다. 『청진』 삼삭대엽의 작품을 대부분 가져오기는 했으나 배열 순서는 완전히 새롭게 조정되고 있다. 『청진』에 대한 종속에서 벗어나 『청가』의 독자성이 나타나고 있는 셈이다.

물론 이삭대엽 이전에서도 『청가』의 독자성이 없었던 것은 아니다. 이삭대엽에서 『청가』의 가장 특이한 점은 열성어제를 아예 빼버렸다는 점이다. 18세기 가집들의 경우 대부분이 열성어제를 별도의 항목으로 설정하고 있으며, 그것도 『청진』을 제외하고 모든 가집들이 이삭대엽의 맨 앞에 배치하고 있다. 그런데 『청가』에는 열성어제 항목이 독립되지 않았을 뿐만 아니라 그들의 작품 자체가 아예 수록되지 않았다. 이 밖에도 각 분류항의 후반부에 『청진』 미수록 작품을 집중 배치한 것이나 유명씨 부분에서 일부 작가의 순서를 조정하고 있는 것 등도 『청가』의 특성을 나름대로 보여주는 것이다. 그러나 이삭대엽 이전에서 나타나는 이런 특성들은 『청진』을 부분적으로 수정·보완하는 성격이 강하다.

반면 삼삭대엽낙희병초의 경우 단순한 수정·보완의 차원을 넘어선 것으로 보인다. 『청진』의 작품을 가져오기는 하되 내용별 분류라는 잣대를 가지고 전면적으로 재조정하여 완전히 새롭게 재배치하였다. 그리하여 『청진』에 종속된 상태에서 상당 부분 벗어난 양상을 보여주고 있다. 그러면 이 이후의 악곡들에서는 어떤 양상이 나타날까?

2) 만대엽낙희병초

만대엽낙희병초에는 총 81수(522~602)의 작품이 수록되어 있다. 우선 이들 작품이 비교 대상 가집에 수록된 양상을 〈표 15〉로 제시하면 다음과 같다.

〈표 15〉 만대엽낙희병초 공출 작품 수 비교

가집	『청진』	『가조』	『해주』	『해풍』	『병가』
작품 수	62	46	2	47	75

앞서 삼삭대엽낙희병초의 공출 작품을 비교한 〈표 13〉과 위의 〈표 15〉를 견주어보면 중요한 차이가 발견된다. 〈표 13〉에서는 『청진』이 『병가』보다 공출하는 작품 수가 3수 더 많은 것으로 나타났었다. 그런데

위의 〈표 15〉에서는 『병가』가 『청진』보다 오히려 훨씬 더 많이 공출하는 것으로 나타나고 있다. 이는 『청진』 시대의 곡들을 계승하겠다는 의식보다 18세기 말~19세기 초에 불리고 있는 당대의 곡들을 수록하겠다는 의식이 더 강하게 작용한 결과를 보여주는 것으로 이해된다. 삼삭대엽낙희병초에서부터 『청진』에 종속된 상태에서 벗어나는 조짐이 조금씩 보인다는 점을 지적한 바 있는데 만대엽낙희병초에서는 이것이 더욱 본격화함을 알 수 있다.

만대엽낙희병초는 만대엽과 낙희조를 함께 수록했음을 나타낸다. 만대엽은 『해풍』에 등장하는 만삭대엽과 같은 것으로 이들은 모두 만횡을 가리킨다. 낙희조는 낙시조와 동일한 곡이다. 그렇다면 만대엽낙희병초는 만횡(또는 만삭대엽)과 낙희조(또는 낙시조)를 함께 수록한 것으로 봐야 하는데 과연 그럴까? 우선 『병가』에 수록된 75수가 어떤 악곡에 실려 있는지 살펴보았더니 만횡 32수, 낙희조 29수, 삭대엽 2수, 소용 1수, 편삭대엽 9수, 삼삭대엽 2수 등으로 나타났다. 다음으로 『해풍』의 경우에는 만삭대엽 17수, 낙시조 23수, 삼삭대엽 5수, 편락시조 2수 등으로 나타났다. 『병가』의 경우 만횡+낙희조가 61수로 전체 75수의 81.3%에 해당하며, 『해풍』은 만삭대엽+낙시조가 40수로 전체 47수의 85.1%에 해당한다. 이로써 만대엽낙희병초가 만횡(또는 만삭대엽)과 낙희조(또는 낙시조)를 함께 수록한 것이라는 점이 어느 정도 확인되는 셈이다.

한편 『청진』의 62수는 100% 만횡청류에 수록되어 있다. 『병가』와 『해풍』을 참조할 때 만대엽낙희병초의 절반 정도가 낙희조(또는 낙시조)로 추정되는데 『청진』의 낙시조가 하나도 수용되지 않았다는 것은 이 부분에 끼친 『청진』의 영향력이 앞에 나온 다른 악곡들과는 차이가 있음을 보여주는 것이다. 『청진』 수록곡을 전반부에 배치하고 『청진』 미수록곡을 후반부에 배치하는 원칙도 이 부분에서는 더 이상 지켜지지 않는 것처럼 보인다. 전반부에 비해 후반부로 갈수록 『청진』 미수록곡이 많이 나타나기는 하지만 앞의 경우처럼 이들이 후반부에 하나로 묶여 집중적으로 배치되어 있지는 않다. 이 또한 『청진』의 영향을 상대적으로 덜 받았음을 나타내는 것이다.

3) 편락병초

편락병초에는 총 72수(603~674)의 작품이 수록되어 있다. 이 또한 공출 작품 수를 조사한 〈표 16〉부터 보도록 하자.

〈표 16〉 편락병초 공출 작품 수 비교

가집	『청진』	『가조』	『해주』	『해풍』	『병가』
작품 수	37	22	5	19	65

『병가』에 실려 있는 65수의 악곡별 분포를 보면 만횡 29수, 낙희조 14수, 편삭대엽 14수, 소용 1수, 삼삭대엽 4수, 이삭대엽 3수 등이다. 만횡, 낙희조, 편삭대엽을 합친 것이 57수로 65수의 87.7%에 해당한다. 이로 미루어 이 부분은 편락을 중심으로 만횡과 편삭대엽을 함께 수록한 것으로 이해된다.

한편 총 72수 중 『청진』에 실려 있는 작품은 37수(51.4%)[24)]로서 절반을 겨우 넘고 있다. 반면에 『병가』에 실려 있는 작품은 65수로서 90.3%에 해당한다. 이로써 만대엽낙희병초에 이어 이 부분에서도 당대의 곡들을 중시하는 경향이 나타나고 있음을 알 수 있는데 이와 관련 다음 두 작품을 보도록 하자.

24) 만횡청류 35수, 낙시조 1수, 이삭대엽 본조 채유후 1수.

653 아함 긔 뉘옵신고 건넌 佛堂 東嶺僧 내오러니
　홀居士 혼자 자는 房 안희 무슴 일 ᄒᆞ라 와 계오신고
　홀居士님 노감토 버셔 건 말 겻테 내 곳갈 버셔 걸나 왓슴내.

此一篇, 昔在樂戲之曲, 而近者朴別將後雄(卽古名唱尙健之子), 以淸音之淸聲(屬黃鐘汰呂少商也), 一曲別作, 付于管絃, 悅人耳目心志之樂也. 世上豪傑, 欽慕以膾煮矣, 此所謂搔聳.

654 다나 쓰나 이 濁酒 조희 대테 매온 질병들이 더욱 조희
　얼론쟈 박국기를 둥지둥둥 띄여 두고
　醉ᄒᆞ야 잠든 덧시나 시름 닛쟈 ᄒᆞ노라.
　蔡裕後, 號湖洲, 仁廟朝登第, 官至判書.

653은 소용의 유래를 설명하고 있는데, 마지막 부분에서 세상의 호걸들이 이 노래를 흠모하여 널리 회자되고 있다고 하였다. 이렇게 회자되고 있는 '이른바 소용'을 소용 부분에 배치하지 않고 편락병초에 배치하였다. 정확한 이유를 알 수 없으나 이것이 낙시조(또는 낙희조)에서 파생되었으며,[25] 『청가』의 편찬과 관련이 있는 가창 집단에서는 편락으로 불렀기 때문에 이곳에 배치한 것이 아닌가 한다. 다음으로 654는 채유후의 작품으로 이미 이삭대엽 본조 156번 작품으로 수록된 것이다.[26] 그

25) 이 작품이 낙시조로 분류된 것은 『가조』와 『시박』에서 찾아볼 수 있다. 한편 소용이 낙시조와 관련이 있음은 이 작품 외의 다른 소용곡에서도 나타나는 현상이다. 『병가』에는 소용 부분에 5곡이 실려 있는데, 이 중 653과 일치하는 작품을 뺀 나머지 네 작품이 여타 가집에 실려 있는 양상을 살펴보았다. 그랬더니 "어제 밤도 홈자 곱송그려~"의 경우를 제외한 세 작품에서 낙 관련 악곡에 실린 가집을 한 개 이상 발견할 수 있었다. "내 쇼시랑 일허ᄇᆞ린 지~"는 『해풍』에 낙시조로 분류되어 있고, "긔고리 痢疾 腹疾ᄒᆞ여~"는 『해풍』, 『가조』, 『시박』 등에 낙시조로 분류되어 있다. 그리고 "大초볼 븕은 柯枝~"는 19세기 후반 가집인 『청육』과 『가곡원류』에서 남창에서는 소용(또는 소용이)으로, 여창에서는 우락(또는 우락시조)으로 분류되어 있다.

26) 654는 156번 작품을 바탕으로 종장에 변형을 가한 것이다.

럼에도 불구하고 같은 작품을 이 부분에 다시 수록한 이유가 뭘까? 그것은 이 작품이 편락으로도 가창되었기 때문이다.[27] 653의 경우는 편락병초에 배치하면서 세상에서는 이를 소용으로도 널리 부른다는 것을 부기로 보여준 사례라 할 수 있고, 654는 하나의 작품이 두 개의 악곡으로 불리고 있을 경우 이를 모두 보여주고 있는 사례라 할 수 있다. 둘 다 당대의 가창 현실을 반영하기 위해 애쓴 흔적이 엿보인다 하겠다.

4) 낙

낙에는 총 29수(675~703)의 작품이 수록되어 있다. 역시 〈표 17〉을 보도록 하자.

〈표 17〉 낙 공출 작품 수 비교

가집	『청진』	『가조』	『해주』	『해풍』	『병가』
작품 수	6	11	4	11	29

총 29수 중 『청진』에 실려 있는 작품은 고작 6수(20.9%)[28]에 불과하다. 반면에 『병가』의 경우 29수 전부가 실려 있다. 29수의 작품이 『병가』에 실려 있는 분포를 보면 낙희조 14수, 만횡 7수, 편삭대엽 3수, 이삭대엽 2수, 삼삭대엽 1수, 삭대엽 1수, 초삭대엽 1수 등이다. 낙희조가 절반 가량(48.3%)을 차지하고 있으며, 여기에 만횡과 편삭대엽을 합친 것이 24수로 82.8%를 이루고 있다. 이는 앞의 만대엽낙희병초와 비슷한 양상이다. 차이가 있다면 만대엽낙희병초의 경우 만횡이 낙희조보다 조금

27) 이 작품은 『청가』 외에도 『해풍』(이삭대엽, 만삭대엽), 『흥비부』(계락, 여창 계락), 『청육』(율당삭엽, 계락시조) 등에도 두 악곡에 수록되어 있다.

28) 낙시조 3수, 만횡청류 3수.

많았는데 낙의 경우 낙희조가 오히려 만횡보다 배가 많다는 정도다.

여기서 『청가』에 유난히 많이 등장하는 '낙' 계열의 악곡에 대해 잠시 검토해 보기로 하자. 『청가』에는 삼삭대엽낙희병초, 만대엽낙희병초, 편락병초, 낙 등 낙과 관련된 악곡이 무려 넷이나 등장하고 있다. 상식적으로 생각했을 때 독립된 악곡으로서 낙이 존재하는 한 굳이 다른 분류항을 둘 필요가 없이 이곳에 모두 모아 정리하는 것이 마땅하다. 그런데 『청가』는 그렇게 하지 않았다. 다른 악곡과 함께 수록한 낙 계열 악곡이 셋이나 되고 여기에 독립된 낙이라는 악곡이 별도로 분류되어 있다. 도대체 이것이 의미하는 바가 뭘까?

일단 낙이 여러 군데 등장하고 있으므로 낙 계열의 악곡이 다양하게 존재했다고 봐야 한다. 그런데 여러 가집을 통해 그 동안 밝혀진 낙 계열의 악곡은 낙시조(낙희조)와 편락시조뿐이다.[29] 따라서 삼삭대엽낙희병초의 낙희조와 만대엽낙희병초의 낙희조는 다른 각도에서 생각해야 할 것 같다. 이와 관련하여 『청진』의 만횡청류에 수록된 곡들 중 상당수가 후대 가집에 낙시조(또는 낙희조)에 실려 있다는 점을 주목할 필요가 있다. 『청진』에는 낙시조가 별도의 악곡으로 독립되어 있다. 그런데 이와 별도로 또는 이와는 다소 성격이 다른 낙 계통의 노래들이 만횡이나 농, 편 계열의 곡들과 함께 만횡청류에 묶여 있다가 나중에 낙시조나 편락시조로 분리된 것으로 보인다. 이는 낙시조의 성격이 다양하며, 그리고 이 다양한 성격의 낙시조는 연원 또한 제각각일 가능성을 보여주는 것이다. 따라서 다음과 같은 추정이 가능하다. 우선 마지막의 낙은 『청진』의 낙시조와 관련이 있는 것으로 이미 오래 전에 독립된 악곡으로 형성된 것을 가리키는 것으로 보인다.[30] 다음으로 삼삭대엽낙희병초와 만대엽낙희병

29) 19세기 우·계면의 분화 이후 우락, 계락, 언락(엇락, 얼락) 등이 나타나나 『청가』의 편찬연대가 1805년이므로 이는 일단 논외로 한다.

초의 낙희조는 그것의 형성 연원에 따라 분류된 것으로 보인다. 즉 삼삭대엽에서 파생된 낙희조는 삼삭대엽낙희병초에 수록하고, 만대엽(만횡)에서 파생된 낙희조는 만대엽낙희병초에 수록한 것으로 추정된다. 마지막으로 편락병초는 낙을 엮음 형태로 변형시킨 곡을 가리킨다.

이상 『청가』에 등장하고 있는 특이한 악곡들에 대해 추정을 곁들여 살펴보았는데 이 악곡 명칭에서도 드러나듯이 삼삭대엽낙희병초 이하에서는 『청가』의 개성적인 면모가 강하게 나타남을 주의할 필요가 있다.

5. 『청가』의 계보학적 위상 – 결론을 대신하여

지금까지 『청가』의 성격에 대해 비교적 상세히 살펴보았다. 이 가집은 삼삭대엽낙희병초 이하 부분에서는 개성적 면모가 두드러지게 나타나고 있다. 두 개 악곡을 통합하여 함께 수록한 것이라든지, 낙 계열의 악곡이 특히 중요하게 취급되고 있는 점, 18세기 초·중반에 편찬된 가집에 수록되지 않은 후대의 곡들을 상당수 수록하고 있는 점 등은 1805년에 편찬된 이 가집의 개별적 특성을 잘 보여주는 것들이다. 하지만 이 가집의 전반부라 할 수 있는 이삭대엽 이선의 경우는 완전히 다른 양상을 보여주고 있다.

『청가』의 이삭대엽 이전 부분은 『청진』을 절대적으로 참조하고 있다. 우선 초중대엽~초삭대엽 부분은 수록 작품이 완벽히 일치하고 있다. 하지만 이 부분은 작품 수가 얼마 되지 않는데다 『청장』과 같은 가집에서도 동일한 양상이 나타난다는 점에서 이것만으로 『청진』의 계보를 잇

---

30) 낙에는 『청진』 낙시조에 수록된 것이 3곡 수용되어 있는데, 이는 삼삭대엽낙희병초와 함께 『청진』 낙시조에 실려 있는 작품을 가장 많이 수용한 것에 해당한다.

고 있다고 단언할 수는 없다. 이 부분보다 더욱 주목되는 것은 오히려 이삭대엽 부분이다.

주지하다시피 이삭대엽은 김천택이 『청진』을 편찬하면서 가장 심혈을 기울인 부분이라 할 수 있다. 그리하여 우선 유명씨와 무명씨로 나누고 다음으로 유명씨 부분은 다시 시대와 신분을 기준으로 삼아 여말, 본조, 열성어제, 여항육인, 규수삼인, 연대결고 등으로 나누어 놓았다. 『청진』 이삭대엽의 이런 분류 체계는 이후 가집 편찬에 지대한 영향을 미치게 된다. 그리하여 열성어제가 맨 앞으로 배치되는 등의 일부 조정이 있기는 하나 기본적인 틀은 18세기 여러 가집들에 두루 적용되고 있다. 하지만 구체적인 작품 배열 순서까지 일치하는 가집은 지금까지 찾아볼 수 없었다. 『청가』는 바로 이 지점에서 주목되는 가집이다. 『청가』 이삭대엽 부분은 모든 분류항에서 '『청진』 수록 작품+『청진』 미수록 작품'이라는 원칙을 지키고 있다. 각 분류항의 전반부에는 『청진』 수록 작품들을 배치해 놓았는데 여기에 수록된 작품들의 경우 작품 배열 순서까지 『청진』과 거의 일치하고 있다. 그리고 『청진』 이후에 새로 탄생했거나 『청진』 이전부터 있었더라도 『청진』 이후에 비로소 알려진 작품들은 모두 각 분류항의 후반부로 모아 배치하고 있다. 그리하여 『청진』 이후 새로 알려진 작가들을 시대를 고려하여 해당 위치에 끼워 넣음으로써 『청진』을 계승하였음을 드러내기보다는 오히려 독자성을 내세우려 한 『청장』, 『해박』, 『해주』, 『해풍』 등의 18세기 주요 가집들과 근본적인 차이를 보여주고 있다.

『청진』 이후 편찬된 18세기 주요 가집들과 『청가』의 차이는 서발문의 존재 여부 및 무명씨의 내용을 통해서도 드러난다.

우선 『청가』에는 서발문이 없다. 이는 김수장 서문과 장복소 발문을 갖춘 『해동가요』나 음악 관련 정보를 서두에 수록한 『청장』 등과 구별된다. 『청장』이나 『해동가요』가 이런 서두의 기록들을 통해 독자성을 드러내려 했다면 『청가』는 그런 의도를 전혀 드러내지 않았다고 할 수 있다.

다음으로 더욱 주목되는 것은 무명씨 부분이다. 대부분의 18세기 가집들은 유명씨 부분에서는 『청진』의 질서를 대폭 참조하면서도 무명씨 부분에서는 『청진』에서 벗어난 독자성을 보이는 것이 특징이다. 즉 무명씨의 경우 가집 편찬 당시 자신들의 가창 집단에서 선호하던 작품들을 취하는 경향이 강하기 때문에 그 가집의 독자성이 가장 잘 드러나는 부분이라 할 수 있다. 그리하여 『청진』에 없는 작품들이 상당수 포함되는 것이 보통이다. 또한 분류 방식이나 작품 배치의 차원에서도 『청진』의 질서를 그대로 따르는 경우는 찾아볼 수 없다. 내용별 분류 방식[31]을 취하거나 연상의 원리[32]에 입각하여 비슷한 작품들을 연속적으로 배치하더라도 『청진』과는 다른 해석을 취함으로써 『청진』과는 작품 배열 순서가 완전히 달라지는 것이다. 그런데 『청가』의 경우 무명씨에 있어서도 『청진』 무명씨 부분을 거의 그대로 가져와 수록했다. 작품 해석을 달리한 경우가 있기는 하나 이는 아주 소수에 지나지 않기 때문에 전체 질서에 큰 영향을 미치지 않는다. 따라서 유명씨에 적용되었던 '『청진』 수록 작품 + 『청진』 미수록 작품'이라는 순서가 무명씨에서도 그대로 지켜지고 있다. 이런 무명씨의 수록 양상은 『청가』가 『청진』을 계승한 가집이라는 점을 보다 확실히 보여준 것이라 하겠다.

『청가』는 19세기가 시작된 1805년에 편찬되었다. 『청진』이 편찬된 지 80년 가까운 시간이 지난 시점이다. 무려 80년 전에 편찬된 책이지만

31) 『해박』이 이에 해당한다. 이에 대해서는 이 책에 수록된 「『해동가요』(박씨본) 연구의 새로운 시각」 참조.

32) 『해풍』이 이에 해당한다. 이에 대해서는 이 책에 수록된 「『해동풍아』의 성격과 무명씨 작품 배열 원리」 참조.

바로 이 『청진』을 『청가』는 모델로 선택했다. 18세기에 편찬된 가집은 『청진』 이외에도 숱하게 존재한다. 그 중 『가조』와 『해동가요』 같은 가집은 『청진』에 빠진 부분을 적절히 보완하였으며 18세기 중·후반의 가창 실상도 잘 반영하고 있다. 사정이 이럼에도 불구하고 『가조』나 『해동가요』보다 훨씬 더 전에 편찬된 『청진』을 모델로 삼았다는 것은 그만큼 『청진』이 가진 가집사적 위상이나 상징성을 고려했기 때문일 것이다. 『청진』의 이런 위상에 대해서는 익히 알고 있었던 바이지만 이런 『청진』의 위상을 실질적으로 확인시켜 주는 구체적 사례를 찾기는 쉽지 않았었다. 이 점을 고려할 때 『청가』의 위상은 크게 부각된다 하겠다. 『청가』는 19세기 초반에 이르기까지 『청진』의 영향력이 여전했음을 실증적으로 보여주는 가집이라 할 수 있다. 또한 독자적으로 편찬된 가집으로서 『청가』처럼 이렇게 확실히 특정 가집의 계보를 잇고 있음을 보여주는 사례가 있을지 의문이다.

■ 부록

〈표 18〉『청가』와 타 가집 비교

<table>
<tr><th colspan="3">『청구영언』(가람본)</th><th rowspan="2">『청구영언』(진본)</th><th rowspan="2">『가조별람』</th><th rowspan="2">『해동가요』(주씨본)</th><th rowspan="2">『해동풍아』</th><th rowspan="2">『병와 가곡집』</th><th rowspan="2">비고</th></tr>
<tr><th colspan="2">악곡명</th><th>작품번호</th></tr>
<tr><td colspan="2">초중대엽</td><td>1</td><td>1</td><td>1</td><td>1</td><td>1</td><td>10
(이중대엽)</td><td></td></tr>
<tr><td colspan="2">이중대엽</td><td>2</td><td>2</td><td>4</td><td>2</td><td>2</td><td>9</td><td></td></tr>
<tr><td colspan="2">삼중대엽</td><td>3</td><td>3</td><td>8</td><td>3</td><td>3</td><td>14</td><td></td></tr>
<tr><td colspan="2">북전</td><td>4</td><td>4</td><td>×</td><td>×</td><td>×</td><td>19</td><td></td></tr>
<tr><td colspan="2">이북전</td><td>5</td><td>5</td><td>6
(이삭대엽)</td><td>5</td><td>5</td><td>22</td><td></td></tr>
<tr><td colspan="2">초삭대엽</td><td>6</td><td>6</td><td>3</td><td>6</td><td>6</td><td>25</td><td></td></tr>
<tr><td rowspan="14">이삭대엽</td><td rowspan="6">麗末</td><td>7
(목은)</td><td>7</td><td>23</td><td>15</td><td>15</td><td>51</td><td></td></tr>
<tr><td>8
(포은)</td><td>8</td><td>24</td><td>16</td><td>16</td><td>52</td><td></td></tr>
<tr><td>9
(동포)</td><td>9</td><td>29</td><td>17</td><td>17</td><td>55</td><td></td></tr>
<tr><td>10</td><td>10</td><td>30</td><td>18</td><td>18</td><td>56</td><td></td></tr>
<tr><td>11</td><td>11</td><td>31</td><td>19</td><td>19</td><td>57</td><td></td></tr>
<tr><td>12</td><td>12</td><td>32</td><td>20</td><td>20</td><td>58</td><td></td></tr>
<tr><td rowspan="8">本朝</td><td>13
(절제)</td><td>13</td><td>33</td><td>21</td><td>21</td><td>324</td><td></td></tr>
<tr><td>14
(매죽당)</td><td>15</td><td>38</td><td>23</td><td>23</td><td>62</td><td></td></tr>
<tr><td>15</td><td>16</td><td>37</td><td>24</td><td>24</td><td>63</td><td></td></tr>
<tr><td>16
(왕방연)</td><td>17</td><td>39</td><td>26</td><td>26</td><td>59</td><td></td></tr>
<tr><td>17
(남이)</td><td>106</td><td>×</td><td>×</td><td>×</td><td>×</td><td></td></tr>
<tr><td>18
(농암)</td><td>×</td><td>40</td><td>×</td><td>×</td><td>99</td><td></td></tr>
<tr><td>19</td><td>×</td><td>41</td><td>×</td><td>×</td><td>100</td><td></td></tr>
<tr><td>20</td><td>×</td><td>42</td><td>×</td><td>×</td><td>101</td><td></td></tr>
</table>

21 (어부가)	18	43	27	27	×	
22	19	44	28	28	70(김종직)	
23	20	45	29	29	75	
24	21	46	30	30	69(김일손)	
25	22	47	31	31	76	
26 (퇴계)	27	53	38	37	79	
27	28	54	39	38	80	
28	29	55	40	39	86	
29	30	56	41	40	81	
30	31	57	42	41	85	
31	32	58	43	42	82	
32	33	59	44	43	87	
33	34	60	45	44	83	
34	35	61	46	45	88	
35	36	62	47	46	89	
36	37	63	48	47	84	
37	38	64	49	48	90	
38 (화담)	23	48	32	32	96	
39 (이암)	24	66	51	50	91	
40	25	×	53	52	92	
41	26	67	52	51	93	
42 (송강)	39	×	×	×	122	
43	42	69	58	57	124	
44	41	68	57	56	123	
45	43	×	×	×	126	
46	44	×	×	×	128	
47	45	70	59	58	127	
48	46	71	77	76	129	

49	47	×	×	×	130	
50	48	×	×	×	131	
51	49	×	×	×	×	
52	50	×	×	×	×	
53	51	×	×	×	134	
54	52	×	×	×	135	
55	53	×	×	×	136	
56	54	72	×	×	137	
57	40	×	×	×	125	
58	55	×	×	×	×	
59	56	×	×	×	×	
60	57	×	×	×	×	
61	58	73	×	×	138	
62	59	74	×	×	139	
63	60	86	×	×	140	
64	61	×	×	×	×	
65	62	×	×	×	×	
66	63	75	×	×	141	
67	64	76	×	×	×	
68	65	77	×	×	142	
69	66	78	×	×	143	
70	67	79	60	59	144	
71	68	80	61	60	145	
72	69	81	×	×	146	
73	70	82	62	61	147	
74	71	×	×	×	×	
75	72	83	63	62	148	
76	73	×	×	×	149	
77	74	84	64	63	150	
78	75	×	×	×	151	
79	76	85	65	64	152	
80	77	88	66	65	×	
81	78	87	67	66	153	

82	79	89	68	67	154	
83	80	×	×	×	155	
84	81	90	69	68	156	
85	82	91	70	69	157	
86	83	92	71	70	158	
87	84	93	72	71	159	
88	85	94	73	72	967 (낙희조)	
89	86	95	74	73	×	
90	87	96	75	74	160	
91	88	97	76	75	161	
92 (관포)	89	111	146	144	109	
93 (송천)	90	110	148 (김응정)	146 (김응정)	110	
94	91	9 (삼중대엽), 51(조식)	36 (조식)	35 (조식)	13 (삼중대엽, 조식)	
95 (남창)	92	109	56	55	108	
96 (만죽정)	93	118	88	87	193	
97	94	119	89	88	192	
98 (하의자)	95	117	90	89	194	
99 (한음)	100	120	91	90	187	
100 (박인로)	96	246 (여항산인)	263	×	373	
101	97	247	264	257	374	
102	98	248	265	258	375	
103	99	249	266	259	376	
104 (백사)	102	332 (무명씨)	×	348 (무명씨)	183	

105	101	114	92	91	184	
106	103	116	94	93	185	
107 (월사)	104	125	119	117	179	
108 (유자신)	105	124	98	96	203	
109 (백호)	107	122	96	×	196	
110 (현주)	108	157	120	118	205 (조위한)	
111	109	158	121	119	204 (조위한)	
112 (학곡)	110	151	125	123	209	
113 (이순신)	111	112	126	124	200	
114 (용호)	112	146	128	126	210	
115	113	147	129	127	211	
116	114	148	130	128	212	
117	115	149	131	129	213	
118 (상촌)	116	126	99	97	224	
119	117	127	100	98	225	
120	118	×	×	×	226	
121	119	143	101	99	227	
122	120	×	×	×	×	
123	121	×	×	×	228	
124	122	128	102	100	229	
125	123	129	103	101	230	
126	124	130	104	102	231	
127	125	131	105	103	232	
128	127	132	106	104	234	
129	129	141	113	111	235	

130	131	×	×	×	237	
131	132	134	108	106	238	
132	133	135	109	107	239	
133	134	136	110	108	243	
134	136	×	×	×	246	
135	138	138	114	112	241	
136	139	139	115	113	245	
137	140	×	×	×	×	
138	141	×	×	×	248	
139	143	145	117	115	240	
140	144	142	118	116	242	
141	145	×	×	×	250	
142 (죽소)	146	159	150	148	253	
143	147	160	151	149	254	
144	149	161	×	×	256	
145	150	162	153	151	257	
146	151	163	154	152	258	
147	152	164	155	×	259	
148	153	×	×	×	260	
149	154	165	156	153	×	
150	158	168	159	×	263	
151	159	2 (초중대엽), 169	160	155	4 (초중대엽, 김광욱)	
152	160	170	161	156	252	
153	161	171	162	157	264	
154	162	172	163	158	1004 (낙희조, 김광욱)	
155 (닉시)	163	150	×	413 (무명씨)	216	

156 (호주)	164	173	166	161, 585 (만삭대엽)	1025 (낙희조)	
157 (양파)	165	177	165	160	217	
158 (동명)	166	180	219	214	214	
159	167	181	220	215	215	
160 (설봉)	168	異176	異221	異216	270	
161 (이완)	169	179	225	×	268	
162 (송호)	170	184	239 (이귀진)	233	269	
163	171	×	240 (이귀진)	234	×	
164	172	×	×	×	×	
165 (최락당)	175	192	228	222	530	
166	177	187	229	223	531	
167	178	188	231	225	532	
168	182	189	230	224	533	
169	184	190	232	226	34 (효묘어제)	
170	188	×	×	×	534	
171	189	191	×	×	535	
172	190	×	233	227	536	
173	197	193	234	228	537	
174	198	194	235	229	538	
175 (약천)	203	202	243	237	329	
176 (유혁연)	204	200	246	240	331	
177 (정재)	205	209	247	241	332	

178 (일로당)	206	218	249	243	334	
179	207	219	250	244	335	
180 (잠곡)	208 (일로당)	174	224	219	844 (삭대엽)	
181 (석교)	209	227	254	248	345	
182	210	228	255	249	346	
183	211	229	256	250	347	
184 (석호)	212	223	251	245	351	
185	213	225	253	247	352	
186 (광재)	214	×	×	×	×	
187 (율곡)	374 (무명씨)	506 (무명씨)	×	×	639 (무명씨)	『동국』, 『동가』: 이이
188 (우암)	297 (무명씨)	×	×	×	×	『백운암 금보』: 백운암 소제
189	298 (무명씨)	199	241	235	266	
190 (박팽년)	295 (무명씨)	35	25	25, 330(무명씨)	64	
191 (적성군)	317 (무명씨)	198 (적선군)	226	220	528	
192 (매헌)	261 (남파)	238	×	354 (무명씨)	695 (무명씨)	
193	215	239	×	×	×	
194 (구지정)	340 (무명씨)	212	248	242	333	
195 (권필)	×	152	122	120	202	
196 (구인후)	×	178	164	159	267	

197 (윤선도)	×	×	195	190	303	
198 (방촌)	303 (무명씨)	25	×	337 (무명씨)	71 (김굉필)	
199	×	28	×	×	74 (김굉필)	
200 (인재)	×	52	37	36	176	
201 (노저)	358 (무명씨)	108	55	54, 448(무명씨)	107	
202 (회재)	×	49	34	34	95	
203 (허강)	×	183	287	274	514	
204 (회곡)	×	185	222	217	×	
205	×	186	223	218	272	
206 (백호)	×	123	95	94	197	
207 (동악)	×	156	123	121	201	
208 (청음)	×	155	×	×	223	
209 (북저)	×	153	124	122	218	
210 (인평대군)	×	195	227	221	527	
211 (묵졸재)	×	207	236	230	326	
212	×	208	237	231	327	
213 (도곡)	×	230	×	×	×	
214	×	232	×	×	569 (무명씨)	

215	異258 (남파)	231	398 (김천택)	×	490 (김천택)	
216 (유천군)	×	226	257	251	529	
217 (서암)	×	224	252	246	350	
218 (종애)	×	235	258	252	358	
219 (이야)	×	222	×	×	×	
220 (소악루)	×	245	303	×	342	
221 (풍원군)	×	×	×	×	×	『청가』 만 수록
222 (윤유)	×	×	306	×	404	
223	×	×	307	×	405	
224 (유숭)	×	233	259	253	349	
225	×	234	260	254	348	
226 (장붕익)	×	236	×	×	406	
227 (학록)	×	237	×	×	×	
228 (손재)	×	×	×	×	×	『청가』 만 수록
229	×	×	×	×	396	
230 (이정작)	×	240	×	×	×	
231	×	241	×	×	×	
232 (조명리)	×	×	309	×	398	
233 (김식)	×	242	×	×	×	

	234 (조윤성)	×	×	×	×	773 (무명씨)	
	235 (백하)	×	×	308	×	397	
	236 (이택)	×	×	異244	異238	×	
	237 (정여직)	×	×	×	×	×	『청가』 만 수록
	238 (장현)	221	252	267	260	355	
	239	×	×	×	×	×	『청가』 만 수록
	240 (조응현)	異181 (낭원군)	×	×	×	510	
	241 (남곡)	222	253	268	261	389	
閭巷	242	223	254	269	262	388	
	243	224	472 (무명씨)	280	273	381	
	244	225	312 (무명씨)	281	×	382	
	245	226	258	279	272	383	
	246	227	×	278	271	384	
	247	228	260	274	267	385	
	248	229	261	275	268	798 (삼삭대엽)	
	249	230	259	273	266	386	
	250	231	263	277	270	387	
	251 (김삼현)	232	264	282	×	338 (김창흡)	
	252	233	×	異283	×	337 (김창흡)	
	253	234	異265	異284	×	異336 (김창흡)	

254	235	266	×	×	339 (김창흡)	
255	236	×	285	×	340 (김창흡)	
256	237	267	286	×	341 (김창흡)	
257 (어은)	240	×	×	×	×	
258	241	268	296	×	361	
259	242	269	297	×	×	
260	異243	×	298	×	363	
261	244	270	299	×	362	
262	245	271	300	×	360	
263 (김유기)	246	272	288	275	507	
264	247	275	290	277	506	
265	249	273	289	276	503	
266	250	276	291	278	504	
267	251	274	292	×	505	
268	252	277	293	×	508	
269	253	278	294	×	1027 (낙희조)	
270	255	279	295	×	502	
271 (김우규)	×	×	×	×	×	『청홍』: 김우규
272	×	×	×	×	×	『청가』만 수록
273	×	×	×	×	×	『청가』만 수록
274	×	×	×	×	×	『청가』만 수록
275	×	×	×	×	×	『청요』, 『악서』: 김우규

	276 (휴암)	×	×	×	×	×	『청가』 만 수록
	277	×	×	×	×	×	『청가』 만 수록
	278	×	×	×	×	×	『청가』 만 수록
	279	×	×	×	×	×	『청가』 만 수록
	280 (남파)	270	×	414	×	482	
	281	×	×	416	×	×	
	282	279	×	434	×	×	
	283	×	×	429	×	×	
	284 (십주)	×	×	457	×	432	
	285	×	×	×	×	×	『청가』 만 수록
	286 (김태서)	×	×	×	×	×	『청가』 만 수록
	287 (문수빈)	×	×	×	×	377	
	288 (박희서)	×	×	×	×	357	
年代欠考	289 (임진)	291	280	147	145	511	
	290 (이중집)	292	281	149	147	509	
	291 (서호 주인)	293	196 (의풍군)	×	×	×	
	292 (허정)	×	×	×	×	678 (무명씨)	
閨愁	293 (진이)	287	283	133	131	24 (초삭대엽)	
	294	288	284	134	132	540	

295 (명월)	286 (황진)	282 (진이)	132 (진이)	130 (진이)	539 (황진)	
296 (소백주)	289	286	140	138	542	
297 (매화)	290	287	144	142	543	
298 (계단)	×	×	×	×	×	『청가』 만 수록
299	×	288 (소춘풍)	139 (소춘풍)	137 (소춘풍)	557 (소춘풍)	
300	×	375 (무명씨)	×	×	783 (무명씨)	
301 (홍장)	×	×	136	134	544	
302 (송이)	×	291	143	141	547	
303	×	×	×	×	異425 (이정보)	
304	×	×	×	×	784 (무명씨)	
305	×	×	×	×	772 (무명씨)	
306	459 (낙시조)	582 (낙시조)	×	×	191 (이명한)	
307	×	×	×	468 (무명씨)	693 (무명씨)	『시박』 681
308	×	×	×	×	782 (무명씨)	
309	×	×	×	異515 (낙시조)	異1020 (낙희조)	
310	×	×	×	×	694 (무명씨)	
311	×	435 (무명씨)	×	×	636 (무명씨)	
312	×	390 (무명씨)	×	×	×	

	313	×	421 (무명씨)	33 (박영)	33 (박영)	77 (박은)	
	314	×	×	×	×	42 (성충)	
	315	×	546 (삼삭대엽)	×	397 (무명씨)	647 (무명씨)	
	316	299	×	×	381	7 (초중대엽)	
無名氏所述幷抄	317	301	352	×	349	198 (정구)	
	318	302	477	×	350	×	
	319	×	5 (이중대엽)	×	×	8 (이중대엽)	
	320	304	205 (박세채)	×	339	251 (정온)	
	321	305	539 (삼삭대엽)	×	340	208 (조헌)	
	322	306	418	×	341	591	
	323	307	313	×	344	592	
	324	308	455	×	345	593	
	325	309	異314	×	×	異301 (윤선도)	
	326	310	異306	×	322	異581	
	327	311	×	×	×	×	
	328	312	424	×	×	16 (이황)	
	329	×	×	×	×	106 (성혼)	
	330	313	417	×	321	105 (성혼)	
	331	314	453	×	517 (낙시조)	168(정철), 1005 (낙희조)	
	332	315	308	×	326	595	

333	316	450	×	327	843 (삭대엽)	
334	294	197 (의풍군)	×	×	588	
335	318	579 (낙시조)	×	518 (낙시조)	1006 (낙희조)	
336	319	449	×	323	199 (한호)	
337	×	×	×	×	597	
338	×	397	×	×	598	
339	320	463	×	×	599	
340	321	×	×	347	×	
341	322	462	182 (윤선도)	177 (윤선도), 474	273 (윤선도)	
342	323	26 (황희)	×	×	72 (김굉필)	
343	324	27 (황희)	×	×	73 (김굉필)	
344	325	309	×	×	594	
345	326	297	×	×	×	
346	327	×	×	×	600	
347	328	298	×	×	×	
348	329	558 (삼삭대엽)	×	異625 (만삭대엽)	831 (삭대엽)	
349	331	536 (삼삭대엽)	×	×	832 (삭대엽)	
350	330	537 (삼삭대엽)	×	×	833 (삭대엽)	
351	332	299	×	×	834 (삭대엽)	
352	333	300	×	×	×	
353	334	×	×	366	1007 (낙희조)	

354	335	538 (삼삭대엽)	×	481 (삼삭대엽)	605	
355	336	301	×	367	606	
356	337	302	×	368	607	
357	338	304	×	369	608	
358	339	419	×	398	32(초삭대 엽, 김상헌)	
359	300	×	×	×	590	
360	341	292	×	466	390 (주의식)	
361	342	293	×	×	×	
362	343	294	×	×	791	
363	344	410	×	332	609	
364	345	×	×	×	×	
365	346	456	×	406	610	
366	347	473	×	407	611	
367	348	321	×	403	53 (이존오)	
368	349	×	×	405	612	
369	350	317	×	373	564	
370	351	316	×	372	563	
371	352	318	×	374	601	
372	353	×	×	異376	603	
373	354	319	×	377	602	
374	355	×	×	378	×	
375	356	466	×	379	×	
376	357	320	×	380	27(초삭대 엽, 김상헌)	
377	411 (삼삭대엽)	467	×	442	516 (선우협)	
378	359	468	×	400	66 (유응부)	
379	360	469	×	401	×	
380	361	471	×	402	526 (인평대군 요)	

381	362	×	×	449	×	
382	363	326	×	389	515 (원천석)	
383	364	325	×	404	54 (길재)	
384	365	431	×	383	50 (이조년)	
385	366	327	×	×	221 (김상용)	
386	367	540 (삼삭대엽)	×	×	556 (계랑)	
387	368	433	×	×	621	
388	369	409	×	385	219 (김상용)	
389	×	11 (북전)	4 (북전)	4 (초북전)	18 (북전)	
390	×	434	×	×	190 (이명한)	
391	×	×	×	×	×	『청홍』 275 『고금』 231
392	×	460	×	×	401 (조명리)	
393	×	×	×	×	異180 (이원익)	『청홍』 277
394	372	474	×	408	673	
395	397	322	×	×	132 (정철)	
396	370	465	×	324	177 (김장생)	
397	371	406	×	×	596	
398	373	452	×	370	613	
399	296	×	×	382	589	『시박』 685

400	375	457	×	×	323 (김응하)	
401	376	458	×	×	614	
402	377	425	×	351	43 (최충)	
403	378	323	×	412	615 (박태보)	
404	379	121 (이덕형)	×	409	188 (이덕형)	
405	380	427	×	333	×	
406	381	×	×	414	616	
407	382	426	×	×	×	
408	383	366	×	353	617	
409	384	470	×	×	400 (조명리)	
410	385	×	×	×	618	
411	395	×	×	×	619	
412	394	315	×	371	604	
413	386	7	54 (이후백)	53 (이후백)	102 (이후백)	"李後白官至判書"라 부기
414	×	×	×	×	265 (홍익한)	
415	387	448	×	423	623	
416	388	437	×	427	677	
417	389	×	×	424	624	
418	456 (낙시조)	580 (낙시조)	×	×	1003(낙희조, 서견)	
419	391	438	×	418	625 (원천석)	
420	390	439	×	×	626	
421	392	330	×	417	3(초중대엽, 정충신)	
422	393	440	×	×	97 (성수침)	

423	396	331	×	430	587	
424	×	354	×	434	1(초중대엽, 정철)	
425	×	255 (주의식)	272 (주의식)	265 (주의식)	5(초중대엽, 주의식)	
426	×	342	×	×	705	
427	×	×	×	×	658	
428	×	×	×	×	652	
429	×	387	×	×	×	
430	×	×	×	×	643	
431	×	499	×	×	×	
432	×	×	×	×	×	『청가』만 수록
433	×	436, 異356	×	429	582	
434	×	502	×	×	640	
435	×	×	×	415	×	
436	×	×	×	578 (만삭대엽)	47 (우탁)	
437	×	×	×	453	×	『시박』716
438	×	×	×	329	異637	
439	×	×	×	×	650	
440	×	×	異8 (성종)	異8 (성종)	189 (이명한)	
441	×	341	×	×	×	
442	×	×	×	×	×	『영류』210
443	×	×	×	×	638	
444	×	×	×	×	222 (김상용)	
445	×	異501	×	×	731	
446	×	416	×	416	21 (북전)	
447	×	異335	×	×	異576	

		448	異228 (주의식)	異260 (주의식)	異274 (주의식)	異267 (주의식)	異385 (주의식)	
		449 (박명현)	398 (삼삭대엽)	351 (무명씨)	×	×	×	
		450	428 (삼삭대엽)	×	×	432 (무명씨)	×	
		451	399 (삼삭대엽)	353 (무명씨)	×	440 (무명씨)	×	
		452	431 (삼삭대엽)	×	×	×	659 (이삭대엽)	
		453	400 (삼삭대엽)	×	×	444 (무명씨)	628 (이삭대엽)	
		454	402 (삼삭대엽)	×	×	×	65 (유성원)	
		455	401 (삼삭대엽)	481 (무명씨)	×	×	178 (김장생)	
		456	407 (삼삭대엽)	×	×	492 (삼삭대엽)	825 (삼삭대엽)	
三數大葉 樂戲幷抄		457	409 (삼삭대엽)	559 (삼삭대엽)	×	×	×	
		458	421 (삼삭대엽)	518 (삼삭대엽)	×	493 (삼삭대엽)	809 (삼삭대엽)	
		459	422 (삼삭대엽)	519 (삼삭대엽)	×	486 (삼삭대엽)	806 (삼삭대엽)	
		460	406 (삼삭대엽)	303 (무명씨)	×	×	×	
		461	426 (삼삭대엽)	×	×	437 (무명씨)	103 (기대승)	
		462	435 (삼삭대엽)	521 (삼삭대엽)	×	×	808 (삼삭대엽)	
		463	438 (삼삭대엽)	522 (삼삭대엽)	×	495 (삼삭대엽)	807 (삼삭대엽)	
		464	448 (삼삭대엽)	524 (삼삭대엽)	×	437 (무명씨)	710 (이삭대엽)	
		465	×	525 (삼삭대엽)	×	×	670 (이삭대엽)	

466	445 (삼삭대엽)	×	×	×	×	
467	403 (삼삭대엽)	333 (무명씨)	×	459 (무명씨)	45 (이삭대엽, 우탁)	
468	404 (삼삭대엽)	10 (삼삭대엽)	×	497 (삼삭대엽)	811 (삼삭대엽)	
469	405 (삼삭대엽)	×	×	×	×	
470	430 (삼삭대엽)	420 (무명씨)	×	460 (무명씨)	異697 (이삭대엽)	
471	440 (삼삭대엽)	×	×	456 (무명씨)	622 (이삭대엽)	
472	441 (삼삭대엽)	×	×	455 (무명씨)	×	
473	442 (삼삭대엽)	×	×	458 (무명씨)	×	
474	443 (삼삭대엽)	432 (무명씨)	×	433 (무명씨)	706 (이삭대엽)	
475	444 (삼삭대엽)	444 (무명씨)	×	×	67 (이개)	
476	×	×	×	×	×	『근악』 292 『영류』 193
477	×	423 (무명씨)	×	×	785 (이삭대엽)	
478	×	535 (삼삭대엽)	×	×	814 (이삭대엽)	
479	×	×	×	×	×	『고금』 248 『가보』 78
480	×	×	×	×	698 (이삭대엽)	

481	416 (삼삭대엽)	526 (삼삭대엽)	×	411 (무명씨)	2 (초중대엽, 정철)	
482	455 (낙시조)	576 (낙시조)	×	517 (낙시조)	1001 (낙희조)	
483	412 (삼삭대엽)	527 (삼삭대엽)	×	442 (무명씨)	×	
484	413 (삼삭대엽)	×	×	445 (무명씨)	×	
485	414 (삼삭대엽)	×	×	353 (무명씨)	×	
486	415 (삼삭대엽)	334 (무명씨)	×	446 (무명씨)	627 (이삭대엽)	
487	417 (삼삭대엽)	65 (송순)	50 (송순)	49 (송순)	94 (송순)	
488	418 (삼삭대엽)	324 (무명씨)	×	335 (무명씨)	716 (이삭대엽)	
489	419 (삼삭대엽)	×	×	×	716 (이삭대엽)	
490	429 (삼삭대엽)	×	×	×	×	
491	432 (삼삭대엽)	295 (무명씨)	×	×	629 (이삭대엽)	
492	434 (삼삭대엽)	374 (무명씨)	×	×	630 (이삭대엽)	
493	439 (삼삭대엽)	×	×	×	×	
494	420 (삼삭대엽)	×	×	×	×	
495	433 (삼삭대엽)	×	×	578 (소용)	850 (소용)	
496	436 (삼삭대엽)	528 (삼삭대엽)	×	481 (삼삭대엽)	812 (삼삭대엽)	
497	437 (삼삭대엽)	428 (무명씨)	×	×	631 (이삭대엽)	

498	×	541 (삼삭대엽)	×	491 (삼삭대엽)	815 (삼삭대엽)	
499	446 (삼삭대엽)	211 (이택)	245 (이택)	240 (이택)	330 (이택)	
500	423 (삼삭대엽)	×	×	362 (무명씨)	632 (이삭대엽)	
501	424 (삼삭대엽)	475 (무명씨)	×	421 (무명씨)	633 (이삭대엽)	
502	447 (삼삭대엽)	442 (무명씨)	×	422 (무명씨)	41 (을파소)	
503	427 (삼삭대엽)	542 (삼삭대엽)	×	498 (삼삭대엽)	823 (삼삭대엽)	
504	×	×	×	×	6 (초중대엽)	
505	450 (삼삭대엽)	201 (유혁연)	×	461 (무명씨)	989 (낙희조)	
506	449 (삼삭대엽)	113 (이제신)	97 (이제신)	96 (이제신)	111 (이제신)	
507	461 (낙시조)	585 (낙시조)	×	537 (낙시조)	1026 (낙희조)	
508	×	476 (무명씨)	×	463 (무명씨)	634 (이삭대엽)	
509	425 (삼삭대엽)	154 (김상헌)	127 (김상헌)	126 (김상헌)	26 (초삭대엽, 김상헌)	
510	451 (삼삭대엽)	441 (무명씨)	338 (이정보)	477 (무명씨)	98 (성수침)	
511	452 (삼삭대엽)	533 (삼삭대엽)	×	×	28 (초삭대엽, 김상헌)	
512	×	×	×	×	33 (초삭대엽, 김상헌)	
513	×	534 (삼삭대엽)	×	429 (무명씨)	29 (초삭대엽, 김상헌)	

	514	×	560 (삼삭대엽)	×	×	990 (낙희조)	
	515	×	556 (삼삭대엽)	×	×	857 (만횡)	
	516	×	×	×	×	×	『청가』 만 수록
	517	457 (낙시조)	583 (낙시조)	×	×	1016 (낙희조)	675와 동일
	518	×	642 (만횡)	×	×	947 (만횡)	
	519	×	×	×	×	×	『청가』 만 수록. 426의 변형
	520	×	×	×	×	×	『가곡원 류』계 (농가). 異 『가보』 27 4(우락)
	521 (이홍숙)	×	×	×	×	×	『청가』 만 수록
蔓大葉樂 戲幷抄	522	470 (만횡청류)	615 (만횡)	×	597 (만삭대엽)	879 (만횡)	
	523	487 (만횡청류)	566 (삼삭대엽)	×	509 (삼삭대엽)	899 (만횡)	
	524	495 (만횡청류)	×	×	609 (만삭대엽)	840 (삭대엽)	
	525	488 (만횡청류)	613 (만횡)	×	507 (삼삭대엽) 539 (낙시조)	1043 (낙희조)	
	526	472 (만횡청류)	600 (만횡)	×	531 (낙시조)	851 (소용)	
	527	×	×	×	532 (낙시조)	1009 (낙희조)	

528	465 (만횡청류)	630 (만횡)	×	611 (만삭대엽)	882 (만횡)	
529	466 (만횡청류)	629 (만횡)	×	614 (만삭대엽)	883 (만횡)	
530	480 (만횡청류)	569 (삼삭대엽)	×	544 (낙시조)	1041 (낙희조)	
531	522 (만횡청류)	622 (만횡)	×	×	917 (만횡)	
532	507 (만횡청류)	×	×	×	1076 (편삭대엽)	『시박』 657 (만횡)
533	524 (만횡청류)	638 (만횡)	×	×	983 (낙희조)	
534	525 (만횡청류)	×	×	637 (만삭대엽)	984 (낙희조)	
535	540 (만횡청류)	623 (만횡)	×	×	976 (낙희조)	
536	異528 (만횡청류)	異652 (만횡)	×	×	異920 (만횡)	
537	546 (만횡청류)	×	×	555 (낙시조)	923 (만횡)	『시박』 662 (만횡)
538	526 (만횡청류)	626 (만횡)	×	557 (낙시조)	919 (만횡)	
539	511 (만횡청류)	×	×	511 (삼삭대엽)	899 (만횡)	
540	558 (만횡청류)	×	×	×	928 (만횡)	
541	523 (만횡청류)	621 (만횡)	×	630 (만삭대엽)	953 (만횡, 이정보)	
542	559 (만횡청류)	657 (만횡)	×	×	929 (만횡)	
543	548 (만횡청류)	659 (만횡)	×	×	952 (만횡)	

544	564 (만횡청류)	異656 (만횡)	×	×	1087 (편삭대엽)	
545	550 (만횡청류)	649 (만횡)	×	×	1085 (편삭대엽)	
546	500 (만횡청류)	617 (만횡)	×	×	897 (만횡)	
547	471 (만횡청류)	616 (만횡)	×	610 (만삭대엽)	1037 (낙희조)	
548	489 (만횡청류)	610 (만횡)	×	506 (삼삭대엽)	1044 (낙희조)	
549	486 (만횡청류)	×	×	×	1078 (편삭대엽)	
550	505 (만횡청류)	595 (낙시조)	×	528 (낙시조)	1052 (낙희조)	
551	527 (만횡청류)	620 (만횡)	×	×	982 (낙희조)	
552	516 (만횡청류)	592 (낙시조)	×	527 (낙시조)	970 (낙희조)	
553	×	×	×	530 (낙시조)	×	『시박』 701
554	×	×	×	598 (만삭대엽)	838 (삭대엽)	
555	477 (만횡청류)	631 (만횡)	×	603 (만삭대엽)	886 (만횡)	
556	483 (만횡청류)	639 (만횡)	×	×	887 (만횡)	
557	549 (만횡청류)	660 (만횡)	×	529 (낙시조)	991 (낙희조)	
558	×	×	×	567 (낙시조)	1036 (낙희조)	
559	536 (만횡청류)	×	×	×	918 (만횡)	
560	514 (만횡청류)	597 (낙시조)	×	540 (낙시조)	1053 (낙희조)	
561	×	×	×	541 (낙시조)	1048 (낙희조)	『시박』 684

562	485 (만횡청류)	×	×	533 (낙시조)	1042 (낙희조)	
563	異479 (만횡청류)	異593 (낙시조)	×	542 (낙시조)	異1040 (낙희조)	
564	572 (만횡청류)	×	×	575 (편낙시조)	1067 (낙희조)	
565	497 (만횡청류)	612 (만횡)	×	×	895 (만횡)	
566	異518 (만횡청류)	627 (만횡)	531 (김수장)	×	異974 (낙희조)	
567	506 (만횡청류)	633 (만횡)	×	613 (만삭대엽)	1070 (편삭대엽)	
568	×	×	×	×	911 (만횡)	
569	562 (만횡청류)	×	×	×	931 (만횡)	
570	×	×	×	×	908 (만횡)	
571	異520 (만횡청류)	×	×	604 (만삭대엽)	964 (만횡)	
572	×	×	×	×	×	異『청육』 854 (편삭 대엽)
573	503 (만횡청류)	658 (만횡)	×	548 (낙시조)	914 (만횡)	
574	×	×	×	638 (만삭대엽)	1011 (낙희조)	
575	499 (만횡청류)	598 (낙시조)	×	516 (낙시조)	1050 (낙희조)	
576	482 (만횡청류)	×	×	×	1079 (편삭대엽)	『시박』 671
577	×	×	×	×	852 (만횡)	
578	494 (만횡청류)	628 (만횡)	×	551 (낙시조)	1049 (낙희조)	

579	481 (만횡청류)	596 (낙시조)	×	×	1065 (낙희조)	
580	×	×	×	×	×	『가보』 215 (편롱) 『청육』 695(농)
581	492 (만횡청류)	×	×	×	891 (만횡)	
582	539 (만횡청류)	異611 (만횡)	×	×	1082 (편삭대엽)	
583	502 (만횡청류)	645 (만횡)	×	×	898 (만횡)	
584	異529 (만횡청류)	×	×	×	異921 (만횡)	
585	×	531 (삼삭대엽)	×	487 (삼삭대엽)	813 (삼삭대엽)	
586	×	552 (삼삭대엽)	×	×	817 (삼삭대엽)	
587	555 (만횡청류)	×	×	×	異902 (만횡)	
588	異496 (만횡청류)	×	×	異634 (만삭대엽)	異894 (만횡)	
589	510 (만횡청류)	587 (낙시조)	×	636 (만삭대엽)	916 (만횡)	
590	508 (만횡청류)	×	×	582 (만삭대엽)	1080 (편삭대엽)	『시박』 697
591	552 (만횡청류)	×	×	×	1084 (편삭대엽)	異『시박』 707
592	×	×	×	545 (낙시조)	×	
593	490 (만횡청류)	571 (삼삭대엽)	×	×	856 (만횡)	
594	498 (만횡청류)	641 (만횡)	×	616 (만삭대엽)	896 (만횡)	

	595	×	×	異549 (김수장)	×	1008 (낙희조)	
	596	×	×	×	571 (편낙시조)	×	
	597	×	648 (만횡)	×	556 (낙시조)	987 (낙희조)	
	598	530 (만횡청류)	601 (낙시조)	×	607 (만삭대엽)	989 (낙희조)	
	599	535 (만횡청류)	604 (낙시조)	×	549 (낙시조)	986 (낙희조)	
	600	×	×	×	546 (낙시조)	1046 (낙희조)	
	601	×	×	×	550 (낙시조)	×	
	602	532 (만횡청류)	606 (낙시조)	×	×	978 (낙희조)	
編樂幷抄	603	×	×	×	×	940 (만횡)	
	604	575 (만횡청류)	×	×	×	×	
	605	553 (만횡청류)	×	×	572 (편낙시조)	1066 (낙희조)	
	606	×	×	×	×	×	『동국』 367 (계면조) 『청육』 731(농)
	607	×	×	×	×	872 (만횡, 이정보)	
	608	493 (만횡청류)	632 (만횡)	×	600 (만삭대엽)	893 (만횡)	
	609	×	×	×	×	906 (만횡)	
	610	533 (만횡청류)	×	×	558 (낙시조)	980 (낙희조)	『시박』 663 (만횡)

611	541 (만횡청류)	655 (만횡)	×	573 (편낙시조)	985 (낙희조)	
612	556 (만횡청류)	×	×	×	927 (만횡)	
613	×	×	×	632 (만삭대엽)	×	
614	554 (만횡청류)	×	×	×	926 (만횡)	『시박』 661 (만횡)
615	534 (만횡청류)	602 (낙시조)	×	×	979 (낙희조)	
616	551 (만횡청류)	×	×	×	925 (만횡)	『시박』 656 (만횡)
617	異547 (만횡청류)	×	異543 (김수장)	×	異924 (만횡)	
618	×	×	×	×	1047 (낙희조)	
619	544 (만횡청류)	650 (만횡)	×	×	922 (만횡)	
620	×	×	×	560 (낙시조)	945 (낙희조)	
621	543 (만횡청류)	646 (만횡)	×	×	1071 (편삭대엽)	
622	×	×	×	×	910 (만횡)	
623	509 (만횡청류)	618 (만횡)	×	×	1081 (편삭대엽)	
624	×	×	×	×	865 (만횡)	
625	565 (만횡청류)	×	×	×	933 (만횡)	『시박』 667 (만횡)
626	563 (만횡청류)	651 (만횡)	×	×	932 (만횡)	

627	×	×	×	×	異1099 (편삭대엽)	『시박』 679
628	557 (만횡청류)	異654 (만횡)	×	×	907 (만횡)	
629	×	×	×	×	909 (만횡)	
630	561 (만횡청류)	653 (만횡)	×	×	930 (만횡)	
631	577 (만횡청류)	×	×	×	1068 (낙희조)	『시박』 665 (만횡)
632	×	×	×	×	×	『청가』 만 수록
633	578 (만횡청류)	×	×	×	1074 (편삭대엽)	『시박』 676
634	568 (만횡청류)	×	×	×	1103 (편삭대엽)	
635	576 (만횡청류)	×	×	×	935 (만횡)	
636	566 (만횡청류)	×	×	×	1088 (편삭대엽)	『시박』 668 (만횡)
637	560 (만횡청류)	×	×	×	1073 (편삭대엽)	『시박』 680
638	571 (만횡청류)	×	×	×	1077 (편삭대엽)	
639	570 (만횡청류)	×	×	×	1072 (편삭대엽)	『시박』 664 (만횡)
640	×	×	×	×	×	『청가』 만 수록
641	×	×	×	×	1097 (편삭대엽)	『시박』 678
642	580 (만횡청류)	×	×	×	1096 (편삭대엽)	『시박』 677

643	579 (만횡청류)	×	×	×	1091 (편삭대엽)	
644	573 (만횡청류)	×	×	×	934 (만횡)	
645	574 (만횡청류)	×	×	×	1030 (낙희조)	
646	×	×	×	635 (만삭대엽)	946 (만횡)	
647	513 (만횡청류)	×	×	615 (만삭대엽)	900 (만횡)	
648	474 (만횡청류)	×	×	526 (낙시조)	1038 (낙희조)	
649	×	×	×	524 (낙시조)	×	
650	538 (만횡청류)	×	×	×	1083 (편삭대엽)	
651	512 (만횡청류)	×	×	×	913 (만횡)	
652	458 (낙시조)	578 (낙시조)	×	×	968 (낙희조)	
653 (소용)	×	591 (낙시조)	×	576 (소용)	848 (소용)	
654 (채유후)	164 (채유후)	173 (채유후)	166 (채유후)	162 (채유후) 589 (만삭대엽)	1025 (낙희조)	156과 동일
655	×	×	×	×	803 (삼삭대엽)	
656	×	594 (낙시조)	×	561 (낙시조)	1057 (낙희조)	
657	×	×	×	×	861 (만횡)	『시박』 660 (만횡)
658	×	545 (삼삭대엽)	×	482 (삼삭대엽)	816 (삼삭대엽)	

	659	×	563 (삼삭대엽)	×	×	820 (삼삭대엽)	
	660	×	×	×	×	804 (삼삭대엽)	
	661	×	575 (삼삭대엽)	×	×	715 (이삭대엽)	
	662	×	608 (만횡)	×	×	異860 (만횡)	
	663	469 (만횡청류)	405 (무명씨)	×	596 (만삭대엽)	878 (만횡)	
	664	×	565 (삼삭대엽)	×	566 (낙시조)	1058 (낙희조)	
	665	×	×	×	×	異1102 (편삭대엽)	『시박』 666 (만횡)
	666	×	×	×	×	962 (만횡, 이정보)	『시박』 715
	667	×	625 (만횡)	×	×	679 (이삭대엽)	
	668	×	×	390 (이정보)	318 (이정보)	949 (만횡)	
	669	×	×	386 (이정보)	×	958 (만횡, 이정보)	
	670 (호동이 판서)	×	×	381 (이정보)	×	×	
	671	519 (만횡청류)	635 (만횡)	×	×	975 (낙희조)	
	672	×	520 (삼삭대엽)	×	494 (삼삭대엽)	668 (이삭대엽)	
	673	×	×	×	×	950 (만횡)	
	674	×	×	×	590 (만삭대엽)	855 (만횡)	

	675	457 (낙시조)	583 (낙시조)	×	×	1016 (낙희조)	517과 동일
	676	×	×	×	606 (만삭대엽)	1032 (낙희조)	
	677	×	399 (무명씨)	×	×	841 (삭대엽)	
	678	×	447 (무명씨)	×	×	585 (이삭대엽)	
	679	454 (낙시조)	577 (낙시조)	×	515 (낙시조)	1019 (낙희조)	
	680	×	×	×	569 (낙시조)	1022 (낙희조)	
	681	×	×	×	×	30 (초삭대엽, 김상헌)	
	682	×	異647 (만횡)	×	×	異1034 (낙희조)	
樂	683	×	×	388 (이정보)	×	880 (만횡, 이정보)	
	684	×	×	393 (이정보)	320 (이정보)	939 (만횡)	
	685	×	×	×	×	662 (이삭대엽)	
	686	×	×	×	×	994 (낙희조)	
	687	×	異570 (삼삭대엽)	×	×	993 (낙희조)	
	688	×	×	×	×	1024 (낙희조)	
	689	468 (만횡청류)	350 (무명씨)	×	594 (만삭대엽)	859 (만횡)	
	690	462 (낙시조)	588 (낙시조)	242 (송시열)	237 (송시열)	1013 (낙희조)	
	691	×	×	×	×	異961 (만횡)	

	692	×	×	×	625 (만삭대엽)	901 (만횡)	『시박』 672 (만횡)
	693	×	異14 (단종대왕)	×	×	1056 (낙희조)	
	694	×	×	×	×	956 (만횡)	
	695	×	×	×	異583 (만삭대엽)	1098 (편삭대엽)	
	696	×	×	×	×	826 (삼삭대엽)	
	697	×	×	×	×	971 (낙희조)	
	698	×	×	×	×	1109 (편삭대엽)	
	699	504 (만횡청류)	619 (만횡)	×	534 (낙시조)	1051 (낙희조)	
	700	×	×	×	523 (낙시조)	1017 (낙희조)	『시박』 686
	701	×	×	547 (김수장)	×	1094 (편삭대엽)	『시박』 700
	702	×	×	×	×	異1062 (낙희조)	
	703	467 (만횡청류)	349 (무명씨)	×	595 (만삭대엽)	858 (만횡)	
搔聳	704	×	×	×	577	847	
	705	×	×	×	587 (만삭대엽)	×	
將進酒辭	706	463	×	×	×	×	『시박』 674
孟嘗君歌	707	464	×	×	×	×	『시박』 673
爬癢	708	×	×	×	×	×	
	709	×	×	×	×	×	
	710	×	×	×	×	×	

	711	×	×	×	×	×	
	712	×	×	×	×	×	
	713	×	×	×	×	×	
	714	×	×	×	×	×	
	715	×	×	×	×	×	
	716	×	×	×	×	×	

제3장

『시여』(김선풍본)의 편찬 체재 및 편찬 연대

1. 머리말

이 글은 『시여(詩餘)』(김선풍본)[1]의 편찬 체재를 살펴보고 이를 토대로 이 가집의 편찬 연대를 알아보는 데 목적이 있다.

『시김』은 소장자인 김선풍이 1990년대 말에 소개[2]한 이후 지금까지 이렇다 할 연구가 진행되지 않았다. 소개한 지 꽤 시간이 지났음에도 불구하고 아직까지 본격적인 연구가 진행되지 않은 것은 기본적으로 문헌 연구에 대한 관심이 부족하기 때문으로 생각된다. 여기에다 이 가집의 성격을 파악하기가 쉽지 않은 것도 하나의 원인으로 작용했다고 볼 수 있다. 이 가집은 말미에 간단한 필사기만 쓰여 있을 뿐 서발문이나 각종 음악 관련 정보는 전혀 제시되어 있지 않다. 악곡별 분류에 의거해 작품을 수록하고 있으나 최소한의 악곡만 제시된 데다가 이것마저 만횡엽이 중복해서 나타나는 등 일관된 질서를 보여주고 있지 못하다. 또한 무명씨 부분에 7명의 작가가 등장하고 있으며, 이들 작가의 작품이 상당

1) 『시여(詩餘)』는 이인재 소장본과 김선풍 소장본이 있다. 둘은 제목만 같을 뿐 완전히 다른 가집이다. 이 중 이 글에서 다루고자 하는 것은 김선풍 소장본이다. 자료는 김선풍의 『시조가집 시여 연구』 Ⅲ부에 수록한 영인본을 참고하였다.

2) 김선풍, 「시조가집 시여 자료」, 『인하어문연구』 제4호, 인하어문연구회, 1999.
______, 『시조가집 시여 연구』, 중앙대학교 출판부, 1999.

수에 달하는 것으로 정리되어 있기도 하다. 게다가 한군데 낙장도 있는 것을 확인할 수 있다.

이런 혼란스러운 양상 때문에 연구자들 사이에서 이 가집은 특이한 것으로 인식되고 있는 듯하다. 하지만 필자가 확인한 바에 따르면 이 가집의 혼란스러움은 어디까지나 겉으로 드러난 양상일 뿐이다. 이 가집은 겉으로 드러난 무질서함과 달리 사실은 일관된 질서를 갖추고 있는 것으로 보인다. 따라서 이 가집에 숨겨진 내적 질서를 찾고 그것이 갖는 의미를 고찰하는 것이 필요하다. 아울러 가집의 성격을 파악하기 위해서는 편찬 연대와 편찬자에 대한 이해가 반드시 필요하므로 이에 대해서도 함께 살펴보기로 한다.

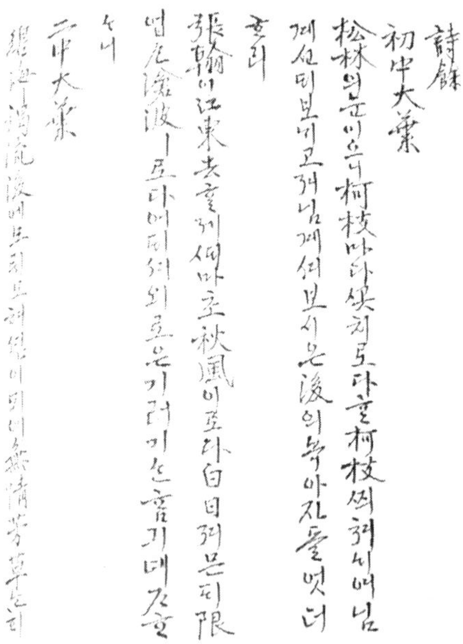
詩餘
初中大葉
二中大葉

〈그림 17〉『시여』(김선풍본) 시작 부분

2. 『시김』의 편찬 체재

『시김』은 총 181면에 걸쳐 590수의 작품을 수록하고 있는 필사본 가곡창 가집이다. 김선풍이 소개한 영인본에는 표지가 생략된 채 바로 작품 본문이 시작하는 것으로 되어 있다.[3] 초중대엽부터 만횡엽까지 나름의 분류를 시도하여 작품을 싣고 있는데, 초중대엽 앞에 '詩餘'라 적혀 있어 이것이 이 가집의 제목임을 알려주고 있다. 이 가집의 일관된 질서를 파악하기 위해 우선 겉으로 드러난 이 가집의 분류 체계를 제시하면 다음과 같다.

初中大葉(2)[4] : 1[5]~2
二中大葉(1) : 3
三大中葉 : 見靑丘永言
北殿(2) : 4~5
初數大葉(4) : 6~9
二數大葉(188) : 10~197
列聖御製(3) : 10~12
麗末(6) : 13~18
本朝(177) : 19~197
附 蔓橫葉(12) : 198~209
年代欠考(2) : 210~211
閭巷(13) : 212~224
傍流(62) : 225~286

---

3) 원본을 확인하지 못했으므로 표지가 있는지 여부는 알 수 없다. 김선풍이 소개한 글에도 표지와 관련된 언급은 전혀 나타나 있지 않다.

4) 괄호 안의 숫자는 해당 악곡의 총 작품 수를 가리킨다.

5) 이 숫자는 『시김』에 수록된 작품의 일련번호를 나타낸다.

妓流(9) : 287~295
拾遺 無名氏(69) : 296~364
霽峯 高敬命(60) : 365~424
朴彭年(22) : 425~446
李元翼(11) : 447~457
禹倬(23) : 458~480
宋麟壽(29) : 481~509
成忠(2) : 510~511
安挺(1) : 512
禹倬(4) : 513~516
三數大葉(16) : 517~532
樂戱詞(19) : 533~551
鄭徹(1) : 552
蔓橫葉(38) : 553~590

여기서 보듯 이 가집은 상당히 복잡한 양상을 띠고 있다. 이삭대엽 다음에 '부 만횡엽'이 나오는가 하면, '습유 무명씨' 뒤에 다시 7명의 유명씨 작가가 등장하고 있으며, 낙희사와 만횡엽 사이에 정철의 작품이 1수 끼어 있기도 하다. 그런가 하면 삼중대엽 부분은 작품을 싣지 않은 채 "見靑丘永言"이라고만 적어 놓았으며, 한군데 낙장이 있기도 하다.

그러면 이 가집은 도대체 왜 이렇게 복잡한 양상을 띠게 된 것일까? 과연 분류 체계상에서 어떤 일관된 원리를 찾을 수는 없는 것일까? 일관된 원리가 있다면 그것은 무엇이며, 없다면 그 자체로 어떤 의미를 부여할 수 있을까? 이런 몇 가지 의문점에 답하기 위해 지금부터 이 가집에 대해 철저히 해부해 보기로 한다.

우선 三大中葉은 三中大葉의 오기로 보인다. 그 아래에 작은 글씨로 "見靑丘永言"이라 적어 놓았는데, 다른 부분과 달리 왜 이 부분만 작품을 싣지 않고 『청구영언』을 참고하라고 한 것인지 알 수가 없다. 또한 이 『청구영언』이 어떤 가집을 가리키는 것인지에 대해서도 불분명하다. 전후에 수록된 초중대엽, 이중대엽, 북전의 작품들을 검토해 본 결과 현재 전하는 『청구영언』의 이본 중 이 가집에 수록된 것과 악곡이 완전히 일치하는 것은 없는 것으로 확인되었다. 뿐만 아니라 모든 가집으로 확대해서 보더라도 결과는 마찬가지다. 북전 두 번째 작품[6]은 작품 전편이 한자어로 구성되어 있으며 마지막에 "~이로다"라는 토씨만 붙인 독특한 작품인데, 이 작품은 상당수의 가집에 수록되어 있기는 하나 대부분의 가집에서 삼삭대엽곡으로 분류되어 있다.[7] 이런 사실로 미루어 현재까지 발견되지 않은 또 다른 『청구영언』의 이본이 존재했던 것으로 보이고, 이 가집은 이를 참조한 것으로 판단된다.

이삭대엽은 크게 열성어제, 여말, 본조의 세 부분으로 구성되어 있다. 열성어제에는 성종대왕, 효종대왕, 숙종대왕의 작품을 각 1수씩 실었다. 여말에는 최충(2수), 이존오(1수), 길재(1수), 맹사성(2수)의 작품을 실었는데 『청진』 이래 대부분의 가집에 수록되고 있는 이색과 정몽주의 작품이 빠진 것이 특이하다. 또한 길재의 작품[8]은 무명씨 또는 박태보의 작품으로 알려진 것으로, 이 작품의 작가 표기를 길재로 한 것은 이 가집이 유일하다. 맹사성의 작품도 흔히 황희의 〈사시가〉로 알려진 작품 중 2수에 해당하는 것이다.[9]

6) "簫聲咽 秦娥夢斷 秦樓月 年年柳色 灞陵傷別 / 樂遊原上 淸秋節 咸陽古道 音塵絶 / 音塵絶 西風殘照 漢家陵闕이로다."

7) 정확한 악곡 여부를 알 수 없는 가집으로 『영류』(단가초집), 『동국』(계면조), 『홍비』(각조음)가 있다.

8) "靑山 自仆松아 네 어 누엇는다 / 狂風을 못 이기애 불희재 누엇노라 / 가다가 良工을 만나거든 날 옐더라 ᄒᆞ여라."

9) 이 2수는 『청홍』에 맹사성의 작품으로 실려 있으며, 『청장』에는 맹사성의 〈강호사시

여말의 이런 특이한 양상은 본조에서도 이어지고 있다. 본조에는 177수의 작품이 실려 있는데 여기에 등장하는 작가는 28명[10]밖에 되지 않는다. 수록 작품 수에 비해 작가 수는 의외로 적은 편이다. 작가 수가 적은 것은 대부분의 가집에 수록되어 있는 이현보, 이황, 정철, 신흠, 김광욱 등을 비롯하여 상당수의 작가가 탈락했기 때문인데 그 이유는 분명치 않다. 한편 적은 작가 수에도 불구하고 작품 수가 177수나 되는 것은 특정 작가의 작품을 집중적으로 수록한 결과 나타난 현상이다. 28명의 작가 중 이이(10수), 윤선도(68수), 이정보(64수)의 작품을 합치면 142수로서 전체의 80%를 차지하고 있다. 나머지 25명은 1~4수의 작품을 수록하고 있다.

한편 윤선도의 작품이 수록된 부분 가운데 16장(31면~32면)과 17장(33면~34면)은 책자를 묶는 과정에서 순서가 바뀌어 엮어지는 바람에 53번 작품이 31면과 34면에 나뉘어 수록되고 있다.[11] 또한 윤선도의 작품이 끝나는 부분에는 일부 낙장이 있는 것으로 보인다. 55면에는 〈어부사시사 발문〉이 실려 있는데 글이 온전하게 끝나지 않고 중간 정도까지만 필사되어 있다. 그리고 이어지는 56면에는 윤두서의 작품이 중장 마지막 음보와 종장만 실려 있다.[12] 이로 보아 55면과 56면 사이에 낙장이 있음

가〉 뒤에 작가 표시가 생략된 채 수록되어 있기도 하다. 그러나 『청홍』과 『청장』의 경우 〈강호사시가〉와 함께 수록되었다는 점에서 이 가집과 큰 차이가 있다 하겠다.

10) 〈雲吉山下老人歌〉라는 제목 아래 4수의 작품이 수록되어 있는데, 이 숫자는 이 작품의 작가로 보이는 '운길산하노인'을 포함한 것이다.

11) "<u>구름 빗치 됴타 ᄒᆞ나 검을 자로 ᄒᆞᆫ다 / ᄇᆞ람 쇼릐 막</u>다 ᄒᆞ나 그칠 적이 ᄒᆞ노매라 / 됴코도 그칠 뉘 업기는 믈ᄲᅮᆫ인가 ᄒᆞ노라." 밑줄 친 부분은 34면에 나머지 부분은 31면에 수록되어 있다. 이 부분은 원본이 잘못 편집되었을 가능성과 함께 영인 과정에서 실수했을 가능성도 있는 것으로 보이는데, 김선풍이 정리한 활자본에도 영인본과 동일한 순서로 되어 있는 것으로 보아 일단 원본 편집상의 실수일 가능성이 큰 것으로 생각된다.

을 알 수 있다.

이삭대엽 본조 이정보의 작품 다음에 '부 만횡엽'이라는 제목 아래 12수의 작품이 수록되어 있다. 여기 수록된 작품은 모두 사설시조라는 공통점이 있다. 따라서 제목의 만횡엽은 『청진』의 만횡청류와 통하는 것으로 볼 수 있다. 문제는 만횡엽이 나와서는 안 될 자리에 만횡엽이 등장함으로써 혼란을 초래하고 있다는 점이다. 도대체 왜 이런 현상이 나타난 것일까? 이 의문에 대한 답은 의외로 쉽게 찾을 수 있다.

여기 수록된 작품 12수는 『해주』에 모두 이정보의 작품으로 실린 것들이다. 『해주』에는 이정보의 작품 82수가 수록되어 있는데, 여기에는 18수 정도의 사설시조가 포함되어 있다. 그러나 『해주』의 경우 이들 사설시조를 별도로 구분하지 않았다. 단지 후반부에 모아서 배치하고 있을 뿐이다. 이것은 기본적으로는 악곡별 분류를 시도하면서도 이삭대엽의 경우 유명씨와 무명씨로 나누고 유명씨 부분은 작가별 분류를 시도하고 있는 18세기 가집의 편찬 의식에 따른 것이다. 이렇듯 나름의 기준을 가지고 있기는 하였으나 악곡별 분류를 엄격히 적용하는 관점에 입각해 본다면 이는 문제가 아닐 수 없다. 그리하여 악곡별 분류가 보다 엄격히 적용되는 19세기 가집에 이르면 이정보의 사설시조는 농・낙・편의 악곡으로 이동하게 되고 작가성을 상실하게 된다.[13] 이런 가집 편찬사의 흐름에 비추어 볼 때 『시김』의 경우는 절충적 관점을 보여준다고 할 수 있다. 이정보의 작품 대부분이 평시조에 속하므로 이를 이삭대엽 유명

---

12) "(玉에 홁이 무더 길가에 ᄇᆞ려시니 / 오ᄂᆞᆫ이 나ᄂᆞ니 다 홁)만 너기ᄂᆞᆫ고 / 두어라 홁이라 ᄒᆞᆫ들 홁일 줄이 이시라." 괄호 밖 밑줄 친 부분이 이 가집에 실려 있는 것이다. 괄호 안은 이 가집과 노랫말이 가장 일치하는 것으로 보이는 『동가』에서 보충한 것이다.

13) 작가성을 상실하지 않고 남는 경우도 있는데, 이 경우 악곡별 분류에 입각해 작품을 수록하면서 해당 작품에 작가 표기를 하게 된다. 이런 현상은 18세기 말~19세기 초에 편찬된 가집에서 주로 나타나고 있다.

씨 부분에 배치하되, 12수의 사설시조는 이삭대엽이 아닌 만횡엽의 악곡으로 불리는 것임을 알려주고 있기 때문이다. 이는 이정보의 사설시조 처리 문제와 관련된 가집 편찬자의 고민의 일단을 드러낸 것이라 할 수 있다. '부 만횡엽'이라 한 데서도 이런 고민의 흔적을 엿볼 수 있다. 그냥 만횡엽이라고 하면 악곡 분류상 마지막에 등장하는 것과 겹치게 되어 혼란을 초래할 수 있으므로 이와 구분하기 위해 '부'자를 붙인 것으로 생각된다. 따라서 '부 만횡엽'은 "이정보의 작품 중 만횡엽에 해당하는 작품을 덧붙였다"는 의미로 사용했다고 볼 수 있다.

'연대결고~기류'에도 이 가집의 독특한 특징을 발견할 수 있다. 연대결고, 여항인, 기녀의 순서는 가집에 따라 조금씩 다른 양상을 띠고 있다. 그렇기는 하나 이 중 연대결고가 가장 앞에 배치된 것은 다른 가집에서는 찾아볼 수 없는 현상이다. 이 가집에서 연대결고를 맨 앞에 배치한 것은 작가의 신분을 우선적으로 고려했기 때문으로 생각된다. 즉 정확한 연대를 알 수 없지만 사대부 작가의 작품이므로 사대부 시조의 뒤에 이어서 수록하는 것이 합당하다고 본 것이다.[14] 이 가집이 신분을 작가 분류의 핵심 기준으로 삼고 있다는 점은 여항과 방류를 구분한 데서도 나타나고 있다. 여항에는 조응현, 주의식, 정래교, 정민교, 박희서의 작품이 수록되고 있다. 이 중 주의식, 정래교, 정민교는 기술직 중인이다. 조응현은 『사마방목』에 영조 50년(1774년) 생원시에 합격한 조두현의 서형으로 기록되어 있다.[15] 따라서 조응현은 서얼임을 알 수 있다. 박희서는 "字敬甫, 務安人, 官同中樞"라 한 것으로 미루어 기술직 중인으로 추

14) 이에 비해 『청진』처럼 '여항인-기녀-연대결고'의 순으로 배치한 것은 연대 여부가 상대적으로 중시된 관점이라 할 수 있다. 물론 『청진』의 경우도 '연대결고'를 제외하고 보면 신분에 따라 작품을 수록하고 있다.

15) 『CD-ROM 사마방목』, 서울시스템주식회사, 2001.

정된다.[16] 이로써 중서층에 해당하는 작가들을 여항으로 묶고 있음을 알 수 있다. 방류에는 김성기, 김천택, 김태석, 김상득, 이덕함, 김수장의 작품이 수록되어 있다.[17] 널리 알려진 대로 김성기, 김천택, 김수장은 경아전층에 속한 여항 가객들이다. 이덕함 또한 "吏曹書吏"라 했으므로 경아전 출신의 여항 가객임을 알 수 있다. 김태석은 이덕함과 함께 『청구가요』에 작품을 남긴 작가다. 『청구가요』가 김수장과 밀접한 관련이 있는 가집임을 감안할 때 김태석도 김수장, 이덕함과 함께 경아전 출신의 가객일 확률이 높은 것으로 생각된다. 이로써 경아전층에 속한 여항 가객들을 방류로 묶고 있음을 알 수 있다.[18] 이상의 사실을 통해 여항인의 중심을 중서층에 두고 경아전층을 이의 방계로 처리한 것을 알 수 있는데, 이는 여항인의 범주 설정과 관련하여 주목을 요하는 부분이다.

'습유 무명씨~우탁'까지도 우리를 혼란스럽게 만들기는 마찬가지다. 무명씨 뒤에 다시 유명씨 작가가 등장하는데다 작가별 작품 수도 만만치 않게 수록되어 있기 때문이다. 여기에는 도대체 어떤 비밀이 숨어 있는 것일까? 이 의문에 답하기 위해서 우선적으로 주목해야 할 것은 '습유'라는 말이다. 이삭대엽 유명씨 뒤에 이어지는 부분이므로 그냥 무명씨라고 하면 될 것을 왜 굳이 '습유'라는 말을 앞에 붙였을까? 그것은 실제 연행 현상에서 가창되던 노래들을 주워 모아 실었기 때문인 것으로 생각된다. 앞에 수록한 작품들도 연창 실제와 관련이 없다고 볼 수는 없다.

16) 同中樞는 同知中樞府事로 중추부에 속한 종2품 벼슬이다. 중추부는 특정한 관직에 보임되지 않은 당상관의 고급관리들을 포용하는 기구였는데, 조선후기에 이르면 의관과 역관으로 관품이 높은 자가 승전(承傳)해 중추부의 관원이 되기도 하였다.

17) 이 중 김천택의 작품이 56수나 수록되고 있어 주목을 요한다. 반면 김수장의 작품은 1수만 수록되어 있다.

18) 김상득은 『병가』와 『악고』에 등장하고 있으나 아무런 작가 정보가 제시되어 있지 않다.

그러나 전하던 가집을 참조했다는 흔적이 곳곳에 나타나고 있다. 그 단적인 증거가 이미 앞서 살펴본, 삼중대엽에 표기된 "見靑丘永言"이다. 이이의 〈고산구곡가〉 또한 특정 가집을 참조한 것으로 보인다. 〈고산구곡가〉를 수록한 대부분의 가집에는 2종의 한역시가 함께 수록되어 있다. 그런데 이 가집에는 이 2종의 한역시 외에 이하조의 한역시 1종이 추가로 수록되어 있다. 이하조의 한역시를 포함하여 총 3종의 한역시를 수록하고 있는 가집은 『청장』A,[19] 『가조』, 『시박』, 『청홍』 등 극히 일부에 지나지 않는다. 따라서 이들 중 어떤 가집을 참조했을 가능성이 크다고 할 수 있다. 윤선도의 작품을 68수나 수록하고 있으며 해당 작품의 발문을 빠짐없이 수록한 것도 『고산가첩』이나 『고산유고』를 참조했을 가능성을 시사하는 것이다. 사실 이삭대엽 유명씨 부분은 김천택이 『청구영언』을 편찬할 때부터 여러 책자를 참조하여 작품의 서발문과 한역시를 수록하였으며, 이는 이후에 편찬된 가집들에서도 동일하게 되풀이 되었다. 이에 반해 무명씨 부분은 당대 연창의 실제를 반영하고 있는 것이 대부분이다. 이렇게 볼 때 『시김』과 여타 가집 사이에 본질적 차이가 존재하는 것은 아니다. 다만 『시김』의 경우 무명씨가 당대 연창의 실제를 반영한 것이라는 점을 '습유'라는 말을 통해 분명히 밝혔다는 점에서 차이가 날 뿐이다.

한편 '제봉 고경명'이라는 제목 아래 60수의 작품이 수록되어 있는데, 이 모두가 고경명의 작품임을 지시한다고 보기는 어렵다. 『고시조 대전』를 참조하여 각 가집에 수록된 작가 표기를 확인해본 결과 첫 번째 작품인 365번이 『동국』과 『동가』에 고경명으로 표기된 것을 볼 수 있고,[20]

19) 『청장』은 전반부(『청장』A)와 후반부(『청장』B)가 뚜렷이 대별되는 이중 체재를 보여주는데, 이 중 『청장』A는 18세기 전반 가집의 특성을 보여주고 있다. 이에 대해서는 이 책에 수록된 「18세기 가집 편찬과 『청구영언』(장서각본)의 위상」 참조.

382번이 『동가』와 『청육』에 고경명으로 표기된 것을 볼 수 있을 뿐 나머지 작품은 모두 무명씨이거나 다른 작가의 작품으로 표기되어 있다. 이로써 '제봉 고경명'이 지시하는 작품은 365번 1수임을 알 수 있다.[21] 이는 뒤에 이어지는 박팽년, 이원익, 우탁, 송인수, 성충, 안정 등의 경우에도 마찬가지다.

이상의 사실을 통해 '습유 무명씨'는 무명씨 첫 작품인 296번부터 우탁 마지막 작품인 516번까지의 221수를 포괄하는 것임을 알 수 있다. 221수 중 8수의 작품에 작가 표기를 한 것은 해당 작품들이 특정 작가의 작품으로 전하고 있는 실상을 보여주기 위한 것으로 생각된다.

다음으로 낙희사는 낙시조를 가리킨다. 대부분의 가집에서 낙시조라는 명칭을 사용하고 있으나, 일부 가집에서는 낙희조(『청장』A, 『병가』) 또는 낙희사(『악고』)라는 명칭이 사용되었다. 낙희사 다음에 '정철 송강'이라는 제목 하에 1수의 작품[22]이 실려 있는데 이 역시 낙희사에 수렴되는 것으로 보인다.

마지막의 만횡엽에는 38수의 작품을 싣고 있는데, 이 중 마지막 작품은 종장 말구가 생략된 시조창 형태를 취하고 있다.[23] 앞부분과 동일한 필체로 되어 있어 후대의 추록도 아닌 듯한데 왜 시조창 사설이 들어간

---

20) 『병가』에는 고경문(高敬文)으로 되어 있다.

21) 382번의 경우 일부 가집에 고경명으로 표기하고 있으나 이 가집에서는 무명씨로 처리했다고 봐야 한다. 만약 고경명 작품임을 나타내고자 했다면 이 작품 앞에 다시 '제봉 고경명'이라 표기했을 것이다. 이는 뒤에 나오는 우탁의 경우 두 차례 적고 있는 데서 확인할 수 있다.

22) "深意山 세네바회 감도라 휘도라 드러 / 五月 六月 낫계즉만 살얼음 지핀 우ᄒᆡ 즌서리 셧거 치고 자최눈 디엇거늘 보앗ᄂᆞᆫᄃᆡ 님이 / 外ᄂᆞᆫ놈이 外ᄂᆞᆫ말을 ᄒᆞ여도 님이 斟酌ᄒᆞ소셔."

23) "노ᄉᆡ 졀머 노ᄉᆡ 늘거지면 못 노ᄂᆞ니 / 花無十日紅이요 달도 차면 지우ᄂᆞ니 / 人生이 一場春夢이니 아니 놀고."

것인지 알 수 없다. 한편 만횡엽 거의 마지막 부분에도 순서가 뒤바뀐 것을 볼 수 있다. 즉 83면 마지막 작품이 완결되어 끝났음에도 84면 시작 부분에 수록된 작품의 경우 작품 중간부터 시작하고 있다. 확인 결과 이 작품은 87면 끝에 수록된 작품에 이어지는 내용이었다.[24] 따라서 84면~87면에 해당하는 두 장의 순서가 뒤바뀐 것으로 보인다.

이상 『시김』의 구성과 체재를 자세히 검토해 보았다. 이제 위에서 검토한 내용을 바탕으로 이 가집의 편찬 체재를 재정리해 보기로 하자.

初中大葉(2) : 1~2
二中大葉(1) : 3
三中大葉 : 見靑丘永言
北殿(2) : 4~5
初數大葉(4) : 6~9
二數大葉(507) : 10~516
列聖御製(3) : 10~12
麗末(6) : 13~18
本朝(189) : 19~209
年代欠考(2) : 210~211
閭巷(13) : 212~224
傍流(62) : 225~286
妓流(9) : 287~295
無名氏(221) : 296~516

24) "**피좁쌀 못 먹인 ᄒᆡ에 무리 ᄉᆞ력도 하고 할샤 / 陽德 孟山 酒湯이와 永柔** 肅川 환양이 년들 저 다 ᄐᆞ먹은 還자을 이 늘근 ᄂᆡ게 다 가물릴소냐 / 邊利랑 네 물지라도 밋츤 ᄂᆡ 다 擔當ᄒᆞᆷ식." 밑줄 친 부분은 87면에 나머지 부분은 84면에 수록되어 있다. 이 부분 역시 원본이 잘못 편집되었을 가능성과 영인 과정에서 실수했을 가능성이 공존하는데, 이 부분은 앞의 윤선도 부분과 달리 김선풍이 정리한 활자본에는 정상적으로 처리되어 있어 영인 과정에서 실수했을 가능성도 있는 것으로 생각된다.

三數大葉(16) : 517~532
樂戱詞(20) : 533~552
蔓横葉(38) : 553~590

원래는 굉장히 복잡한 가집이었으나 재정리하고 보니 의외로 단순한 구성을 취하고 있다. 총 9개 악곡이 나타나고 있는데, 이는 『청진』과 견주어 보더라도 이북전 하나가 부족한 것이다. 적어도 악곡 구성만 놓고 보면 가장 이른 시기에 편찬된 가집처럼 보인다. 과연 그럴까? 각 악곡에 수록된 작품 현황을 통해 이 가집의 편찬 연대를 알아보기로 하자.

3. 『시김』의 편찬 연대

우선 소수의 작품을 수록하고 있는 '초중대엽~초삭대엽' 부분을 보기로 하자. 여기서 가장 주목되는 것은 18세기 초 · 중반에 편찬된 『청진』, 『청장』A , 『해박』, 『해주』 등에 수록된 작품과 일치하는 것이 거의 없다는 점이다. 18세기 초 · 중반에 편찬된 가집들에서는 '초중대엽~초삭대엽' 부분에 수록된 작품이 거의 일치하고 있다. 초중대엽 · 이중대엽 · 삼중대엽 · 이북전 · 초삭대엽의 경우 완전한 일치를 보이고 있으며,[25] 북전의 경우 『청구영언』과 『해동가요』에 차이가 있을 뿐이다.[26] 이것과 『시김』을 견주어 보면, 북전에 수록된 2수 중 1수(누은들 줌이 오며~)만

25) 초중대엽에는 "오늘이 오늘이쇼셔~", 이중대엽에는 "이바 楚ㅅ사름들아~", 삼중대엽에는 "부헙코 섬써올손~", 이북전에는 "ᄋ자 내 黄毛試筆墨을~", 초삭대엽에는 "어져 내 일이야~"가 공통적으로 실려 있다.

26) 북전의 경우 『청진』과 『청장』A에는 "흐리누거 괴ᄋ시든~"이, 『해박』과 『해주』에는 "누은들 줌이 오며~"가 실려 있다.

이『해동가요』와 일치할 뿐 나머지는 모두 불일치하고 있다. 북전 1수를 제외한 나머지 작품들은 대부분 18세기 후반 이후에 편찬된 가집들과 악곡이 일치하고 있으며, 북전 1수(簫聲咽 秦娥夢斷~)와 초삭대엽 4수 중 1수(瞻彼淇澳 ᄒᆞᆫ듸~)는 아예 악곡이 일치하는 가집이 없다.[27]

다음으로 이삭대엽 부분을 보기로 하자. 이삭대엽의 구성에서 열성어제가 맨 앞에 나타나는 것은『청장』A에서부터다.『청진』의 경우 본조와 여항육인의 사이에 열성어제가 배치되어 있다.[28] 본조 다음 부분은 가집마다 조금씩 차이가 있으므로 연대 추정에 별 도움이 되지 않는다. 따라서 구성의 측면보다는 수록 작가와 작품에 주목할 필요가 있다.

열성어제에는 성종·효종·숙종의 작품이 각 1수씩 수록되어 있는데, 이 중 숙종의 작품만『청진』과『청장』A에도 수록된 것일 뿐 나머지 성종과 효종의 작품은 이 두 가집에는 실려 있지 않고『해동가요』이후 가집에서만 나타나는 것이다.

여말의 경우도 '초중대엽~초삭대엽'의 경우와 마찬가지로 18세기 초·중반 가집에 수록된 작품이 고정적이다. 즉 이색의 "白雪이 ᄌᆞ자진 골에~", 정몽주의 〈단심가〉, 맹사성의 〈강호사시가〉가 공통적으로 실려 있다. 하지만『시김』에는 이들 작품이 단 한 작품도 실리지 않았다. 대신 18세기 후반 이후 가집부터 등장하는 작가인 최충·이존오·길재의 작품을 실었으며, 맹사성의 경우는 〈강호사시가〉 대신 흔히 황희의 〈사시가〉로 알려진 작품 중 2수를 수록하고 있다.

본조에서도『청진』에 수록되지 않은 작가인 이이·윤선도·이정보의

27) "簫聲咽 秦娥夢斷~"은 대부분의 가집에 삼삭대엽 곡으로, "瞻彼淇澳 ᄒᆞᆫ듸~"는 모든 가집에 이삭대엽 곡으로 수록되어 있다.

28)『청진』이삭대엽의 구성은 '여말-본조-열성어제-여항육인-규수삼인-연대결고-무명씨'의 순으로 되어 있다.

작품이 전체의 81.5%를 차지하고 있다.[29] 이이의 〈고산구곡가〉는 『청장』A에서부터 실리기 시작하고, 윤선도의 작품은 『청장』A에서 1수가 실리기 시작한 후 『해박』(23수) · 『해주』(52수)로 가면서 작품 수가 크게 늘고 있다. 이정보의 작품은 『해주』부터 비로소 실리기 시작한다.

여항과 방류에는 『청진』의 여항육인 중 주의식 · 김성기 · 김천택 등 세 명의 작품이 실려 있기는 하나 『청요』와 『병가』에 등장하는 작가가 다수 포함되어 있다. 주의식 · 김성기 · 김천택의 작품 중 절대적인 수가 『청진』에 수록되지 않은 작품이라는 것도 주의할 필요가 있다. 김성기의 작품은 『청진』에 수록된 것이지만 주의식의 작품은 3수 모두 『청진』에 실리지 않은 작품이며, 김천택의 작품은 약 20%만이 『청진』에 수록된 작품이다.[30]

기류의 경우도 7명 중 진이를 제외한 6명은 『청진』에 등장하지 않은 작가들이다. 6명의 작품 중 계랑의 작품(梨花雨 흣뿌릴 제~)만 『청진』에 무명씨로 실려 있을 뿐 나머지 작가의 작품은 무명씨로도 실려 있지 않다. 진이의 경우도 『청진』에 실리지 않은 작품을 수록하고 있다.

무명씨의 경우도 『청진』에 수록된 작품보다 수록되지 않은 작품이 훨씬 더 많은 비중을 차지하고 있다. 그리고 이는 삼삭대엽, 낙희사, 만횡엽에도 공통적으로 나타나는 현상이다.

이상의 사실을 통해 『시김』이 악곡 구성의 측면에서는 『청진』과 가장 유사한 초기 가집의 모습을 보이고 있으나, 작가나 작품 수록 현황에 있어서는 『청진』과의 일치도가 매우 낮은 편이며, 오히려 『해동가요』와 그 이후에 편찬된 가집과 훨씬 일치도가 높다는 것을 알 수 있었다. 따라

29) 이 비율은 '부 만횡엽'에 실린 작품을 이정보의 것으로 간주하여 계산한 것이다.
30) 56수 중 11수(19.6%)가 『청진』에 실려 있는 작품이다. 한편 『청진』에 수록된 것과 종장이 다른 2수가 있다. 이 2수를 포함하더라도 23%(13/56)에 불과하다.

서 이 가집은 18세기 후반 이후에 편찬된 것이라는 잠정적 결론을 얻을 수 있다.[31)]

그러면 18세기 후반 이후 중 구체적으로 언제 편찬된 것일까? 이쯤에서 책 말미에 기록된 필사기를 참조하도록 하자. 이 가집의 마지막에는 "乙丑七月十七日, 宋泰運書抄"라는 간단한 기록이 적혀 있다. 여기 을축년은 과연 언제를 가리키는 것일까? 또한 송태운은 단순한 필사자일까, 아니면 이 가집의 편찬자일까?

가집 편찬이 이루어진 시기는 18세기 초~20세기 초까지다. 이 시기 중 을축년에 해당하는 해는 1745년, 1805년, 1865년, 1925년이다. 그런데 앞에서 여러 가지 사항을 검토한 결과 18세기 후반 이후에 편찬된 것이라는 잠정적 결론을 얻은 상태이므로 1745년은 제외하고 보는 것이 좋을 듯하다. 나머지 세 시기 중 하나로 확정하기 위해서는 송태운이 언제 사람인지 밝히는 것이 필요하다. 송태운은 과연 언제 사람이며, 어떤 인물이었을까?

송태운은 다른 문헌에는 보이지 않고 단지 『승정원일기』에 몇 차례 이름이 나타나고 있다. 영조 40년(1764년)에 두 차례, 영조 42년 · 영조 44년 · 영조 45년 · 정조 즉위년(1776년)에 각각 한 차례씩 등장하고 있다.[32)] 이 중 영조 40년~영조 44년의 기록에는 "哨官宋泰運"이라 적고 있다. 초관은 종9품의 무관직이다. 영조 45년에는 훈련주부로 삼았다는 기록이 보인다.[33)] 주부는 각종 관서의 문서와 부적(符籍)을 주관하던 종6품 관직인데, 훈련원의 경우 원래 2인을 두었으나 영조 22년(1746년)에

---

31) '습유 무명씨'와 낙희사의 일부 작품에 작가 표기가 된 것도 18세기 후반 이후에 편찬된 가집들에서 나타나는 현상이라는 점에서 이러한 결론을 뒷받침하고 있다.

32) '『승정원일기』, 국사편찬위원회, 2007.' 참조.

33) "李世春 · 金燁 · 宋泰運爲訓鍊主簿加設." 위의 책, 탈초본 72책.

이를 18인으로 증설함으로써 다른 관서에 비해 압도적으로 많은 수를 두었다. 마지막으로 정조 즉위년에 부호군 이장엽 등이 소를 올리면서 연명자의 명단을 열거한 것이 보이는데, 여기에서는 부사과의 명단에 송태운이 등장하고 있다. 부사과는 5위에 두었던 종6품 무관직이다. 이상의 사실을 통해 송태운은 18세기 후반에 무관으로 활동한 인물임을 알 수 있다. 따라서 필사기에 기록된 을축년은 1805년이라 할 수 있다. 이때는 송태운이 『승정원일기』에 처음 등장하는 1764년으로부터 약 40여 년이 경과한 시기로, 그의 나이 60대 정도로 추정된다.[34] 결국 『시김』은 무관 출신의 송태운이 관직에서 물러난 만년인 1805년에 편찬한 가집이라 할 수 있다.

『시김』의 편찬자가 사대부의 일원인 무관 출신의 송태운이라는 것을 염두에 둘 때 이와 관련된 몇 가지 특징이 발견됨을 볼 수 있다.

우선 이 가집의 제목이 『시여』인 것이 눈길을 끈다. 시여라는 말은 전통적으로 한시를 중시하는 입장에서 시조를 지칭할 때 통용되던 것이다. 17세기 이후 국문시가에 대한 위상이 높아지면서 시여의 개념이 다소 변화되는 것을 볼 수 있지만 한시와 연관 지어 시조를 논할 때 주로 사용되었다는 점은 부인할 수 없는 사실이다. 그리하여 시여라는 말은 사대부 작가가 시조를 가리킬 때 주로 사용하였다.[35] 따라서 가집의 제목을 『시여』로 삼은 것은 편찬자의 사대부 의식이 일정하게 투영된 결과로 해석된다.

이삭대엽의 순차 구성에서 지나치게 신분을 중시하는 관점을 취한 것

34) 『승정원일기』에 처음 등장하는 1764년의 벼슬이 가장 말단인 초관이므로 이때가 관직 진출의 초기일 것으로 보이고, 이 시기를 20대 정도로 간주하면 1805년은 60대가 된다.

35) 신흠의 〈방옹시여〉가 대표적인 예라 할 수 있다.

역시 주목을 요하는 부분이다. 이미 앞서 살펴본 바와 같이 이삭대엽의 구성에서 열성어제를 맨 앞으로 배치하였을 뿐만 아니라 연대결고를 여항인이나 기녀에 앞서 본조 사대부 작가 바로 다음에 배치하였으며, 여항인을 여항과 방류로 나누어 중서층과 경아전층을 구분하고 있다. 이 또한 이 가집 편찬자의 사대부 의식이 작용한 결과라 할 수 있다.

마지막으로 특정 가집에 국한하여 제한적으로 수록되고 있는 무관 출신 작가의 작품을 싣고 있는 것 또한 특징적인 현상이라 할 수 있다.

> 나라히 太平이라 武臣을 바리시니
> 날 갓튼 英雄은 北塞의 다 늙거다
> 아마도 爲國精忠은 나뿐인가 ᄒᆞ노라.

> 龍泉劍 쎄쳐 들고 萬里長城 쓰ᄇᆞ를니
> 旄頭星 써러지고 胡天이 뷔거고야
> 아마도 大明日月을 다시 볼가 ᄒᆞ노라.

첫 번째 작품은 장붕익(1674-1735)이 종성에 귀양 갔을 때 지은 것이다.[36] 이 작품은 18세기 초・중반 가집 중 『청장』A・『가조』・『시박』・『가권』 등 『가조』 계열 가집에만 수록되었을 뿐 『청진』과 『해동가요』에는 실리지 않았으며, 18세기 말~19세기 초에 편찬된 가집 중에도 『병가』・『청홍』・『청가』 등 일부 가집에만 제한적으로 수록되어 있다. 장붕익이 종성에 귀양 간 것이 1723년이고 관직이 회복된 것이 1725년이므로 1720년대 중반에 이미 서울에서 이 노래가 불렸다고 볼 수 있다. 그런데도 『청진』과 『해동가요』에 이 작품이 수록되지 않은 것은 장붕익 주변 인

36) 「18세기 가집 편찬과 『청구영언』(장서각본)의 위상」, 본서 수록.

물들을 중심으로 전승되다가 일부의 특정 가집들에만 수용된 때문으로 추정된다.

두 번째 작품은 이 가집 외에 『가곡』(연대본)과 『악부』(고대본)에만 수록되어 있다. 이 작품의 작가는 김성응(金聖應)으로 되어 있고, 그 아래 "字君瑞, 淸風人, 武科, 官至判書"라 기록되어 있다. 김성응(1699-1764)은 영조 4년(1728년) 이인좌의 난 이후 어영대장 장붕익의 천거로 사복시 내승으로 기용된 뒤 선전관, 고부군수를 거쳐 약 20여 년 간 병조판서와 훈련대장을 번갈아가며 역임한 인물이다.[37] 김성응은 이정보(1693-1766)와 동시대 인물로 『시김』에는 이정보의 바로 앞에 작품을 싣고 있다. 그런데도 『해동가요』를 비롯하여 18세기 말~19세기 초에 편찬된 가집에 전혀 수록되지 않고 오직 이 가집에만 수록되었다는 사실은 김성응과 이 가집 편찬자가 특수 관계였을 가능성을 시사하는 것이다. 김성응이 몰한 1764년은 송태운이 『승정원일기』에 처음 등장하는 해이니 혹 김성응은 송태운을 발탁한 인물이 아닐까 추정된다.

이 밖에 〈운길산하노인가〉 4장과 소춘풍의 작품 3수도 주목을 요한다. 〈운길산하노인가〉는 극히 제한된 가집에 4장이 분산되어 수록되고 있을 뿐[38] 4장이 온전하게 실려 있는 것은 이 가집과 『악고』밖에 없다. 이 작품의 작가는 목천현감을 지낸 김식(金湜, 1699-1742)인데, 그는 광해군 때 후금정벌에 나섰다가 전사한 김응하(金應河, 1580-1619)의 고손으로 그의 가문은 대대로 무인적 성향을 띠는 것이 특징이다.[39] 소춘풍의 작품은 널리 알려진 것이지만 3수 중 수많은 가집에 수록된 것은 마

---

37) 『한국민족문화대백과사전』, 한국정신문화연구원, 1991.

38) 1장은 『청장』A · 『가조』 · 『시박』 · 『가권』 · 『청가』에, 2장은 『가조』 · 『시박』 · 『가평』에, 4장은 중장이 변형된 형태가 『홍비』에 수록되어 있다.

39) 이 책에 수록된 「18세기 가집 편찬과 『청구영언』(장서각본)의 위상」 참조.

지막 세 번째 작품이고 첫 번째와 두 번째까지 포함하여 3수를 모두 싣고 있는 것은 이 가집을 비롯하여 8개 가집에 불과하다.[40] 이삭대엽 기류에서 기녀 시조를 대표하는 황진이의 작품조차 여타 작가와 마찬가지로 1수만 실으면서 소춘풍의 작품을 3수 모두 수록한 것은 분명 특별한 배려라 할 수 있는데, 이는 소춘풍의 시조가 문무환락(文武歡樂)을 주제로 한 작품이기 때문이라 생각된다.

4. 결론

지금까지 『시김』을 대상으로 이 가집의 편찬 체재와 편찬 연대를 중심으로 살펴보았다. 이를 요약하면 다음과 같다.

겉으로 드러난 『시김』의 체재는 상당히 복잡하고 혼란스러운 형태를 취하고 있다. 이삭대엽 본조 다음에 '부 만횡엽'이 나오는가 하면, 그 뒤에는 다시 연대결고부터 기류까지 유명씨 작품이 수록되고 있다. 기류 뒤에 '습유 무명씨'가 나와서 정리가 되는 듯하더니 그 뒤에 다시 7명의 유명씨 작가가 등장하여 혼란을 주고 있으며, 여기에 수록된 7명의 작품 수가 상당히 많은 양을 차지하고 있는 것도 당혹스런 부분이다. 뿐만 아니라 삼삭대엽과 낙희사가 이어져 제자리를 찾았다고 생각하는 순간 다시 정철의 작품 1수가 등장하여 의아스럽게 만들고 있다.

하지만 이는 겉으로 드러난 양상일 뿐 사실은 일관된 체재를 갖춘 가집임을 알 수 있었다. '부 만횡엽'에 수록된 작품이 모두 이정보의 사설시조로 밝혀짐으로써 본조 마지막 작가인 이정보의 작품을 연속해서 싣

40) 이 가집 외에 『해박』·『해일』·『해주』·『해정』·『병가』·『악서』·『악고』에 3수가 온전히 실려 있다.

고 있음이 확인되었다. '습유 무명씨' 뒤에 등장하는 유명씨 작품은 수집한 무명씨 작품 가운데 일부 유명씨로 전하는 작품이 있어 이를 해당 작품 앞에 표시한 것으로 판명되었다. 정철의 작품 역시 마찬가지 이유로 낙희사 뒤에 덧붙은 것이다. 이런 사실을 바탕으로 이 가집의 체재를 재정리해 본 결과 총 9개 악곡을 중심으로 악곡별 분류를 시도한 아주 단순한 가집임을 알 수 있었다.

9개 악곡은 『청진』에 비해 이북전 1곡이 적은 것으로 이것만 보면 초기 가집의 형태를 취하고 있다. 그러나 수록 작품 현황을 분석한 결과 적어도 18세기 후반 이후에 편찬된 가집이라는 사실을 알 수 있었고, 이를 토대로 책자 말미에 기록된 필사기의 을축년이 1805년임을 확정지었다. 한편 이 가집의 필사자인 송태운과 관련, 여러 문헌에서 18세기 말~19세기 초에 활동한 인물을 추적한 결과 『승정원일기』에 무관 벼슬을 한 송태운이 있음을 확인하였다. 마지막으로 가집의 제목을 비롯하여 작가 배치에서 신분을 중시하는 사대부 의식이 투영되어 있다는 사실과, 김성응 등 극히 일부 가집에만 수록된 무관이 있는 등 무관과 관련된 특정 작가나 작품이 중시되고 있다는 사실을 통해 송태운이 단순 필사자가 아닌, 가집의 편찬자일 것으로 판단하였다.

이 글에서는 혼란스러운 가집의 체재에 의문을 가지고 이를 해명하는 데 주력하였으며, 편찬자나 편찬연대와 같은 기본적인 내용을 밝히는 데 치중한 나머지 이 가집의 가곡사적 위상에 대해서는 전혀 살피지 못했다. 이에 대해서는 다음 글에서 별도로 정리하였다.

제4장
『시여』(김선풍본)의 가집사적 위상

1. 머리말

이 글에서는 『시여』(김선풍본)을 대상으로 그것의 가집사적 위상을 살펴보고자 한다.

『시김』은 소장자인 김선풍이 1990년대 말에 소개한[1] 가곡창 가집이다. 소개 이후 한참동안 이 가집은 학계의 주목을 받지 못했다. 그리하여 가집의 기본적인 성격조차 파악되지 못한 채 연구자의 손길을 기다리고 있었다. 이에 필자는 앞의 글을 통해 우선 이 가집의 편찬 체재가 어떠한지, 편찬 연대는 언제인지를 밝히는 작업을 수행하였다. 그리하여 겉으로 상당히 복잡하고 혼란스러워 보임에도 불구하고 사실은 의외로 단순한 구성을 취하고 있으며 나름대로 일관된 내적 질서를 갖추고 있는 가집임을 확인할 수 있었다. 아울러 무관 출신인 송태운이 1805년에 편찬한 것이라는 사실도 알게 되었다.

이 글에서는 이를 바탕으로 『시김』의 가집사적 위상에 대해 검토해 보고자 한다. 19세기 초반 가집인 『시김』은 18세기 가집과 어떤 관계를 맺고 있는지, 또 이후에 편찬된 가집에 어떤 영향을 미쳤는지, 그리고

1) 김선풍, 『시조가집 시여 자료』, 『인하어문연구』 제4호, 인하어문연구회, 1999.
______, 『시조가집 시여 연구』, 중앙대학교 출판부, 1999.

동시대의 다른 가집과는 어떤 친연성과 차이점을 갖고 있는지 등을 검토하고 이에 대한 적절한 의미를 부여하는 것이 이 글의 목표라 할 수 있다.

2. 18세기 가집과의 상관관계

『시김』은 1805년에 편찬된 것이므로 일차적으로 그 이전에 존재했던 가집들, 즉 18세기 가집들을 참조하여 이루어졌다고 보는 것이 자연스럽게 예상할 수 있는 결과라 하겠다. 이 가집의 전반적인 편찬 체재는 이런 예상을 뒷받침하고 있다.

初中大葉(2) : 1~2
二中大葉(1) : 3
三中大葉 : 見青丘永言
北殿(2) : 4~5
初數大葉(4) : 6~9
二數大葉(507) : 10~516
列聖御製(3) : 10~12
麗末(6) : 13~18
本朝(189) : 19~209
年代欠考(2) : 210~211
閭巷(13) : 212~224
傍流(62) : 225~286
妓流(9) : 287~295
無名氏(221) : 296~516
三數大葉(16) : 517~532

樂戱詞(20) : 533~552

蔓橫葉(38) : 553~590[2)]

위의 편찬 체재를 보면 총 9개 악곡으로 구성되어 있는데 이는 이북전이 빠진 것을 제외하면 『청진』이나 『청장』의 전반부(『청장』A)와 대체로 일치하는 것이다. 이로써 초기 가집이 마련한 기본틀을 거의 그대로 계승하고 있음을 확인할 수 있다. 하지만 이삭대엽의 세부 구성, 작가나 작품 수록 현황 등 구체적인 내용을 살펴보면 초기 가집들과의 연관성보다는 오히려 차별성이 훨씬 두드러지고 있어 나름대로 독자성을 추구한 가집임을 알 수 있다.

우선 이삭대엽의 세부 구성을 살펴보면 18세기의 어떤 가집에도 나타나지 않는 양상을 띠고 있어 이 가집이 추구한 새로운 지향점을 읽을 수 있다. 이삭대엽의 세부 구성에서 주목을 요하는 부분은 두 가지다. 하나는 연대결고의 위치다. 연대결고의 위치는 가집마다 약간의 차이가 있으나 이 가집처럼 본조 바로 뒤에 배치한 것은 예를 찾을 수 없다. 이 가집에서 본조에 이어 연대결고를 배치한 것은 작가의 신분을 우선적으로 고려했기 때문이다. 다른 하나는 여항인을 여항과 방류로 구분하고 있다는 점이다. 여항에는 주로 중서층 작가의 작품을 수록하고 있으며, 방류에는 경아전층에 속한 여항 가객들의 작품을 수록하고 있다. 이 또한 이 가집에만 나타나는 현상으로서 신분을 중시한 편찬자의 의식을 엿볼 수 있다. 이러한 현상은 편찬자 송태운이 사대부의 일원인 무관 출신이라는 것과 관련이 있는 것으로 보인다.[3)]

2) 이것은 『시김』의 구성을 종합적으로 검토한 뒤 그 결과를 바탕으로 필자가 재정리한 것이다. 이에 대한 자세한 내용은 이 책에 수록된 「『시여(김선풍본)의 편찬 체재 및 편찬 연대」를 참조하기 바란다.

3) '위의 글.' 참조.

다음으로 작가와 작품 수록 현황을 살펴보면 이 가집의 성격을 보다 분명하게 확인할 수 있다. 편의상 '초중대엽~초삭대엽'과 '이삭대엽 유명씨'로 나누어 살펴보기로 한다.

먼저 '초중대엽~초삭대엽'의 작품 수록 현황을 파악하기 위해 초중대엽에 실려 있는 두 작품을 인용하기로 한다.

> 松林의 눈이 오니 柯枝마다 곳치로다
> 훈 柯枝 씌쳐닉여 님 계신 딕 보닉고져
> 님계셔 보시온 後의 녹아진들 엇더후리.
>
> 張翰이 江東去홀 제 씌마초 秋風이로다
> 白日 져믄 딕 限 업순 滄波ㅣ로다
> 어딕셔 외로온 기러기는 흠긔 녜즈 후누니.[4]

위의 두 작품은 18세기 초·중반에 편찬된 『청진』·『청장』A·『해주』 등에는 수록되어 있지 않다. 이 작품들이 수록되기 시작하는 것은 18세기 말에 편찬된 것으로 추정되고 있는 『병가』[5]부터다. 그리하여 18세기 말~20세기 초에 편찬된 다수의 가집에 수록되어 있으나 이 가집과 악곡이 일치하는 것은 상당히 제한적이다. 즉 첫 번째 작품은 『병가』에만 초중대엽에 실려 있으며,[6] 두 번째 작품은 『병가』와 『청영』에만 초중대엽에 실려 있다. 18세기 말~19세기 초에 편찬된 일부 가집에만 초중대

4) '김선풍, 『시조가집 시여 연구』, 중앙대학교 출판부, 1999.'의 "Ⅲ.《詩餘》原典". 이하 작품 인용은 이 책에 의거함.

5) 『병가』의 편찬 연대에 대해서는 논란이 있다. 여기서는 1790년에서 1800년 사이로 추정한 김용찬의 견해를 따르기로 한다. 김용찬, 「〈병와가곡집〉의 성격과 문학사적 위치」, 『교주 병와가곡집』, 월인, 2001.

6) 그 외 종장이 변형된 이형으로 초중대엽에 실려 있는 사례로 『가보』와 『시가곡』(권순회본)이 있다.

엽에 실려 있을 뿐 19세기 중반 이후에 편찬된 가집들에서는 다시 다른 악곡에 수록되고 있는 것이다. 이로써 이 가집이 19세기 초에 편찬된 가집임을 분명히 확인할 수 있다.

비단 초중대엽뿐만 아니라 이삭대엽 이전 악곡들의 경우 18세기 초·중반에 편찬된 가집들과 공출된 작품이 거의 없는 점은 공통적으로 나타나는 현상이다. 18세기 초·중반에 편찬된 가집들은 '초중대엽~초삭대엽'에 수록된 곡들이 거의 고정화되어 있다. 그런데 『시김』은 이 고정화된 사설을 거의 수용하지 않았다.[7] 18세기 초·중반 가집의 고정 사설을 수용하는 대신 그 자리를 채운 것은 18세기 후반부터 새로 등장한 사설들인 것으로 보인다.

이런 현상은 이삭대엽의 경우에도 그대로 나타나고 있다. 우선 여말의 경우를 보면 18세기 초·중반 가집에 고정적으로 실려 있는 이색의 "白雪이 ᄌᆞ자진 골에~", 정몽주의 〈단심가〉, 맹사성의 〈강호사시가〉 등이 하나도 실리지 않은 대신 18세기 후반 이후에 편찬된 가집부터 등장하는 최충·이존오·길재의 작품을 실었으며, 맹사성의 경우는 〈강호사시가〉 대신에 흔히 황희의 〈사시가〉로 알려진 작품 중 2수를 수록하고 있다. 정도의 차이는 있으나 이런 양상은 본조의 경우에도 그대로 이어지고 있다. 본조의 경우 전시대 가집에서 축적된 사설을 수용한 가운데 새로운 사설을 첨가하는 방식을 취하는 것이 일반적이다. 하지만 『시김』은 이런 일반적인 방식을 취하지 않았다. 그리하여 『청진』 이래 18세기 가집에 빠짐없이 수록되어 있는 이현보·이황·정철·신흠·김광욱 등 주요 작가의 작품을 모두 탈락시켰다. 반면에 『청진』에는 등장하지 않았던 작가인 이이(10수)·윤선도(68수)·이정보(76수)[8]의 작품을 154수

7) 이에 대한 구체적인 내용은 이 책에 수록된 「『시여(김선풍본)의 편찬 체재 및 편찬 연대」를 참조하기 바란다.

나 싣고 있다. 이들 세 작가의 작품은 본조에 수록된 작품 189수의 81.5%에 해당하는 것이다. 여항과 방류의 경우에도 마찬가지 현상이 나타나고 있다. 이 부분에는 총 11명의 작가가 등장하는데 이 중 『청진』과 『해주』에 등장한 여항인은 주의식(3수)·김성기(1수)·김천택(56수)·김수장(1수) 등 4명뿐이며, 나머지 7명은 『청요』·『병가』 등에 수록된 작가[9]이거나 이 가집에 새롭게 등장하는 작가들[10]이다.

이상의 사실을 통해 이 가집은 기본적인 분류 체계에 있어서는 18세기 가집의 틀을 수용하고 있으면서도 구체적인 세부 내용에 있어서는 18세기 후반에 등장한 작가나 작품을 위주로 수록하는 독자성을 추구하고 있음을 알 수 있었다. 그렇다면 이런 『시김』의 특징은 어떤 연유에 기인하는 것일까? 이와 관련하여 주목을 끄는 것이 "乙丑七月十七日, 宋泰運書抄"라는 필사기다. 이 기록은 기존에 존재하던 어떤 가집을 바탕으로 을축년(1805년)에 송태운이 '간추려 베낀' 것임을 시사하고 있다. 과연 그럴까? 지금부터 그 가능성을 검토해 보기로 한다.

우선 주목할 것이 삼중대엽[11] 아래에 기록되어 있는 "見靑丘永言"이라는 말이다. 이는 송태운이 『시김』을 편찬하면서 『청구영언』을 참조했다는 확실한 증거라 할 수 있다. 그런데 현재 『청구영언』의 이본 중 이 가집에 수록된 것과 악곡이 완전히 일치하는 가집이 없는 것으로 보아 아직까지 발견되지 않은 별도의 『청구영언』이 존재했던 것으로 보이며, 『시김』은 이를 참조하여 편찬된 것으로 추정된다. 다음으로 윤선도의

---

8) 이 수치는 이정보 뒤에 나오는 '부 만횡엽'에 실린 작품을 이정보의 것으로 간주하여 계산한 것이다.

9) 조웅현(1수)·박희서(3수)·김태석(2수)·이덕함(1수)이 이에 해당한다.

10) 정래교(3수)·정민교(2수)·김상득(1수)이 이에 해당한다.

11) 원본에는 三大中葉이라 적혀 있는데 이는 三中大葉의 오기로 판단된다.

〈어부사시사〉 중 '春詞十章' 아래에 "十章內上章, 落漏於本文, 故只錄下四章於左."라는 기록이 있다. 춘사 10장 중 첫 6장은 본문에 빠져 있어 마지막 4장만 수록했다는 것이다. 이 역시 기존의 어떤 가집을 참조했다는 증거라 할 수 있다. 마지막으로 이이의 〈고산구곡가〉에서도 특정 가집을 참조한 흔적이 나타나고 있다. 〈고산구곡가〉의 가집 수록 양상을 살펴보면 대부분 한역시를 함께 수록하고 있는데, 이들은 2종의 한역시를 수록한 것과 3종의 한역시를 수록한 것으로 나뉜다. 이 중 3종의 한역시를 수록한 가집은 『청장』A·『가조』·『시박』·『청홍』 등 일부 가집에 국한되는데, 『시김』 또한 3종의 한역시를 수록하고 있어 이들 중 하나를 참조했거나 이들과 동일한 계열에 속하는 또 다른 『청구영언』을 참조했다고 볼 수 있다.

이상의 사실을 통해 『청진』→『해주』 계열로 이어지는 계보와 구별되는 별도의 『청구영언』이 18세기 후반에 존재했으며 이를 바탕으로 간추려 베낀 것이 『시김』이라는 것을 상정할 수 있을 듯하다. 『시김』은 총 590수의 작품을 싣고 있는데, 이것이 기존의 어떤 가집을 간추려 베낀 결과라는 것은 놀라운 사실이다. 왜냐하면 『시김』의 저본이 된 『청구영언』은 적어도 이것의 1.5배에 가까운 작품을 수록하였을 것으로 추정되기 때문이다.[12] 그렇다면 18세기 후반에 『병가』에 버금가는 또 다른 가

12) 이는 단순 추정일 뿐 정교한 계산에 입각한 것이 아님을 밝혀 둔다. 편찬자 송태운이 자신이 참조한 가집에서 얼마를 버리고 얼마를 취한 것인지 정확히 알기란 불가능하다. 다만 비슷한 시기에 편찬된 『병가』와 비교해 볼 때 200수 이상의 작품이 배제된 것은 거의 확실해 보인다. '초중대엽~초삭대엽'의 경우 『병가』에는 33수가 수록되어 있는데 『시김』에는 9수만 수록되었다. 이삭대엽의 경우 거의 모든 가집에 수록되어 있는 이현보·이황·정철·신흠·김광욱 등의 작품이 빠져 있는데, 『병가』에 수록된 이들 작가의 작품 수는 118수에 달한다. 여기에 작품이 수록되어 있으나 작품 수에 차이가 많이 나는 주의식·김수장 등 여타 작가까지 고려할 경우 이삭대엽에서 배제된 작품이 150수를 능히 넘을 것으로 보인다. 마지막으로 만횡엽의 경우 38수가 수록

집이 존재했다는 얘기가 성립된다.

3. 동시대 가집과의 연관성

『시김』의 저본으로 18세기 후반에 편찬된 미발견 『청구영언』을 상정할 경우 자연스럽게 떠오르는 것이 『병가』와의 관련성 문제라 할 수 있다. 이를 알아보기 위해 『시김』과 『병가』를 견주어 보기로 하자.

『고시조 대전』을 참조하여 『시김』에 수록된 작품이 여타 가집에 실린 현황을 파악해 본 결과 『병가』와의 공출 빈도가 가장 높은 것으로 나타나고 있다. 하지만 이는 『병가』가 가장 방대한 양을 수록한 가집이기 때문에 나타난 현상일 수 있으므로 좀 더 정확한 관련성을 파악하기 위해서는 악곡별 대비가 필요하다.

악곡별 대비 결과는 차별성이 오히려 두드러진 것으로 나타나고 있다. 초중대엽(2)과 이중대엽(1)은 악곡이 상호 일치하고 있으나, 북전(2) 중 한 작품, 초삭대엽(4) 중 두 작품은 악곡이 불일치하고 있다. 북전 두 번째 작품은 삼삭대엽에,[13] 초삭대엽 두 번째 작품은 편삭대엽에,[14] 그리고

되어 있는데, 여기서도 500수 이상을 수록한 대규모 가집의 경우 평균적으로 100수 내외를 수록하고 있는 점을 감안할 때 60~70수 정도의 차이가 남을 볼 수 있다. 따라서 이를 종합할 때 『시김』의 저본이 된 『청구영언』은 8백 수십 수의 작품을 수록한 대규모 가집일 것으로 추정된다. 거듭 말하지만 이는 단순 추정이므로 배제한 만큼 새로운 작품을 추가하였을 경우를 상정한다면 총 작품 수에 거의 차이가 없을 가능성도 완전히 배제할 수는 없을 듯하다.

13) 북전 두 번째 작품은 『병가』뿐만 아니라 대부분의 가집에 삼삭대엽 곡으로 수록되어 있다.

14) 초삭대엽 두 번째 작품은 『가보』·『시권』·『악나』·『홍비』에는 초삭대엽 곡으로 수록되어 있으며, 『병가』와 『청육』에는 편삭대엽에 실려 있다.

초삭대엽 네 번째 작품은 이삭대엽에 실려 있다.[15] 이런 악곡의 불일치 현상은 이삭대엽, 낙희사, 만횡엽에서도 부분적으로 나타나고 있다.

한편 작가 표기의 측면에서도 『시김』은 『병가』와 다르게 기재된 작품이 상당수 나타나고 있다. 우선 열성어제와 여말 부분을 보면, 성종의 "이시렴 부듸 갈다~"가 『병가』에는 가사를 꽤 달리한 채 이명한의 작품으로 실려 있고, 길재의 "靑山 自什松아~"는 박태보의 작품으로 실려 있으며,[16] 맹사성의 "삿갓세 되롱이 닙고~"와 "뫼희는 새 다 긋고~"는 김굉필의 작품으로 되어 있다. 이런 양상은 본조의 송시열, 연대결고의 홍춘경, 여항의 정민교, 방류의 김천택 작품 중 1수, 그리고 무명씨의 20여 작품 등 이삭대엽의 거의 모든 곳에서 나타나고 있다.

이상의 사실은 『시김』의 저본이 된 『청구영언』이 『병가』일 수 없으며, 또한 둘은 계보를 달리하는 것이라는 점을 말해주고 있다. 『시김』 또는 그것의 저본이 된 『청구영언』이 동시대에 편찬된 가장 방대한 가집인 『병가』와 친연성이 낮다는 것은 이 가집이 그만큼 독자적 성격이 크다는 점을 시사하는 것이다. 이 가집의 독자성은 북전 두 번째 작품이 모든 가집에 삼삭대엽 곡으로 실려 있고, 초삭대엽 네 번째 작품이 모든 가집에 이삭대엽 곡으로 수록되고 있는 등 악곡의 불일치 현상이 나타난다는 점을 통해 이미 입증된 바가 있다. 이를 보완하기 위해 여기서는 작품 수록 현황을 구체적으로 검토해 보기로 한다.

『시김』에는 이 가집에만 수록된 작품이 5수 등장한다. 이에 해당하는 작품의 가번을 제시하면 다음과 같다.

---

15) 초삭대엽 네 번째 작품 역시 『병가』뿐만 아니라 모든 가집에 이삭대엽 곡으로 수록되어 있다.

16) 이 작품의 작가는 대부분의 가집에 박태보 또는 무명씨로 처리되고 있으며, 길재를 작가로 표기한 것은 이 가집 외에 『시조』(단대본)이 유일하다.

146, 148, 169, 389, 443.

이 수치는 결코 많은 것이라 할 수 없다. 하지만 『악부(고대본)』에만 수록된 작품이 무려 38수에 달한다는 사실을 고려하면 사정은 달라진다. 이 가집에 수록된 작품 중 『악고』에만 실린 작품의 가번을 제시하면 다음과 같다.

38, 113, 151, 168, 170, 189, 190, 217, 219, 284, 328, 369, 371, 383, 384, 394, 396, 400, 407, 422, 423, 426, 429, 436, 441, 442, 462, 465, 468, 469, 474, 516, 526, 527,[17] 531, 565, 588, 589.

주지하다시피 『악고』는 20세기에 편찬된 가집이다. 따라서 위의 작품들은 『시김』이 편찬된 시점을 기준으로 한다면 신출 작품이 되는 셈이다. 이렇게 볼 때 『시김』은 18세기 말~19세기 초에 불린 노래들 중 동시대의 여타 가집에 수록되는 기회를 얻지 못한 작품을 43수(5수+38수)나 수록한 것으로 정리할 수 있다. 이는 총 수록 작품 590수의 7.3%에 해당하는 것이다.

그렇다고 하여 이 가집이 동시대 가집들과 전혀 관련성이 없는 것은 아니다. 이 가집은 1805년에 편찬된 것이므로 18세기 후반-19세기 초반의 가창 실질을 반영한 것이라 할 수 있다. 따라서 이 시기 가창 실질을 반영한 동시대 가집들과 공출되는 작품이 상당수에 달할 것이라는 점을 당연히 예상할 수 있고, 이는 실제적으로도 확인이 되는 바다. 그런데 문제는 동시대 가집 다수에 공통적으로 등장하는 작품들 외에 특정 가집

17) 이 작품과 초·중장이 일치하는 작품이 『영류』와 『동명』에 실려 있으나 종장이 완전히 다르기 때문에 별개의 작품으로 처리한다. 『고시조 대전』에서는 같은 유형의 다른 군집으로 처리하였다.

에만 실린 작품들이 꽤 비중 있게 수록되고 있다는 점이다. 이를 구체적으로 보면 다음과 같다.

- 『해주』와 『해정』에만 수록된 작품(28수) : 136, 141, 150, 157, 165, 167, 171, 172, 176, 179, 182, 200, 201, 202, 204, 230, 239, 250, 254, 258, 259, 262, 271, 272, 274, 275, 277, 493.[18)]
- 『영류』에만 수록된 작품(9수) : 456, 489, 490, 491, 500, 505, 506, 566, 568.[19)]
- 『병가』에만 수록된 작품(4수) : 187, 282, 387, 405.
- 『청영』에만 수록된 작품(2수) : 188, 461.
- 『해동풍아』[20)]에만 수록된 작품(2수) : 305, 404.
- 『동국』에만 수록된 작품(1수) : 472.[21)]
- 『가조』와 『시박』에만 수록된 작품(1수) : 121.
- 『청요』에만 수록된 작품(1수) : 224.
- 『청홍』에만 수록된 작품(1수) : 147.
- 『시권』과 『가보』에만 수록된 작품(1수) : 374.
- 『가연』에만 수록된 작품(1수) : 133.

---

18) 493번은 『해정』에는 실려 있지 않고 『해주』에만 실려 있다.

19) 『영류』에만 수록된 작품은 무명씨(7수)와 만횡엽(2수)에 집중되어 있는 것이 특징이다. 『영류』는 총 335수 중 319수를 '단가초집'이라는 제목 하에 싣고 있는데, 여기 수록된 작품은 여타 가집에서 무명씨 이하에 배치된 곡들이 대부분이다. 『시김』과 『영류』에만 공출되는 작품이 무명씨와 만횡엽에 집중되어 있는 것은 『영류』의 이런 특성 때문에 나타나는 현상이다.

20) 이는 흔히 『해동가요』(일석본)으로 통용되는 것이다. 이 가집은 표제가 '해동풍아'로 되어 있고, 무명씨부가 김수장이 편찬한 『해동가요』와 관련이 없어 보이므로 『해동풍아』로 명명하는 것이 온당하다고 판단된다. 이에 대해서는 이 책에 수록된 「『해동풍아』의 성격과 무명씨 작품배열 원리」 참조.

21) 이 작품은 『동국』에 종장이 결락된 상태로 실려 있다. 『시김』의 발견으로 결락된 종장의 내용을 알 수 있게 된 것은 하나의 소득이라 하겠다.

이 목록에서 우선 주목되는 것은 『해주』와 『해정』에만 수록된 작품이 상당량을 차지하고 있다는 점이다. 이는 『시김』이 『해주』 및 『해정』과 매우 가까운 가집일지도 모른다는 생각을 갖게 한다. 그러나 구체적인 내용을 들여다보면 이런 생각이 잘못이라는 것이 금방 드러난다. 『시김』이 『해주』 및 『해정』과 친연성이 있는 가집이라면 김수장의 작품이 다수 포함되어 있어야 할 터인데, 실제로는 김수장의 이름으로 수록된 작품이 단 1수에 불과하기 때문이다. 따라서 다른 데서 이유를 찾아야 할 듯하다.

『해주』와 『해정』에만 수록된 작품은 493번을 제외하면 이정보(11수)와 김천택(16수)의 작품에 집중되어 있는 것이 특징이다.[22] 이 가집은 특정 작가의 작품을 집중적으로 수록하고 있는데 16세기의 이이(10수), 17세기의 윤선도(68수), 18세기의 이정보(76수)[23]와 김천택(56수)이 바로 그들이다.[24] 바로 이런 이유에서 이정보와 김천택의 작품을 최대한 많이 수록하는 과정에서 역시 이들 작품을 다수 수록한 『해주』및 『해정』[25]과 겹치게 된 것으로 이해된다.[26] 다만 18세기 대표 작가로 이정보와 김천택을 택한 것은 설명이 필요할 듯하다. 이정보의 경우는 18세기를 대표하는 사대부 작가이므로 그렇다 치더라도 김천택과 김수장 중 김천택을 택한 것은 이유가 있다고 봐야 한다. 그것은 아마도 김수장이 여항 가객으로서의 자부심을 강하게 드러낸 데 비해 김천택은 사대부적 취향을 동경하거나

---

22) 493번은 무명씨에 실려 있는데 『해주』에는 김수장의 작품으로 기록된 것이다.

23) 이 수치는 이정보에 이어서 나오는 '부 만횡엽'에 실린 작품(12수)을 포함한 것이다.

24) 이들 작품을 합치면 210수로서 이는 '이삭대엽 유명씨' 286수의 73.4%에 해당하는 것이다.

25) 『해주』와 『해정』에는 이정보의 작품이 82수, 김천택의 작품이 57수 수록되어 있다.

26) 이정보와 김천택의 작품 중 『해주』와 『해정』에 수록되지 않은 것이 각각 12수와 2수 존재하는 것도 이 가집이 『해주』나 『해정』을 근간으로 하기보다 당대 가창 현실을 반영한 것이라는 증거라 할 수 있다.

여항인적 삶에 대한 갈등을 보이는 것과 관련이 있지 않을까 한다.[27] 이 가집은 무관 출신이기는 하나 사대부의 일원인 송태운이 편찬한 것으로 여러 군데서 사대부 의식이 작동하고 있음을 볼 수 있는데,[28] 바로 이 점에서 김천택이 18세기 주요 여항 작가로 선택되었다고 할 수 있다.

다음으로 『영류』에만 수록된 작품이 9수를 차지하고 있다는 것도 주목할 부분이다. 『영류』는 18세기 후반에 편찬되었을 것으로 추정되는 가집으로, 여기에는 335수라는 비교적 적은 수의 작품이 수록되어 있다. 그럼에도 불구하고 이 가집에는 36수의 단독출현 작품[29]이 존재한다. 이렇게 전체적으로 많지 않은 작품을 수록하고 있고 그 중 단독출현 작품이 꽤 많은 비중을 차지하고 있는 것을 감안할 때 『시김』과 『영류』에만 공출하는 작품이 9수라는 것은 결코 가볍게 볼 수 없는 부분이다. 더군다나 이 9수는 후대에는 『악고』에만 유일하게 수록된 공통점이 있다. 이로써 이 9수의 작품들은 18세기 후반~19세기 초반에 일부 가창집단을 중심으로 불리다가 19세기 중・후반에는 탈락하였으며 이후 20세기 초에 다시 수집・정리되었음을 알 수 있다.

그런데 이런 현상은 위의 사례들을 통해 어느 정도 공통적으로 확인할 수 있는 부분이다. 위 14개 가집은 18세기 후반~19세기 초반에 편찬된 것이라는 공통점이 있다. 따라서 위의 작품들은 18세기 전반에는 불리지 않았으며 18세기 중・후반에 비로소 생성되어 19세기 초반까지 불

---

27) 김천택의 작품 세계에 대한 학계의 평가는 '사대부적 의식지향'이 주류를 이루고 있다는 견해와 '여항인적 삶의 갈등'이 중심을 차지한다는 견해로 나뉘고 있다. 그러나 여항인으로서의 강한 자부심을 드러낸 작품이 별로 보이지 않는다는 점에 대해서는 대체로 일치하고 있는 듯하다.

28) 이에 대해서는 이 책에 수록된 「『시여(김선풍본)의 편찬 체재 및 편찬 연대」 참조.

29) 유형 단독출현 19수, 군집 단독출현 17수. '신경숙 외 5인, 『고시조 문헌 해제』, 고려대학교 민족문화연구원, 2012, 61면.' 참조.

리다가 19세기 후반에는 다시 탈락한 곡들이라 할 수 있다. 이런 작품을 51수나 수록하고 있다는 사실은 이 가집이 18세기 후반~19세기 초반의 가창 실질을 반영하고 있다는 명백한 증거다.

그런 한편으로 다수의 신출 작품과 함께 1개 가집과만 공출되는 작품이 이 정도로 많은 양을 차지하고 있다는 사실은 당대의 보편적인 인기곡만을 취한 것이 아니라 이 가집과 연관된 가창 집단이 특별히 선호하는 작품들을 상당수 취했다고 볼 수 있어 여기서도 이 가집의 독자적 성격을 엿볼 수가 있다. 가집은 원래 특정 가창 집단의 산물이라 할 수 있으므로 기본적으로 모든 가집이 다 독자성을 갖는다고 보는 것이 옳다. 하지만 이 가집의 경우 이런 일반적인 의미 이상의 독자성을 갖는 것으로 보인다. 일부 악곡이나 작가 표기에서 여타 가집과 불일치하는 현상이 나타난다는 것은 이미 말한 바 있으므로 여기서는 수록된 작품들을 중심으로 이 가집의 독자성을 살펴보도록 한다.

> 龍泉劒 쎅쳐 들고 萬里長城 쓰ᄇᆞ를니
> 旄頭星 써러지고 胡天이 뷔거고야
> 마도[30] 大明日月을 다시 볼가 ᄒᆞ노라.(133, 金聖應)

> 이바 ᄉᆞᄅᆞᆷ들아 中原消息 드러스라
> 旄頭星 써러지고 黃河水ㅣ ᄆᆞᆰ단 말가
> 이졔야 大明日月을 다시 볼가 ᄒᆞ노라.(169, 李鼎輔)

133은 김성응의 작품인데, 김성응(1699-1764)은 영조 때 병조판서와 훈련대장을 역임한 인물이다. 이 작품은 『시김』 외에는 단지 『가연』과 『악고』에만 수록되어 있을 뿐이다. 한편 169는 이정보(1693-1766)의 작

30) '아마도'인 듯. 필사 과정에서 '아'를 빠뜨린 것으로 판단됨.

품으로 이 가집에만 유일하게 실려 있는 것이다. 그런데 두 작품을 견주어 보면 초장과 중장 둘째 구에 차이가 있기는 하나 전체 지향은 동일한 작품임을 알 수 있다. 이로써 보건대 김성응의 작품이 이정보 그룹에 수용되어 약간의 변형을 거친 것으로 보인다. 중요한 것은 대부분의 가집에서 탈락한 김성응을 작가 목록에 포함시키고 그의 무인적 성향과 북벌 의식을 잘 보여주고 있는 작품을 수록하였을 뿐만 아니라 여기서 파생된 또 다른 작품까지 함께 싣고 있다는 점이다. 이것은 이 가집의 편찬자 송태운이 무관 출신이라는 사실과 깊은 관련이 있는 것으로 생각된다.[31]

> 窓外三更 細雨時에 兩人心事를 兩人知라
> 新情이 未洽ᄒᆞᆫᄃᆡ ᄒᆞᄂᆞᆯ이 ᄇᆞᆯ가 온이
> 다시곰 羅衫을 부혀ᄌᆞᆸ고 훗期約을 定ᄒᆞ리라.[32]

> 遠村에 ᄃᆞᆰ이 우쟈 東녁헤 ᄉᆡᄲᅧᆯ 써다
> 新情이 未洽ᄒᆞᆫᄃᆡ 離別은 무ᄉᆞᆷ 일고
> 明天이 이 ᄠᅳᆺ ᄋᆞ오셔 새지 말게 ᄒᆞ오소셔.(443, 무명씨)

첫 번째 작품은 김명원(1534-1602) 또는 심희수(1548-1622)의 이야기 속에 나오는 한시 작품[33]을 바탕으로 18세기 중반에 생성된 것으로 당대에 상당한 인기를 누렸던 곡이다. 그리하여 『가조』·『병가』·『악서』·『가보』 등의 가집에 수록되어 있으며, 초장의 내용을 약간 변형한 것[34]이 신윤복

---

31) 이 외에도 장붕익의 작품, 〈운길산하노인가〉, 소춘풍의 작품 등을 통해서도 이런 사실을 확인할 수 있다. 이에 대해서는 이 책에 수록된 「『시여(김선풍본)』의 편찬 체제 및 편찬 연대」 참조.

32) 김흥규 외 6인, 『고시조 대전』, 고려대학교 민족문화연구원, 2012, 4557.1번.

33) "窓外三更細雨時 / 兩人心事兩人知 / 歡情未洽天將曉 / 更把羅衫問後期."

의 〈밀회 : 월하정인(月下情人)〉에 쓰여 있기도 하다. 또한 이 곡은 이후에도 지속적인 인기를 유지하여 19세기 중·후반의 대표적 가집인 『청육』과 대부분의 『가곡원류』 이본에 수록되었으며, 『남훈태평가』 등 시조창 가집에도 대부분 실려 있다. 그런데 『시김』은 이 작품을 싣지 않고 대신 두 번째 작품을 수록했다. 첫 번째 작품의 경우 초조하게 시간이 흘러가는 과정을 실감나게 그렸으며, 애틋한 정인의 절실함을 느낄 수 있는 행동이 잘 드러나 있다. 그러면 두 번째 작품은 어떠한가? 이 작품은 첫 번째 작품의 중장을 초장과 중장으로 나누어 구성하고 종장에 새로운 말을 덧붙였다. 그 결과 첫 번째 작품에서 느껴지는 초조함·긴박함·절실함·애틋함의 정서가 훨씬 약화되어 버렸으며, 그저 '이별이 없게 해 달라'고 하늘에 하소연하는 평범하고 관념적인 이별시가 되고 말았다.

이처럼 당대의 인기곡을 탈락시키고 이를 관념적으로 변형시킨 작품을 대신 수록한 것은 신출 작품이나 1개 가집과만 공출되는 작품이 상당수를 차지하고 있는 것과 밀접한 상관성이 있다. 앞서 제시한 신출 작품(43수)과 1개 가집과만 공출되는 작품(51수)을 합치면 94수로서 이는 전체 590수의 15.9%에 해당하는 것이다. 이 94수의 작품은 이 가집을 비롯한 1~2개의 가집에만 제한적으로 수록되었다는 점에서 당대의 비인기곡이거나 대중들에게 비교적 덜 알려진 작품들이라 할 수 있다. 그러면 이 가집은 왜 비인기곡들을 이토록 많이 수록한 것일까? 이는 악곡 구성에서 다양한 악곡의 분화를 반영하지 않고 있으며, 이삭대엽 유명씨 작가 분류에서 지나치게 신분의식을 강조하고 있는 것과 무관치 않은 것으로 생각된다.

이미 앞서 살펴본 대로 『시김』은 총 9개 악곡으로 구성되어 있다. 이

34) "月沈沈夜三更, 兩人心事兩人知."

는 이 가집이 1805년에 편찬된 것을 감안할 때 지나치게 적은 수라 할 수 있다. 주지하다시피 이미 『해주』 시대에 '歌之風度形容十四條目'이라 하여 14개 악곡이 등장하고 있다. 이것과 『시김』에 수록된 악곡을 견주어보면 이후정화, 편락시조, 소용, 편소용, 편삭대엽 등 5개 악곡[35]이 『시김』에 빠져 있음을 알 수 있다. 김수장이 당대에 새로 분화된 악곡을 적극 반영하고 있는 것과 달리 이 가집의 편찬자는 악곡의 분화 현상을 수용하지 않고 이를 기존 악곡에 포함시키는 태도를 취하고 있는 셈이다. 이는 이 가집이 악곡 구성의 측면에서 보수적 입장을 견지했음을 말해주는 것이다.

한편 이 가집은 이삭대엽 유명씨 작가 분류에서 지나칠 정도로 신분을 중시하는 관점을 취하고 있다. 열성어제를 맨 앞에 배치하였으며, 연대결고에 수록된 작가가 사대부임을 고려하여 이를 본조 바로 다음에 배치하였다. 뿐만 아니라 여항인을 여항과 방류로 나누어 중서층과 경아전층을 구분하고 있기도 하다. 이런 신분 중시 태도는 이 가집 편찬자의 사대부 의식 또는 관념적 성향을 보여주는 것이라 할 수 있다.

결국 악곡 구성의 보수성과 작가 분류의 관념성이 작품 선택에 있어서도 그대로 작용하여 상당수의 비인기곡들이 포함된 것으로 보인다. 여기서 한 가지 유의할 것이 있다. 그것은 상당수의 비인기곡들이 포함되어 있다고 하여 당대의 인기곡들을 철저히 배제했다거나 새로운 가창 현실을 완전 무시했다고 보아서는 안 된다는 점이다. 이 가집에는 『청요』와 『병가』에 새로 등장한 작가가 다수 포함되어 있으며, 이삭대엽 무명씨 이하에서는 다수의 가집에 수록된 인기곡들이 여전히 중요한 비중을 차지하고 있다. 뿐만 아니라 이 가집은 다음과 같은 시주창 사설을 수록하

35) 이 중 이후정화는 이미 『청진』에도 이북전이라는 이름으로 수록된 악곡이다.

고 있기도 하다.

> 노싀 졀머 노싀 늘거지면 못 노는니
> 花無十日紅이요 달도 차면 지우느니
> 人生이 一場春夢이니 아니 놀고.(590, 만횡엽)

이 작품은 종장 마지막 음보가 생략된 것으로 보아 시조창 사설임을 알 수 있다. 가곡창 가집에 시조창 사설이 실려 있으므로-그것도 맨 마지막에-혹 후대의 추록이 아닐까 생각할 수도 있으나 그럴 가능성은 별로 없는 것처럼 보인다. 바로 앞 589번 작품에 연속해서 쓰고 있는데다가 무엇보다 필체가 여타 작품과 동일하기 때문이다. 이 작품은 19세기 후반~20세기 초반에 편찬된 시조창 가집과 20세기 가집인 『악고』에 실려 있다.

시조창은 대략 18세기 후반 경부터 불리기 시작한 것으로 알려져 있다. 그러나 시조창 가집이 편찬된 것은 19세기 중반 이후이기 때문에 그 이전 가집에서 시조창 사설을 수록한 예는 볼 수가 없었다. 이런 점에서 보자면 비록 한 작품에 불과하나 이 가집에 시조창 사설이 수록되어 있다는 것은 상당히 중요한 의미를 갖는다고 할 수 있다.

4. 후대 가집에 미친 영향

앞서 살펴본 바대로 이 가집은 주로 18세기 후반의 가창 현실을 반영하고 있으며, 그것도 후대에 지속적으로 전승되지 않은 비인기곡들을 상당수 포함하고 있기 때문에 후대 가집에 미친 영향은 결코 크다고 할 수 없다. 하지만 그런 가운데서도 몇 가지 주목할 만한 사항이 있기 때문에 이에 대해 간략히 점검해 보고자 한다.

이 가집에는 19세기 후반의 대표적 가집인 『가곡원류』 계열 가집과만 공출하는 것이 두 작품 존재한다.

> 東嶺에 달 도드니 柴扉에 ᄀᆡ 즛ᄂᆞᆫ다
> 僻巷 窮村에 뉘 날을 ᄎᆞ자오리
> 아희아 柴扉를 기우러라 너와 둘이 ᄉᆞᆯ니라.(409, 무명씨)

> 다만 草家 一間房에 簫筒 걸고 冊床 노코
> 나 안고 님 안져스니 沈香 거문고을 어ᄃᆡ 두리
> 두어라 江山風月이니 ᄒᆞᆫᄃᆡ 두다 엇더ᄒᆞ리.(467, 무명씨)

409는 육당본과 불란서본을 제외한 『가곡원류』계 대부분의 가집에 수록되어 있다. 이 작품은 기존에 『가곡원류』계 가집에만 수록된 것으로 알려져 있었기에 19세기 후반에 새로 생성된 것으로 여겨져 왔었다. 하지만 『시김』의 발견으로 이미 18세기 후반~19세기 초반부터 불리기 시작한 노래라는 것을 알 수 있게 되었다. 그러면 이 작품이 『가곡원류』에 수록된 경위는 어떻게 되는 것일까? 『시김』이 직접적으로 영향을 미친 것일까? 아니면 『시김』과 무관하게 노래로 전승되던 것을 수록한 것일까? 『시김』과 『가곡원류』에 수록된 노랫말을 견주어보면 종장 마지막 음보를 제외하고는 거의 일치하고 있다.[36] 비록 일부에 불과하지만 노랫말에 변형이 나타나고 있다는 점에서 일단은 노래로 전승되던 것을 수록했을 가능성이 높다고 할 수 있다. 그렇다고 하여 『시김』과 완전히 무관하다고 할 수 있을지는 의문이다. 노랫말의 변형이 전승 과정에서 일어났다고 볼 수도 있지만 『가곡원류』 편찬 시기에 다듬어졌다고 볼

36) 『가곡원류』에는 종장 마지막 음보 'ᄉᆞᆯ리라'가 '이시리라'로 되어 있다.

수 있는 여지도 남아 있기 때문이다. 이와 관련하여 일부 작가 표기가 주목된다. 『시김』의 연대결고에 수록된 211번 홍춘경의 작품[37]은 『가조』·『시박』·『시단』·『병가』·『청육』·『가곡원류』 등에 수록되어 있는데, 이 중 『시단』과 『가곡원류』에만 홍춘경의 작품으로 되어 있으며 여타 가집에는 모두 무명씨로 처리되고 있다. 그런데 『시김』에는 홍춘경의 작으로 수록되어 있다. 또한 무명씨에 수록된 481번[38]의 경우 작품 앞에 '宋麟壽 号圭庵'이라 적어 놓았는데, 여타 가집과 달리 『가곡원류』에서만 이 작품의 작가를 송인수로 기록하고 있다.[39] 이런 사실로 미루어 볼 때 『시김』은 『가곡원류』에 어떤 식으로든 영향을 미쳤다고 보는 것이 옳을 듯하다.

한편 467을 통해서도 이 가집이 『가곡원류』계 가집에 일정한 영향을 미쳤다는 것을 확인할 수 있다. 그런데 특이한 것은 이 작품의 경우 위 409에서는 제외된 육당본과 불란서본에만 수록되어 있다는 점이다.[40] 이 작품은 시상 전개상 중장에서 종장으로 넘어가는 부분이 자연스럽지 못하다. 대부분의 이본에 수록되지 못하고 탈락한 것은 아마도 이런 이유가 크게 작용하지 않았을까 싶다. 그럼에도 불구하고 육당본과 불란

---

37) "珠簷을 半만 것고 碧海를 구벼보니 / 十里波光이 共長天一色이로다 / 믈 우에 雨雨白鷗는 오락가락 ᄒᆞ더라."

38) "滄波에 낙시 녀코 扁舟에 실려시니 / 落照淸江에 비소릐 더옥 됴타 / 柳枝에 玉鱗을 셰어 들고 杏花村을 찻노라."

39) 이 작품의 작가 표기는 여섯 가지 유형으로 나뉘는데, 송인수 외에 박권(『가조』·『가권』), 조헌(『병가』·『동가』·『청육』·『악나』), 김유기(『청영』 174), 김응하(『동국』), 무명씨 등으로 나타나고 있다.

40) 참고로 이 작품과 동일하지는 않지만 이본 관계에 있는 작품이 『가조』와 『시박』에 수록되어 있음을 밝혀 둔다. 『가조』와 『시박』에 수록된 작품은 종장의 가사가 완전히 다른 것으로 대체되어 있으며, 초장 둘째 구의 3음보와 4음보의 순서가 바뀌어 있다. "다만 草廬 ᄒᆞᆫ間 집에 <u>冊床 노코 簫筒 걸고</u> / 나 안고 임이 안ᄌᆞ니 沈香 거문고를 어ᄃᆡ 두고 / <u>江山을 들일 ᄃᆡ 업시니 둘너 두고 보리라</u>."

서본에서는 이를 수용하고 있다. 여기서 우리는 육당본과 불란서본이 『가곡원류』 이본 중 특수한 위상을 가진 것임을 확인할 수 있다.[41] 육당본과 불란서본의 특수한 위상은 일부 작가 표기에서도 나타나고 있다. 512번 安挺(号 竹窓)의 작품[42]은 이를 수록한 모든 가집에 무명씨로 처리되어 있으며, 『가곡원류』계에서도 대부분 무명씨로 되어 있으나 육당본 · 불란서본 · 동양문고본에는 안정으로 기록되어 있다. 513번 우탁의 작품[43]은 작가 표기가 둘로 나뉘는데, 이 가집을 비롯하여 『병가』 · 『동가』 · 『청육』 · 『악나』에는 우탁으로, 여타 가집에는 무명씨로 처리되어 있다. 그런데 『가곡원류』계 대부분의 이본은 무명씨를 따르고 있으나, 육당본과 불란서본은 우탁을 따르고 있다.

이상 『시김』이 19세기 후반의 대표적 가집인 『가곡원류』에 미친 영향을 살펴보았는데, 앞서 지적한 것처럼 일부 주목할 것이 있기는 하나 그 정도는 미미한 것이라 할 수 있다. 반면에 20세기 초반의 대표적 가집인 『악고』에 미친 영향은 매우 큰 것으로 생각된다. 이미 살펴본 바 있듯이 이 가집에는 『악고』에만 실려 있는 작품이 무려 38수나 된다. 다른 어떤 가집에도 실려 있지 않고 오직 이 가집에만 실려 있는 작품 38수를 『악고』가 수록하고 있다는 사실, 그리고 『시김』과 『악고』의 시간적 거리가 100년이 넘는다는 사실을 고려하면 노래로 전승되다가 수용되었을 가능성보다는 『악고』가 이 가집을 직접 참조하였을 가능성이

41) 육당본과 불란서본이 서로 유사한 점이 많으며, 이들이 『가곡원류』 이본 중 상대적으로 차이가 많이 나타난다는 점에 대해서는 이미 '심재완, 『시조의 문헌적 연구』, 세종문화사, 1972.'에서 지적된 바 있다.

42) "전나귀 모노라 ᄒᆞ니 西山에 日暮ㅣ로다 / 山路ㅣ 險ᄒᆞ거든 澗水ㅣ나 漲ᄒᆞ러믄 / 遠村에 一鷄鳴ᄒᆞ니 다 왓ᄂᆞᆫ가 ᄒᆞ노라."

43) "ᄒᆞᆫ 손에 막ᄃᆡ 집고 또 ᄒᆞᆫ 손에 가싀 쥐고 / 늙ᄂᆞᆫ 길 가싀로 막고 오ᄂᆞᆫ 白髮 막ᄃᆡ로 치렷터니 / 白髮이 제 斟酌ᄒᆞ고 스럼길로 오더라."

큰 것으로 생각된다.

> 뒷집의 술ᄡᆞᆯ ᄭᆞ니 거츤 보리 말 못 츤다
> 즈ᄂᆞᆫ 것 마고 ᄶᅵ허 쥐비저 괴ᄋᆞᄂᆞ니
> 여러 ᄂᆞᆯ 주린 입이라 ᄃᆞ나 쓰나 어이ᄒᆞ리.(221, 정민교)

이 작품은 대부분의 가집에 김광욱을 작가로 기재하고 있으며, 정민교를 작가로 기재한 것은 이 가집이 유일하다.[44] 재미있는 것은 『악고』에 이 작품이 상·하 두 부분에 중복 수록되어 있다는 점, 그리고 두 곳의 작가 표기가 서로 다르게 기재되어 있다는 점이다. 즉 상권 〈가취(歌聚)〉에는 정민교의 작품으로 기재하였고,[45] 하권 〈률리유곡(栗里遺曲)〉에서는 김광욱의 작품으로 기재하였다.[46] 또한 정래교의 작품 세 수가 『악고』 〈가취〉에 나란히 수록되어 있으며,[47] 이 중 뒤의 두 수의 작가를 정래교로 기재하고 있기도 하다.[48] 정래교와 정민교는 『시김』과 『악고』에만 등장하는 작가라는 점에서 두 가집의 직접적인 영향 관계를 짐작할 수 있는데, 다음의 경우 또한 이를 뒷받침하는 단적인 예라 할 수 있다.

> 시름을 ᄉᆞᆺ드러ᄂᆡ여 얽어ᄆᆡ야 붓동혀서
> 碧波 江流에 풍덩 드릿쳐 ᄢᅴ워 두면
> 自然이 東西 飄泊ᄒᆞ다가 절로 삭아 질이라.(『해주』 533, 김수장)

---

44) 그 외 『가조』와 『시박』에는 김성최로 기재되어 있다.

45) 〈가취〉에는 총 666수의 시조 작품을 싣고 있는데, 그 중 이 작품은 232번에 해당한다.

46) 〈률리유곡〉에는 김광욱의 작품 14수를 싣고 있는데, 그 중 이 작품은 세 번째로 수록되어 있다.

47) 〈가취〉 227~229.

48) 첫 번째 작품의 경우 주의식으로 기재되어 있다.

시름을 쓰들어니여 얽믹야 붓동혀서
碧波 江流에 돌 안구으 녀허 두고
으희야 큰 盞에 ᄀ득 부어 餞送ᄒ여 보니여라.(『시김』 276, 김천택)

시름을 즙아니여 얽어믹야 붓동혀셔
碧波 江流에 돌 안고아 너헛시니
兒禧야 盞 ᄀ득 부어라 終日醉를 ᄒ리라.(『원국』 216, 무명씨)

위의 작품들은 시조의 가창 전승이 갖는 구비문학적 특징을 아주 잘 보여주고 있다. 『해주』→『시김』→『원국』으로 전승되는 과정에서 작가가 김수장에서 김천택으로 바뀌었다가 19세기 후반에 이르러서는 작가성을 상실하고 무명씨의 작품으로 처리되고 있다. 노랫말 또한 이 과정에서 지속적으로 바뀌고 있음을 볼 수 있다. 특히 『해주』에서 『시김』으로 넘어가는 과정에서는 중장 둘째 구와 종장 전체가 바뀜으로써 완전히 새로운 작품으로 재탄생하고 있다.[49] 이것이 다시 『원국』에 이르러서는 종장 일부에 변형이 나타나고 있다. 아무튼 위 세 작품은 작가와 노랫말이 모두 다른 특징을 보여주는데 『악고』의 경우 작가와 노랫말 모두 『시김』과 일치하고 있다. 더욱 주목되는 것은 『악고』의 김천택 작품은 『시김』 김천택 작품과 수록 순서가 일치하고 있다는 점이다. 『악고』 〈가취〉에는 김천택의 작품이 43수(238~280) 수록되어 있다. 이는 『시김』에 수록된 56수에 비해 13수가 적은 것이다. 이렇듯 작품 수에 다소 차이가 있기는 하나 13수를 제외한 43수의 수록 순서가 완전히 일치하고 있다는 사실은 『악고』가 『시김』을 직접 참조했다는 명백한 증거라 하겠다.

49) 『고시조 대전』에서는 『시김』 276과 『원국』 216은 『해주』 533과 다른 유형의 작품으로 처리하고 있다. 그리고 『시김』 276과 『원국』 216은 같은 유형의 다른 군집으로 처리하였다.

5. 결론

이상 『시김』을 대상으로 하여 그것의 가집사적 위상에 대해 살펴보았다.

악곡 구성의 측면에서 『시김』은 18세기에 편찬된 초기 가집과 유사한 면을 볼 수 있다. 그러나 이삭대엽의 세부 구성, 작가나 작품 수록 현황 등 구체적인 측면에서는 현전 초기 가집들과의 연관성보다는 오히려 차별성이 두드러지게 나타나고 있다. 이는 『청진』·『청장 』A·『해주』 등과 구별되는 별도의 가집을 저본으로 하여 이 가집이 생성되었음을 말해주는 것이다. 삼중대엽에 "見靑丘永言"이라는 기록이 있는 것으로 보아 이 별도의 가집은 미발견 『청구영언』일 것으로 추정된다.

이 가집은 18세기에 편찬된 미발견 『청구영언』을 저본으로 삼았으면서도 당대의 가창 현실을 일정하게 반영하여 새로 편찬된 것으로 보인다. 작품 수록 현황과 분포를 살펴보면 이 가집은 이삭대엽, 그 중에서도 무명씨에 초점이 맞추어져 있음을 알 수 있다. 전체 590수 중 이삭대엽에 507수가 수록되어 있으며, 그 중 221수가 무명씨에 수록되어 있다. 무명씨 221수는 전체 작품 수에서 비슷한 양을 수록하고 있는 『청진』과 견주어 봤을 때 2배 이상에 해당하는 것이다. 이렇듯 이삭대엽 무명씨에 초점을 맞추고 있다는 사실은 두 가지 측면에서 해석될 수 있다. 하나는 이 가집이 당대 연창 실제를 반영하고 있다는 점이다. 이삭대엽 유명씨의 경우 축적된 내용을 바탕으로 새롭게 등장한 작가를 추가하여 이루어지는 것이 대부분인데 비해 무명씨의 경우는 당대 연창되는 곡을 중심으로 수록하는 것이 일반적이기 때문이다. 다른 하나는 이삭대엽 무명씨에 초점을 맞춤으로써 다른 악곡에 대해서는 상대적으로 소홀함을 드러내고 있다는 점이다. 이 가집이 편찬된 1805년에는 편락시조·소용·편

소용·편삭대엽 등 다양한 악곡의 분화가 진행된 상태였으나 이를 전혀 반영하지 않고 만횡엽에 통합하여 처리하고 있으며, 그것도 38수만을 수록하고 있는 데서 이를 확인할 수 있다. 이는 이 가집이 당대 연창 실제를 반영하였으면서도 악곡 분류의 측면에서는 강한 보수성을 견지했음을 보여주는 것이다. 이에 따라 이 가집에서는 당대 연행 현장에서 널리 불리던 인기곡을 수록하고 있을 뿐만 아니라 상당수의 비인기곡을 함께 수록하고 있기도 하다. 따라서 이 가집에 수록된 작품을 통해 우리는 지속적으로 인기를 유지하며 후대에까지 널리 불린 곡들이 어떤 것이며, 반대로 18세기 말~19세기 초에 잠깐 불리다가 그 이후에는 사라진 곡들이 어떤 것인지를 비교적 잘 파악할 수 있다.

한편 이 가집에는 19세기 후반에 편찬된 『가곡원류』와 20세기에 편찬된 『악고』에만 수록된 작품이 다수 포함되어 있다. 이 가집의 발견으로 이 작품들이 19세기 후반~20세기 초반에 새로 생성된 것이 아니라 이미 18세기 말~19세기 초부터 불린 곡들이라는 것을 확인할 수 있게 되었다는 점은 큰 소득이라 하겠다. 아울러 『시김』과 『악고』에만 공출하는 작품이 38수에 달하며, 김천택 작품의 경우 두 가집의 수록 순서가 완전히 일치한다는 사실은 『시김』이 『악고』 편찬에 상당한 영향을 미쳤음을 말해주는 것이라 하겠다.

제5장
『객악보』의 성격과 가곡사적 위상

1. 머리말

『객악보(客樂譜)』는 도남 조윤제가 『조선 시가의 연구』(을유문화사, 1948)[1)]를 펴내면서 가집 해제의 대상으로 선별한 대표적인 10종의 가집 중 하나다. 하지만 무슨 연유인지 이 가집은 그 후 관심의 대상이 되지 못했을 뿐만 아니라 그 실체조차 파악할 수 없는 지경에 이르고 말았다. 그리하여 시조 문헌 연구에 괄목할 성과를 남긴 모산 심재완의 『교본 역대시조전서』(세종문화사, 1972)와 『시조의 문헌적 연구』(세종문화사, 1972)에서도 이 가집은 제외되어 있다.

필자는 조선후기 가집과 관련된 연구를 진행하면서 이에 대해 지속적인 의문을 품고 자료 조사를 하던 중 이 가집에 대한 연구가 이미 오래전에 한 차례 이루어진 적이 있음을 발견할 수 있었다.[2)] 처음 목록을 확인

1) 이 책은 후에 『한국 시가의 연구』(을유문화사, 1984)로 중판되었다. 이 글에서는 중판본을 참고하였다.

2) 鄭英淑, 「客樂譜에 對한 硏究」, 이화여자대학교 교육대학원 석사논문, 1974.11. 정영숙은 논문에서 통문관 주인 이겸로씨에게 지질 간정을 의뢰하였음을 밝히고 있다. 따라서 『객악보』의 원본을 대상으로 이 논문이 작성되었음을 알 수 있다. 그런데 조윤제의 해제에 따르면 『객악보』는 鄭鶴謨氏 소장본으로 되어 있으니, 원소장자 정학모와 논문 집필자 정영숙은 특수 관계(부녀 관계)인 것으로 추측된다.

하고 논문을 입수하는 과정에서 약간의 기대를 하지 않은 것은 아니나, 일찍이 교육대학원 석사논문으로 쓴 것이어서 큰 기대는 하지 않았던 게 사실이다. 그런데 막상 논문을 접하고 보니 여기에는 기대 이상의 내용이 포함되어 있었다. 이 논문의 저자인 정영숙은 『객악보』의 전반적인 성격과 그 자료적 가치를 밝히고 있는데, 이는 조윤제의 간략한 해제 이후 처음으로 진행한 본격 연구라는 점에서 그 의의가 큰 것이라 하겠다. 그러나 더욱 중요한 것은 저자가 연구를 위한 기초 작업으로 『객악보』에 수록된 모든 작품을 정리하고 이를 몇 종의 가집과 비교하는 비교표[3]를 부록으로 제시함으로써 『객악보』에 수록된 작품의 실체를 볼 수 있게 되었다는 점이다.

이 글에서는 정영숙이 부록으로 제시한 작품을 바탕으로 『객악보』의 전반적인 성격과 가곡사적 위상을 고찰하고자 한다. 대상 자료가 가집의 원본이 아니고 연구의 기초 작업으로 정리한 2차 텍스트라는 점에서 이 글은 분명한 한계를 지닌다고 할 수밖에 없다.[4] 그럼에도 불구하고 이 글을 써야겠다는 생각을 하게 된 것은, 이 가집의 실체에 대해서 대부분의 연구자들이 모르고 있기 때문에 이를 적극적으로 알릴 필요가 있고, 이를 통해 조선후기 가집 연구를 촉발하는 한 계기가 마련될 수 있다고 보았기 때문이다.

---

3) 비교 대상으로 제시한 가집은 『원육』·『청진』·『청육』·『해일』·『해주』·『병가』 등이다. 뿐만 아니라 이 비교표에는 심재완의 『교본 역대시조전서』를 참조하여 개별 작품의 작자가 여타 가집에 표기된 상황이 정리되어 있으며, 최남선의 『시조유취』의 분류에 의거한 내용 분류도 함께 제시되어 있다.

4) 정영숙에 따르면 이 가집은 5종의 필체가 혼성되어 있다고 한다. 보통 여러 종의 필체가 혼성된 경우 이 중에는 후대의 추록이 있는 경우가 흔한데 원본이 아닌 2차 텍스트이므로 이를 확인할 수 없는 한계가 있다. 아울러 판독 과정에서 오독하여 잘못 필사한 글자도 일부 있는 것으로 보인다.

2. 편집 체재를 통해본 편찬 시기 추정

조윤제와 정영숙에 따르면 이 가집[5]은 서문이나 목차 등이 전혀 없이 바로 가집의 본문에 해당하는 시조 작품을 싣고 있으며 끝에 발문도 없다. 총 482수[6]의 작품을 98면에 걸쳐 곡조별로 분류하여 수록하였으며 작품에는 일체의 작가 표기도 되어 있지 않다. 각 작품은 줄글식으로 이어 적되 종장 첫째 음보만큼은 앞뒤를 띄어 적고 있는 가곡창 가집이다. 이렇게 그 어떤 부대 정보도 없이 순전히 작품만을 곡조별로 분류하여 수록한 것은 성무경에 의해 발굴·소개된 『영언』(규장각본)[7] 등에서 나타나는 19세기 가집의 특징이다. 또한 삭대엽에서 우조와 계면조의 분화가 나타나고 있다는 점도 이 가집이 18세기 가집이 아닌, 19세기 가집이라는 점을 분명히 알려주고 있다.

그러면 이 가집은 19세기 어느 지점에 위치하고 있는 것일까? 『청구영언』(육당본)이 편찬된 19세기 중반[8]일까? 아니면 『가곡원류』(국악원본)이 편찬된 19세기 후반일까? 그것도 아니면 19세기 전반까지 소급할

---

5) 『객악보』(30.5×19)는 1권 1책의 필사본으로 총 49장(98면), 1면 13행, 1행 29자 내외로 필사되어 있다. 갑(1~140, 163~351, 365~389, 392~482), 을(141~154, 352~363), 병(155~160), 정(161~162, 390), 무(364, 391) 등 총 5종의 필체가 등장한다. 이 중 병, 정, 무가 필사한 11수의 작품은 후대의 추록으로 보인다. '정영숙, 앞의 논문.' 참조.

6) 조윤제는 이 가집의 작품수를 480수(後人의 追記 十首를 合함)라 하였으나, 정영숙이 정리한 것에 따르면 482수인 것으로 파악된다. 2수의 오차가 왜 생긴 것인지는 정확히 알 수 없다.

7) 성무경, 「가곡 가집, 『영언』의 문화도상 탐색」, 『조선후기, 시가문학의 문화담론 탐색』, 보고사, 2004.

8) 기존 연구에서 『청육』의 편찬 시기는 1852년으로 고증된 바 있다. 이에 대해서는 '신경숙, 『19세기 가집의 전개』, 계명문화사, 1994.' 및 '김용찬, 「〈청구영언 육당본〉의 성격과 시가사적 위상」, 『조선후기 시가문학의 지형도』, 보고사, 2002.' 참조.

수 있을까? 이를 알아보기 위해 우선 이 가집에 수록된 작품이 『영규』·『청육』·『원국』 등에 수록된 현황을 살펴보자.9)

『영규』 : 420/516
『청육』 : 468/999
『원국』 : 413/856

총 482수 중 14수를 제외한 468수가 『청육』에 수록되어 있는 사실을 통해 일단 이 가집이 『청육』과 가장 친연성이 있음을 알 수 있다. 『객악보』가 『청육』과 친연성이 높은 가집이라는 사실은 다음의 작품이 『청육』에만 유일하게 수록되어 있는 것을 통해서도 확인할 수 있다.10)

밋남진 그 놈 紫驄 벙거지 쓴 놈 쇼대 셔방 그 놈 삿벙거지 쓴 놈 그 놈
밋남진 그 놈 자총 벙거지 쓴 놈은 다 뷘 논에 정어이로되
밤즁만 삿벙거지 쓴 놈 보면 새별 본 듯 ᄒᆞ여라.(425)

위 425번 작품은 언락시조(言落時調)에 수록된 것인데 『청육』 또한 언락(言樂)에 수록되어 있어 곡조가 일치하며 노랫말 또한 일부 음운 표기를 제외하고 거의 동일하다. 이상의 사실은 『객악보』와 『청육』의 친연

9) 번거로움을 피하기 위하여 400수 이상의 공출 빈도를 보이는 가집으로 제한하였다. 세 가집 이외에 『병와가곡집』이 400수에 근접한 공출 빈도를 보이고 있으나(398/1109), 종장의 가사가 완전히 다른 이형 작품까지 포함한 것이기 때문에 이를 다른 작품으로 처리할 경우 400수에서 많이 멀어지게 되므로 제외하였다. 한편 『가곡원류』의 경우 국악원본에는 없으나 다른 일부 이본에는 수록되어 있는 작품이 3수 있으나, 이 또한 큰 의미를 갖는다고 보기 어려워 선본인 국악원본을 대상으로 삼았다.

10) 『청육』 외에 『악고』, 『교주』, 『원증』 등에 수록되어 있으나 『청육』을 제외한 나머지 가집들은 모두 20세기에 편찬된 종합본 또는 증보본이다. 따라서 이들은 제외하고 말한 것임을 밝혀 둔다.

성을 입증하는 것으로 『객악보』가 『청육』과 거의 동시대에 편찬되었을 가능성을 시사하고 있다. 그러나 아직 속단하기는 이르다. 왜냐하면 가집 편찬 시기를 추정함에 있어 작품 공출 빈도보다 오히려 중요한 것이 악곡 수와 악곡의 배열 순서라 할 수 있는데, 이 점에서 『객악보』는 『청육』보다 『영규』에 훨씬 가까운 모습을 보이고 있기 때문이다.

〈표 19〉 『객악보』와 『영규』의 편집 체재 비교

『객악보』			『영규』		
악곡명	일련번호	작품 수	악곡명	일련번호	작품 수
初中化葉	1~3	3수	初中和葉	1~3	3수
晉化葉	4	1수	晋和葉 代初中和	4	1수
二中化葉	5	1수	二中和葉 界面調亦歌	5	1수
三中化葉	6~7	2수	三中大葉	6~7	2수
初數大葉	8~14	7수	初數大葉	8~14	7수
二數大葉	15~57	43수	二數大葉	15~63	49수
三數大葉	58~64	7수	三數大葉	64~71	8수
騷聳耳	65~70	6수	騷聳耳	72~77	6수
栗糖數葉	71~75	5수	半葉數葉 四章反界面	78~82	5수
界面 初數大葉	76~77	2수	界面 初數大葉	83~85	3수
二數大葉	78~162	85수	界面 二數大葉	86~246	161수
三數大葉	163~181	19수	三數大葉	247~269	23수
騷聳耳	182~183	2수			
蔓横	184~186	3수	蔓横 半之只	270~276	7수
言弄	187~293	107수 11)	言弄12)	277~292	16수
弄歌	294~364	71수	弄	293~362	70수

11) 언롱에 무려 107수의 작품이 수록된 것은 매우 이례적이다. 대부분의 가집에서 20수를 넘지 않는 작품을 싣고 있는 것이 보통이기 때문이다. 그래서 자세히 살펴본 결과 187번~202번까지 16수가 사설시조인데 비해, 203번~293번까지 91수는 평시조였다.

界面 落時調	365~391	27수	界樂	363~384	22수
羽調 落時調	392~407	16수	羽樂	385~398	14수
言落時調	408~438	31수	羽言樂	399~421	23수
編落時調	439~443	5수	編樂	422~426	5수
編數大葉	444~478	35수	編數大葉	427~452	26수
後殿	479~480	2수	北殿 後庭花	453~454	2수
			女唱 羽調 二數大葉	455~463	9수
			女唱 界面調	464~489	26수
			女唱 弄	490~496	7수
			女 界樂	497~502	6수
			羽樂	503~508	6수
			編數大葉	509~514	6수
將進酒	481	1수	將進酒	515	1수
後殿	482	1수	空山木落~	516	1수

이미 앞서 말한 바 있듯이 『객악보』는 순전한 곡조별 수록 체재를 취하고 있다는 점에서 『영규』와 동일한 성격을 지닌 가집이라 할 수 있다. 그런데 위의 표는 양자가 전반적 성격의 동질성뿐만 아니라 구체적인 악곡 수나 악곡의 배열 순서에 있어서도 동질성을 지님을 보여주고 있다. 두 가집의 악곡을 견주어보면 여창 부분을 제외한 나머지 부분은 거의 일치하고 있다. 『객악보』의 '계면 소용이'가 『영규』에 나타나지 않

이 중 평시조 91수를 『고시조 대전』에서 일일이 확인해 보니 거의 모든 가집에 계면 이삭대엽 곡으로 수록된 것이었다. 따라서 107수 중 언롱은 앞의 16수만이며, 뒤의 91수는 계면 이삭대엽 곡을 덧붙인 것으로 추정된다. 한 가지 이상한 것은 이 부분의 필체가 갑체이기 때문에 후대의 추록으로 보기도 어렵다는 점이다. 아마도 편찬 과정에서 계면 이삭대엽에서 빠뜨린 것을 이 부분에 보충해 넣은 것으로 보이지만 보다 정확한 것은 원본을 확인해 봐야 알 수 있을 듯하다.

12) 성무경은 『영규』의 270번~292번을 만횡으로 정리하고(「가곡 가집 『영언』의 문화도상 탐색」, 앞의 책, 14면 표), "만횡에서 파생된 언롱이 보이지 않"는다고 하였으나(「19세기 초반, 가곡 향유의 한 단면」, 앞의 책, 42면) 이는 잘못이다. 아마도 정리 과정에서 실수가 있었던 것 같다.

는 것을 제외하면 분류 체계가 완전히 동일함을 알 수 있다. 두 가집의 분류 체계에서 가장 특기할 점은 북전의 위치다. 북전은 대부분의 가집에서 중대엽 다음에 배치되어 있는 것이 보통이다. 그런데 이 두 가집은 공히 편삭대엽의 뒤에 배치되어 가곡 전편-『영규』의 경우 남창가곡-을 마무리하는 기능을 담당하고 있다.[13)]

그러면 이 두 가집의 체재와 악곡 수를 『청육』과 비교해 보자.

〈표 20〉『청육』의 편집 체재

악곡명	일련번호	작품 수
羽調 初中大葉	1	1수
二中大葉	2	1수
三中大葉	3~4	2수
晉化葉	5	1수
界面 初中大葉	6	1수
二中大葉	7	1수
三中大葉	8	1수
北殿	9~10	2수
羽調 初數大葉	11~16	6수
二數大葉	17~289	273수
三數大葉	290~298	9수
騷聳耳	299~308	10수
栗糖數葉	309~313	5수
界面調 初數大葉	314~315	2수

13) 북전(또는 후전, 후정화)이 『객악보』나 『영규』와 유사한 위치에 배치된 것으로 『홍비부』가 있다. 『홍비부』는 여창이 존재하므로 『객악보』보다 『영규』와 유사한 체재를 갖추었다고 할 수 있다. 그런데 『홍비부』의 경우 남창가곡과 여창가곡의 사이에 위치하고 있으나 그 앞에 남창을 마무리하는 태평가인 '一編後 解歌'가 있으므로 이에 이어지는 후정화는 여창의 시작을 알리는 곡이라 할 수 있다. 반면 『영규』의 경우는 남창의 맨 마지막에 배치되어 있고, 그 다음부터 분명히 여창임을 표시하고 있으므로 남창을 마무리하는 곡이라 할 수 있다.

二數大葉	316~569	254수
三數大葉	570~590	21수
蔓橫	591~600	10수
言弄	601~620	20수
弄	621~747	127수
界面 樂時調	748~783	36수
羽 樂時調	784~804	21수
言樂	805~846	42수
編樂	847~853	7수
編數大葉	854~890	37수
羽調 二數大葉	891~914	24수
栗糖數葉	915	1수
界面 二數大葉	916~961	46수
弄	962~969	8수
羽 樂時調	970~981	12수
界 樂時調	982~989	8수
編數大葉	990~997	8수
將進酒	998	1수
空山木落	999	1수

『객악보』와 『청육』을 비교해 보면 유사하면서도 몇 가지 점에서 차이가 남을 확인할 수 있다. 우선 『청육』에는 『객악보』에 없는 여창이 나타나고 있다. 『청육』은 여창임을 표기하지 않았을 뿐 마지막 부분의 '우조 이삭대엽'부터 '편삭대엽'까지가 중출되고 있어 여창임을 쉽게 알 수 있다.[14] 그러나 이 여창 부분은 『영규』에도 나타나고 있으므로 이것을 가지고 『청육』이 『영규』보다 『객악보』와의 친연성이 낮다는 증거로 삼을 수는 없다. 따라서 다음으로 남창 부분을 보는 것이 필요하다. 이 부분

14) 이에 대해서는 이미 기존 연구에서 충분히 확인된 바 있다. '신경숙, 앞의 책.' 및 '김용찬, 앞의 논문.' 참조.

에서 가장 주목할 것은 중대엽 부분에서도 우조와 계면조의 분화가 나타나고 있다는 점이다. 중대엽 부분에서 우조와 계면조의 분화가 나타나는 것은 『청육』·『홍비부』·『가곡원류』 등 19세기 중·후반 가집의 특징이다. 또한 북전과 진화엽의 위치도 『객악보』와 『영규』가 일치하는데 비해, 『청육』은 이들과 차이를 보이고 있다.

이상의 사실을 통해 『객악보』의 편찬 시기는 『청육』보다 약간 빠르고 『영규』와 거의 비슷한 무렵일 것으로 추정할 수 있다. 그러면 『객악보』와 『영규』의 선후 관계는 어떻게 될까? 이와 관련해서는 『영규』에는 여창이 있으나 『객악보』에는 여창이 없다는 것이 유일한 단서다. 『객악보』에 여창이 없다는 것은 일단 『객악보』가 『영언』보다 다소 앞서 편찬되었을 가능성을 시사한다는 점에서 중요한 의미를 갖는 것이다. 과연 『객악보』에 여창은 존재하지 않는 것일까? 이와 관련하여 한 가지 흥미로운 현상이 발견된다. 다음을 보도록 하자.

〈표 21〉 『객악보』 계면 이삭대엽 일부 사설의 여타 가집 수록 현황

『객악보』	『영규』	『청육』	『원국』
118	458 여창 우조 이삭대엽	918 계면 이삭대엽	여창 58 계면조 이삭대엽
119	468 여창 계면조	916 계면 이삭대엽	여창 57 계면조 이삭대엽
120	466 여창 계면조	917 계면 이삭대엽	여창 56 계면조 이삭대엽
121	473 여창 계면조	945 계면 이삭대엽	여창 111 계면조 평거
122	469 여창 계면조	936 계면 이삭대엽	여창 97 계면조 평거
123	477 여창 계면조	921 계면 이삭대엽	여창 71 계면조 이삭대엽
124	479 여창 계면조	940 계면 이삭대엽	여창 76 계면조 중거
125	478 여창 계면조	954 계면 이삭대엽	여창 94 계면조 평거
126	470 여창 계면조	944 계면 이삭대엽	여창 102 계면조 평거
127	481 여창 계면조	947 계면 이삭대엽	여창 32 우조 평거
128	×	953 계면 이삭대엽	여창 98 계면조 평거

129	464 여창 계면조	952 계면 이삭대엽	여창 107 계면조 평거
130	467 여창 계면조	925 계면 이삭대엽	여창 87 계면조 중거
131	475 여창 계면조	939 계면 이삭대엽	여창 125 계면조 두거
132	474 여창 계면조	923 계면 이삭대엽	여창 74 계면조 중거
133	465 여창 계면조	924 계면 이삭대엽	여창 82 계면조 중거
134	483 여창 계면조	933 계면 이삭대엽	여창 115 계면조 두거
135	486 여창 계면조	922 계면 이삭대엽	여창 75 계면조 중거
136	484 여창 계면조	937 계면 이삭대엽	여창 86 계면조 중거
137	487 여창 계면조	946 계면 이삭대엽	×
138	472 여창 계면조	957 계면 이삭대엽	여창 103 계면조 평거
139	457 여창 우조 이삭대엽 界面亦歌	482 (계면조)이삭대엽 524 (계면조)이삭대엽	190 (계면조)이삭대엽 여창 59 계면조 이삭대엽

『객악보』의 118번부터 139번까지 22곡15)을 『영규』·『청육』·『원국』과 견주어 본 것이다. 한 눈에 보더라도 이 곡들이 여창곡임을 쉽게 알 수 있다. 이는 계면 이삭대엽에 그치지 않고 『영규』와 『청육』에서 여창이 존재하는 모든 악곡에 공히 나타나는 현상이다. 우조 이삭대엽(15~57)의 경우 마지막 6곡(52~57)이 여창이며, 농가(294~364)의 경우 345번~351번까지 7곡이 여창이다.16) 이 중 특히 농가의 7곡은 『영규』의 여창 농 7곡과 완전히 일치하고 있다. 계면 낙시조(365~391)의 경우 376

15) 이 22곡은 계면 이삭대엽에 수록된 것인데, 78번~162번까지의 계면 이삭대엽 중 중간에 위치하고 있다. 그런데 140번 이후는 단독출현 작품이 4수(유형 단독출현 3수, 군집 단독출현 1수), 앞에 이미 수록한 것과 동일작이 1수, 다른 가집에 삼삭대엽에 수록된 곡이 5수 등 사정이 복잡하다. 그리고 정영숙에 따르면 141번부터 162번까지는 5종의 필체 중 이 가집에 가장 많이 나타나는 갑의 필체가 아닌, 을·병·정의 필체로 정리되어 있다고 한다.('정영숙, 앞의 논문.' 참조.) 따라서 이 부분은 후대의 추록일 가능성도 있으므로, 이를 감안하면 계면 이삭대엽은 앞에서는 남창곡을 수록하고 그 뒤에 여창곡을 이어 싣는 형식으로 편찬되었을 가능성이 있다.

16) 여기서도 352번~364번까지의 필체가 갑이 아닌 을(352~363)과 무(364)로 되어 있다. "정영숙, 앞의 논문" 참조.

번~378번과 384번~389번이 여창이며, 우조 낙시조(392~407)의 경우 마지막 4곡(404~407)이 여창인 것을 확인할 수 있다. 반면 편삭대엽(444~478)의 경우는 여창 5곡을 맨 앞(444~448)에 배치해 놓고 있어 다른 부분과 차이가 난다. 이처럼 『객악보』가 후대에 여창으로 분류되는 특정 악곡의 특정 부분에 여창곡을 집중적으로 배치하고 있다는 것은 여창곡을 별도의 항목을 설정하여 분류하지 않았을 뿐 사실은 여창가곡의 연창 실제를 반영하고 있음을 말해주는 것이다. 그리고 편자 나름의 기준을 가지고 각 악곡의 특정 부분에 여창곡을 집중 배치하면서도 아직 여창을 남창에서 확실히 분리하여 독립적으로 편집하지 않았다는 것은 여창가곡 발생 초기의 모습을 보여주는 것으로 생각된다. 따라서 『객악보』의 편찬 시기는 『영규』와 비슷하면서도 이보다 다소 앞선 것으로 추정된다.

3. 『객악보』의 가곡사적 위상

『객악보』의 가곡사적 위상은 이미 앞 장에서 어느 정도 드러난 것으로 보인다. 여기서는 앞에서 서술한 내용을 바탕으로 19세기 여타 가집과의 관계망 속에서 『객악보』가 차지하는 위치를 보다 분명히 정리하고, 아울러 앞에서 미처 서술하지 못한 내용을 덧붙이기로 한다.

앞서 『객악보』가 여창가곡 발생 초기의 모습을 반영한 것으로 진단한 바 있다. 그러면 여창가곡은 언제 발생한 것인가? 여창은 이미 가곡사의 초기부터 당연히 존재하였으나 편가 형태의 여창가곡은 우조와 계면조의 분화가 나타난 19세기 이후에 생겨난 것으로 봐야 한다.[17] 기존 연구에 따르면 우조와 계면조의 분화가 나타나는 초기적 양상을 보여주는 가집으로 『시조』(경대본)과 『동국가사』가 있다. 그런데 이 두 가집에는 여창이 존재하지 않는다. 여창이 별도로 분류되지 않았을 뿐만 아니라 『객악보』처럼 남창가곡의 특정 부분에 여창을 집중 배치하고 있지도 않다. 따라서 『시경』과 『동국』은 우조와 계면조의 분화가 나타났으나 아직 여창가곡은 형성되지 않은 시기의 산물이라 할 수 있다. 여창가곡의 형성은 우조와 계면조의 확립을 전제로 하는데, 이 두 가집의 경우 우조와 계면조의 분화가 나타나기는 하나 반엽삭엽(또는 율당삭엽)의 존재가 확고하지 못한 것으로 보아[18] 아직 이 시기는 우조와 계면조의 체계가 확고하게 확립되지는 않은 것으로 보인다.

이 시기로부터 얼마 지나지 않아 여창가곡이 형성된 것으로 보이는데, 형성 초기 여창가곡은 남창가곡과 대등한 지위를 확보하지 못했기에 분리 수록되지 못하고 남창가곡의 일부로 포함되어 수록되었을 것이다. 『객악보』는 바로 이 지점에 위치하고 있다. 이 다음 단계는 『영규』에서 보는 것처럼 여창가곡이 남창가곡으로부터 독립하여 별도의 항목으로 자리를 잡음으로써 자신의 지위를 확고히 한 시기라 할 수 있다. 그러나 이 시기는 여창가곡이 독립적 지위를 확보하기는 하였으나 아직 편가로서의 온전한 체계를 갖추었다고 보기는 어렵다. 왜냐하면 『영규』에서 보는 바와 같이 우조 이삭대엽에서 계면조 이삭대엽으로 넘어가는 중간에 마땅히 있어야 할 반엽삭엽(또는 율당삭엽)이 없기 때문이다. 반엽삭엽(또는 율당삭엽)은 편가의 구성상 당연히 요청되는 것이기 때문에 『객악보』와 『영규』에서 나타나는 불완전한 체계가 오래 지속되지는 않았을

17) 이에 대해서는 '신경숙, 앞의 책.' 및 '신경숙, 「조선후기 여창가곡의 연구」, 고려대학교 박사논문, 1994.12.' 참조.

18) 『시조』(경대본)에는 율당삭엽이 보이지 않으며, 『동국가사』는 독립된 악곡명을 얻지 못하고 있다. '신경숙, 앞의 책.' 참조.

것이고 곧이어 반엽삭엽(또는 율당삭엽)이 마련되었을 것으로 보이는데, 이 지점의 상황을 반영한 것이 『청육』이라 할 수 있다. 『청육』 시기에 이르러 여창가곡은 비로소 온전한 체계를 갖추었다고 할 수 있으며, 이것이 19세기 후반 『가곡원류』 시기로 가는 단계는 남창가곡에서 마련된 파생곡들 -중거, 평거, 두거 등- 을 받아들여 여창의 악곡을 한층 풍부하게 하는 과정이라 할 수 있다.

다음으로 19세기 전반의 파생곡을 중심으로 이 가집의 위상을 간략히 정리하도록 한다. 이 가집은 19세기 전반 파생곡 중 두거는 보이지 않고 율당삭엽·언롱·언락 등이 나타난다. 우선 율당삭엽의 존재는 우조와 계면조 체계의 확고한 확립을 의미하는 것으로 『청육』 또는 『영규』 이전에 이미 이 틀이 정비되었음을 보여준다는 점에서 중요하게 평가될 수 있을 듯하다. 두거 없이 언롱과 언락이 존재하는 것은 이 가집이 『영규』·『청육』과 동일 계통인데 비해 『가보』·『홍비』와는 다른 계통임을 말해주는 것이다.[19] 『가보』·『홍비』에 비해 『영규』·『청육』과 공출 작품이 많이 나타나는 것도 이를 입증하는 것이다. 그런데 『객악보』·『영규』·『청육』의 상호 관계를 따져보면 흥미로운 현상이 나타난다. 앞서 이미 살펴보았듯이 『객악보』의 작품은 총 482수 중 14수를 제외한 468수가 『청육』

19) 두거는 19세기 초반에 형성된 파생곡인데, 이것이 두거라는 명칭으로 정착된 것은 평거와 중거가 등장한 19세기 후반이며, 19세기 전반에는 반삭대엽(『동국』)·존자진한엽(『가보』)·조을음(『홍비』) 등 다양한 명칭으로 불리며 초기 출현 모습을 보여주고 있다. 이렇듯 아직 완전한 독립 악곡으로 정착되지 못했기 때문에 19세기 초·중반 가집에서는 이 악곡이 등장하는 가집이 있는가 하면 그렇지 않은 가집이 있다. 따라서 19세기 초·중반 가집에서 두거의 존재 여부는 가집의 계통을 알 수 있는 유용한 도구로 생각된다. 한편 이 중 『청육』과 『홍비』가 서로 다른 계통의 가집이라는 점에 대해서는 '김석회, 『조선후기 시가 연구』, 월인, 2003.'에 수록된 '「19세기 초중반 가집 『청구영언 육당본』의 노랫말 변용 양상', '「19세기 초중반 가집 『홍비부』의 노랫말 변용 양상」', '「『홍비부』와 『청구영언 육당본』을 통해 본 노랫말 변용의 두 흐름」' 등 세 편의 논문을 통해 실증적으로 확인된 바가 있다.

과 겹친다. 성무경의 조사에 따르면 『영규』 또한 516수 중 14수를 제외한 502수가 『청육』과 겹친다.[20] 그러면서도 『객악보』와 『영규』를 견주어보면 총 482수 중 420수가 겹치는 것으로 나타나 공출하지 않는 작품이 『청육』과 비교할 수 없을 정도로 많은 62수나 된다. 이런 사실은 무엇을 말해주는 것일까? 이는 아마도 약간의 시차를 두고 서로 다른 가창 집단에서 편찬된 두 가집이 『청육』으로 수렴된 결과로 보인다. 신경숙은 『청육』의 특성을 서술하면서 두거 없이 언롱과 언락이 존재하는 것을 두고 "속화되는 특성을 보이는 변주곡을 받아들인 가집"[21]이라 하였는데, 이는 『객악보』와 『영규』에도 공히 해당되는 지적이라 생각된다.

> 뒥들에 단져 단술 ᄉᆞ오 져 장ᄉᆞ놈아 네 황우 몃 가지나 웨ᄂᆞ니 사쟈
> ᄋᆞ릐등경 웃등경에 걸등경 ᄌᆞ으리 동히 퉁노구 大務官 女妓 小各官 酒湯이 본시 쓸어져 물 죠로로 흐르는 구머 막키옵소
> 장ᄉᆞ야 막키문 막키나 훗말 업시 ᄒᆞ여라.(361농가 / 428언락시조)

대체로 18세기 말경에 생겨난 것으로 보이는 위의 작품은 "뒥들에~"로 시작하는 유형의 변종인데, 가사가 통속적이고 가집별 악곡의 이동이 심한 편이다.[22] 『객악보』의 농가와 언락시조에 중복 수록된 이 작품은 『영규』에는 농에, 『청육』에는 언락에 수록되어 있다. 하지만 『가곡원류』계 가집에는 전혀 수록되어 있지 않다. 대신 가사의 일부 구절이 빠진 상태로 『남태』·『시여』 등 시조창 계열의 가집에 수용되고 있다.

---

20) '성무경, 「가곡 가집 『영언』의 문화도상 탐색」, 앞의 책.' 참조.

21) 신경숙, 앞의 책, 55면.

22) 『해일』583만삭대엽 / 『병가』874만횡 / 『동국』354계면조 / 『가보』291산락 / **『영규』341농** / 『시경』283낙시조우조 / 『시권』286산락 / **『청육』810언락** / 『근악』360만횡청 / 『남태』202 / 『시여』105 / 『대동』291편락.

이처럼 『객악보』에 수록된 작품 중 『청육』에는 있으나, 『가곡원류』계 가집에는 없는 작품이 수십 수에 달하는데, 이들 작품 중에는 위와 같이 시조창 계열로 이동한 작품 및 『청진』·『해동가요』 등 18세기 가집에 수록된 김유기, 주의식, 김수장 등 가객들의 작품이 많이 보인다. 이와 같은 사실은 19세기 초·중반에 편찬된 가집이 다층적인 양상으로 존재했으며, 이들 중 일부는 『청육』으로, 또 일부는 『가곡원류』로 수렴되었음을 시사하는 것이다. 『영규』에 이은 『객악보』의 발견으로 『청육』과 친연성이 높은 가집이 실체적으로 확인되었기 때문에 "19세기 가집들 중 『청육』은 동시대 가집과의 친연성이 적은 독특한 위치에 놓여 있다."[23]는 기존의 지적은 재고의 여지가 있는 것으로 보이며, 아울러 가곡사의 온전한 복원을 위해서 19세기 초·중반 가곡의 역동적인 모습에 더욱 관심을 가져야 할 것으로 생각된다.

이제 마지막으로 이 가집에 수록된 단독출현 작품 및 소수 가집 중출 작품을 소개하는 것으로 글을 마무리하고자 한다. 이 가집에는 총 6수의 단독출현 작품이 수록되어 있다.

> 이러타 져러타 말고 술만 먹고 노세 그려
> 먹다가 취ᄒᆞ거든 먹음은 ᄌᆡ 잠을 ᄃᆞ세
> 平生에 但願長醉코 不願醒을 ᄒᆞ리라.(75)

> 져머셔 잠 계울 졔는 기든 밤도 져르더니
> 늙어 잠 업스니 져른 밤도 김도 길샤
> 언제나 긴 밤이 져로도록 잠 계워 볼가 ᄒᆞ노라.(156)

---

23) 위의 책, 80면. 물론 서·발문이나 우조 이삭대엽 등에서 『청육』이 18세기 가집의 체재를 상당 부분 수용하고 있다는 기존의 지적은 여전히 타당하다.

남의게 利케 ᄒᆞ면 나도 自然 利로옵고
남의게 害케 ᄒᆞ면 나도 自然 害로오니
우리는 니린 줄 알아 나 남 업시 ᄒᆞ리라.(158)

東南風 불 적마다 옥풍경소릭 좀도 죠타
ᄂᆡ 정은 靑山이요 님의 정은 綠水로다
綠水는 흘어건니와 靑山이야 벌흘손야.(161)

닷는 말 셔셔 늙고 드는 칼이 보뮈거다
丈夫의 혜올 일을 쇽졀업시 못 거루고
귀밋테 白髮이 홋날니니 그를 슬허 ᄒᆞ노라.(276)

견폐화촌 니다 압ᄂᆡ의 고準謙기 듣니고 뒤뫼의 의약을 심거
실다은 졀을 ᄎᆞᆺ고 빅곳니 충등ᄒᆞ니 우양은 지귀촌히이요 동치는 불식의
단니다
落花芳草 無深處의 萬壑千峯 묻니라.(391)

위 6수를 정영숙이 정리한 필체에 따라 분류해 보면 75번과 276번은 갑체, 156번과 158번은 병체, 161번은 정체, 391번은 무체에 해당한다. 병・정・무체는 후대의 추록일 가능성이 높은 것으로 추정되는 것들이라는 점을 감안하면 단독출현 작품의 다수는 후대에 추록된 작품들이 차지하고 있는 셈이다. 한편 후대의 추록이 아닌, 갑체로 된 두 작품(75, 276)은 기존 작품 2수를 합성하여 이루어진 작품이다. 두 작품이 결합된 양상을 『고시조 대전』의 가번을 사용하여 정리하면 다음과 같다.

75번 작품 : 3758.1번[24]의 초・중장 + 3768.1번[25]의 종장

24) 참고로 『청육』의 작품을 들어 예시하기로 한다. 이하 특별한 언급이 없으면 같다.

276번 작품 : 1203.1번[26] 초장 + 1075.1번[27] 중·종장

그런데 이 가집에는 이와 같이 기존 작품 2수를 합성한 작품들이 이들 외에도 여러 작품이 추가로 확인되고 있다. 이에 해당하는 작품을 열거하면 다음과 같다.

먼듸 개 급히 즈저 몃 사람이나 디닉연고
오지 못할세면 오만 말이나 마로도야
羅月이 西樓로 나릴 제면 익 긋는 듯 ᄒᆞ노라.(110)

月正明 月正明커늘 빅을 타고 金陜에 나려
손조 고기 낙가 고기 쥬고 술을 사셔
至今에 蘇東坡 업스니 놀 니 젹어 ᄒᆞ노라.(134)

이려도 聖은이요 져려도 聖恩이라
먹고 노는 거시 오르다 聖恩이라
아마도 ᄎᆞ경에 못 갑플슨 聖恩인가 ᄒᆞ노라.(207)

님 그려 계오 든 잠에 숨자리도 두리숭숭
그리던 님 잠간 만나 어드러루 간 거이고 잡을 기슬
脫鴦衾 推鴦衾허고 轉輾反側 허노라.(217)

"이러니 져러니 말고 술만 먹고 노세 그려 / 먹다가 醉ᄒᆞ거든 먹음문 ᄌᆡ 담을 드셰 / 醉ᄒᆞ여 잠든 덧시나 시름 잇쟈 ᄒᆞ노라."(583)

25) "이러타 져러탄 말이 아마도 두리숭숭 / 빗거나 사거나 깁픈 盞에 가득 부어 / 平生에 但願長醉코 不願醒을 ᄒᆞ노라."(309)

26) "닷는 믈 셔셔 늙고 드는 칼 보믜거다 / 無情 歲月은 白髮을 ᄌᆡ촉ᄒᆞ니 / 아마도 聖主鴻恩을 못 갑흘가 ᄒᆞ노라."(198)

27) "騄駬霜蹄는 櫪上에 늙고 龍泉雪鍔은 匣裏에 운다 / 丈夫의 먹은 뜻을 속졀업시 못 니루고 / 귀밋틱 白髮이 흣날니니 그를 슬허 ᄒᆞ노라."(589)

이를 앞서 정리한 것과 같은 방식으로 『고시조 대전』의 가번을 사용하여 정리하면 다음과 같다.

110번 작품 : 1632.1번[28]의 초·중장 + 5368.2번[29]의 종장
134번 작품 : 3652.1번[30]의 초장 + 4059.1번[31]의 중·종장
207번 작품 : 3774.1번[32]의 초장과 종장 + 3755.1번[33]의 중장
217번 작품 : 4039.1번[34]의 초·중장 +1429.1번[35]의 종장

한두 작품에 그치고 있다면 기억의 잘못이나 필사 과정의 실수로 돌릴 수 있겠으나 보다시피 무려 여섯 작품에서 이런 양상이 나타나고 있어 이는 단순한 오류라 보기 어렵다. 위의 작품들 중 207번과 217번 작품은 『영규』(각각 201번과 181번임)에도 수록되어 있다.[36] 이로 미루어 기존 작품을 조합하여 새로운 곡을 만들어내는 것이 이 시대에 활발하게

---

28) "**먼듸 ᄀᆡ 急피 즈져 몃 사ᄅᆞᆷ이나 지ᄂᆡ엿노 / 오지 못ᄒᆞᆯ셰면 오만 말이나 말오되야** / ᄀᆞᆺ득에 다 셕은 肝腸이 봄눈 스듯 ᄒᆞ여라."(420)

29) "ᄒᆡ 져 黃昏이 되면 ᄂᆡ 못 가도 졔 오더니 / 졔 몸에 病이 든지 뉘 손에 ᄌᆞᆸ히엿ᄂᆞᆫ지 / **落月이 西樓로 나리면 ᄋᆡ 긋ᄂᆞᆫ 듯 ᄒᆞ여라.**"(378)

30) "**月正明 月正明ᄒᆞ니 ᄇᆡ을 타고 秋江에 ᄂᆡ려** / 하ᄂᆞᆯ 아ᄅᆡ 물이오 물 우희 달이로다 / 沙工아 져 달 건져라 翫月長醉 ᄒᆞ리라."(298)

31) "壬戌之秋七月 旣望에 ᄇᆡᄅᆞᆯ ᄐᆞ고 金陵에 ᄂᆞ려 / **손조 고기 낙가 고기 쥬고 술을 ᄉᆞ니 / 그곳에 蘇東坡ㅣ 업ᄉᆞ니 놀 리 젹어 ᄒᆞ노라.**"(933)

32) "**이리도 聖恩이오 져리도 聖恩이라** / 이 몸 一生이 何莫非 聖恩이랴 / **아마도 갑기 어려올슨 聖恩인가 ᄒᆞ노라.**"(『동가선』 169)

33) "이려도 聖德이오 져려도 聖德이라 / **먹고 노ᄂᆞᆫ 거시 오로다 聖德이라** / 우리도 太平聖代에 놀고 놀녀 ᄒᆞ노라."(388)

34) "**님 그려 겨오 든 잠에 숨자리도 두리숭숭 / 그리던 님 暫間 만나 얼풋 보고 어드러로 간 거이고 잡을 거슬** / 잠 ᄭᆡ여 겻테 업스니 아조 간가 ᄒᆞ노라."(440)

35) "東窓이 旣明커ᄂᆞᆯ 님을 ᄭᆡ여 보ᄂᆡ올 졔 / 非東方則明이라 月出之光이로다 / **脫鴦衾推鴛枕ᄒᆞ고 轉輾反側 ᄒᆞ여라.**"(362)

36) 이 중 『영규』 201번 작품에 대해서는 성무경이 이미 자세히 소개하고 그 의미를 부여한 바가 있다. '성무경, 앞의 논문.' 참조.

진행되었음을 알 수 있고, 이런 점에서 『객악보』는 이 시대 가곡 연창의 생생한 목소리를 적극 반영한 가집으로 이해된다. 이와 관련하여 다음 작품을 추가로 보기로 하자.

> 아희야 구렁망틱 닉여라 西山에 날 늣거다
> 밤 디닌 고ᄉᆞ리 ᄒᆞ마 아니 자라시라
> 오날은 일 것거 오너라 ᄉᆡ 술 안쥬 ᄒᆞ리라.(277)

이 작품은 조존성의 〈호아곡〉 4수 중 첫 번째 작품에서 종장이 변형된 것이다. 『청진』 이래 『청육』까지 이 작품의 종장은 "이 몸이 이 푸새 아니면 朝夕 어이 지내리"[37]가 유지되고 있다. 그런데 19세기 초·중반 가집인 『동국』[38]·『가보』[39]·『시권』[40]의 경우 위 『객악보』의 노랫말과 동일한 형태를 유지하고 있다. 중요한 것은 종장 가사가 변형됨으로써 원작품과는 의미 지향이 완전히 달라졌다는 점이다. 이렇게 완전히 의미 지향이 달라진 노랫말이 19세기 초·중반의 대표적 가집에 수록된 것을 확인할 수 있는데 『객악보』가 이와 맥을 같이 하고 있다는 것은 당대의 가창 실상을 충실하게 반영하고 있음을 말해주는 것이라 하겠다.

이제 1~2개의 가집에 국한하여 수록되고 있는 작품을 보도록 하자. 먼저 1개 가집에만 수록된 작품은 3수가 존재하는데 이 중 『청육』에만 수록된 작품(425번)은 앞서 이미 소개한 바가 있다. 나머지 두 작품은 다음과 같다.

---

37) 『청구영언』, 조선진서간행회, 1948, 112번.
38) 『동국』(136번)의 종장 노랫말은 다음과 같다. "오날은 일 것거 오너라 새 술안주 ᄒᆞ리라."
39) 『가보』(112번)의 종장 노랫말은 다음과 같다. "오ᄂᆞᆯ은 일 썻거 옷ᄂᆞ라 ᄉᆡ 술안쥬 ᄒᆞ리라."
40) 『시권』(112번)의 종장 노랫말은 다음과 같다. "오날은 일 것거 오너라 ᄉᆡ 술안주 ᄒᆞ리라."

月中 丹桂樹下의 藥을 찐는 져 玉兎야
百藥를 만니 써어 날도 조금 주려무나
울니도 님 글여 묵니절 젹이 나도 조금니나 먹어 보자.(162)

月中 丹桂樹下의 약얼 찐는 져 玉兎야
百藥를 만니 써어 날도 조금 쥬려문나
나도 임 글 젹의 조금 먹어 보자.(390)

이 두 작품은 종장 가사에 약간 차이가 날 뿐 사실은 동일작이나 마찬가지다. 이들 작품과 유사한 작품이 『시경』에 실려 있다. 그러나 『시경』의 작품[41]은 이들 작품과 종장 부분에서 차이가 있다. 따라서 『고시조대전』에서는 『객악보』의 위 두 작품과 『시경』의 작품을 같은 유형의 다른 군집으로 처리하고 있다.[42]

다음으로 2개 가집에 수록된 작품을 들면 다음과 같다.

기러기 져 기러기 네 行列 부럽고나
兄友弟恭이야 네 어이 알아마는
다만지 晝夜에 함씌 날물 못ᄂᆡ 불어 ᄒᆞ노라.(233)

飛花寂寂 鶯雙雙이요 上有黃鸝 深樹鳴을
柳有意 簷前舞ㅣ어늘 涼月多情 海上來로다
아마도 淸風與明月이 無情還有情인가 ᄒᆞ노라.(255)

어제런지 그제런지 밤이런지 낫지런지
어드러로 가라가 눌이런지 만낫던지

41) "月中 丹桂下에 칰약ᄒᆞ난 저 토기야 / 百藥 만니 씨어 날도 조곰 듀랴머나 / 우리도 父母奉養ᄒᆞ야 千萬世을."(『시경』 53번)

42) 『시경』의 작품은 3653.1로, 『객악보』의 두 작품은 3653.2로 처리하였다.

오늘은 너을 만나시니 자고 갈가 ᄒᆞ노라.(309)

져 건너 高聳彩閣中에 繡 놋는 져 處女야
뉘라셔 어루만져 농ᄒᆞ야 넘노는지 細眉玉顔에 雲鬢은 아조 흐터져 鳳簪조ᄎᆞ 기우럿는다
丈夫의 貪花之心을 任不禁이니 一時 春光을 앗겨 무슴 ᄒᆞ리요.(432)

네 작품이 수록된 가집을 하나하나 살펴보면 233번은 『영규』와 『청육』에, 255번은 『영규』와 『사장』에, 432번은 『영규』와 『청육』에 실려 있다. 그리고 309번은 종장 둘째 구만 살짝 변형된, 따라서 같은 유형의 동일 군집으로 분류할 수 있는 작품이 『영규』와 『청육』에 실려 있고,[43] 종장 전체가 완전히 달라 같은 유형의 다른 군집으로 분류할 수 있는 작품이 『영류』에 실려 있다.[44] 네 작품 모두가 『영규』와 겹치고 있고, 네 작품 중 세 작품이 『청육』과 겹치고 있다는 것을 알 수 있다. 이러한 사실 또한 다시 한 번 『객악보』가 『영규』나 『청육』과 친연성이 있는 가집임을 확인시켜 주고 있다. 이렇듯 『객악보』는 『영규』나 『청육』과 가장 친연성을 갖는 것으로 보이지만, 앞서 살펴본 것처럼 『동국』·『가보』·『시권』과 같은 19세기 초·중반에 편찬된 다른 가집과도 일정한 연관성을 맺고 있으며, 또 나름의 독자성도 발견되는 등 성격이 복잡한 가집임을 알 수 있다.

43) "오날은 너를 만나시니 그 네런가 ᄒᆞ노라"(『청육』 689번). 『영규』(245번)의 경우 "너를"이 "너를"로, "만나시니"가 "만나스니"로 되어 있을 뿐 나머지는 『청육』과 동일하다.
44) 『영류』(129번)의 종장은 다음과 같다. "各別이 반갑들 아니ᄒᆞ되 즌슷치 이시라."

4. 결론

이상에서 일찍이 정영숙이 석사논문의 부록으로 소중하게 정리해 놓은 『객악보』의 2차적 텍스트를 바탕으로 『객악보』의 성격과 가곡사적 위상을 살펴보았다. 비록 원본이 아닌 2차 텍스트를 대상으로 한 것이지만 상당히 값진 성과를 거두었다고 생각된다.

19세기 주요 가집과의 비교를 통해 『객악보』의 편찬 시기가 『영규』와 비슷하면서도 이보다 약간 앞선 것으로 추정해 보았다. 아울러 악곡 수와 악곡의 배열 순서, 공출 작품의 빈도, 1~2개의 소수 가집 공출 정도 등을 통해 이 가집이 19세기 가집 중 『영규』나 『청육』과 가장 친연성이 있다는 것을 알 수 있었다. 이런 사실은 『청육』이 19세기 가곡사에서 중요한 위치를 차지하고 있다는 점을 인정하면서도 동시대 가집과의 친연성이 적은 독특한 위치에 놓여 있다는 기존의 평가에 의문을 제기하고 있다는 점에서 중요한 의미를 갖는다고 할 수 있다.

한편 이 가집은 필자가 추정한 편찬 시기가 맞다면 율당삭엽이 포함된 가곡 편가의 온전한 체계를 갖춘 첫 가집이라는 점에서 특별한 주목을 받을 것으로 생각된다. 아울러 여창가곡이 독립적 지위를 확보하기 이전 초기 상태에서는 해당 악곡의 특정 부분-주로 남창가곡의 후반부-에 수록되는 체재를 취하였다는 것도 이 가집을 통해 확인할 수 있었던 소중한 성과라 할 수 있다.

뿐만 아니라 이 가집은 기존곡 2수를 합성하거나 기존곡에 완전히 다른 종장을 덧붙이는 방식을 통해 신곡을 만들어 내는 등 19세기 전반 가곡사의 역동적인 현장의 모습을 다른 어떤 가집보다 잘 보여주고 있어 그 동안 실체를 잘 파악할 수 없었던 19세기 전반기 가집 연구에 새로운 활력을 불어넣을 것으로 기대된다.

제3부

20세기 가집 연구

제1장

《만세보》 연재 『해동영언』의 텍스트성 연구

1. 머리말

《만세보(萬歲報)》는 1906년 6월 17일부터 1907년 6월 29일까지(총 293호) 발행된 것으로, 이인직의 신소설 〈혈의 누〉가 연재된 것으로 널리 알려진 일간신문이다. 그런데 이 신문에는 1906년 7월 31일자(제30호)부터 1907년 1월 1일자(제156호)까지 총 123호[1]에 걸쳐 매일 1수씩 총 128수[2]의 고시조 작품이 연재되어 있다. 무려 수개월에 걸쳐 128수의 고시조 작품을 언론 매체에서 다루고 있는 것은 매우 특이한 현상으로 전무후무한 사실이다.[3]

이들 고시조 작품은 1면 하단 끝부분에 『해동영언(海東永言)』이라는 제목 하에 연재되고 있는데, 주목할 것은 이 『해동영언』이 정연한 질서와 체계를 갖추어 연재되고 있어 마치 소규모 가집을 연상시킨다는 점이

---

1) 30호부터 156호까지 총 127호 중 34호(1906년 8월 4일), 36호(1906년 8월 7일), 37호(1906년 8월 8일), 64호(1906년 9월 9일)에는 작품이 실려 있지 않다.

2) 30호(1906년 7월 31일), 32호(1906년 8월 2일), 51호(1906년 8월 24일)에는 예외적으로 각각 2수, 4수, 2수씩 실려 있다.

3) 물론 언론 매체가 아닌 가집 편찬은 이 시기에도 계속되었다. 또한 부분적인 고시조 작품 수록은 다른 언론 매체에서도 간헐적으로 나타나고 있다.

다. 따라서 이 글에서는 『해동영언』을 20세기 초반의 가집으로 간주하여 이것의 문헌학적 성격 및 가집 편찬사적 의미를 검토하고자 한다.

18세기 초반 김천택의 『청구영언』(1728년)에서 시작된 가집 편찬 사업은 20세기 전반기까지 지속되었다. 이 가운데 조선후기(18-19세기) 가집에 대해서는 이미 상당한 연구가 축적된 상태지만 20세기 고시조 텍스트에 대해서는 연구가 미진한 편이다. 사정이 이렇게 된 데는 물론 나름의 이유가 존재한다. 20세기 초반은 계몽의 열정이 불타오른 시기로 규정되곤 한다. 이에 따라 이 시기 시가문학 연구는 《대한매일신보》나 《대한민보》에 수록된 계몽가사나 잡가에 관심이 집중되어 있다. 여기에 고시조는 이미 역사적 생명력을 다한 퇴영적 장르라는 인식 등이 겹쳐 관심을 갖지 않은 것으로 보인다.

하지만 약 2세기 이상 지속된 가집 편찬사를 온전히 정리하기 위해서는 20세기 고시조 텍스트에 대한 체계적 연구가 필수적으로 요청된다고 하겠다. 20세기 고시조 텍스트는 조선후기의 가곡창 가집과 시조창 가집의 유형이 지속되는 가운데, 완전한 독서물로서의 시조집이 출현하는가 하면, 잡가집의 일부로 수렴되거나 신문 연재물로 게재되는 등 다양한 국면을 보이고 있기 때문이다. 이 글은 이런 문제의식 하에 《만세보》에 연재된 『해동영언』의 가집적 성격 및 의의를 고찰하고자 한다.

2. 『해동영언』의 연재 형식

앞서 말한 바와 같이 《만세보》에는 1906년 7월 31일자(제30호)부터 1907년 1월 1일자(제156호)까지 총 123호에 걸쳐 매일 1수씩 총 128수의 고시조 작품이 연재되어 있다. 1호에 1수씩 연재하는 것을 원칙으로 하고 있으나 30호(1906.7.31), 32호(1906.8.2), 51호(1906.8.24)는 예외적으로 각각 2수, 4수, 2수씩 실려 있다. 30호의 경우 〈태종어제가〉와 〈숙종어제가〉의 두 작품이 실려 있는데, 이는 군왕의 작품을 한꺼번에 묶어 소개하려 했기 때문으로 생각된다. 32호에 가장 많은 작품인 4수가 실린 것은 맹사성의 〈강호사시가〉가 연시조인 점을 고려한 때문이다. 그리고 51호의 경우 '우조 삼중대엽'과 '계면조 삼중대엽'이 실려 있는데, 이 역시 삼중대엽에 해당하는 작품을 한꺼번에 묶어 보여주기 위한 것으로 보인다.

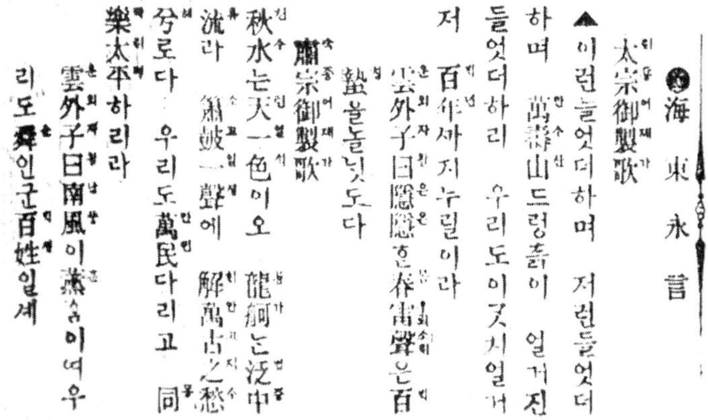
海東永言
太宗御製歌
▲이런들엇더하며 저런들엇더
하며 萬壽山드렁츩이 얼거진
들엇더하리 우리도이又치얼거
저 百年까지누릴이라
雲外子曰圃隱ᄒᆞᆫ春雷聲은百
鑑을놀닛도다
肅宗御製歌
秋水는天一色이오 龍舸는泛中
流라 簫鼓一聲에 解萬古之愁
兮로다 우리도萬民다리고 同
樂太平하리라
雲外子曰南風이薰이여우
리도舜인군百姓일세

〈그림 18〉《만세보》 제30호

《만세보》는 총 4면, 1면 7단으로 간행되었는데 『해동영언』은 1면 7단 끝에 연재되고 있다. 연재의 기본 형식은 다음과 같다.

海東永言
羽調 初中大葉
錦南君 鄭忠信

黃河水(황하수)[4] 맑다더니 聖人(성인)이 나시도다
草野(초야) 群賢(군현)이 다 니러 나단 말가
어즈버 江山(강산) 風月(풍월)을 눌을 듀고 잇거니.
雲外子曰(운외자왈) 千載(천재)에 一時(일시)로다.

《만세보》 제49호(1906.8.22)에 연재된 작품으로, '전체 제목-작품 제목-작가-작품-단평'의 순으로 구성되어 있음을 볼 수 있다. 이런 구성 방식은 이 작품에 국한되지 않고 모든 작품에 일관되게 적용된 원칙이라는 점에서 이것이 이 연재물의 기본 형식이라 할 수 있다. 여기서 연재물의 제목인 『해동영언』은 우리나라를 뜻하는 '해동'과 노래를 뜻하는 '영언'의 합성어로 조선후기 가집에서 흔히 찾아볼 수 있는 명명법이다. 대중에게 친숙하게 다가갈 수 있는 일반적인 가집 명명법이면서도 기존에 한 번도 사용된 적이 없는 이름이라는 점에서 연재자 또는 편집자의 세심한 고민을 읽을 수 있다. 또한 이 제목은 이후 일부 신문에서 〈가요〉라는 난을 설정하여 일회성으로 고시조 작품을 수록하고 있는 것과는 본질적으로 구별되는 것으로 이 연재물이 가집에 준하는 것임을 분명히 드러낸 것이라 할 수 있다.

그런데 전체 제목인 『해동영언』은 계속 반복되고 있는 연재물의 제목이므로 이를 제외하고 보면 이 연재물은 실질적으로 '제목-작가-작품-단평'의 형식을 취하고 있는 셈이다. 지금부터 이들 하나하나에 대해 자세히 검토해 보기로 한다.

제목의 경우 30호에서 47호까지 -총 128수의 일련번호로 1에서 19까지- 는 〈백골단심가〉·〈귀거래가〉 등 관습화된 명칭 또는 〈님명가〉·

4) 원래는 한자의 우측에 국문소활자로 음독을 단 것인데, 이를 여기서는 단어별로 괄호 처리하였다. 한자의 우측에 국문소활자로 음독 또는 훈독을 단 것은 모든 기사에 적용된 원칙으로서 《만세보》 편집체재의 특징이었다.

〈회재가〉 등 작가의 호를 활용한 명칭이 사용되고 있다. 이들 중 맹사성의 〈강호사시가〉와 이황의 〈도산십이곡〉의 경우 원래의 명칭을 따르지 않고 별도의 명칭을 사용하고 있는 것이 특이하다. 〈강호사시가〉는 작품 별로 따로따로 나누어 각각 〈강호춘주가(江湖春酒歌)〉·〈강호하풍가(江湖夏風歌)〉·〈강호추어가(江湖秋魚歌)〉·〈강호동설가(江湖冬雪歌)〉 등으로 나타내고 있으며, 〈도산십이곡〉의 경우 일부는 〈도산곡(陶山曲)〉으로, 일부는 〈퇴계가(退溪歌)〉로 명명하고 있다. 48호 이후에는 '우조 초중대엽'·'계면조 이삭대엽' 등 곡조명이 사용되고 있다. 이는 내용별 분류 방식을 취하고 있는 일부 가집을 제외한, 조선후기 대부분의 가집에서 공통적으로 나타나는 현상으로서 이 연재물이 일관된 질서와 체계를 유지할 수 있도록 만들어 주는 역할을 담당하고 있다. 비록 신문 연재물이기는 하지만, 조선후기 가집을 연상시키는 『해동영언』이라는 제목에다 가집에서 흔히 사용한 곡조별 분류 방식을 취하고 있다는 사실은, 이 연재물이 그때그때의 필요에 따라 임시방편으로 편집된 것이 아니라 처음부터 편집자의 의도된 기획에 따른 것으로 가집 편찬에 버금가는 작업의 결과물임을 말해주는 것이다.

작가 부분은 작가를 알 수 있는 경우만 제시하고 있는데,[5] 그 형태는 이름만 밝힌 경우와 이름과 호를 함께 밝힌 경우가 대부분을 차지하고 있다. 그 밖에 이름과 호에 관직명까지 밝힌 경우,[6] 호 대신 생존 시대[7]나 신분[8]을 밝힌 경우, 창작 경위를 함께 밝힌 경우[9] 등도 나타나고

5) 총 128수 중 유명씨 작품이 80수, 무명씨 작품이 48수이다.

6) 서경덕의 號는 花潭이니 中廟朝에 授職.

7) 高麗 李存五.

8) 松京 名妓 眞伊.

9) 孝宗御製(丙子赴燕時). 純元皇后陛下戊子進饌時, 文祖翼皇帝陛下製上.

있다. 심지어 동일 작가의 경우에도 앞과 뒤의 제시 형태가 다르게 나타나기도 한다.[10] 작가 수는 총 59명이며, 이 중 1수만 싣고 있는 작가가 49명이다. 2수 이상을 싣고 있는 10명 중 가장 많은 작품을 수록하고 있는 작가는 이황(8수)이며, 다음으로 맹사성의 작품이 4수, 이현보・박효관・안민영의 작품이 3수, 조식・진이・효종・원천석・이항복의 작품이 2수 실려 있다. 작가 부분에서 가장 특이한 것은 다음 작품의 작가가 송시열로 되어 있다는 점이다.

> 界面 樂
>
> 尤菴 宋時烈
>
> 즌셔리 술이 되야 滿山을 다 勸하니
> 멀어 불근 빗치 碧溪에 즘겨셔라
> 우리도 醉토록 먹은 後에 불거 볼가 ᄒᆞ노라.
>
> 雲外子曰 人面山光一樣紅.

144호(1906.12.16)에 연재된 이 작품은 『가곡원류』계 가집 11종에만 수록되어 있는데, 모두 무명씨로 처리되고 있다.[11] 따라서 『가곡원류』가 아닌 다른 가집을 참고하여 송시열의 작품으로 연재하였다고 볼 수밖에 없는데, 현재로서는 그 가집이 어떤 것인지 알 수가 없다.

작품 수록 형태는 '초장 1구 / 초장 2구 / 중장 1구 / 중장 2구 / 종장 첫째음보 / 종장 둘째음보 / 종장 2구'로 나눈 7장식 분절 방식을 취하고 있다. 작품 표기는 국한문혼용을 택하고 있으며, 한자어의 경우 우측에 국문소활자로 음독 또는 훈독을 달아 놓았다. 이런 표기 방식은 『해동영

---

10) 이황의 경우 '李황, 退溪 李황'으로, 황진이의 경우 '松京 名妓 眞伊, 名妓 眞伊'로 제시됨.

11) 김흥규 외 6인, 『고시조 대전』, 고려대학교 민족문화연구원, 2012, 4452.1번.

언』의 독특한 방식은 아니며 《만세보》 전체의 표기 방식을 따른 것에 불과하다.

한편 연재 형식의 마지막을 장식하고 있는 운외자(雲外者)의 단평은 조선후기 가집과 구별되는, 이 연재물의 특징을 가장 잘 보여주는 것이라 할 수 있다. 이 단평은 독자층 확보를 위해 고안된 장치로 판단되며, 한문에 국문 토를 단 형식을 취한 것이 대부분이다. 그 내용은 작품을 이해하는 데 필요한 정보를 제시하거나, 작품의 특징적 양상을 포착하여 이에 대한 간략한 논평을 제시하는 경우로 나누어 볼 수 있다. 앞서 인용한 정충신의 작품에 붙은 단평이 전자에 해당한다고 할 수 있다. "黃河水(황하수) 맑다더니 聖人(성인)이 나시도다"라는 초장의 내용은 '황하의 물이 천 년에 한 번 맑아지는데 그 때 聖君이 나타난다'는 고사를 차용한 것이다. "千載(천재)에 一時(일시)로다."라는 운외자의 단평은 이를 알려주는 기본적인 정보에 해당한다. 그러나 양적으로 훨씬 많은 비중을 차지하고 있는 것은 역시 후자의 경우라 할 수 있다.

> 半얼數大葉
> ᄒᆞ리나 ᄆᆞᆰ으나 中에 이 濁酒 ᄌᆞᆺ고 ᄃᆡ테 메운 질瓶드리 보기 조희
> 어룬ᄌᆞ 박국이를 쓰렝 둥당지 둥둥둥 씌위 두고
> 兒戱야 저리沈菜ㄹ만정 업다 말고 ᄂᆡ여라.
> 雲外子曰 其禮ᄂᆞᆫ 甚野ᄒᆞ나 其意ᄂᆞᆫ 深眞이로다.

운외자가 논평의 대상으로 삼고 있는 특징적 양상은 작품의 주제의식, 화자의 태도나 목소리, 작품의 미적 성취, 시적 여운, 특정 언사나 구절 등 실로 다양하다. 위의 작품은 『청구영언』(진본)에 채유후(蔡裕後, 1599-1660)의 작품으로 이삭대엽에 수록된 것인데, 초장과 중장의 말이 다소 바뀌고 늘어나면서 19세기 가집에 율당삭대엽 또는 반얼삭대엽으로 수

록된 곡이다. 일상적인 어휘와 적절한 의태어를 활용하여 질박한 야취(野趣)의 미학을 성취한 것으로 주목되는 작품이다. 운외자는 이를 "其禮 ᄂᆞᆫ 甚野ᄒᆞ나 其意ᄂᆞᆫ 深眞이로다."라 하여 이 작품의 이런 특성을 정확히 포착하여 군더더기 없이 간결하게 보여주고 있다.

한편 운외자의 단평 중에는 위의 일반적 경우 외에 지금의 해석과는 다른 독특한 해석이나 당대 역사적 상황과 결부시킨 논평이 일부 포함되어 있어 주목을 요한다. 다음은 지금의 해석과는 달리 평자의 독특한 해석을 엿볼 수 있는 것이다.

> 陶山曲
>
> 李황
>
> 山前에 有臺ᄒᆞ고 臺下에 有水로다
> 쎼 만흔 갈가막이ᄂᆞᆫ 오면가면 ᄒᆞ거든
> 엇더타 皎皎白鷗ᄂᆞᆫ 멀니 마음 ᄒᆞᄂᆞ냐.
>
> 雲外子曰 小人은 隨時競進ᄒᆞ고 君子ᄂᆞᆫ 둔世無悶이로다.

『해동영언』 연재를 시작한 제46호(1906.8.18)에 게재된 것으로 퇴계 이황의 〈도산십이곡〉 중 다섯 번째 작품이다. 이 작품은 그 해석을 두고 〈도산십이곡〉 중 가장 논란이 심하게 벌어지고 있는 것이다. 논란의 핵심은 '자신에 대한 책망의 표현'으로 해석할 것인가, 아니면 '타자에 대한 책망의 표현'으로 해석할 것인가 하는 데 있다.[12] 논자들의 해석 사이에는 상당한 의견차가 존재하기는 하나 작품의 지향을 책망으로 이해하고 있는 것은 동일하다고 할 수 있다. 그런데 위 운외자의 단평은 이와는

12) 성기옥은 이 작품과 관련된 선학들의 해석 유형을 여섯 가지로 정리한 뒤 이를 크게 위의 두 유형으로 요약하고 있다. 이에 대해서는 '성기옥, 「〈도산십이곡〉의 재해석」, 『진단학보』 91, 진단학회, 2001, 261면 주 22).' 참조.

사뭇 다르다. 소인의 '수시경진(隨時競進)'과 군자의 '둔세무민(遁世無悶)'을 대비하고 있는바, 이로 보아 중장에 제시된 갈까마귀의 행태를 소인의 '수시경진'으로, 종장에 제시된 교교백구의 마음을 군자의 '둔세무민'으로 해석한 듯하다. 이는 도산과 바깥세상을 넘나드는 갈매기떼를 보면서 평정심을 잃은 화자가 나라와 군왕을 생각하는 자신을 자책하고 있는 것으로 이해하는 지금의 해석과는 완전히 다른 것이다. 지금의 해석과 운외자의 단평 사이의 차이는 둘로 나누어 살필 수 있다. 하나는 중장을 자연적 풍경으로 해석할 것이냐 아니면 화자의 의식이 투영된 것으로 볼 것이냐 하는 점이다. 그리고 다른 하나는 종장 후반부 "멀니 마음 ᄒᆞᄂᆞ냐"의 해석과 관련된 차이다. 지금의 논자들 대부분은 이를 화자가 군왕을 생각하는 연군 의식의 표출로 이해한다. 반면에 운외자의 경우 중장과 종장을 철저하게 대비적으로 이해하는 듯하다. 즉 '갈가막이-교교백구'를 대비적으로 놓고 뒤에 이어지는 "오면가면 ᄒᆞ거든"과 "멀니 마음 ᄒᆞᄂᆞ냐"를 소인의 '수시경진'과 군자의 '둔세무민'을 나타낸 것으로 이해하고 있다. 이럴 경우 "멀니 마음 ᄒᆞᄂᆞ냐"는 '작은 것에 흔들리지 않고 크고 길게 마음먹는 것'이 되며, '멀리'는 공간적 개념이 아닌 시간적 개념으로 해석되게 된다.

이와 관련 중장과 종장의 핵심 용어인 '갈가막이'와 '皎皎白鷗'에 나타난 어휘 교체 현상도 주목을 요한다.

> 山前에 有臺ᄒᆞ고 臺下애 有水ㅣ로다
> 떼 만ᄒᆞᆫ ᄀᆞᆯ며기ᄂᆞᆫ 오명가명 ᄒᆞ거든
> 엇다다 皎皎白駒ᄂᆞᆫ 머리 ᄆᆞᄋᆞᆷ ᄒᆞᄂᆞᆫ고.

퇴계 당대에 판각한 것으로 알려진 목판본 〈도산육곡〉을 인용한 것이다. 이것과 앞서 인용한 『해동영언』을 견주어 보면 중장의 'ᄀᆞᆯ며기'가 '갈가막이'로, 종장의 '皎皎白駒'가 '皎皎白鷗'로 각각 바뀐 것을 볼 수 있다. 종장의 '교교백구'의 경우 원래 '皎皎白駒'가 옳지만 일부 가집에 '皎皎白鷗' 형이 나타난다는 점에서[13] 이들 가집을 참고한 것으로 이해할 수도 있을 듯하다. 문제는 'ᄀᆞᆯ며기'를 '갈가막이'로 교체한 것이다. 'ᄀᆞᆯ며기'는 지금까지 발견된 모든 가집에서 'ᄀᆞᆯ며기' 또는 이것의 이형태만이 나타날 뿐 '갈가막이'로 표기된 것은 단 하나도 없다. 따라서 이는 『해동영언』 연재자 또는 편집자의 의도적 변개로 이해될 수밖에 없다. 왜 그랬을까? 그 이유는 'ᄀᆞᆯ며기'가 종장의 '白鷗'와 겹치기 때문에 그대로 둘 경우 소인의 '수시경진'과 군자의 '둔세무민'을 대비적으로 부각시킨 것으로 이해하는 데 방해가 되었기 때문일 것이다. 『해동영언』 연재자 또는 편집자의 세심한 의도가 엿보이는 대목이라 할 수 있다.

한편 다음 작품들은 당대 역사적 상황과 결부시킨 논평이라 할 수 있다.

界面調 中擧

李恒福

時節도 저러ᄒᆞ니 人事도 이러하다
이러하거니 어이 아이 저러할쇼냐
이런자 져런자 ᄒᆞ니 한숨 계워 ᄒᆞ노라.
雲外子曰 公若得彭祖壽런들 當今之世ᄒᆞ야는 恐或哭死.

13) 『청장』, 『악서』, 『청영』, 『화악』, 『악고』 등에 '皎皎白鷗' 형이 나타나고 있다. 이에 대해서는 '김흥규 외 6인, 『고시조 대전』, 고려대학교 민족문화연구원, 2012, 2330.1.' 참조.

界面調 平擧

治隱 吉再

五百年 都邑地를 匹馬로 도라드니
山川은 依舊커늘 人傑은 어듸 간고
어즈버 太平烟月이 꿈이런가 ᄒᆞ노라.

雲外子曰 如見五百年後事로다.

위 이항복의 작품은 시국을 한탄한 노래다. 때문에 운외자는 이를 놓치지 않았다. 팽조(彭祖)는 요임금의 신하로서 은나라 말년까지 팔백 년을 살았다고 전하는 전설적 인물로 중국 고대 장수의 대명사로 알려져 있다. 운외자는 이 팽조의 고사를 활용하여 작가인 이항복이 지금까지 살았더라면 아마도 통곡하다 죽었을 것이라고 평했다. 을사늑약으로 사실상 일제강점 하에 놓인 당시의 상황을 결부시킨 논평이라 하겠다. 다음 길재 작품에 대한 운외자의 단평도 이와 유사하다고 할 수 있다. 이 작품은 멸망한 고려왕조의 옛 도읍지를 돌아보며 역사의 무상함을 한탄한 것인데, 운외자는 이와 관련 "오백 년 뒤의 일을 보는 듯하다"고 하여 조선왕조 오백 년의 국운이 기울고 있는 시점에 놓인 당대인들의 한탄을 대변하고 있다.

3. 『해동영언』의 가집적 성격

지금까지는 『해동영언』이 일간신문에 연재된 연재물이라는 점에서 연재의 형식과 그것의 특징을 살펴보았다. 그런데 이 연재물은 이미 그 제목에서 시사하고 있듯이 단순한 연재물에 그치지 않는 점이 있다. 즉 연재된 작품 전체를 모아 놓고 보면 소규모 가집으로서의 성격을 완벽히 갖추고 있는 것이다. 따라서 이하에서는 『해동영언』을 가집으로 간주하고 그것의 문헌적 성격 및 가집사적 위상을 검토하기로 한다.

앞서 밝힌 바와 같이 『해동영언』은 무질서하게 연재된 것이 아니고 일관된 질서와 체계를 갖추어 연재된 것으로 보인다. 이를 확인하기 위해 연재 순서에 따라 제목을 제시하면 다음과 같다.

太宗御製歌(1)[14]
肅宗御製歌(1)
白骨丹心歌(1)
江湖春酒歌(1), 江湖夏風歌(1), 江湖秋魚歌(1), 江湖冬雪歌(1)
歸去來歌(1)
聾岩歌(1)
聾岩初度日歌(1)
南溟歌(1)
晦齋歌(1)
陶山曲(1), 退溪歌(2), 陶山曲(3)
花潭歌(1)
<u>初中大葉(1)</u>
羽調 初中大葉(1)
界面調 二中大葉(1)
羽調 三中大葉(1)
界面調 三中大葉(1)
羽調 初數大葉(2)
界面調 初數大葉(2)
羽調 二數大葉(8)
界面調 二數大葉(14)

14) 괄호 속의 숫자는 동일 제목으로 수록된 작품 수를 가리킨다.

羽調 中擧(4)
界面調 中擧(7)
羽調 平擧(3)
界面調 平擧(6)
羽調 頭擧(4)
界面調 頭擧(15)
羽調 數大葉(1)
羽調 三數大葉(3)
騷聳(2)
半얼數大葉(2)
蔓横(3)
弄歌(8)
羽調 樂(5)
界面 樂(6)
얼樂(2)
編樂(2)
編數大葉(5)

위의 배열 순서를 보면 밑줄 친 초중대엽을 중심으로 그 전과 그 후가 완전히 다른 체재를 갖추고 있다. 〈태공어세가〉에서 〈화담가〉까지는 신분과 생몰연대를 고려한 작가별 분류 방식을 취하고 있다. 반면에 '우조 초중대엽' 이하는 악조와 악곡을 고려한 곡조별 분류 방식을 취하고 있다. 이렇게 초중대엽 전후가 완전히 다른 분류 방식을 취한 것은 중간에 연재 원칙을 바꾸었기 때문으로 이해된다. 즉 처음에는 작가별 분류 방식에 입각하여 연재를 시작했으나 얼마 지나지 않아 이에 대한 문제제기가 있었고 이에 따라 재검토 과정을 거쳐 곡조별 분류 방식으로 전환한 것으로 생각된다. 여기서 전환의 분기점 역할을 하는 자리에 초중대엽을 위치시킨 것은 절묘한 배치라 할 수 있다. 작가별 분류 방식은 18세기 가집의 이삭대엽 분류에 주로 사용된 것이며, 우조·계면조의 악조와 중대엽·삭대엽 등의 악곡을 결합시킨 곡조별 분류 방식은 19세기 가집 편찬에서 주로 사용된 방식이다. 따라서 초중대엽 이전은 18세기적 분류 체계를, 초중대엽 이후는 19세기적 분류 체계를 대표한다고 할 수 있다. 그런데 18세기적 분류 체계에서 19세기적 분류 체계로 이동하는 자리에 초중대엽을 배치해 놓았다. 이는 이 작품[15]이 18세기 가집에만 수록되어 있어 18세기를 상징하는 작품이면서도 초중대엽이라는 악곡명을 밝힘으로써 자연스럽게 다음의 '우조 초중대엽'과 연결될 수 있다고 보았기 때문이다. 그야말로 기막힌 의도적 배치라는 생각이 든다.

한편 '우조 초중대엽' 이하의 분류 방식은 우조·계면조의 악조 교체와 초중대엽부터 편삭대엽까지의 악곡별 분류 원칙이 철저하게 지켜지고 있다. 이는 조선후기 가집과 상통하는 부분으로서 『해동영언』이 단순한 연재물에 그치지 않고 일관된 체재와 구성을 갖춘 가곡창 가집으로 기획된 것이라는 점을 단적으로 보여주는 것이다.

물론 정연한 체계를 염두에 둘 경우 일부 의문이 드는 부분이 없지는 않다. 하지만 이는 그 나름의 이유를 추정할 수 있는 것들이라는 점에서 크게 문제될 성질의 것은 아닌 듯하다. 우선 '우조 초중대엽'과 '계면조 이중대엽' 사이에 '계면조 초중대엽'과 '우조 이중대엽'이 빠져 있는데 이는 중대엽 악곡이 많지 않은 상황에서 체계의 필요상 모두 제시한다는 것이 오히려 번거롭다고 판단했거나 아니면 여창의 체계를 참조했기 때문이 아닌가 한다.[16] 또한 '우조 삼삭대엽' 다음에 '계면조 삼삭대엽'이

15) 오늘이 오늘이쇼셔 每日에 오늘이쇼셔 / 졈그지도 새지도 마르시고 / 새나마 晝夜長常에 오늘이쇼셔.

16) 『가곡원류』계 가집의 중대엽 부분 곡조 배열을 보면 남창의 경우에는 우조와 계면조

빠진 것도 의문이라 할 수 있는데, 이는 편집 및 인쇄 과정상의 실수가 아닌가 생각된다.

> 羽調 三數大葉
> 落葉이 믈 발애 치이니 닙닙히 秋聲이로다
> 風伯이 뷔 되여 다 쓰러 바리도다
> 두어라 崎구 山路를 덥허둔들 엇더리.
> 雲外子曰 四十五音이 字字有味로다.

'우조 삼삭대엽'에 속한 세 곡 중 마지막 작품이다. 그런데 이 작품이 조선후기 가집에 수록된 상황을 살펴보면 『악부』(서울대본)을 제외한 모든 가집에 삼삭대엽 곡으로 처리되고 있으며,[17] 악조의 구분이 있는 가집들에서는 단 하나의 예외도 없이 모두 계면조 악곡으로 처리되어 있다. 따라서 이 작품의 경우 '계면조 삼삭대엽'을 대표하는 곡으로 선별된 것인데, 이것이 편집 및 인쇄 과정에서 실수로 '우조 삼삭대엽'이 된 것이 아닌가 생각된다. 이 밖에 '계면조 두거'와 '우조 삼삭대엽' 사이에 '우조 삭대엽' 한 곡이 연재되고 있는데,[18] 이에 대해서는 그 사정을 짐작하기가 쉽지 않다. 삭대엽이란 곡명이 『해아수』와 『병와가곡집』을 제외한 다른 가집에는 전혀 안 나타나는 명칭인데다 이 작품이 대부분의 가집에

모두 초중대엽, 이중대엽(장대엽), 삼중대엽이 공히 나타나고 있으나 여창의 경우에는 우조는 중대엽만, 계면조는 이중대엽만 나타나고 있다. '여창 우조 중대엽'에는 "空山이 寂寞혼듸~"가 실려 있는데, 이 작품은 남창에서는 '우조 초중대엽'으로 분류된 곡이다. 따라서 '여창 우조 중대엽'은 곧 초중대엽이라 할 수 있다. 한편 '우조 락'과 '계면 락'의 순서 역시 『가곡원류』계 가집의 여창 순서와 일치한다. 즉 남창의 경우 계락, 우락의 순서인데 비해 여창은 우락, 계락의 순서로 되어 있다.

17) 『악서』에는 이삭대엽 곡으로 분류되어 있음.

18) 김종서의 다음 작품임. "長白山에 旗를 곳고 豆滿江에 말 싯기니 / 셔근 저 션비야 우리 은이 사나희냐 / 엇덧트 凌烟閣畵像을 우리 몬저 ᄒᆞ리라."

이삭대엽 또는 그것의 파생곡인 중거에 수록되어 있어 삼삭대엽의 오기로 볼 수도 없기 때문이다. 다만 『가곡원류』 육당본과 불란서본에 '중거부 평두(中擧附平頭)'라는 악곡이 존재하고 여기에 이삭대엽 · 중거 · 평거 등에 해당하는 곡들이 실려 있는데, 이 작품이 『원육』과 『원불』의 '중거 부 평두(中擧附平頭)'에 수록되어 있는 점을 감안할 때 삭대엽의 여러 파생곡으로 불릴 수 있는 점을 고려하여 그냥 삭대엽이라 한 것이 아닐까 추정할 수 있을 뿐이다.

이상에서 본 바와 같이 부분적으로 의문이 드는 것이 있으나 전체적으로 봤을 때 『해동영언』은 질서정연한 체계를 갖추고 있어 소규모 가집으로 보더라도 전혀 손색이 없을 정도다. 그런데 좀 더 세부적으로 들어가면 『해동영언』은 조선후기 가집과 중요한 차이가 발견된다. 조선후기 가집 중 18세기 가집은 악조(우조와 계면조)의 교체가 나타나지 않는 데 비해 19세기 가집은 그것이 나타난다는 점에서 『해동영언』은 19세기 가집과 훨씬 가깝다고 할 수 있다. 19세기 가집의 일반적 분류 체계는 악조(우조와 계면조)를 우선 배치하고 그 하위에 악곡을 배치하는 것이 일반적이다.[19] 이는 가곡 한바탕의 가창 방식이 우조의 악곡들을 모두 부른 뒤에 계면조의 악곡들을 부르는 것을 반영한 것으로, 19세기 가집이 당대 가곡 연창의 실제를 반영한 가곡창 교본으로 편찬되었음을 말해주는 것이다. 하지만 『해동영언』은 이런 분류 체계를 따르지 않고 각각의

19) 참고로 『가곡원류』(국악원본)의 창곡 배열을 예로 들면 다음과 같다.
우조 : 초중대엽/장대엽/삼중대엽
계면조 : 초중대엽/이중대엽/삼중대엽/후정화/대
우조 : 초삭대엽/이삭대엽/중거/평거/두거/삼삭대엽/소용이/율당삭대엽
계면조 : 초삭대엽/이삭대엽/중거/평거/두거/삼삭대엽/만횡/농가/계락/우락/얼락/편락/편삭대엽/얼편
(이하 여창 부분은 생략)

악곡 하나하나를 우조와 계면조로 나누어 짝을 짓는 방식을 취하고 있다.[20] 이는 질서정연한 체계를 보여주는 데는 효율적이지만 가곡창의 실제와는 거리가 먼 것이다. 여기서 우리는 『해동영언』이 당대 가곡 연창의 실질을 반영한 창본으로서의 성격보다 독서물로 감상하기 위한 문학적 텍스트로서의 성격이 강조된 것임을 알 수 있다.

『해동영언』의 문학 텍스트로서의 성격은 이 연재물의 전반부가 작가별 분류로 되어 있다는 점을 통해 우선적으로 확인할 수 있다. 즉 애초에 이 연재물은 작가별로 분류하여 작품을 소개하는 방식을 선택하였는데 이는 신문독자들에게 독서물 형태로 보여주기 위한 상태로 출발했음을 의미하는 것이다.

다음으로 앞서 잠시 언급한 바 있는 초중대엽 작품을 통해서도 연재자 또는 편집자의 성향을 읽을 수 있다.

> 初中大葉
> 오늘이 오늘이쇼셔 每日에 오늘이쇼셔
> 졈그지도 새지도 마르시고
> 새나마 晝夜 長常에 오늘이쇼셔.
> 雲外子曰 南薰之吾현인가 行雲兮流水로다.

이 작품은 16세기 후반 『금합자보』(1572년)에 만대엽의 가사로 실렸다가 이후 중대엽으로 바뀐 뒤, 18세기 가집 편찬 시대에 들어서는 가집

20) 19세기 가집 중 『해동영언』과 유사하게 각각의 악곡 하나하나를 우조와 계면조로 나누어 짝을 짓는 방식이 나타나는 것으로 『시조』(경대본)이 있다. 그러나 이것은 우조와 계면조의 구분이 확립되어 가던 19세기 초반에 기존의 악곡들을 우조와 계면조로 나누는 작업에 초점을 맞춘 결과 나타난 현상으로서 『해동영언』의 편찬 의식과 일치한다고 볼 수는 없다. 『시경』의 특성에 대해서는 '신경숙, 『19세기 가집의 전개』, 계명문화사, 1994, 37~40면.' 참조.

편찬자들에게 가곡의 조종으로 인식되어 항상 맨 앞에 수록되는 영광을 차지했던 것이다. 그러던 것이 18세기 말을 기점으로 사라지기 시작해서 19세기 이후에 편찬된 가집들에서는 단 한 종도 이 작품을 싣지 않았다. 가창자의 교본이라 할 수 있는 가집에서 탈락했다는 것은 가곡창으로서의 생명력이 끝났음을 말하는 것이다. 사정이 이러함에도 『해동영언』에서 이 작품을 가장 중요한 위치에 배치했다는 것은 이 작품의 가곡사적 위상을 고려한 때문이라 할 수 있다. 이는 이 연재물의 편집자가 가곡의 역사와 고전의 정리에 상당한 관심과 애착을 가진 인물이라는 것을 시사하는 것으로, 『해동영언』이 형식적 완결성을 중시한 텍스트주의의 산물임을 보여주는 것이다.

한편 동일한 악조와 악곡에 여러 작가의 작품이 배치될 경우 일관된 기준을 세우고 이에 따라 작품을 배열하고 있는데, 주목할 것은 이런 양상이 19세기 가집보다는 18세기 가집과 더욱 유사한 특성을 보여준다는 점이다. 『해동영언』의 작가 배열은 신분과 시대라는 두 기준을 사용하여 이루어지고 있다. 이를 '계면조 이삭대엽'을 예로 들어 살펴보자. '계면조 이삭대엽'에는 14수가 배치되어 있는데 그 배열 순서를 구체적으로 보면, 원천석-정도전-단계 하위지-유응부-퇴계 이황-송강 정철-상촌 신흠-낙서 장만-박효관-이정신-안민영-명기 계랑-무명씨(2)의 순으로 되어 있다. 금방 보더라도 사대부(원천석~낙서 장만), 중인 가객(박효관~안민영), 명기, 무명씨의 순서로 배열한 것을 알 수 있다. 이렇게 작가의 신분을 일차적 기준으로 삼은 상태에서 복수의 작가가 등장하는 사대부, 중인 가객 부분은 다시 작가의 생년을 기준으로 삼아 배열하고 있다. 이러한 작가 배열 방식은 『청구영언』, 『해동가요』 등 18세기 가집의 이삭대엽 작가 배열 방식과 완전히 일치하는 것이다. 이 역시 『해동영언』이 독서물로 연재되면서 나타난 특징으로서 음악성보다는 문학성을 중시한 상태에서 편집된 것임을 말해주는 것이다.

또한 『해동영언』은 유명씨와 무명씨 중에서는 유명씨를, 유명씨 내의 신분별 배치에서는 사대부를 훨씬 비중 있게 다룬 것으로 보인다. 유명씨와 무명씨의 비중은 각각 80수와 48수로 유명씨가 훨씬 높게 나타나고 있으며, 유명씨 작품 80수에 등장하는 작가 수는 59명이다. 유명씨 59명의 신분별 분포를 보면 사대부 49명(65수),[21] 중인 가객 6명(10수),[22] 명기 4명(5수)[23]으로 사대부가 절대적인 비중을 차지하고 있으며, 2수 이상의 작품을 수록한 작가의 분포에서도 총 10명 중 사대부 7명,[24] 중인 가객 2명,[25] 명기 1명[26]으로 되어 있어 사대부가 압도적 비중을 차지하고 있다.

이상에서 『해동영언』의 가집적 성격을 살펴보았다. 『해동영언』은 전반적 분류 체계나 동일 곡조 내의 작가 배열 방식 등에서 명백한 가집 편찬 의식을 엿볼 수 있어 소규모 가집으로 규정될 수 있을 것으로 보인다. 그러면 가집 편찬사적 측면에서 『해동영언』은 어떤 의미를 갖는 것일까? 앞서 살펴본 바 있듯이 『해동영언』은 지나치다 싶을 정도로 형식적 완결성을 추구하고 있다. 이는 텍스트주의 또는 문학주의가 낳은 결과라 할 수 있다. 이런 점에서 『해동영언』은 19세기 가집보다는 오히려 18세기 가집과 훨씬 친연성이 있다. 그러나 그렇다고 하여 『해동영언』

21) 태종, 숙종, 효종, 월산대군, 익종을 포함한 것이다.

22) 박효관, 이정신, 안민영, 송종원, 김유기, 김삼현, 박효관, 안민영 등 19세기 가객 작품을 중심으로 선별한 것을 볼 수 있으나 그렇다 하더라도 18세기 가객으로 김천택과 김수장이 빠진 대신 김유기와 김삼현이 등장하고 있는 것은 특기할 점이다.

23) 진이, 계랑, 매화, 송이.

24) 이황(8수), 맹사성(4수), 이현보(3수), 조식(2수), 효종(2수), 원천석(2수), 이항복(2수).

25) 박효관(3수), 안민영(3수).

26) 진이(2수).

이 18세기 가집과 동일하다고 볼 수는 없다. 18세기 가집의 경우 문학 텍스트로서의 성격을 상당 부분 지니고 있기는 하지만 이는 어디까지나 가곡창 교본이라는 기본적 틀 내에서 나타나는 특징이라 할 수 있다. 따라서 18세기 가집에 나타나는 문학주의는 부분적인 것이라 할 수 있다. 이에 비해 『해동영언』의 문학주의는 가집의 기본 속성이라 할 수 있는 음악성의 틀을 깨뜨리는 시도가 나타나고 있다는 점에서 가히 전면적이라 할 수 있다. 그러면 같은 문학주의를 지향하면서도 18세기 가집과 20세기 초반 가집 사이에 왜 이런 차이가 나타나는 것일까? 이를 위해서는 간략하게나마 가집 편찬사를 살펴볼 필요가 있다.

가집 편찬사의 초기라 할 수 있는 18세기 초·중반의 경우 작품 분류의 일차적 기준으로 악곡별 분류 방식을 택함으로써 가곡창 교본으로서의 성격을 명확히 하였다. 그런 가운데 문예 비평적 성격의 서발문을 수록하고 있고, 이삭대엽 유명씨 부분에서 작가 배열이나 작가 정보 제시에 상당한 공력을 들이고 있으며, 무명씨 부분에서 내용별 분류 방식을 취하는 등 문학 텍스트로서도 손색이 없게 하였다. 이는 18세기 초·중반의 가집이 중인 가객과 양반 사대부의 결합으로 만들어진 데 기인하는 것으로, 결과적으로 가창 교본이면서 동시에 훌륭한 문학 텍스트이기도 한 양면성을 충실히 구현했다고 할 수 있다.

이것이 18세기 말~19세기 전반에 이르면 문학적 성격은 약화되는 대신에 음악적 성격은 강화되는 방향으로 바뀌게 된다. 즉 권두에 음악 관련 기록을 수록하는 비중이 늘어나고, 작가에 대한 의식이 희박해지며, 무명씨 작품의 수록 순서도 기억에 의한 연상 작용에 의존하는 등 많은 변화가 나타나게 된다. 이는 이 시기 가곡의 향방이 남창과 여창의 분화, 우조와 계면조의 확립, 새로운 변주곡들의 등장 등 음악적 측면의 발전이 가속화하였기에 이를 반영한 결과라 할 수 있다.

한편 19세기 후반에 편찬된 『가곡원류』는 19세기 전반에 편찬된 가집들의 전통과 체재를 이은 상태에서 이 시기에 새로 등장한 변주곡들을 첨가하고 기존 곡들에서도 사설을 보완하는 등 작품 수를 대폭 확대하였으며, 전문적인 가론(歌論)을 수록하고 연음표를 사용하는 등 가장 완비된 형태의 가집을 지향하고 있다. 이렇듯 『가곡원류』에 와서 가곡창 교본으로서의 가집이 도달할 수 있는 정점에 이르렀기 때문에 20세기 가집 편찬은 다른 방향에서 시도될 수밖에 없었다.

새로운 변주곡의 등장과 같은 음악적 변화가 없는 상태에서, 그리고 언론과 인쇄술이 발달한 상황에서 20세기 가집이 선택할 수 있는 방향은 독서물로의 전환이 유일한 길이었다고 할 수 있다. 이에 따라 20세기 가집에서는 19세기 가집 체계에서 가장 중시되었다고 할 수 있는 남창과 여창의 분리, 우조와 계면조에 따른 구분이 약화되는 양상이 나타나고 있다. 우조와 계면조에 따른 구분이 약화되는 양상은 이 글에서 다루고 있는 『해동영언』에서 나타나고 있는바, 이에 대해서는 이미 자세히 살펴본 바가 있다. 남창과 여창의 엄격한 분리가 무시되고 이 둘이 하나로 통합되어 나타나는 양상은 『대동풍아』(1908년)에서 확인할 수 있다. 따라서 기존 연구에서는 20세기적 특성을 보여주는 최초의 가집으로 『대동풍아』를 주목해 왔다.[27] 그러나 이는 『대동풍아』보다 앞선 『해동영언』에서 이미 나타나고 있다는 점에 유의할 필요가 있다. 즉 앞서 제시한 곡조별 분류에서 농가, 우조 락, 계면 락, 편삭대엽의 네 부분은 남창 사설과 여창 사설이 통합된 구성을 보여주고 있는 것이다. 이를 간략히 제시하면 다음과 같다.

---

27) 이에 대해서는 '신경숙, 앞의 책.' 참조.

弄歌(8) : 남창(6)+여창(2)
羽調 樂(5) : 남창(3)+여창(1)+남창(1)
界面 樂(6) : 여창(1)+남창(3)+여창(2)
編數大葉(5) : 여창(2)+남창(2)+여창(1)

『대동풍아』에 나타나고 있는 남창과 여창의 통합은 물론, 가곡 연창의 실제와 다른 방식의 우조와 계면조의 반복적 교체 현상까지 나타나고 있음은 『해동영언』이 『대동풍아』보다 오히려 훨씬 더 대중 보급용 독서물을 지향하는 의식에 가깝다는 것을 보여준다. 이렇듯 『해동영언』은 20세기 가집을 대표하는 것으로 알려진 『대동풍아』보다 앞선 시기에 만들어졌으면서도 20세기 가집의 특성을 훨씬 더 명료하게 보여준다는 점에서 이 가집의 위상을 찾을 수 있다.

4. 남는 문제들 - 결론을 대신하여

이제 남은 문제는 도대체 누가 이 연재물을 기획했으며 이를 기획하면서 참고한 저본은 무엇인가 하는 것이다. 먼저 연재물의 기획자 또는 가집의 편찬자에 대해 조심스럽게 추정해 보기로 한다.

『해동영언』의 편집자는 《만세보》의 핵심 관계자 중의 한 명일 가능성이 큰 것으로 생각된다. 《만세보》사에서는 1906년 9월 22일 호서수재구휼금(湖西水災救恤金)을 모집하는 광고를 싣고 있는데, 그 모집자로 오세창(吳世昌), 이인직(李人稙), 최영년(崔永年), 신광희(申光熙) 등을 명시하고 있다.[28] 이로 보아 이 네 명이 《만세보》의 핵심 관계자로 판단된

28) 《만세보》 1906년 9월 22일자 3면 끝. 이에 대해서는 기존 연구에서도 이미 확인한

다.[29] 따라서 이 네 명 중 한 명이 『해동영언』의 편집자였을 것으로 생각되는데, 신광희[30]를 제외한 세 명은 모두 문예 취향을 가졌던 사람이므로 일단 셋 다 가능성이 존재한다고 할 수 있다. 그러나 필자는 오세창과 이인직보다는 최영년에 좀 더 무게를 두고자 한다. 그 이유는 오세창과 이인직의 경우 예술에 조예가 깊었던 것은 사실이지만 국문시가와 관련된 이력은 찾을 수 없는 데 비해[31] 최영년은 시조문학과 관련된 이력을 남기고 있기 때문이다.

최영년(1856-1935)은 〈추월색〉의 작가 최찬식의 부친으로 1906년 당시 한성한어학교의 교관으로 재직하고 있었다. 때문에 기존 연구에서는 한시를 다룬 〈문원(文苑)〉란이나 한문기사를 주로 그가 관장했을 것으로 추정하였는데, 필자의 생각으로는 『해동영언』도 그가 편집한 것으로 짐작된다. 이와 관련 결정적인 증거는 없지만 그의 이력을 살펴보면 상당히 신빙성이 높은 것으로 판단된다.

최영년은 서리 출신으로[32] 당대의 보수적 한학자요 한시인이었다. 설화집인 『실사총담(實事叢譚)』(1918)과 악부시집인 『해동죽지(海東竹枝)』(1925)를 편찬한 것에 대해서는 비교적 널리 알려져 있으며, 단편소설 〈우의(友誼)〉의 작가라는 것도 진동혁에 의해 밝혀진 바가 있으나,[33] 그의

바가 있다. '최기영, 「구한말 『만세보』에 관한 일고찰, 『한국사연구』61, 한국사연구회, 1988.' 참조.

29) 오세창은 사장, 이인직은 총무 겸 주필, 신광희는 발행인이다.

30) 발행인 신광희는 무관이므로 일단 제외해도 무방할 듯하다. 신광희에 대해서는 '최기영, 앞의 논문.' 참조.

31) 오세창은 서예가이자 서화수집가였으며, 이인직은 신소설 작가이자 신극운동의 선구자였다.

32) "근년에 시거한 梅下 崔永年은 최후의 胥吏詩人이라 할 사람이니 積善洞에 文藝俱樂部를 조직하여 委巷詩人이 盛會하였거니와 벌써 이곳에는 兩班詩人도 참가 賡和하여 결코 숭으로 여기지 않았다." 구자균, 『조선평민문학사』, 문조사, 1948.

시조 연구와 창작에 대해서는 거의 알려지지 않았다. 따라서 이에 대한 고찰을 통해 최영년이 『해동영언』의 편집자일 가능성을 진단하기로 한다.

최영년은 『조선문예』 1호(1917.4)와 2호(1918.10)에 「고금가요(古今歌謠)의 연혁(沿革)」, 「고금(古今)의 가요(歌謠)」라는 글을 연달아 발표하였다. 우선 「고금가요의 연혁」은 시조문학을 음악적 분류에 따라 가곡과 시조로 나눈 뒤 양자의 차이를 실례를 통해 보여주고 있는 글이다. 아울러 글의 후반부에서는 시조의 한시 연원을 주장하였다. 다음으로 「고금의 가요」는 앞서 발표한 「고금가요의 연혁」의 속편으로 "海東古樂府 中에 若干篇을 采ᄒᆞ야 參攷에 供ᄒᆞ노라"고 하여 맹사성의 〈강호사시가〉부터 채유후의 〈탁주곡〉까지 21편 70수의 작품을 정리한 것이다.

이런 시조 연구와 정리에 앞서 그는 『신문계(新文界)』에 자하산인(紫霞山人)이란 호를 사용하여 신작 시조를 발표하기도 하였다. 『신문계』 제1권 제8호(1913년 8월호)에 3수, 9호(1913년 9월호)에 6수 등 총 9수가 실려 있는데, 여기 실린 작품들의 연재 형식이 『해동영언』의 형식과 유사하여 주목된다. 〈조선가곡(朝鮮歌曲)〉이라는 제목 하에 다음과 같은 형태로 실려 있다.

> 陶淵明(平調)
>
> 紫霞山人
>
> 菊花의 千古知己는 陶淵明 一人뿐이로다
> 陶淵明 一去後에 다시 知己가 업단 말가
> 至今에 날다려 知己라 홈은 아쉬여서.
>
> 天嘯子曰 終章頗有其味.

---

33) 진동혁, 「태화산인 최영년의 소설 〈우의〉」, 『국어국문학』99(국어국문학회, 1988). 〈우의〉 외에 〈壅頭의 春歌〉라는 단편소설이 더 있다(『신문계』 5권 2호, 1917.1).

'제목(악곡명)-작가-작품-단평'의 순서가 『해동영언』의 형태와 거의 동일함을 알 수 있다. 이런 사실은 최영년이 『해동영언』의 기획자 및 편집자였을 가능성을 강하게 시사하는 것이다.

마지막으로 저본 문제[34]를 간단히 검토하는 것으로 글을 마무리하고자 한다. 저본 문제와 관련, 일차적으로 고려할 것이 가장 가까운 시기에 편찬된 『가곡원류』이다. 이 연재물은 악곡 배열의 측면에서 『가곡원류』와 많이 닮아 있다. 작가별로 분류하고 있는 앞부분을 제외하고 보면 『가곡원류』에 등장하는 악곡 중 후정화(後庭花), 대(臺), 얼편(乻編)이 빠졌으며, 『가곡원류』에는 없는 '우조(羽調) 삭대엽(數大葉)'이 추가된 정도의 차이가 있을 뿐이다. 다만 악조를 고려할 경우 완전히 다른 배열 방식을 보여주고 있는데, 이는 『가곡원류』가 연창의 실제를 반영한 것임에 비해 『해동영언』은 가곡창의 실연을 염두에 둔 것이 아니라 독서물로 읽히는 것을 목적으로 연재된 것이기 때문에 나타난 현상이다. 이 연재물이 『가곡원류』를 상당 부분 참고했다는 사실은 악곡 배열의 측면뿐만 아니라 작가 정보에서도 확인되는 바다. 즉 작가에 이견이 있는 작품의 경우 거의 모든 작품에서 『가곡원류』에서 제시한 작가를 그대로 따르고 있다. 이 같은 사실들은 『해동영언』이 『가곡원류』를 절대적으로 참고하여 연재된 기획물이라는 것을 말해준다.

하지만 『해동영언』이 『가곡원류』만을 참고했다고 볼 수는 없다. 우선 이미 설명한 바와 같이 『가곡원류』에서는 탈락된 곡인 〈오늘이〉가 연재되고 있다는 사실이다. 이 곡은 18세기 가집을 중심으로 10여 종의 가집

34) 이것이 저본을 바탕으로 연재한 것이 아니라 당대 가곡 연행의 실제를 반영했을 가능성도 예상할 수 있으나 그렇게 보기 어려운 점이 있다. 왜냐하면 앞서 살펴본 바와 같이 이미 『가곡원류』 시기(19세기 후반)에 가곡 연행에서 사라진 초중대엽 곡을 연재하고 있기 때문이다. 따라서 이 글에서는 이 가능성은 무시하고 논의를 전개하고자 한다.

에 수록되어 있는데 노랫말이 모두 조금씩 다르다. 그런데 『해동영언』의 노랫말은 『해동가요』와 가장 일치하고 있다.35) 따라서 〈오늘이〉의 경우 『해동가요』를 참고한 것으로 생각된다. 다음으로 작가 표기의 경우 대부분은 『가곡원류』를 따르고 있으나 아래 제시한 것들처럼 『가곡원류』에 의존하지 않은 것도 나타나고 있다.

> 界面調 中擧
> 青春에 보든 거울 白髮에 곳쳐 보니
> 青春은 간 듸 업고 白髮만 뵈는고나
> 白髮아 青春이 제 가쓰랴 네 쪼친가 ᄒᆞ노라.
> 雲外子曰 君歌已終에 山高水長이라.

> 界面 樂
> 尤菴 宋時烈
> 즌셔리 술이 되야 滿山을 다 勸하니
> 멀어 불근 빗치 碧溪에 즘겨셔라
> 우리도 醉토록 먹은 後에 불거 볼가 ᄒᆞ노라.
> 雲外子曰 人面山光一樣紅.

첫 번째 작품은 『영규』, 『지음』, 그리고 『가곡원류』계 가집에 수록된 곡인데 『영규』와 『지음』에는 작가를 표기하지 않은데 비해 『가곡원류』계 가집에서는 모든 이본에서 작가를 이정신(李廷藎)으로 밝히고 있다. 그런데 『해동영언』에서는 『가곡원류』를 따르지 않고 『영규』나 『지음』처럼 작가를 밝히지 않았다. 두 번째 작품은 첫 번째 작품과 정반대의 양상이 나타나고 있다. 이 작품은 『지음』과 『가곡원류』계 가집에만 수

---

35) 『해동가요』 이본 중 『해박』과 『해일』의 경우 사소한 표기까지 완전히 일치하고 있다.

록된 곡인데 『지음』은 물론이고 『가곡원류』 모든 이본에서 작가를 밝히지 않았다. 그런데 『해동영언』에서는 작가를 송시열로 밝혀놓고 있으니 도무지 그 이유를 알 수가 없다.

노랫말이 『가곡원류』와 일치하지 않는 것도 『가곡원류』를 저본으로 보는 것을 주저하게 만든다. 『해동영언』과 『가곡원류』계 가집의 노랫말을 견주어본 결과 완전히 일치하는 것을 거의 찾을 수 없었다. 뿐만 아니라 다음 작품들의 노랫말은 『가곡원류』가 아닌 다른 가집과 오히려 더 가까운 양상을 보여주기도 한다.

界面調 頭擧
尹善道
白雲이 이러나니 나무 ᄉᆞᆺ치 움즉인다
밀물에 東湖 가고 혈물에란 西湖 가자
兒戱야 넌 그물 것어 셔리고 돗을 놉히 ᄃᆞᆯᄋᆞ라.
雲外子曰 萬波將生一帆高擧.

界面調 頭擧
달 ᄯᅳ쟈 ᄇᆡ ᄯᅥᄂᆞ가니 인제 가면 언제 오리
萬頃 滄波에 나는 듯 도라오쇼
밤中만 至菊叢 닷 감ᄂᆞᆫ 소ᄅᆡ애 ᄋᆡ ᄭᅳᆫᄂᆞᆫ 듯ᄒᆞ여라.
雲外子曰 波의 枕에 들니ᄂᆞ니 至菊叢이라.

첫 번째 작품의 경우 『가곡원류』계 가집에서는 종장 “셔리고” 다음에 “닷글 들고”가 모든 이본에 다 들어 있다. 그런데 『해동영언』에서는 이 부분이 생략되었는바, 이는 『해동가요』 계열과 상통하는 것이다. 그러나 이 작품이 『해동가요』 계열을 참고한 것이라고 보기도 어렵다. 『해동가요』 계열은 초장 "움즉인다" 부분이 "흔으긴다"로 되어 있기 때문이다. 두 번째 작품의 경우는 종장의 "닷 감는" 부분이 『가곡원류』계 이본들에는 모두 빠져 있다. "닷 감는"이라는 노랫말이 있는 것은 특이하게도 『남태』·『시여』·『시조』(지씨본) 등 시조창 가집들이다. 그렇다고 하여 시조창 가집들과 노랫말이 완전히 일치하는 것도 아니다. 시조창 가집들에서는 종장 후반부의 "잉 슨는 듯" 부분이 "잠 못 니러(또는 줌 못 일워)"로 나타나며 그 뒤의 말구는 당연히 생략되었다.

이런 사실들은 『해동영언』이 상당히 많은 다수의 가집을 참조로 하여 이루어졌거나, 아니면 저본 역할을 한 가집이 존재했는데 현재 발견되지 않았을 가능성 중 하나라는 것을 시사한다. 지금으로서는 두 가지 가능성 중 어느 한쪽으로 단정 짓기 곤란한 측면이 있으나 적어도 그 가능성만으로 보자면 후자의 가능성이 더 큰 것으로 생각된다.

■ 부록 : 《만세보》 연재 『해동영언』 원문

▌일러두기

· 이 자료는 《만세보》에 123호에 걸쳐 연재된 것을 모아 정리한 것이다.

· 텍스트는 "한국학문헌연구소 편, 《만세보》(상 · 하 2책, 아세아문화사 영인, 1985)"를 사용하였다.

· 활용도를 높이기 위해 작품에 일련번호를 부여하였다.

· 원텍스트에는 7마디로 분절되어 있으나 여기서는 현재의 띄어쓰기 원칙을 적용하였다.

· 원텍스트의 한자어 우측에 국문소활자로 적어 놓은 한자음 표기는 생략하였다.

· 일부 판독이 불가능한 글자는 '□'로 표시하였다.

萬歲報

〈그림 19〉《만세보》 제30호 1면 전체

* 〈제30호〉(1906.7.31.)

1

太宗御製歌

이런들 엇더하며 저런들 엇더하며

萬壽山 드렁츩이 얼거진들 엇더하리

우리도 이갓치 얼거저 百年까지 누릴이라.

雲外子曰 隱隱흔 春雷聲은 百蟄을 놀닛도다.

2

肅宗御製歌

秋水는 天一色이오 龍舸는 泛中流라

簫鼓 一聲에 解萬古之愁兮로다

우리도 萬民 다리고 同樂太平하리라.

雲外子曰 南風이 薰흠이여 우리도 舜인군 百姓일셰.

* 〈제31호〉(1906.8.1.)

3

白骨丹心歌

鄭夢周 (麗末忠臣)

이 몸이 죽어 죽어 一白 番 곤쳐 죽어

白骨이 塵土 되여 넉시라도 잇고 읍고

님 向흔 一片丹心이야 가실 줄이 잇슬랴.

雲外子曰 江山은 變흐야도 忠魂은 消치 아니흐리로다.

* 〈제32호〉(1906.8.2.)

4

江湖春酒歌

孟思誠 號는 東浦 官至左相

江湖에 봄이 드니 미친 興이 졀노 난다

濁요溪邊에 錦鱗魚 안쥬로다

이 몸이 閑暇히옴도 亦君恩이샷다.

雲外子曰 和樂沖澹.

5

江湖夏風歌

上仝人

江湖에 녀름이 드니 草堂에 일이 읍다

有信흔 江波는 보닉느니 ᄇ람이로다

이 몸이 셔늘히옴도 亦君恩이샷다.

雲外子曰 閑靖優游.

6

江湖秋魚歌

上仝人

江湖에 가을이 드니 고기마다 슬써 잇다

小艇에 그믈 싯고 흘니 씌여 더져두고

이 몸이 消日히옴도 亦君恩이샷다.

雲外子曰 取適非取魚.

7

江湖冬雪歌

上仝人

江湖에 겨울이 드니 눈 깁기 자이 남ᄶᅡ

삿갓 빗기 쓰고 누역으로 옷슬 삼아

이 몸이 칩지 아님도 亦君恩이샷다.

雲外子曰 寫出蓑笠翁.

* 〈제33호〉(1906.8.3.)

8

歸去來歌

李賢輔 號ᄂᆞᆫ 聾岩이니 燕山朝에 判中樞

歸去來 歸去來 ᄒᆞ되 말쌘이오 갈 수 읍네

田園將蕪ᄒᆞ니 ᄋᆡ고 언졔 ᄒᆞᆯ고

草堂에 淸風明月은 나면 들면 기ᄃᆞ린다.

雲外子曰 賢哉라 見機而作이로다.

* 〈제35호〉(1906.8.5.)

9

聾岩歌

李賢輔

聾巖에 올나보니 老眼이 猶明이로다

人事ㅣ 變ᄒᆞᆫ늘 山川이ᄯᆞᆫ 거실소냐

巖前에 某山某丘 어제 본 듯ᄒᆞ여라.
雲外子曰 急流中에 勇退ᄒᆞᆫ 人이로다.

* 〈제38호〉(1906.8.9.)
10
聾岩初度日歌
上仝人
功名이 긋치 잇스랴 壽夭도 天定이라
金犀 구분 허리에 八十逢春 그 몃히오
年年에 오ᄂᆞᆯᄂᆞᆯ이야 亦君恩이샷다.
雲外子曰 晩年行樂ᄒᆞᆷ이 明哲ᄒᆞᆫ 者 ᄋᆞ니면 不得ᄒᆞ리로다.

* 〈제39호〉(1906.8.10.)
11
南溟歌
曹植의 号ᄂᆞᆫ 南溟□니 中廟朝에 拜官不就
頭流山 兩端水를 예에 듯고 이제 보니
桃花 ᄯᅳᆫ 말근 물에 山影조차 잠겨셔라
아희야 武陵이 어듸냐 나는 연가 하노라.
雲外子曰 望望然去之하야 若將미焉하니 聞伯夷之風者로다.

* 〈제40호〉(1906.8.11.)

12

晦齋歌

李彦적의 號는 晦齋니 中廟朝에 贊成

天覆地載ᄒᆞ니 萬物의 父母ㅣ로다

父生母育ᄒᆞ니 이 ᄂᆡ의 天地로다

이 天地 저 天地 즈음에 늘글 쥬를 모로리라.

雲外子曰 우우焉凉凉焉ᄒᆞ야 不知老之將至로다.

* 〈제41호〉(1906.8.12.)

13

陶山曲

李황

幽蘭이 在谷ᄒᆞ니 自然이 듯기 됴희

白雲이 在山ᄒᆞ니 自然이 보기 됴희

이 궁에 彼美一人을 더욱 밋지 못ᄒᆞ네.

雲外子曰 身在江湖ᄒᆞ나 心縣魏闕이로다.

* 〈제42호〉(1906.8.14.)

14

退溪歌

李황

烟霞로 집을 삼고 風月로 벗을 삼아

太平聖代에 病으로 늙어 가믜
이 중에 ᄇ라는 일은 허물이나 읍ᄉ자.
雲外子曰 胸中이 灑落ᄒ야 不以進退로 易其操로다.

* 〈제43호〉(1906.8.15.)
15
退溪歌
李황
이런들 엇더하며 저런들 엇더히료
草野愚生이 이러타 엇더하료
하물며 泉石膏肓을 곤쳐 무슴하료.
雲外子曰 出處는 隨時로ᄃ 至若泉石之癖하야 不必醫治라.

* 〈제44호〉(1906.8.16.)
16
陶山曲
李황
天雲臺 도라드러 玩樂齋 소灑ᄒ데
萬卷生涯로 樂事ㅣ 無窮하여라
이 듕에 往來風流를 일너 무슴할고.
雲外子曰 由正路處仁宅하니 其樂을 何可盡言가?

* 〈제45호〉(1906.8.17.)

17

陶山曲

李황

春風에 花滿山하고 秋夜에 月滿臺로다

四時佳興이 사ᄅᆞᆷ과 한가지라

하물며 魚躍鳶飛 雲影天光이야 어늬 슷치 이시랴.

雲外子曰 物我無間하고 上下有察하니 浩浩之性과 潑潑之機를 可見이로다.

* 〈제46호〉(1906.8.18.)

18

陶山曲

李황

山前에 有臺ᄒᆞ고 臺下에 有水로다

ᄣᅦ 난은 살가막이ᄂᆞᆫ 오면가면 ᄒᆞ거든

엇더타 皎皎白鷗ᄂᆞᆫ 밀니 마음 ᄒᆞᄂᆞ냐.

雲外子曰 小人은 隨時競進ᄒᆞ고 君子ᄂᆞᆫ 둔世無悶이로다.

* 〈제47호〉(1906.8.19.)

19

花潭歌

서경덕의 號ᄂᆞᆫ 花潭이니 中廟朝에 授職

마음이 어린 後ㅣ니 ᄒᆞᄂᆞᆫ 일이 다 어리다
萬重雲山에 어느 님 날 차지리오마ᄂᆞᆫ
지ᄂᆞᆫ 닙 사ᄂᆞᆫ ᄇᆞ람에 힝혀 권가 ᄒᆞ노라.
雲外子曰 疎星落月에 禿釋인가 仙翁인가 畢竟一樹梧桐影이로구나.

* 〈제48호〉(1906.8.21.)

20

初中大葉

오늘이 오늘이쇼셔 每日에 오늘이쇼셔
졈그지도 새지도 마르시고
새나마 晝夜長常에 오늘이쇼셔.
雲外子曰 南薰之吾현인가 行雲兮流水로다.

* 〈제49호〉(1906.8.22.)

21

羽調 初中大葉

錦南君 鄭忠信

黃河水 맑다더니 聖人이 나시도다
草野群賢이 다 니러 나단 말가
어즈버 江山風月을 눌을 듀고 잇거니.
雲外子曰 千載에 一時로다.

* 〈제50호〉(1906.8.23.)

22

界面調 二中大葉

竹窓 具容

碧海竭流 後에 모릐 뫼혀 셤이 되야

無情芳草는 히마다 푸르되

엇짓타 우리에 王孫은 歸不歸를 ᄒᆞ나니.

雲外子曰 餘音이 嗚咽ᄒᆞᆫ 듯.

* 〈제51호〉(1906.8.24.)

23

羽調 三中大葉

南溟 曹植

三冬에 베옷 닙고 巖穴에 눈비 마자

구름 ᄭᅵᆫ 볏뉘도 ᄶᅬ인 적이 업건마는

西山에 히 지다 ᄒᆞ니 눈물 겨워 ᄒᆞ노라.

雲外子曰 葵花는 雨中에도 向日ᄒᆞ도다.

24

界面調 三中大葉

退溪 李황

淸凉山 六六峰을 아나니 나와 白鷗

白鷗야 헌ᄉᆞᄒᆞ랴 못 밋을손 桃花ㅣ로다

桃花야 ᄯᅥ지디 마라 漁舟子ㅣ 알가 ᄒᆞ노라.

雲外子曰 蜘蛛帳으로 洞天을 包圍ᄒᆞ얏스면.

* 〈제52호〉(1906.8.25.)

25

羽調 初數大葉

朴孝寬

東君이 도라오니 萬物이 皆自樂을

草木昆虫들을 ᄒᆡᄒᆡ마다 回生커늘

ᄉᆞ름은 어인 緣故로 歸不歸를 ᄒᆞᄂᆞᆫ고.

雲外子曰 神仙이 不到ᄒᆞ야 鍊丹이 無術ᄒᆞ니 公必有感이라 吾亦云云ᄒᆞ노라.

* 〈제53호〉(1906.8.26.)

26

羽調 初數大葉

松京 名妓 眞伊

어제 ᄂᆡ 일이여 글일 쥴을 모로던가

이시라 ᄒᆞ드면 가랴마ᄂᆞᆫ 제 굿ᄒᆞ여

보ᄂᆡ고 글이ᄂᆞᆫ 情은 나도 몰나 ᄒᆞ노라.

雲外子曰 眞도 眞를 悟ᄒᆞ지 못ᄒᆞ얏든가?

* 〈제54호〉(1906.8.28.)

27

界面調 初數大葉

孝宗御製(丙子赴燕時)

青石嶺 지나거야 草河衢 어드메오

胡風도 참도 찰ᄉ 구즌 비는 무삼 일고

뉘라셔 ᄂᆡ 行色을 그려ᄂᆡ여 임 게신 데 드리리.

雲外子曰 千秋라도 西雲을 一唾 ᄒᆞᆯ깃도다.

* 〈제55호〉(1906.8.29.)

28

界面調 初數大葉

窓 밧게 菊花를 심어 菊花 밋태 술을 비저 두니

술 닉ᄌᆞ 菊花 퓌ᄌᆞ 벗님 오자 ᄃᆞᆯ이 돗아 온다

兒孩야 거문고 ᄂᆡ여 淸처라 벗님 待接ᄒᆞ리라.

雲外子曰 佳墳妙墳聖境神境이로다.

* 〈제56호〉(1906.8.30.)

29

羽調 二數大葉

圃隱 鄭夢周 母親

가마귀 ᄊᆞ호는 골에 白鷺야 가지 마라

셩ᄂᆞᆫ 가마귀 흰 빗츨 식울세라

淸江에 조히 씨슨 몸을 더러읠가 ᄒᆞ노라.

雲外子曰 明哲ᄒᆞᆫ 達觀인가?

* 〈제57호〉(1906.8.31.)

30

羽調 二數大葉

李稷

가마귀 검다 ᄒᆞ고 白鷺야 웃지 마라

것치 검운들 쇽좃차 검을소냐

것 희고 속 검운 즘싱은 네야 귄가 ᄒᆞ노라.

雲外子曰 爾之啞啞ᄂᆞᆫ 其聲이 無邪ᄒᆞ고 吾之諤諤은 其言이 欲直이라. 外飾을 冷笑ᄒᆞ고 要名을 唾罵ᄒᆞ도다.

* 〈제58호〉(1906.9.1.)

31

羽調 二數大葉

마음아 너는 어이 每樣에 졈엇ᄂᆞ니

ᄂᆡ 늙을 제면 넨들 아니 늙을소냐

아마도 너 좃쳐 단이다가 남 우읠가 ᄒᆞ노라.

雲外子曰 騎竹은 宜於丱齡이오 風流ᄂᆞᆫ 合於少壯이라. 頭戴雪鬢ᄒᆞ면 只可與枯木爲儔라. 笑殺偸閑學少年之說이로다.

* 〈제59호〉(1906.9.2.)

32

羽調 二數大葉

北渚 金류

쇼湘江 긴 ᄃᆡ 뷔여 하늘 밋게 뷔를 ᄆᆡ여

蔽日浮雲을 다 쓰러 ᄇᆞ리과저

時節이 하 殊常ᄒᆞ니 쓸쏭말쏭 ᄒᆞ여라.

雲外子曰 令人頭髮이 上指로다.

* 〈제60호〉(1906.9.4.)

33

羽調 二數大葉

江湖에 期約을 두고 十年을 奔走ᄒᆞ니

그 모론 白鷗ᄂᆞᆫ 더듸 온다 ᄒᆞ건마ᄂᆞᆫ

聖恩이 至重ᄒᆞ시ᄆᆡ 갑고 가려 ᄒᆞ노라.

雲外子曰 갑고노 가지 말고 우리 蒼生 구ᄒᆞ여 쥬오.

* 〈제61호〉(1906.9.6.)

34

羽調 二數大葉

李澤

삼쟝ᄉᆡ 젹다 ᄒᆞ고 大鵬아 웃지 마라

九萬里長空에 너도 날고 나도 ᄂᆞᆫ다

두어라 一般飛鳥ㅣ니 네오 제오 다르랴.
雲外子曰 勇往直前이면 鳧不讓鶴一步.

* 〈제62호〉(1906.9.7.)
35
羽調 二數大葉
李安訥
天地로 帳幕 삼고 日月로 燈燭 삼아
北海水 휘여다가 酒樽에 듸여 두고
南極에 老人星 對ᄒᆞ야 늙을 뉘를 모로리라.
雲外子曰 君是飮酒的一顆壽星.

* 〈제63호〉(1906.9.8.)
36
羽調 二數大葉
春風이 건듯 부러 積雪을 다 녹이니
四面靑山이 옛 얼골 나노ᄆᆡ라
귀 밋ᄒᆡ ᄒᆡ 묵은 셔리야 녹을 쥴이 잇시랴.
雲外子曰 春風이 亦是催老的一物.

* 〈제65호〉(1906.9.11.)
37
界面調 二數大葉

元天錫
興亡이 有數ᄒᆞ니 滿月臺도 秋草로다
五百年 王業이 牧笛에 붓쳐스니
夕陽에 지나는 客이 눈물 제와 ᄒᆞ노라.
雲外子曰 松岳은 蒼蒼하고 禾黍는 離離ᄒᆞ니 哭殺了幾個人고?

* 〈제66호〉(1906.9.12.)
38
界面調 二數大葉
鄭道傳
仙人橋 ᄂᆞ린 물이 紫霞洞에 흐르니
半千年 王業이 물소ᄅᆡ 쁜이로다
兒戱야 故國興亡을 무러 무엇ᄒᆞ리요.
雲外子曰 古人一曲歌를 後人이 亦欲問이로다.

* 〈제67호〉(1906.9.13.)
39
界面調 二數大葉
丹溪 河緯地
田園에 남운 興을 전나귀에 모도 싯고
溪山 닉은 길노 興치며 도라와셔
兒戱야 琴書를 다스려라 남운 ᄒᆡ를 보ᄂᆡ리라.
雲外子曰 志在報國ᄒᆞ니 言歸而不忍歸兮로다.

* 〈제68호〉(1906.9.15.)

40

界面調 二數大葉

兪應孚

간밤에 부든 ᄇᆞᄅᆞᆷ에 눈셔리 치단 말가

落落長松이 다 기우러 가노ᄆᆡ라

허물며 못 다 퓐 곳이야 닐너 무ᄉᆞᆷᄒᆞ리오.

雲外子曰 將軍之歌여 令人髮豎而淚零이로다.

* 〈제69호〉(1906.9.16.)

41

界面調 二數大葉

退溪 李황

青山은 엇지ᄒᆞ야 萬古에 푸루르며

流水ᄂᆞᆫ 엇지ᄒᆞ야 晝夜에 긋치지 아닛ᄂᆞᆫ고

우리도 긋치지 마라 万古常青ᄒᆞ리라.

雲外子曰 先生之風이 山高水長이로다.

* 〈제70호〉(1906.9.18.)

42

界面調 二數大葉

松江 鄭澈

ᄂᆡ 마음 버혀 ᄂᆡ여 저 달을 맨들과저

九萬里長天에 번드시 걸녀 잇셔
고은 겨신 곳에 가 비취여나 보리라.
雲外子曰 日下長安과 秋風瓊樓에 其心이 良苦로다.

* 〈제71호〉(1906.9.19.)
43
界面調 二數大葉
象村 申欽
山村에 눈이 오니 돌길이 뭇쳣세라
柴扉를 여지 ᄆᆞ라 날 차즈리 뉘 잇스리
밤中만 一片明月이 긔 벗인가 ᄒᆞ노라.
雲外子曰 獨坐銀海ᄒᆞ야 相逢玉輪이로다.

* 〈제72호〉(1906.9.20.)
44
界面調 二數大葉
洛西 張晩
風波에 놀ᄂᆞᆫ 沙工 ᄇᆡ 파라 말을 사니
九折羊腸이 물도곤 어러웨라
이 後난 ᄇᆡ도 말도 말고 밧가리나 ᄒᆞ리라.
雲外子曰 行路難行路難山水間一般同吾從老圃.

* 〈제73호〉(1906.9.21.)

45

界面調 二數大葉

朴孝寬

空山에 우는 접동 너는 어이 우지는다

너도 날과 갓치 무음 離別 호얏느냐

아무리 피나게 운들 對答이나 호더냐.

雲外子曰 血淚苦衷을 世人이 不知호니 志士의 一歎이로다.

* 〈제74호〉(1906.9.22.)

46

界面調 二數大葉

李廷藎

미얌이 맵다 울고 쓰르람이 쓰다 우니

山菜를 밉다는가 薄酒를 쓰다는가

우리는 草野에 뭇쳣스니 맵고 쓴 쥴 몰니라.

雲外子曰 辛苦를 亦豈不知리오마는 但自甘而已라.

* 〈제75호〉(1906.9.23.)

47

界面調 二數大葉

安玟英

쇠소리 고은 노릐 나뷔춤을 시긔 마라

나뷔춤 아니런들 鶯歌 너샏이여니와
네 겻헤 多情타 일을 거슨 蝶舞ㅣ론가 ᄒᆞ노라.
雲外子曰 同媚相妬ᄂᆞᆫ 人情之一燒點이로다.

* 〈제76호〉(1906.9.25.)
48
界面調 二數大葉
名妓 桂娘
梨花雨 흣날닐 제 울며 잡고 離別ᄒᆞᆫ 님
秋風落葉에 저도 날을 ᄉᆡᆼ각ᄂᆞᆫ가
千里에 외로온 ᄭᅮᆷ만 오락가락ᄒᆞ괘라.
雲外子曰 夢啼粧淚紅欄干인가 來是空言去絶蹤인가 多情天是薄情天인가?

* 〈제77호〉(1906.9.26.)
49
界面調 二數大葉
거문고 쥴 골너 놋코 忽然이 ᄌᆞᆷ을 드니
柴扉에 ᄀᆡ 지즈며 반가운 숀 오노ᄆᆡ라
兒戱야 點心도 ᄒᆞ려니와 濁酒 몬저 걸너라.
雲外子曰 此時ᄂᆞᆫ 花開時節月明天인가?

* 〈제78호〉(1906.9.27.)

50

界面調 二數大葉

窓 밧긔 童子ㅣ 와셔 오늘이 새ᄒᆡ라커늘

東窓을 열고 보니 예 돗든 ᄒᆡ 돗아 온다

두어라 萬古ᄒᆞᆫ ᄒᆡ니 後天에 와 일너라.

雲外子曰 向日丹心이 豈有二日이리오?

* 〈제79호〉(1906.9.28.)

51

羽調 中擧(중허리드는자진하닙)

방村 黃喜

江湖에 봄이 드니 이 몸이 일이 하다

나ᄂᆞᆫ 그물 깁고 兒戱ᄂᆞᆫ 밧츨 가니

뒤뫼헤 엄긴 藥草를 언제 ᄏᆡ라 ᄒᆞᄂᆞ니.

雲外子曰 逸士生涯가 亦不閑이로다.

* 〈제80호〉(1906.9.29.)

52

羽調 中擧

孝宗御題

淸江에 비 듯는 소ᄅᆡ 긔 무어시 우읍관ᄃᆡ

滿山紅綠이 휘드르며 웃ᄂᆞᆫ고야

두어라 春風이 몃 날이리 우을 딕로 우어라.
雲外子曰 羣生自樂이 天與其時로다.

* 〈제81호〉(1906.9.30.)

53
羽調 中擧
牛溪 成渾
時節이 太平토다 이 몸이 閑暇커니
竹林深處에 午鷄聲 아니여든
깁피 든 一場華胥夢을 어늬 벗이 깨오리.
雲外子曰 草堂에 春睡足흔 臥龍岡이 이 아닌가?

* 〈제82호〉(1906.10.2.)

54
羽調 中擧
李浣
君山을 削平턴들 洞庭湖ㅣ 널을낫다
桂樹를 버혓던들 달이 더욱 밝을 거슬
뜻 두고 일우지 못흐니 그를 슬허흐노라.
雲外子曰 有志而未遂흐니 痛哭千古人物이로다.

* 〈제83호〉(1906.10.4.)

55

界面調 中擧

月山大君

秋江에 밤이 드니 물결이 차노ᄆᆡ라

낙시 드리오니 고기 아니 무노ᄆᆡ라

無心ᄒᆞᆫ 달빗만 싯고 뷘 ᄇᆡ 저어 오노ᄆᆡ라.

雲外子曰 虛凉夜一船月에 塵世間羽化仙이라.

* 〈제84호〉(1906.10.5.)

56

界面調 中擧

重峯 趙憲

池塘에 비 ᄲᅮ리고 楊柳의 ᄂᆡ ᄭᅵ인 제

沙工은 어ᄃᆡ 가고 뷘 ᄇᆡ만 ᄆᆡ엿ᄂᆞᆫ고

夕陽에 ᄶᅡᆨ 일흔 갈막이ᄂᆞᆫ 오락가락하더라.

雲外子曰 淸絶幽絶.

* 〈제85호〉(1906.10.6.)

57

界面調 中擧

李舜臣

閑山섬 달 밝은 밤의 戍樓에 혼저 안져

큰 칼 엽희 차고 깁픈 시름 하는 차의
어딕셔 一聲胡가는 斷我腸을 ᄒᆞᄂᆞ니.
雲外子曰 笛裡關山月에 英雄이 復運籌로다.

* 〈제86호〉(1906.10.7.)

58

界面調 中擧

宋宗元

淸江에 낙시 넛코 扁舟에 실녓시니
남이 이르기를 고기 낙다 ᄒᆞ노ᄆᆡ라
두어라 取適非取魚를 제 뉘라셔 알니요.
雲外子曰 浮家泛宅에 其樂只□로다.

* 〈제87호〉(1906.10.9.)

59

界面調 中擧

靑春에 보든 거울 白髮에 곳쳐 보니
靑春은 ᄀᆞᆫ ᄃᆡ 업고 白髮만 뵈ᄂᆞᆫ고나
白髮아 靑春이 제 가쓰랴 네 ᄶᅩ친가 ᄒᆞ노라.
雲外子曰 君歌已終에 山高水長이라.

* 〈제88호〉(1906.10.10.)

60

界面調 中擧

李恒福

時節도 저러ᄒᆞ니 人事도 이러하다

이러하거니 어이 아이 저러할쇼냐

이런자 져런자 ᄒᆞ니 한숨 계워 ᄒᆞ노라.

雲外子曰 公若得彭祖壽련들 當今之世ᄒᆞ야는 恐或哭死.

* 〈제89호〉(1906.10.11.)

61

界面調 中擧

山村에 밤이 드니 먼뒷 ᄀᆡ 즈저 온다

柴扉를 열고 보니 하늘이 차고 ᄃᆞᆯ이로다

저 ᄀᆡ야 空山 잠긴 ᄃᆞᆯ을 지저 무숨ᄒᆞ리오.

雲外子曰 此是得神境者오 又是得天賴者로다.

* 〈제90호〉(1906.10.12.)

62

羽調 平擧(막드는자진ᄒᆞᆫ닙)

元天錫

눈 ᄆᆞ자 휘여진 ᄃᆡ를 뉘라서 굽다던고

굽은 節이면 눈 속에 푸를소냐

아마도 歲寒高節은 ᄃᆡ쑨인가 ᄒᆞ노라.

雲外子曰 無邊落木蕭蕭中에 獨見此君之節.

* 〈제91호〉(1906.10.13.)

63

羽調 平擧

朴孝寬

歲月이 流水ㅣ로다 어늬 덧셰 ᄯᅩ 봄일ᄉᆡ

舊圃에 新菜 나고 古木에 名花ㅣ로다

兒戲야 ᄉᆡ 술 만이 두어스ᄉᆡ라 봄노리 ᄒᆞ리라.

雲外子曰 豁然見天眞自動的氣像.

* 〈제92호〉(1906.10.14.)

64

羽調 平擧

安玟英

氷姿玉質이여 눈 속의 네로고나

가만이 香氣 로아 黃昏月을 期約ᄒᆞ니

아마도 雅致高節은 너쑨인가 ᄒᆞ노라.

雲外子曰 同梅而淸淸在梅前이오 同梅而香香在梅後로다.

* 〈제93호〉(1906.10.16.)

65

界面調 平擧

冶隱 吉再

五百年 都邑地를 匹馬로 도라드니

山川은 依舊커늘 人傑은 어듸 간고

어즈버 太平烟月이 꿈이런가 ᄒᆞ노라.

雲外子曰 如見五百年後事로다.

* 〈제94호〉(1906.10.17.)

66

界面調 平擧

河西 金麟厚

蘆花 깁푼 골에 落霞를 빗기 씌고

三三五五히 섯거 나는 저 白鷗야

우리도 江湖舊約을 차쟈 보랴 ᄒᆞ노라.

雲外子曰 翁與鷗立ᄒᆞ니 未知何者是翁이오 何者是鷗로다.

* 〈제95호〉(1906.10.18.)

67

界面調 平擧

陽坡 鄭太和

술을 醉케 먹고 두려시 안젓시니

億萬 시름이 가노라 下直한다
兒戱야 盞 자루 부어라 시름 餞送ᄒᆞ리라.
雲外子曰 醉爲無愁翁則可知酒是無愁國이로다.

* 〈제96호〉(1906.10.19.)
68
界面調 平擧
金裕器
春風 桃李花들아 고은 樣子 ᄌᆞ랑 마라
蒼松綠竹을 歲寒에 보림우나
貞貞코 落落한 節을 곳칠 줄이 잇시랴.
雲外子曰 試聽此一曲歌ᄒᆞ니 可當乎志士一場演說이로다.

* 〈제97호〉(1906.10.20.)
69
界面調 平擧
名妓 眞伊
山은 옛 山이로ᄃᆡ 물은 옛 물 아니로다
晝夜에 흐르니 옛 물이 잇슬소냐
人傑도 물과 갓트여 가고 아니 오더라.
雲外子曰 春水悠悠人去遠ᄒᆞ니 相思病骨不勝愁로다.

* 〈제98호〉(1906.10.21.)

70

界面調 平擧

名妓 梅花

梅花 옛 등걸에 봄節이 도라온다

옛 퓌던 柯枝마다 퓌염즉도 ᄒᆞ다마ᄂᆞᆫ

春雪이 亂紛紛ᄒᆞ니 필ᄯᅩᆼ말ᄯᅩᆼ ᄒᆞ여라.

雲外子曰 不知園裡樹가 那箇是眞梅라더니 네가 眞箇梅花로구나.

* 〈제99호〉(1906.10.23.)

71

羽調 頭擧(존자진ᄒᆞᆫ닙)

高麗 李存五

구룸이 無心탄 말이 아마도 虛浪ᄒᆞ다

中天에 ᄯᅧ 이셔 任意로 단이면셔

굿ᄒᆞ여 光明ᄒᆞᆫ 날빗츨 덥퍼 무ᄉᆞᆷᄒᆞ리오.

雲外子曰 浮雲이 亦非有心而蔽日이로다.

* 〈제100호〉(1906.10.24.)

72

羽調 頭擧

牧隱 李穡

白雪이 자자진 골 구름이 머흘레라

븐가은 梅花는 어늬 골에 픠엿는고
夕陽이 호올노 셔 잇셔 갈 곳 몰나 ᄒᆞ노라.
雲外子曰 是時先生之馬首가 未向於首陽否아?

* 〈제101호〉(1906.10.25.)

73
羽調 頭擧
李鼎輔
菊花야 너는 어이 三月東風 다 지ᄂᆡ고
落木寒天에 네 홀노 픠엿는다
아마도 凌霜高節은 너뿐인가 ᄒᆞ노라.
雲外子曰 淵明은 가고 너 홀노 피엿스니 너 아는 者는 나뿐인ᄃᆡ 네가 나를 아는지?

* 〈제102호〉(1906.10.26.)

74
羽調 頭擧
白鷗야 부럽고나 네야 무음 일 잇스리
江湖에 써단이니 어듸어듸 景 좃터니
날ᄃᆞ려 仔細히 일너든 너와 ᄒᆞᆷ게 놀니라.
雲外子曰 蘆花明月에 與爾同居하면 世人이 貴知白髮翁白衣客耶아?

* 〈제103호〉(1906.10.27.)

75

界面調 頭擧

高麗 乙巴素

越相國 范少伯이 名遂功成 못ᄒᆞᆫ 前에

五湖烟月이 조흔 쥴 알년마ᄂᆞᆫ

西施를 싯노라 ᄒᆞ여 늣저 도라오도다.

雲外子曰 無西施면 五湖烟月이 亦無色乎哉로다!

* 〈제104호〉(1906.10.28.)

76

界面調 頭擧

高麗 崔冲

白日은 西山에 지고 黃河는 東海로 든다

古來英雄은 北망으로 드단 말가

두어라 物有盛衰니 恨헐 쥴이 잇시랴.

雲外子曰 痛哭千古.

* 〈제105호〉(1906.10.30.)

77

界面調 頭擧

成三問

이 몸이 죽어 가셔 무어시 될ㄱ고 ᄒᆞ니

蓬萊山 第一峯에 落落長松 되야 잇셔
白雲이 滿乾坤홀 졔 獨也青青하리라.
雲外子曰 特特有萬死不死之烈氣로다.

* 〈제106호〉(1906.10.31.)
78
界面調 頭擧
柳誠源
草堂에 일이 업셔 거문고를 베고 누어
太平聖代를 꿈에ᄂᆞ 보렷더니
門前에 數聲漁笛이 잠든 나를 ᄭᆡ와라.
雲外子曰 夢欲見堯舜耶아 先生之志ᄂᆞᆫ 似不必.

* 〈제107호〉(1906.11.1.)
79
界面調 頭擧
白湖 林悌
北天이 맑다커늘 雨裝 업시 길을 ᄂᆞ니
山에는 눈이 오고 들에는 챤비로다
오날은 챤비 마자시니 얼어 잘ᄭᆞ ᄒᆞ노라.
雲外子曰 行路難行路難ᄒᆞ니 出門無事不悶心.

* 〈제108호〉(1906.11.2.)

80

界面調 頭擧

白沙 李恒福

鐵嶺 놉픈 고기 자고 넘는 저 구름아

孤臣寃淚를 비 숨아 씌여다가

님 계신 九重宮闕에 쑤려 즙이 엇더니.

雲外子曰 控出逼眞孤衷ᄒᆞ야 尤於九歌九章之悲凉感慨로다.

* 〈제109호〉(1906.11.3.)

81

界面調 頭擧

漢陰 李德馨

큰 盞에 가득 부어 醉토록 먹으면셔

万古英雄을 손 곱아 혜여 보니

아마도 劉伶 李白이 늬 벗인가 ᄒᆞ노라.

雲外子曰 平生知己가 酒國에 二三人이로다.

* 〈제110호〉(1906.11.6.)

82

界面調 頭擧

梧里 李元翼

綠楊이 千萬絲 ㄴ들 가는 春風 미여 두며

耽花蜂蝶인들 지는 꼿즐 어이ᄒᆞ리
아무리 根源이 重ᄒᆞᆫ들 가는 님을 어이ᄒᆞ리.
雲外子曰 一鞭殘照斷腸天이로다.

* 〈제111호〉(1906.11.7.)

83
界面調 頭擧
尹善道
白雲이 이러나니 나무 긋치 움즉인다
밀물에 東湖 가고 혈물에란 西湖 가자
兒戱야 넌 그물 것어 셔리고 돗을 놉히 들ᄋᆞ라.
雲外子曰 萬波將生一帆高擧.

* 〈제112호〉(1906.11.8.)

84
界面調 頭擧
安玟英
담 안에 셧는 꼿츤 버들 빗츨 새와 마라
버들곳 아니런들 花紅 너쎈이어니와
네 것힉 多情타 이르기는 柳綠인가 ᄒᆞ노라.
雲外子曰 一般是春風面이라 色卽是空이오 空卽是色이니 種種是無盡色이로다.

* 〈제113호〉(1906.11.9.)

85

界面調 頭擧

金三賢

綠楊 春三月을 잡아ᄆᆡ여 두량이면

셴 머리 ᄲᅡ내여 찬찬 동혀 두련마는

ᄒᆡ마다 매든 못ᄒᆞ고 늙기 슬허ᄒᆞ노라.

雲外子曰 此牛山之一掬淚耶아?

* 〈제114호〉(1906.11.10.)

86

界面調 頭擧

名妓 松伊

솔이라 솔이라 ᄒᆞ니 무슨 솔만 넉이ᄂᆞᆫ다

千仞絶壁의 落落長松 ᄂᆡ 긔로다

길 아ᄅᆡ 樵童의 졉낫시야 걸어볼 쥴 잇시랴.

雲外子曰 有時來者鶴이로다.

* 〈제115호〉(1906.11.11.)

87

界面調 頭擧

白雲이 滿乾坤ᄒᆞ니 千山이 玉이로다

梅花ᄂᆞᆫ 半開ᄒᆞ고 竹葉이 푸루럿다

兒戱야 盞 가득 부어라 興 계워 ᄒᆞ노라.
雲外子曰 詩興인가 春興인가 古人의 興致를 알고저.

* 〈제116호〉(1906.11.13.)
88
界面調 頭擧
百川이 東到海ᄒᆞ니 何時에 復西歸오
古往今來에 逆流水ㅣ 업건마ᄂᆞᆫ
엇디타 肝腸 석은 물은 눈으로셔 솟ᄂᆞᆫ고.
雲外子曰 骨髓에 逼切한 聲이라 그러나 逆流者ᄂᆞᆫ 洪水가 아니오.

* 〈제117호〉(1906.11.14.)
89
界面調 頭擧
말 쓰샤 ᄇᆡ 써ᄂᆞ가니 인제 가면 언제 오리
萬頃滄波에 나는 듯 도라오쇼
밤中만 至菊叢 닷 감ᄂᆞᆫ 소ᄅᆡ애 ᄋᆡ 긋ᄂᆞᆫ 듯ᄒᆞ여라.
雲外子曰 波의 枕에 들니ᄂᆞ니 至菊叢이라.

* 〈제118호〉(1906.11.15.)
90
羽調 數大葉

金宗瑞
長白山에 旗ᄅᆞᆯ ᄭᅩᆽ고 豆滿江에 말 싯기니
셔근 저 션ᄇᆡ야 우리 ᄋᆞᆫ이 사나희냐
엇덧ᄐᆞ 凌烟閣畵像을 우리 몬저 ᄒᆞ리라.
雲外子曰 將軍復起ᄒᆞ면 吾欲執鞭ᄒᆞ노라.

* 〈제119호〉(1906.11.15.)
91
羽調 三數大葉
南怡
赤兎馬 살지게 먹여 豆萬江에 싯겨 셰고
龍泉劍 드ᄂᆞᆫ 칼을 션ᄯᅳᆺ ᄲᆡ쳐 두러메고
丈夫의 立身揚名을 試驗헐가 ᄒᆞ노라.
雲外子曰 至此如覩英雄之肝膽이라.

* 〈제120호〉(1906.11.17.)
92
羽調 三數大葉
金光욱
秋江에 月白거ᄂᆞᆯ 一葉舟를 흘리 저어
낙ᄃᆡ를 ᄯᅥᆯ처 드니 ᄌᆞ든 白구ㅣ 다 놀나ᄂᆞᆫ다
저희도 사ᄅᆞᆷ의 興을 아라 오락가락ᄒᆞ더라.
雲外子曰 綠萍身世白鷗心.

* 〈제121호〉(1906.11.18.)

93

羽調 三數大葉

落葉이 믈 발애 치이니 닙닙히 秋聲이로다

風伯이 뷔 되여 다 쓰러 바리도다

두어라 崎구山路를 덥허둔들 엇더리.

雲外子曰 四十五音이 字字有味로다.

* 〈제122호〉(1906.11.20.)

94

騷聳

져 건너 羅浮山 눈 속에 검어 웃뚝 울통불통 匡隊 등걸아

네 무슴 힘으로 柯枝 돗쳐 곳 좃차 저리 퓌엿는다 오오우오오우우우오오

아무리 성긘 빅 半므 남아쓸믄졍 봄뜻즐 어이하리오.

雲外子曰 雪裡陽回하니 古木生春이로다.

* 〈제123호〉(1906.11.21.)

95

騷聳

아마도 太平헐손 우리 君親의 時節이여

聖主ㅣ 有德ᄒᆞᄉᆞ 國有風雲慶이오 雙親이 有福ᄒᆞᄉᆞ 家無桂玉愁ㅣ라 아아아아아아하아아

億兆 蒼生들이 年豐에 興을 계워 白酒 黃鷄로 熙皥同樂ᄒᆞ더라.
雲外子曰 無懷氏之民歟아 葛天氏之民歟아?

* 〈제124호〉(1906.11.22.)
96
半얼數大葉
이슝저슝 다 지ᄂᆡ고 흐롱하롱 이 일 업다
功名도 어근버근 世事ㅣ라도 싱숭상숭
每日에 한 盞 두 盞 하며 그렁저렁ᄒᆞ리라.
雲外子曰 有酒千場이 皆樂國이라.

* 〈제125호〉(1906.11.23.)
97
半얼數大葉
흐리나 맑으나 中에 이 濁酒 좃코 ᄃᆡ테 메운 질甁드리 보기 조희
어룬즈 박국이를 쓰렝 둥당지 둥둥둥 띄워 두고
兒戲야 저리沈菜ㄹ만졍 업다 말고 ᄂᆡ여라.
雲外子曰 其禮ᄂᆞᆫ 甚野ᄒᆞ나 其意ᄂᆞᆫ 深眞이로다.

* 〈제126호〉(1906.11.24.)
98
蔓橫(얼弄ᄇᆞᆫ지기)

기럭이 플플 다 ᄂᆞᄅᆞ드니 消息인들 뉘 傳하리
愁心은 疊疊한데 잠이 와이사 숢인들 아니 ᄉᆞ랴
찰하로 저 달이 되야셔 빗쵀여ᄂᆞ 볼가 하노라.
雲外子曰 九曲腸이 寸寸可斷이로다.

＊〈제127호〉(1906.11.25.)
99
蔓橫
青天 구름 밧긔 놉히 덧ᄂᆞᆫ 白松골이
四方天地를 咫尺만 넉이ᄂᆞᆫ듸
엇짓타 시궁티 뒤저 엇먹ᄂᆞᆫ 오리ᄂᆞᆫ 제 집 門地防 넘나들기를 百千里만치 넉이ᄂᆞᆫ고.
雲外子曰 何似乎斥鷃之於大鵬欲以此寄贈于曲也.

＊〈제128호〉(1906.11.27.)
100
蔓橫
七年之旱과 九年之水에도 人心이 淳厚러니
時和歲豐ᄒᆞ고 國泰民安ᄒᆞ되 人情은 險涉千層浪이오 世事ᄂᆞᆫ 危登百尺竿이로다
古今에 人心이 不同함을 못ᄂᆡ 슬허ᄒᆞ노라.
雲外子曰 曲終無語只可一歎.

* 〈제129호〉(1906.11.28.)

101

弄歌

물 우희 沙工과 물 아릐 沙工 놈들이 三四月 田稅 大同 실너 갈 제

一千石 싯는 大中船을 자귀 딕여 꿈여닐 제 三色 實果와 머리 가진 것 갓쵸와 필이 巫鼓를 둥둥 치며 五江 城隍之神과 南海 龍王之神씌 손 곳초와 告祀헐 제 全羅道ㅣ라 慶尙道ㅣ라 蔚山 바다 羅州ㅣ 바다 七山 바다 휘도라 安興목이라 孫돌목 江華목 감도라 들 제 平盤에 물 담쓰시 萬里滄波에 가는 덧 도라오게 고스레 고스레 所望 잇게 ᄒᆞ요쇼셔

어어라 져어라 빅 씌여라 至菊叢 南無阿彌陀佛.

雲外子曰 慢聲長歌齋禱善頌.

* 〈제130호〉(1906.11.29.)

102

弄歌

功名을 혜아리니 榮辱이 半이로다

東門에 掛冠하고 田廬에 도라와셔 聖經 賢傳 헷쳐 놋코 닑기를 罷ᄒᆞᆫ 後에 압닉에 살진 고기도 낙고 뒤뫼헤 얼킨 藥도 킈다가 登高遠望ᄒᆞ여 任意 逍遙헐 제 淸風은 時至하고 明月이 自來하니 아지 못게라 天地之間에 이것치 즑어옴을 무엇스로 對헐쇼냐

平生을 이렁성 즑이다가 羽化歸盡ᄒᆞ미 그 願인가 ᄒᆞ노라.

雲外子曰 倘佯自適ᄒᆞ야 頗有陶淵明歸去來辭眞面目.

* 〈제131호〉(1906.11.30.)

103

弄歌

谷口哢 우는 쇼릐 낫잠 쌔여 니러 보니

뎍은 아들 글 니르고 며늘아기 뵈 쯔는듸 어린 孫子는 곳노리 한다

맛초아 지어미 술 거릭며 맛보라고 하더라.

雲外子曰 此公心事는 不換天上仙.

* 〈제132호〉(1906.12.2.)

104

弄歌

白雲은 千里萬里 明月은 前溪後溪

罷釣歸來할 제 낙근 고기 쎄여 들고 斷橋를 근너 杏花村 酒家로 興치며 가는 져 늙으니

뭇노라 네 興味 그 언맨고 금 못 칠가 ᄒᆞ노라.

雲外子曰 三公不換이오 萬乘不易이로다.

* 〈제133호〉(1906.12.4.)

105

弄歌

大丈夫 功成身退ᄒᆞ야 林泉에 집을 짓고 萬卷書를 쓰하 놓코

둉 ᄒᆞ야 밧 갈니고 보라미 길 쓰리고 千里駿馬 앏히 두고 絶代佳人 겻히 두고 金樽에 술을 붓고 碧梧桐 거문고의 南風詩를 노릐ᄒᆞ여 太平

烟月에 醉ᄒᆞ여 누엇시니
아마도 太平ᄒᆞ온 일은 이ᄲᅮᆫ인가 ᄒᆞ노라.
雲外子曰 葛天民無愁翁.

* 〈제134호〉(1906.12.5.)
106
弄歌
於于兒 우은제고 우는 일도 보는제고
소경이 붓슬 들고 그리ᄂᆞ니 細山水ㅣ로다
그리고 못 보는 情이야 네오 ᄂᆡ오 다르랴.
雲外子曰 相思夢斷腸聲이로구나!

* 〈제135호〉(1906.12.6.)
107
弄歌
月正明 月正明커늘 ᄇᆡ를 타고 秋江에 드니
물 아ᄅᆡ ᄒᆞᆫ날이오 ᄒᆞᆫ날 우희 달이로다
兒戱야 져 달을 건저스라 玩月長醉ᄒᆞ리라.
雲外子曰 若到釆石可從靑蓮.

* 〈제136호〉(1906.12.7.)
108
弄歌

우리 두리 復生ᄒᆞ여 네 ᄂᆡ 되고 ᄂᆡ 너 되여
ᄂᆡ 너 글여 슷든 ᄋᆡ를 너도 날 그려 슷쳐 보렴
平生에 ᄂᆡ 셜워ᄒᆞ든 줄을 돌녀나 볼가 ᄒᆞ노라.
雲外子曰 使聖歎爲代言者可當□出心事.

* 〈제137호〉(1906.12.8.)
109
羽調 樂
조으다가 낙시ᄃᆡ를 일코 춤 츄다가 도롱이를 일흐니
늙은이 망녕으란 白鷗야 웃지 마라
十里에 桃花ㅣ 發ᄒᆞ니 春興을 계워 ᄒᆞ노라.
雲外子曰 翁笑鷗閑耶아 鷗笑翁老耶아?

* 〈제138호〉(1906.12.9.)
110
羽調 樂
李座首ᄂᆞᆫ 검운 암소를 타고 金約正은 질長鼓를 두루혀 메고
孫勸農 趙堂長은 醉하여 뷔거로며 長鼓 던더럭 巫鼓 둥 치고듸 춤츄ᄂᆞᆫ고나
峽裡에 愚氓의 質朴天眞 太古淳風은 이쁜인가 ᄒᆞ노라.
雲外子曰 其辭淸하고 其意眞ᄒᆞ야 入于妙境이로다.

＊〈제139호〉(1906.12.11.)

111

羽調 樂

보리 ᄡᅡ리 麥根麥根 梧桐 열ᄆᆡ 桐實桐實

묵은 풋나무 쓰던 숫셤이오 덕은 大棗 졈운 老松이라

九月山中 春草綠이오 五更樓下에 夕陽紅인가 ᄒᆞ노라.

雲外子曰 奇絶妙絶이 殆類唐人佐酒令이로다.

＊〈제140호〉(1906.12.12.)

112

羽調 樂

누구셔 ᄉᆞᆯ을 大醉ᄒᆞ면 온갓 시름을 다 잇ᄂᆞᆫ다던고

望美人兮 天一方헐 제 百盞을 남아 먹어도 寸功이 바히 업ᄂᆡ

ᄒᆞ물며 白髮倚門望을 못ᄂᆡ 슬허ᄒᆞ노라.

雲外子曰 忠孝가 俱出於本志하니 雖酒中인들 豈可須臾變其志리오?

＊〈제141호〉(1906.12.13.)

113

羽調 樂

우슬부슬 雨滿空이오 울긋븕읏 楓葉紅이로다

다리 것은 사笠翁 긴 호믜 두러 메고 紅료岸 白빈洲際에 與白鷗로 鞠躬鞠躬

夕陽中 騎牛笛童이 頌農功을 ᄒᆞ더라.

雲外子曰 淸絶有味讀之不覺手舞足蹈.

* 〈제142호〉(1906.12.14.)

114

界面 樂

靑山도 졀노졀노 綠水도 졀노졀노
山 졀노졀노 水 졀노졀노 山水間에 나도 졀노졀노
우리도 졀노졀노 자란 놈이 늙기도 졀노졀노 늙으리라.

雲外子曰 總是自然的物이로다.

* 〈제143호〉(1906.12.15.)

115

界面 樂

봄이 가려 ᄒᆞ니 ᄂᆡ라 혼자말 닐소냐
다 못 핀 桃李를 엇지ᄒᆞ고 가랴ᄂᆞᆫ다
兒戲야 덜 괸 술 걸너라 가ᄂᆞᆫ 봄 餞送하리라.

雲外子曰 天時之相催兮여 固非人力之能住也라 無寧花下一盃酒로 寬我心懷之爲愈乎녀?

* 〈제144호〉(1906.12.16.)

116

界面 樂

尤菴 宋時烈
즌셔리 술이 되야 滿山을 다 勸하니
멀어 불근 빗치 碧溪에 즘겨셔라
우리도 醉토록 먹은 後에 불거 볼가 ᄒᆞ노라.
雲外子曰 人面山光一樣紅.

* 〈제145호〉(1906.12.18.)

117

界面 樂

兒戱야 말 鞍裝 지여라 타구 川獵 가자
술甁 걸 제 힝혀 盞 니즐세라 白鬚 훗놀니여 여흘여흘 건너가니
ᄂᆡ 뒤헤 쁜 소 탄 벗님네는 홈씌 ᄂᆞ가읍세 ᄒᆞ더라.
雲外子曰 晩年行樂이 此外何求오?

* 〈제146호〉(1906.12.19.)

118

界面 樂

靑山裡 碧溪水야 수이 곰을 ᄌᆞ랑 마라
一到滄海ᄒᆞ면 다시 오기 어려웨라
明月이 滿空山ᄒᆞ니 쉬여 간들 엇더리.
雲外子曰 月亦盈虛하니 水哉水哉여 奚取於月이리오?

* 〈제147호〉(1906.12.20.)

119

界面 樂

ᄉᆞ랑이 그 엇더터냐 둥그더냐 모나더냐

길더냐 저르더냐 밟고 남아 ᄌᆞ힐너냐

그다지 긴 쥴은 모르되 슷 ᄀᆞᆫ ᄃᆡ를 모를네라.

雲外子曰 懽喜天憐愛地에 一樹情根이 繞繚的로다.

* 〈제148호〉(1906.12.21.)

120

얼樂(지르ᄂᆞᆫ낙시조)

白鷗ᄂᆞᆫ 편편 大同江上飛요 長松은 落落 靑流壁上翠ㅣ라

大野東頭 點點山에 夕陽이 빗겻ᄂᆞᆫᄃᆡ 長城一面 溶溶水에 一葉 漁艇을 흘니 져어

大醉코 載妓隨波ᄒᆞ여 綾羅島 白雲灘으로 任去來를 하리라.

雲外子曰 浮家泛宅에 載酒載妓하고 任其所之ᄒᆞ니 其樂何極고?

* 〈제149호〉(1906.12.22.)

121

얼樂

一壺酒로 送君蓬萊山ᄒᆞ니 蓬萊仙子ㅣ 笑相迎을

笑相迎 彈琴歌 一曲하니 萬二千峯이 玉層層이로다

아마도 關東風景은 이ᄲᅮᆫ인가 하노라.

雲外子曰 楊十永郎이 如問我커던 報道淸狂詩酒尙依前ᄒᆞ리?

* 〈제150호〉(1906.12.23.)

122

編樂.

나무도 돌도 바히 업ᄂᆞᆫ 뫼에 ᄆᆡ게 휘좃친 갓토리 안과

大川 바다 한가운듸 一千石 실흔 ᄇᆡ에 로도 일코 닷도 ᄭᅳᆫ코 龍總도 것고 치도 ᄲᅡ지고 ᄇᆞ람 부러 물결 치고 안개 뒤셧겨 자자진 ᄂᆞᆯ에 갈 길은 千里 萬里 남고 四面이 어두어 어득 저문 天地 寂莫 가치놀 ᄯᅥ이ᄂᆞᆫ ᄃᆡ 水賊 만ᄂᆞᆫ 沙工의 안과

엇그제 님 여흰 나의 안이 엇다가 가을ᄒᆞ리.

雲外子曰 中心漾漾하야 靡有底定호?

* 〈제151호〉(1906.12.25.)

123

編樂

한숨아 細한숨아 네 어ᄂᆡ 틈으로 잘 드러온다

고모障子 細살障子 들障子 열障子에 排目걸쇠 걸엇ᄂᆞᆫ듸 屛風이라 덜썩 졉고 족子히라 ᄃᆡᆨᄃᆡ글 만다 네 어ᄂᆡ 틈으로 잘 드러온다

아마도 너 온 날 밤이면은 잠 못 닐워 하노라.

雲外子曰 無痕可見이오 有力難排라 何以止之오 惟有杜康이로다.

* 〈제152호〉(1906.12.26.)

124

編數大葉

牧丹은 花中王이요 向日花ᄂᆞᆫ 忠臣이로다

蓮花ᄂᆞᆫ 君子요 杏花 小人이라 菊花ᄂᆞᆫ 隱逸士요 梅花 寒士ㅣ로다 박곳즌 老人이요 石竹花ᄂᆞᆫ 少年이라 葵花 巫黨이요 海棠花ᄂᆞᆫ 娼妓로다

이 中에 梨花 詩客이요 紅桃 碧桃 三色桃ᄂᆞᆫ 風流郎인가 ᄒᆞ노라.

雲外子曰 月朝花評이 新添樂府一訣이로다.

* 〈제153호〉(1906.12.27.)

125

編數大葉

待人難 待人難ᄒᆞ니 鷄三呼ᄒᆞ고 夜五更이라

出門望 出門望ᄒᆞ니 靑山은 萬重이오 綠水ᄂᆞᆫ 千廻로다 이윽고 ᄀᆡ 즛ᄂᆞᆫ 소ᄅᆡ에 白馬 遊冶郎이 넌지시 도라오니 ᄇᆞᆫ가운 마음이 無窮 耽耽ᄒᆞ여

오늘 밤 셔로 즐거음이야 어늬 긋이 잇시리.

雲外子曰 劉阮이 到大台로다.

* 〈제154호〉(1906.12.28.)

126

編數大葉

淸風明月 智水仁山 鶴髮烏巾 大賢君子

莘野叟 琅야翁이 大東에 다시 나셔 松桂幽棲로 紫芝를 노ᄅᆡᄒᆞ니 志

趣도 놉푸실사

비나니 經綸大志로 聖主를 도으사 治國安民하오쇼셔.

雲外子曰 忠愛之誠이 溢於詞章이로다.

*〈제155호〉(1906.12.29.)

127

編數大葉

鎭國名山 萬丈峯이 靑天削出 金芙蓉이라

巨壁은 屹立하여 北主三角이요 奇岩은 척起ᄒᆞ야 南案蠶頭로다 左龍駱山 右虎仁王 瑞色은 蟠空 凝象闕이요 淑氣는 鍾英 出人傑ᄒᆞ니 美哉我東山河之固여 聖代衣冠 太平文物이 万万歲之金湯이로다

年豊코 國泰民安하며 麟遊而鳳舞커늘 九秋黃菊 丹楓節에 緬嶽登臨ᄒᆞ야 醉飽盤桓 ᄒᆞ오면셔 感激君恩이샷다.

雲外子曰 南薰殿明月夜에 解民慍之五絃琴과 鳳凰來儀之九咸樂이 描出國太平民安樂之好氣像ᄒᆞ야 播諸聲口而使全國黎庶로 蹈舞於烟火壽域之中하니 今按此一曲ᄒᆞ니 一部五百年聖人國之留聲機歟아 信哉라 樂者ᄂᆞᆫ 天地之和也라 始知五絃琴九咸樂이 無以加於此矣로다.

*〈제156호〉(1907.1.1.)

128

編數大葉

純元皇后陛下戊子進饌時, 文祖翼皇帝陛下製上

碧桃花를 손에 들고 白玉盞에 슐을 부어 우리 聖母긔 비ᄂᆞᆫ 말삼 져

碧桃花 갓트소셔

三千年에 쏫치 퓌고 三千年에 열미 미저 쏫도 無盡 열미도 無盡 無盡 無盡長 春色이라

아마도 요池 王母의 萬萬壽를 聖母씌 드리고저 ᄒᆞ노라.

雲外子曰 玉洞桃花萬樹春의 春風天地에 九重春色醉仙桃의 獻壽玉盃로 山下碧桃春自開의 神仙樂府를 唱ᄒᆞ야 聖人萬歲를 祝ᄒᆞ리로다.

제2장

최영년의 고시조 연구와 그 의의

1. 머리말

이 글은 최영년의 고시조 연구와 그것의 연구사적 의의를 살피는 데 목적이 있다.

최영년(1856-1935)은 자가 성일(聖一), 호가 매하산인(梅下山人), 태화산인(太華山人), 자하산인(紫霞山人)으로 신소설 작가로 널리 알려진 최찬식(1881-1951)의 부친이다. 그는 설화집인 『실사총담(實事叢譚)』(1918)과 악부시집인 『해동죽지(海東竹枝)』(1925)를 편찬한 한학자로 널리 알려져 왔으며, 근자에는 단편소설 〈우의(友誼)〉와 〈옹두(甕頭)의 춘가(春歌)〉의 작가라는 것이 밝혀진 바가 있다.[1] 이뿐만 아니라 그는 『신문계』 제1권 제8호(1913년 8월호)와 9호(1913년 9월호)에 〈조선가곡(朝鮮歌曲)〉이라는 제목 하에 총 9수의 신작 시조를 발표하고 있으며, 『조선문예』 1호(1917.4)와 2호(1918.10)에 「고금가요(古今歌謠)의 연혁(沿革)」, 「고금(古今)의 가요(歌謠)」라는 글을 연달아 발표하는 등 시조 창작과 연구에

1) 최영년의 단편소설에 대해서는 '진동혁, 「태화산인 최영년의 소설 〈우의〉」, 『국어국문학』 99, 국어국문학회, 1988.', '김복순, 「1910년대 단편소설 연구-신지식층의 소설을 중심으로」, 연세대학교 박사논문, 1990.', '한기형, 「무단통치기 문화정책의 성격-잡지 『신문계』를 통한 사례 분석」, 『민족문학사연구』 제9호, 민족문학사연구소, 1996.' 등 참조.

도 상당한 노력을 기울이고 있다. 사정이 이러함에도 그간 학계에서는 그에 대한 본격적인 연구를 거의 진행하지 않았는데, 이는 아마도 그의 친일 행적이 크게 작용한 것으로 보인다.[2)]

최영년이 대표적인 친일문인 가운데 한 사람이며, 친일문인들의 복고적 문예활동을 주도했다는 기존의 평가는 물론 정당한 것이다. 그러나 이런 부정적 평가로 인해 국학 정리와 관련한 그의 관심과 노력이 묻혀버린다면 이는 안타까운 일이다. 뒤집어 생각해 보자면 그는 복고적 문예활동을 주도한 인물이었기에 오히려 고전 정리의 차원에서 당대의 그 어떤 인물보다도 풍부한 업적을 남길 수 있었다고 해도 과언이 아니다. 앞서 언급한 『실사총담』과 『해동죽지』의 편찬, 그리고 시조에 대한 연구는 바로 그 결실이라 할 수 있다. 이 글에서는 이 가운데 「고금가요(古今歌謠)의 연혁(沿革)」과 「고금(古今)의 가요(歌謠)」에 나타난 그의 고시조 연구에 초점을 맞추고자 한다. 그 이유는 이 두 편의 글이 기존에 전혀 알려진 바가 없어 소개할 필요성이 있는데다 문학적 · 음악적 측면에서 공히 충분한 의의를 갖는다고 생각하기 때문이다.

2. 「고금가요의 연혁」

1) 시조의 기원에 대한 탐색

『조선문예』 1호(1917.4)에 게재한 「고금가요의 연혁」은 제목 그대로 우리의 가요가 변천해온 내력을 밝히고자 한 글이다. 그러면 최영년이 생각한 가요의 범주는 무엇일까? 이와 관련 그는 다음과 같이 밝히고

2) 그에 대한 대부분의 연구가 친일 잡지나 신문에서의 활동상에 집중되어 있다는 것이 이를 반증한다.

있다.

> 朝鮮의 流來흔 歌謠를 分析 一論홀진딕 種類가 各殊ᄒᆞ니 時調와 歌曲은 歌의 一流이오 歌詞와 雜歌ᄂᆞᆫ 謠의 一流이니[3]

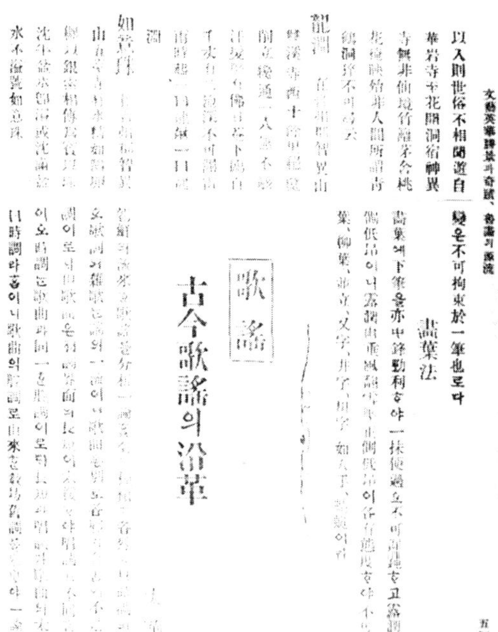
文藝英華諧謔과奇談、歌謠의源流
以入則世俗不相聞道自
歌謠
古今歌謠의沿革

〈그림 20〉「고금가요의 연혁」 시작 부분

3) 태희산인, 「고금가요의 연혁」, 『조선문예』 1호, 조선문예사, 1917.4, 54면. 이하 이 글에서 인용하는 경우 면수만 밝히기로 함. 원래는 띄어 쓰지 않고 모두 붙여 쓴 것인데 필자가 현행 규정에 맞추어 띄어 쓴 것임. 이하 같음.

그는 우리의 가요를 '가(歌)'와 '요(謠)'로 나눈 뒤, '가'에 해당하는 것으로 시조와 가곡을, '요'에 해당하는 것으로 가사와 잡가를 들었다. 이러한 구분법은 "曲合樂曰歌, 徒歌曰謠"라는 『시경』 이래의 관습을 당대의 가요에 적용한 결과라 할 수 있다. 어쨌든 최영년이 생각한 가요의 범주는 시조, 가곡, 가사, 잡가 등 당대에 가창되던 가요로 국한되어 있다. 그것도 가사와 잡가는 위의 언급을 제외하면 이하에서 전혀 논한 바가 없어 결국 이 글은 시조와 가곡, 즉 시조문학의 두 음악적 실현 양태에 대해 고찰한 것이라 할 수 있다.

시조를 바라보는 최영년의 시각은 음악적 접근보다는 문학적 접근에 가까운 것으로 보인다. 이는 가곡과 시조가 동일한 강조(腔調)임을 강조하는 다음 언급에서 잘 드러난다.

> 歌曲은 別로 各體가 有홈이 不是라 時調와 同一ᄒᆞᆫ 腔調이로ᄃᆡ 但 歌曲은 羽調 界面의 長短이 太緩ᄒᆞ야 唱調가 不同홈으로 曰 歌曲이라 홈이오 時調ᄂᆞᆫ 歌曲과 同一ᄒᆞᆫ 腔調이로ᄃᆡ 長短과 唱調가 歌曲의 太緩홈과 不同홈으로 曰 時調라 홈이니[4]

가곡이라 해서 특별히 다른 것이 아니고 시조와 동일한 강조(腔調)임을 먼저 밝힌 뒤, 장단(長短)과 창조(唱調)의 부동(不同)함에 따라 가곡과 시조가 차이가 난다는 것을 단서 조항으로 덧붙이고 있다. 이는 가곡과 시조의 차이성보다는 동일성을 강조한 표현이라 할 수 있다. 그의 이런 시각은 음악적으로 상당히 다른 가곡과 시조를 한꺼번에 포괄하여 시조로 이해하고자 하는 오늘날 문학연구자의 시각과 비슷한 것이다. 최영년이 가곡과 시조의 동일성을 강조하게 된 것은 이 글의 목적이 가곡을

---

4) 54면.

포괄한 시조의 유래를 고찰하는 데 있다는 것과 관련된다.

> 大凡 時調ᄂᆞᆫ 歌曲을 包含ᄒᆞᆫ 者이니 俗說에 高麗時代로부터 有ᄒᆞᆫ 證據가 有ᄒᆞ야 李朝 太宗의 潛邸時 所製ᄒᆞ신
>
> 이런들 엇더ᄒᆞ며, 져런들 엇더ᄒᆞ리, 萬壽山 드렁츩 얼거진들 그 엇더ᄒᆞ리, 우리도, 이 갓치 얼거져 百年ᄭᆞ지 놀니리라
>
> 此 一曲을 據ᄒᆞ야 高麗의 傳來ᄒᆞᆫ 聲調라 ᄒᆞ되 愚意ᄂᆞᆫ 不然ᄒᆞᆫ 所見이 有ᄒᆞ노니 歌謠의 唱調 聲音은 不同ᄒᆞ되 其 腔調ᄂᆞᆫ 古今이 同然ᄒᆞ다 ᄒᆞ노라. 何必 高麗로 傳來ᄒᆞᆯ ᄯᆞ름이리오?[5]

"시조는 가곡을 포함한 것"이라 규정한 다음 시조의 유래와 관련된 속설(俗說)을 제시하고 이를 비판하는 과정을 통해 자신의 의견을 개진하고 있다. 그러나 속설과 최영년의 의견은 초점을 서로 달리하고 있다. 태종 이방원이 잠저 시절에 지었다고 전하는 〈하여가〉를 근거로 시조가 고려 말부터 전래한 것이라고 보는 속설은 시조의 발생 시기와 관련된 것이다. 이러한 속설은 이후 김태준,[6] 이희승,[7] 조윤제[8] 등에 의해 학설로 정착하게 된다. 이에 비해 최영년이 관심을 가진 것은 시조의 기원 문제라 할 수 있다. 시조의 기원과 관련해서는 외래기원설과 재래기원설이 존재하는데 최영년이 주장한 것은 외래기원설이며, 그 중에서도 한시기원설이라 할 수 있다. 그는 시조의 기원을 중국의 고대 가요에서 찾고 있다.

5) 61~62면.

6) 김태준, 「별곡의 연구 1~13」, 《동아일보》, 동아일보사, 1932.11.15~12.2.

7) 이희승, 「시조 기원에 대한 일고찰」, 『學燈』 2호, 한성도서주식회사, 1933.11.

8) 조윤제, 『조선시가사강』, 동광당서점, 1937.

史傳 所載ᄒᆞᆫ 帝堯時代의 含哺鼓腹ᄒᆞ야 聖人의 德化를 沐浴ᄒᆞᆫ 老人의 擊壤歌를 據ᄒᆞᆯ진ᄃᆡ 其歌에 曰

日出而作, 日入而息, 鑿井而飮, 耕田而食, 帝力何有於我哉

날이 남에 움작이고, 날이 들면 쉬이ᄂᆞᆫ고나, 우물 파 마시고, 밧 가라 먹ᄂᆞᆫ도다, 아마도, 님금의 힘이라, 엇지 ᄂᆡ게 잇스리오

此ᄂᆞᆫ 四千 年 以前에 製作ᄒᆞᆷ이로ᄃᆡ 朝鮮 時調에 比ᄒᆞᆫ 則 初中章의 一字가 相違ᄒᆞᆷ이 無ᄒᆞ야 如合符節ᄒᆞ니 時調의 體格이 上古부터 傳來ᄒᆞᆷ을 可히 推測ᄒᆞᆯ 바이 不是歟아?[9]

〈격양가〉를 들고 이를 우리말로 옮긴 뒤 초·중장에서 한 자도 어긋남이 없다고 하면서 이것이 시조의 기원임을 추측하고 있다. 뿐만 아니라 순(舜)의 〈남풍가(南風歌)〉를 역시 우리말로 옮긴 뒤 종장이 부족하게 되자 금조(今調)에도 절구시(絶句詩)에 종장을 덧붙인 것이 많다고 하면서 다음을 예로 들었다.

黃河遠上 白雲間ᄒᆞ니, 一片孤城 万仞山을, 羌笛何須 怨楊柳오, 春光不到 玉門關이라, 아마도, 이 글 지은 者ᄂᆞᆫ 王之煥인가[10]

그의 말대로 한시 절구에 종장을 덧붙인 시조가 상당수 존재하는 것은 사실이다. 그러나 이를 두고 시조가 한시에서 기원하였다고 할 수는 없다. 한시를 활용하여 시조를 짓게 된 것은 시조 형식이 완성된 이후에 나타난 후대적 현상이기 때문이다. 더구나 요순시대의 〈격양가〉나 〈남풍가〉를 우리말로 옮긴 뒤 자수의 유사함을 근거로 이를 시조와 동일시하려는 태도는 심각한 견강부회가 아닐 수 없다. 그럼에도 불구하고 그

9) 62~63면.

10) 63면.

는 "朝鮮의 時調가 古代의 歌體를 依據홈이 分明無疑훈즉 此는 古調의 遺傳이라 稱홈이로다"[11]라 하여 시조가 중국의 고대 가요에서 유전된 것이 분명하다고 주장한다. 나아가 그는 자신의 주장을 더욱 확고히 하기 위해 중국 "帝王家의 歌"를 예로 든 뒤 이를 가곡의 여러 곡조에 대응시키는 과감함을 보여주기도 한다. 즉 대우(大禹)의 〈포산가(包山歌)〉, 성탕(成湯)의 〈대호가(大護歌)〉, 문왕의 〈문왕조(文王操)〉, 주 성왕(周成王)의 〈신봉조(神鳳操)〉, 한 고제(漢高帝)의 〈대풍가(大風歌)〉, 한 무제(漢武帝)의 〈추풍가(秋風歌)〉를 예시한 뒤 이를 우리말로 옮긴 다음 "此는 朝鮮 歌曲의 ○○[12]와 近似홈"이라 밝히고 있다.[13] 이러한 그의 주장은 보수적 한학자의 시각으로 시조의 기원을 탐색한 데서 기인한 것으로 오늘날의 관점에서 보면 문제가 많은 것이 사실이다. 그럼에도 불구하고 1930년대에 들어서야 시조의 기원에 대한 논의가 본격화한다는 점을 감안할 때 시조기원론에 관한 선구적 업적이라는 점에서 그 의의가 크다고 생각된다.

2) 가곡 한바탕

「고금가요의 연혁」이라는 제목에 비추어 본다면 이 글의 중심은 앞서 살핀 시조의 기원에 대한 탐색이라 할 수 있다. 그러나 오늘날의 관점에서 보면 이에 앞서 예시한 가곡과 시조 부분이 어떤 점에서는 더 중요한 의미를 갖는다고 볼 수도 있다.

이 글의 목적이 시조의 유래를 고찰하는 데 있고, 기본적 시각이 가곡

---

11) 64면.

12) ○○에 해당하는 것은 〈포산가〉부터 순서대로 계락(界樂), 우락(羽樂), 우조초엽(羽調初葉), 두거(頭擧), 이삭대엽(二數大葉), 중거(中擧) 등이다.

13) 64~66면.

과 시조의 동일성에 초점을 맞춘 것이 사실이지만, 그가 가곡과 시조의 차이를 결코 무시한 것은 아니었다. 그는 가곡과 시조의 차이를 정확히 인식하고 있었기 때문에 구체적인 작품 예시를 통해 양자의 차이를 보여주는 데 글의 전반부를 할애했다. 이 부분에서 중요한 것은 가곡 한바탕과 시조삼장에 대한 것이다. 여기서는 먼저 가곡부터 보기로 한다.

歌曲의 腔調로 由來ᄒᆞᆫ 敎坊舊調를 擧ᄒᆞ야 一論ᄒᆞ건ᄃᆡ

羽調
初數大葉

大餘音	
初章	南薰殿 달 ᄇᆞᆰ근 밤에
二章	八元八凱 다리시고
三章	五絃琴 一聲에 解吾民之 慍兮ㅣ로다
中餘音	
四章	우리도
五章	聖主 뫼ᄋᆸ고 同樂太平 ᄒᆞ리다 (下倣此)
	右ᄂᆞᆫ 君臣和樂之詞[14]

우조 초삭대엽 곡인데 가곡이 어떻게 5장으로 나뉘어 불리는지 분명하게 밝혀 놓았으며, 대여음과 중여음이 들어가는 위치까지 정확하게 표시해 놓았다. 그리고 마지막에 “下倣此”라 하여 아래의 곡들도 이와 같게 불린다는 것을 알려주고 있다. 다음 곡인 이삭대엽부터는 번거로움을 피하기 위해 악절이 나누어지는 사이에 점을 찍어 나타내는 것으로 이를 대신했다. 이렇게 그는 가곡이 시조와 다른 음악이라는 것을 독자

14) 54~55면.

들에게 분명히 제시하고 있다.

여기서 중요한 것은 그가 제시한 가곡의 곡목이 현행 가곡 한바탕과 거의 일치한다는 점이다. 양자의 비교를 위해 도표로 제시하면 다음과 같다.

〈표 22〉 「고금가요의 연혁」과 「현행 가곡(남창)」의 곡목 비교

고금가요의 연혁	현행 가곡(남창)
羽調 初數大葉	우조 초수대엽
二數大葉	이수대엽
中擧	중거
平擧	평거
頭擧	두거
三數大葉	삼수대엽
搔聳伊	소용
半葉	반엽
界面 初數大葉	계면조 초수대엽
二數大葉	이수대엽
中擧	중거
平擧	평거
頭擧	두거
三數大葉	삼수대엽
搔聳伊[15]	소용
言弄	언롱
平弄	평롱
界樂	계락
羽樂	우락
言樂	언락
編樂	편락
	편수대엽
於乙編	언편
太平歌	태평가

위 표에서 볼 수 있듯이 최영년은「고금 가요의 연혁」에서 총 23곡의 곡명을 제시하고 있다. 이 글에 제시된 23곡을 현행 남창 가곡과 견주어 보면 편수대엽 1곡만 빠졌을 뿐 나머지 부분은 그 순서까지 완벽히 일치함을 볼 수 있다. 편수대엽이 빠진 것에 대해서는 그 이유를 정확히 알 수 없다. 편수대엽은『해동가요』가 편찬된 18세기 중·후반에 생겨난 곡으로 그 후 가곡 연창에서 한 번도 제외된 적이 없는 것이다. 따라서 교방을 통해 당대까지 전승된 가곡에 의거하여 논하고 있는 이 글에서 편수대엽이 빠진 것은 상식적으로 이해가 가지 않는 일이다. 혹 실수로 빠뜨린 것은 아닌지 모르겠다. 이렇게 본다면 이 글은 현행 남창 가곡이 완성된 시점을 실증적으로 확인시켜 주는 자료라는 점에서 그 의의가 크다고 할 수 있다.

현행 가곡 연창 방식이 완성된 것은『가곡원류』가 편찬된 19세기 후반으로 알려져 있다.[16] 그러나『가곡원류』의 경우 현전 가집 중 현행 가곡의 곡목과 가장 일치된 모습을 보여줄 뿐 현행 가곡과 완전히 일치하는 것은 아니다. 현행 가곡과『가곡원류』의 차이는 두 부분에서 확인된다.

우선 현행 가곡의 언롱과 평롱이『가곡원류』에는 각각 만횡과 농가로 제시되어 있다. 이는 본질적인 차이는 아니다. 왜냐하면 만횡이 언롱으로, 농가가 평롱으로 정리되었기 때문이다. 그러나『가곡원류』에서 언롱이 만횡으로, 평롱이 농가로 제시되어 있다는 것은 이 시기가 현행 가곡이 완성된 시기가 아니라 아직도 변화가 진행 중이라는 것을 말해준다. 언롱은『가곡원류』이전 시기인 19세기 전반에 이미 생겨난 것으로

15) 작품 예시 없이 곡목만 제시됨.

16) 이에 대해서는 '신경숙,『19세기 가집의 전개』, 계명문화사, 1994.' 참조.

보인다.[17] 그러나 이때의 언롱은 만횡과 명확히 구분되지 않고 있다. 19세기 전반기의 상황을 알려주는 『청구영언(육당본)』의 경우 본문에서는 만횡, 언롱, 농으로 분류하고 있으나 권두의 풍도형용을 설명하는 부분에서는 이들 셋을 묶어 만횡으로 처리하고 있다. 이는 만횡이 언롱과 구별되는 독립된 악곡이면서 동시에 만횡, 언롱, 농을 포괄하는 것이기도 함을 말해주는 것이다. 그러던 것이 『가곡원류』 시기에 오면 만횡과 언롱은 하나로 통합된다.[18] 통합 명칭은 초기에는 만횡과 언롱이 혼란스럽게 쓰이다가 점차적으로 언롱으로 정리된 것으로 보인다. 『가곡원류』는 대부분의 이본에 蔓橫(俗稱 旕弄)으로 표기되어 있으나, 『금옥총부』에는 言弄으로 되어 있다. 20세기 초반 가집의 사정도 이와 마찬가지다. 1906년 《만세보》에 연재된 『해동영언』[19]의 경우 蔓橫으로 되어 있고, 비슷한 시기에 편찬된 『대동풍아』(1908)에는 旕弄으로 되어 있으며, 『가곡선』(1913)에서는 다시 蔓橫으로 표기되고 있다. 이런 사실은 1910년대 초반까지도 만횡과 언롱이 혼란스럽게 사용되었음을 보여주는 것이다.[20] 따라서 1910년대 중반 무렵에 가서야 만횡이라는 명칭은 사라지고 언롱이라는 명칭으로 정착된 것으로 추정된다. 한편 평롱이라는

---

17) 이에 대해서는 '위의 책' 참조.

18) 가집의 경우와 달리 금보의 경우 20세기 초반 금보에서도 만횡과 언롱이 별도의 악곡으로 정리되어 있음을 볼 수 있다. 『방산한씨금보』(1916)가 이에 해당하는데, 비슷한 시기에 편찬된 『학포금보』(1910-1915)에는 언롱만 나와 있어 어찌된 사정인지 판단하기 어렵다. 혹 『방산한씨금보』가 원본을 등사한 것이기 때문에 나타난 현상이 아닐까 생각된다.

19) 『해동영언』에 대해서는 이 책에 수록된 「《만세보》 연재 『해동영언』의 텍스트성 연구」 참조.

20) 1914년 이후 발간된 잡가집의 경우 공히 얼롱[旕弄]으로 되어 있으나, 이는 『대동풍아』의 영향으로 보이기 때문에 이를 두고 잡가집 발간 이후 언롱으로 통일되었다고 해석할 수는 없을 듯하다. 다만 최영년의 글이 1917년에 쓰여진 것을 감안한다면 잡가집 발간 시점과 언롱의 정착 시기가 어느 정도 겹친다고 볼 수는 있겠다.

용어는 언롱의 정착과 밀접한 관계가 있다. 평롱은 원래 농 또는 농가로 불리던 것인데 언롱이 완전 정착되면서 처음을 높이 질러 내는 언롱과 대가 되는 곡이라는 점에서 이런 명칭이 부여된 것이다. 평롱이라는 명칭은 가집에는 나타나지 않기 때문에 최영년의 이 글에서 사용된 것이 시기적으로 가장 이른 것이 아닌가 한다.

다음으로 『가곡원류』에는 없는 곡인데 현행 가곡에는 나타나는 것이 하나 있다. 바로 계면조 소용 또는 소용이가 그것이다. 주지하다시피 소용은 18세기 명가(名歌) 박후웅이 창안했다고 전하는 곡이다. 따라서 그 유래가 오래되었다고 할 수 있다. 문제는 19세기 들어 우조와 계면조의 체계가 갖추어진 이후 소용은 우조로만 불렸다는 점이다. 즉 19세기에 편찬된 그 어떤 가집에서도 계면조 소용은 찾을 수가 없다. 이것이 『가곡원류』와 현행 가곡의 가장 큰 차이점이다. 현행 가곡에서 계면조 소용에 얹어 부르는 사설은 다음 작품이 유일하다.

> 어흐마 긔 뉘오신고
> 건넌 佛堂의 동령 중이올러니
> 홀居士의 홀로 자시는 방안에 무시것 허러 와 계신고
> 홀居士님의
> 노감탁이 벗어 거는 말 곁에 내 고깔 벗어 걸러 왔읍네.[21)]

하규일 전창(傳唱)으로 전하는 이것은 다름 아닌 박후웅이 창안했다는 바로 그 곡이다. 따라서 이는 소용을 대표하는 작품이라 해도 과언이 아니다. 그런데 이 작품 역시 19세기 후반까지는 다른 몇몇 작품들과 함께 우조 소용으로 불렸다. 그러다가 20세기 들어 우조 소용으로 불리

21) 김기수, 『남창가곡백선』, 은하출판사, 1980, 112~113면.

던 여러 사설 중 유일하게 이 사설만 계면조 소용으로 전환하게 된다. 이를 『대동』에서 확인할 수 있다. 『대동』에는 계면(界面) 삼뢰(三雷)라는 것이 보이는데 그 아래에 작은 글씨로 소용(騷聳)이라 적어 놓아 이것이 계면조 소용임을 알려주고 있다. 그리고 이에 해당하는 사설로 위의 작품이 실려 있다. 이로써 20세기 초반 누군가에 의해 계면조 소용이 탄생하면서 현행 가곡 24곡이 완성되었다고 할 수 있는데, 계면조 소용의 탄생은 농・낙・편을 제외한 악곡의 경우 우조와 계면조의 짝을 맞추고자 하는 의식의 소산으로 여겨진다. 아무튼 여기서는 『고금가요의 연혁』에 20세기 초반의 변화된 음악 환경이 반영되어 계면조 소용이가 등장하고 있다는 점이 중요하다. 그런데 아쉽게도 곡목만 제시되어 있을 뿐 이에 해당하는 사설이 실려 있지 않아 궁금증을 자아낸다. 혹 유일 작품이기 때문에 굳이 대표작을 선정할 필요성을 느끼지 못했기 때문일지 모르겠다.

한편 『고금가요의 연혁』에 예시된 각 곡의 대표작들은 대부분 현행 가곡에서도 불리고 있는 것들이다. 즉 소용이를 제외한 22곡 중 21곡이 현행 가곡과 일치하고 있으며,[22] 그것도 대부분 현행 가곡의 대표작이다. 겹치지 않는 한 곡은 계면조 두거의 "옥을 돌이라 ᄒᆞ니~"뿐이다. 이 작품은 『가곡원류』의 계면조 두거에 실려 있으나, 잡가집을 포함하여 20세기에 편찬된 그 어떤 가집에도 실려 있지 않다.[23] 따라서 20세기 초반에 탈락한 것으로 생각된다.

---

22) 비교의 1차적 대상은 '위의 책'으로 하였다. 그 결과 22곡 중 20곡이 겹치는 것을 확인할 수 있었다. 그 뒤 겹치지 않은 두 곡을 '이창배, 『한국가창대계』, 홍인문화사, 1976.'과 견주어 보았더니 우락의 "君不見 黃河之水 天上來ᄒᆞ다~"가 실려 있음을 추가로 확인했다.

23) 『가곡선』(1913)에 실려 있으나, 이 책은 『원육』을 저본으로 하여 최남선이 편찬한 가집이라는 점에서 큰 의미를 갖는다고 볼 수는 없다.

3) 시조삼장

지금까지 『고금가요의 연혁』에 수록된 가곡 부분에 대해 살펴보았다. 다음은 시조 부분에 대해 살펴보기로 한다. 시조의 경우 여항에 유래하는 구조(舊調)를 채록하여 논한다[24]고 하면서 평시조 2수,[25] 여창지름 1수,[26] 남창지름 1수[27]를 예로 들었다. 주목할 것은 그 뒤에 이어지는 다음과 같은 언급이다.

> 時調는 以上과 如히 三篇을 唱홈이 俗所謂 時調三章等의 俗名이 固有훈 바인딕 嶺板 中아리 京調 等의 曲目에 至후야는 唱調가 大同小異훈 바이라.[28]

여기서 중요한 것은 시조삼장에 대한 언급이다. 시조삼장은 그 동안 알려진 것처럼 시조 한 편의 초·중·종장을 일컫는 것이 아니라 시조 세 편을 연이어 부르는 것을 가리킨다는 것을 말하고 있다. 이에 대해서는 최근의 한 연구에서 자세히 밝혀진 바가 있으므로[29] 더 이상의 논증은 하지 않기로 한다. 다만 시조삼장이 구체적으로 어떤 곡을 지칭하는 것인지에 대하여는 약간의 보충 논의가 필요한 것으로 생각된다.

---

24) "時調의 腔調는 由來閭巷의 舊調를 採후야 論후건딕". 61면.

25) "積雪이 다 건토록~". "君自故鄕來후니~".

26) "달 뜨즈 븨 써나니~".

27) "司馬遷 鳴萬古文章~".

28) 61면.

29) 권순회, 「시조삼장의 새로운 이해」, 『시조학논총』 제20집, 한국시조학회, 2004.

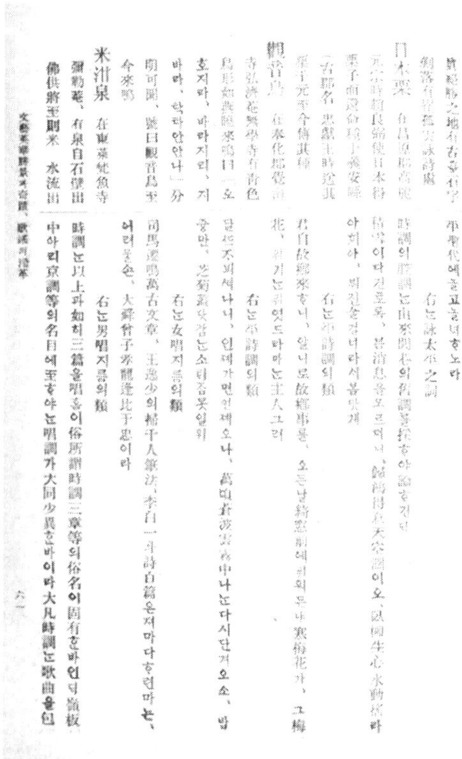

〈그림 21〉「고금가요의 연혁」 시조 부분

권순회는 평시조, 지름시조, 사설시조 세 수를 연이어 부르는 것을 시조삼장이라 하며, 이는 19세기 이래 시조의 중요한 연창 관행으로 자리 잡은 것으로 판단된다고 하였다.[30] 그러나 이는 재고를 요한다. 시조는 서울의 경제(京制)와 지방의 향제(鄕制)로 크게 구분되는데, 경제에서는 사설시조를 거의 부르지 않고, 향제에서는 지름시조를 부르지 않는다.[31] 따라서 평시조, 지름시조, 사설시조 세 수를 연이어 부르는 것은

30) 위의 논문.

경제에서든 향제에서든 있을 수 없다. 그러면 시조삼장의 악곡 구성은 어떻게 되는 것일까? 이와 관련하여 최영년이 평시조를 2편이나 예시한 것에 주목할 필요가 있을 듯하다. 평시조를 2편 예시한 것은 「고금가요의 연혁」의 일반적 서술 원리에 어긋나는 것이다. 앞의 가곡 부분에서도 그렇고 시조의 경우에도 남창지름, 여창지름에서 철저히 1편씩만 예시하고 있기 때문이다. 그렇다면 이는 그럴 만한 이유가 있는 것으로 봐야 할 터인데 그 이유는 시조삼장의 악곡을 구성할 때 평시조 2수를 연이어 부른 것을 반영한 때문이 아닐까 생각된다. 이렇게 본다면 시조삼장은 '평시조 2수+지름시조 1수'로 구성되었던 것으로 보인다.[32] 즉 남창의 경우 '평시조+평시조+남창지름', 여창의 경우 '평시조+평시조+여창지름'으로 불렀을 것으로 생각된다.[33]

그렇다면 시조삼장은 구체적으로 언제부터 생겨난 것일까? 시조삼장이 '평시조 2수+지름시조 1수'로 구성된 것을 감안할 때 이런 방식의 시조 연창 형식이 생겨난 것은 지름시조가 탄생한 이후로 보는 것이 옳을

---

31) 경제는 평시조 · 중허리시조 · 지름시조를, 향제는 평시조와 사설시조를 주로 부르는 것으로 전해지고 있다. 이에 대해서는 '장사훈, 『시조음악론』, 서울대학교 출판부, 1986', '임미선, 「완제 시조창 연구-최일원 시조창 음반을 중심으로-」, 『한국음반학』 제10호, 한국고음반연구회, 2000.' 참조.

32) 이는 물론 「고금가요의 연혁」이 발표된 1910년대 후반을 기준으로 하는 말이다. 평시조에서 중허리시조가 파생된 이후 경제에서는 '평시조+중허리시조+지름시조'로 구성되었을 가능성이 크다. 이는 하규일 전창과 임기준 전창 시조의 구성을 통해 짐작할 수 있다.

33) 가곡과 달리 시조의 경우 남창과 여창의 구분이 엄격하지 않다고 한다. 즉 여창이라고 하여 반드시 여창지름을 부르는 것은 아니고 남창지름을 부를 수도 있다. 최근에는 여성들도 남창지름을 더 즐겨 부른다고 한다. 필자는 이를 실제로 경험하였는바, 2006년 8월 3일 백담사 만해마을에서 있었던 한국시조학회 제40차 전국학술발표대회에서 김인숙(여) 창자가 평시조 '청산은 어찌하여~'를 부른 뒤 남창지름시조 '푸른 산중 백발옹이~'를 부르는 것을 들은 바 있다.

것이다. 이와 관련 주목되는 것이 『삼죽금보』(1841)이다. 『삼죽금보』 이전에도 『유예지』(18세기 말~19세기 초)나 『구라철사금자보』(19세기 초반) 같은 시조 악보가 있었으나 이들 악보에는 시조(時調)라는 곡목만 있을 뿐이다. 이때의 시조(時調)는 현행 경제 평시조에 해당하는 것이다.[34)] 그런데 『삼죽금보』에는 시조(詩調) 외에 소이시조(騷耳詩調)라는 곡목이 제시되어 있다.[35)] 여기서 시조는 평시조에, 소이시조는 지름시조에 해당한다고 한다.[36)] 따라서 시조가 삼장 형식으로 연창되기 시작한 것은 『삼죽금보』가 편찬된 1841년을 전후한 시기일 것으로 생각된다. 이를 실증적으로 보여주는 자료가 유만공의 『세시풍요』(1843)이다.[37)] 여기에 등장하는 "唱三章"은 이미 권순회가 지적한 바대로 세 수의 시조를 연이어 창하는 것을 가리킨다고 보는 것이 옳을 것이다. 이후 20세기에 들어 여창지름이 생겨나면서 남창의 경우 '평시조+평시조+남창지름', 여창의 경우 '평시조+평시조+여창지름'이라는, 최영년이 제시한 틀이 갖추어졌을 것으로 보인다. 이런 20세기 시조 연창의 환경을 반영하여 편찬된 것이 『서금보』(1940)이다. 이 악보에는 시조장단(時調長短, 평시조), 삼장시립(三章時立, 지름시조), 평조시조 여음야(平調時調 女音也, 여창 평시조), 평조삼장시조 여음야(平調三章時調 女音也, 여창 지름시조) 등의 곡목이 제시되어 있다.[38)]

34) 장사훈, 『국악논고』, 서울대학교 출판부, 1966, 314~334면.

35) 『삼죽금보』, 『한국음악학자료총서』 33, 은하출판사, 1998.

36) 장사훈, 『시조음악론』, 서울대학교출판부, 1986.

37) "寶兒一隊太痴狂 / 截路聯衫小袖裝 / 時節短歌音調蕩 / 風冷月白唱三章 -俗歌曰時節歌." 유만공, 『세시풍요』, 임형택 편, 『여항문학총서』 10, 여강출판사, 1991, 221면.

38) 『서금보』, 『한국음악학자료총서』 15, 은하출판사, 1984.

3. 「고금의 가요」

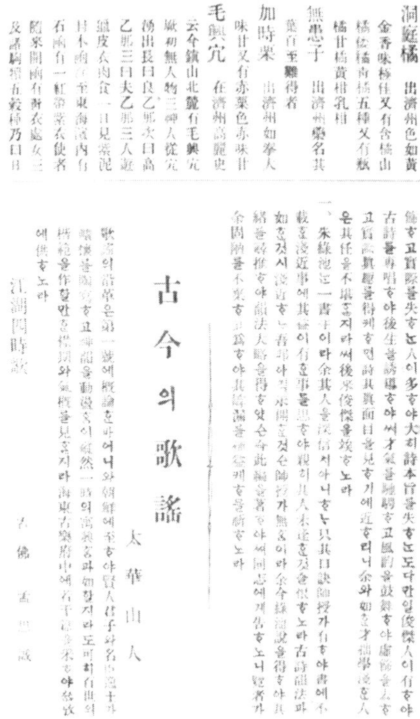
朝鮮文藝 三〇

古今의 歌謠

太華山人

江湖四時歌

〈그림 22〉「고금의 가요」 시작 부분

「고금의 가요」는 『조선문예』 2호(1918.10)에 실린 것으로 앞서 살펴본 「고금가요의 연혁」의 속편에 해당한다고 할 수 있다. 「고금가요의 연혁」이 시조의 기원에 대한 탐색이라면 이 글은 대표적 작가의 작품을 선별하여 소개한 것이라 할 수 있다.

> 歌謠의 沿革은 第一號에 槪論호 바어니와 朝鮮에 至호야 賢人君子와 名臣逸士가 曠懷를 陶寫호고 神韻을 動盪홈이 縱然 一時의 寓興홈과 如홀지라도 可히 百世의 楷範을 作할 만호 襟期와 氣槪를 見홀지라. 海東古樂府 中에 若干 篇을 采호야 參攷에 供호노라.[39]

서두에 짤막하게 붙어 있는 위의 글을 통해 "百世의 楷範을 作할 만호 襟期와 氣槪"를 보여주는 현인군자(賢人君子)와 명신일사(名臣逸士)의 작품 약간 편을 선별 수록하였음을 밝히고 있다. 실제 이 글에는 21명 작가의 작품 70수가 실려 있는데, 21명 모두 사대부 작가로서 기녀나 중인 가객의 작품은 한 수도 포함되지 않았다. 이를 표로 제시하면 다음과 같다.

〈표 23〉「고금의 가요」 수록 작품 현황

일련번호	작가	제목	작품 수
1	古佛 孟思誠	江湖四時歌	4
2	花潭 徐敬德	雲山曲	1
3	松堂 朴英	綠竹詞	1
4	晦齋 李先生彦廸	天地歌	1
5	南溟 曹植	桃花操 二章	2
6	退溪 李先生滉	陶山六曲 十二章	12
7	栗谷 李先生珥	高山九曲歌 十章	10
8	萬竹 徐益	老馬曲	1
9	荷衣 洪子廸[40]	白雪歌	1
10	漢陰 李德馨	英雄曲	1
11	淸江 李濟臣	天地歌	1
12	柳自新	夕陽操	1

39) 태화산인,「고금의 가요」,『조선문예』 2호, 조선문예사, 1918.10, 30면. 이하 이 글에서 인용할 경우 면수만 밝히기로 함.

13	象村 申欽	山村曲 十三章	13
14	月沙 李廷龜	美人詞	1
15	石洲 權韠	長松操	1
16	東岳 李安訥	南極詞	1
17	北渚 金瑬	瀟湘曲	1
18	忠武 李舜臣	塞上曲	1
19	竹所 金光煜	栗里遺曲 十四章	14
20	陽坡 鄭太和	放懷操	1
21	湖洲 蔡裕後	濁酒曲	1

앞서 이 글이 「고금 가요의 연혁」의 속편이라 하였는데 그것은 「고금 가요의 연혁」의 가곡 부분과 대비된다는 점에서 특히 그렇다. 즉 「고금 가요의 연혁」의 가곡 부분이 19세기 이래 정착된 가곡 한바탕의 틀에 맞추어 곡조별로 분류하여 작품을 예시하고 있는 데 비해, 이 글은 18세기 가집의 이삭대엽 유명씨부에서 나타나는 작가별 분류에 의거하여 작품을 예시하고 있다.

그러면 최영년의 작품 선별 기준은 무엇이었을까? 이에 대해서는 위 인용문에서 짤막하게 언급한 것이 전부이기 때문에 파악이 쉽지 않다. 우선 작가적 측면에서 현인군자(賢人君子)와 명신일사(名臣逸士)라 하였는데 이는 조선시대 대부분의 사대부작가가 이 범주에 포함되는 것이기 때문에 특별한 기준이라 할 수 없다. 다음으로 "百世의 楷範을 作할 만ᄒᆞᆫ 襟期와 氣槪" 또한 모호하기는 마찬가지다. 결국 실제 작품을 통해 추적할 수밖에 없는데 이 경우 연시조나 연작시조보다 단시조에 주목할 필요가 있을 듯하다. 연시조-또는 연작시조-의 경우, 15세기의 대표작인 맹사성의 〈강호사시가〉, 16세기의 대표작인 이황의 〈도산육곡〉과

40) 荷衣子 洪𥰥인데, 인쇄 과정에 실수가 있어 이렇게 된 것으로 보인다.

이이의 〈고산구곡가〉, 17세기의 대표작인 신흠의 〈산촌곡〉과 김광욱의 〈율리유곡〉 등 15~17세기 강호시조의 대표작들이 망라되어 있다. 오늘날 문학사에서 언급하고 있는 이 시기 강호시조의 대표작 중 빠진 것이 있다면 윤선도의 〈어부사시사〉 정도를 들 수 있는데 이는 이 글에 수록한 마지막 작가가 채유후인 것과 관련이 있다. 작가별 분류를 시도하고 있는 대부분의 가집에서 윤선도는 채유후 다음에 배치되는 것이 보통이기 때문이다. 연시조-또는 연작시조-를 제외하고 나면 15수가 남게 된다.[41] 이들 15수를 분석해 보면 강호주인의 금기(襟期)와 기개(氣槪)를 노래한 것이 대부분을 차지하고 있어 주목된다. 최영년의 작품 선별 의식을 정확히 파악하기 위해서는 널리 알려진 작가보다 그렇지 않은 작가를 통해 접근하는 것이 보다 효율적일 것이다. 그런 점에서 박영과 서익의 작품을 보기로 한다.

> 瞻彼淇澳ᄒᆞᆫ듸, 綠竹猗猗로다, 有斐君子여 낙대를 빌리렴은, 우리도, 至善明德을 낙가 보려 ᄒᆞ노라.[42]

> 綠草淸江上에, 구레 버슨 ᄆᆞᆯ리 되야, ᄯᅢᄯᅢ로 머리 드러 北向ᄒᆞ야 우는 뜻은, 夕陽이, 재 넘어 가믹 님자 글여 우노라.[43]

첫 번째 작품은 박영의 〈녹죽가〉이다. 『시경』과 『대학』의 구절을 적절히 활용한 이 작품의 주제는 대학지도(大學之道)를 추구하는 군자의 모습이라 할 수 있다. 두 번째 작품은 서익의 〈노마곡〉이다. 이 작품은 작가가

41) 조식의 〈도화조 2장〉은 원래 별개의 단시조이지만 이 글에서 연시조로 묶어 제시했기 때문에 일단 제외했다. 조식의 경우는 작품의 성격도 고려되었겠지만 그 이전에 그의 학문적 위상이 우선시되었을 것으로 판단된다.

42) 31면.

43) 34면.

의주목사로 있을 때 정여립으로부터 탄핵을 받은 이이와 정철을 변호하는 소를 올렸다가 파직당해 충청도 은진에 은거해 지은 것이다. "구레버슨 믈"은 파직당한 자신을 가리키는 말이다. 이 작품은 파직당해 은거한 처지에서도 임금을 그리워하는 전형적인 연군가라 할 수 있다.

위 두 작품에서 볼 수 있듯이 「고금의 가요」에 수록된 단시조들은 명신일사(名臣逸士)가 임금을 그리워하는 회포를 노래하거나 유자(儒者)로서의 원대한 포부를 밝히고 있는 것들이 대부분이다. 혹 여기서 벗어난 것들이 보이기는 하나 중요한 것은 최영년의 독법이라 할 수 있다. 예컨대 이덕형의 〈영웅곡〉[44]이나 채유후의 〈탁주곡〉[45]의 경우 술노래라 할 수 있는데, 이를 최영년은 군자의 호방한 기개를 노래한 것으로 파악한 듯하다. 서경덕의 〈운산곡〉[46] 또한 연정가로 널리 알려져 있으나 연군가로 읽었기에 수록되었을 것이다.

한편 최영년은 위 인용문에서 "海東古樂府 中에 若干 篇을 采ᄒᆞ야 參攷에 供ᄒᆞ노라"고 했는데, 그렇다면 그가 참고한 가집은 어떤 것이었을까? 일단 전체 구성 면에서 『청구영언』(진본)이나 『해동가요』의 이삭대엽 유명씨부와 흡사하기 때문에 이 두 가집을 염두에 둘 필요가 있는데, 그 중에서도 『해동가요』를 더 많이 참고한 것으로 보인다. 그것은 작가 배열순서나 연시조-또는 연작시조-내부의 작품 배열순서가 『해동가요』와 완벽히 일치하고 있다는 점,[47] 박영의 〈녹죽사〉나 이언적의

44) "큰 盞에 ᄀᆞ득 부어, 醉토록 먹으면셔, 萬古英雄을 손곱아 혜여브니, 아마도, 劉伶李白이 내 벗인가 ᄒᆞ노라." 35면.

45) "ᄃᆞᆫ아 쓴아 아 濁酒 조코, 댓테메운 질병드리 더욱 조홰, 어론자 박구기를 둥지둥둥 띄워 두고, 아희야, 져리沉菜ㅣㄹ만정 업다 말고 ᄂᆡ여라." 39면.

46) "마음이 어린 後ㅣ니, ᄒᆞᄂᆞᆫ 일이 다 어리다, 萬重雲山에 어ᄂᆡ 님 오리만는, 지는 닙, 부ᄂᆞᆫ 바람에 힝혀 긘가 ᄒᆞ노라." 31면.

47) 한 가지 단적인 예로 마지막에 배치된 정태화와 채유후를 들 수 있다. 『해동가요』의

〈천지가〉 등 『청진』에 없는 작가의 작품이 등장한다는 점, 작가에 이견이 있는 조식의 "삼동에 뵈옷 닙고~"의 경우 『해동가요』를 따르고 있는 점[48] 등의 몇 가지 이유 때문이다.

그러나 이 글이 『해동가요』에 전적으로 의존하여 작성되었다고 하기에는 뭔가 미심쩍은 부분이 있다. 그것은 마지막 작가가 왜 채유후인가 하는 점 때문이다. 『해동가요』에는 채유후 이후에도 여러 사대부 작가가 등장하고 있는데, 그 중에는 윤선도, 송시열, 이정보 등이 포함되어 있다. 상식적으로 판단했을 때 이들 세 사람 모두 또는 적어도 한 사람은 선택이 되었어야 마땅하다. 위의 도표에서 작가 소개를 보면 이언적, 이황, 이이 등 세 사람의 경우 다른 작가들과 달리 "선생(先生)"이라 칭하고 있는데, 이는 이들 세 사람이 조선시대를 대표하는 대유학자이기 때문이다. 이런 관점에서 봤을 때 윤선도와 이정보는 차치하더라도 송시열을 제외했다는 것은 납득이 가지 않는 부분이다. 이런 점에 비추어 『해동가요』만을 참조하여 이 글을 작성했다고 볼 수는 없을 듯하다. 채유후에서 끝나고 있는 전체 구성의 경우 『청진』을 참조한 것이라고 보는 것이 오히려 자연스럽다. 왜냐하면 『청진』에는 윤선도, 송시열, 이정보 등의 작가가 등장하지 않기 때문이다. 결론적으로 전체 틀은 『청진』을 참조한 가운데 세부석으로는 『해동가요』를 참조하여 보충했다고 볼 수 있는데 왜 이렇게 번거로운 작업을 한 것인지 여전히 의문으로 남는다. 따라서 제3의 가집[49]을 참고했을 가능성을 열어두는 것이 좋을 듯하다. 작품의

경우 이 글과 같은 순서로 되어 있으나, 『청진』의 경우는 이 두 작가의 순서가 바뀌어 있다.

48) 『청진』에는 이 작품의 작가를 조식이 아닌 양응정으로 기록하고 있다.

49) 여기서 말하는 제3의 가집이란 미발견 가집을 말하는 것이다. 현재까지 발굴·소개된 가집 중에는 『해동가요』보다 일치하는 것을 찾을 수 없기 때문이다. 단적인 예로 〈녹죽사〉의 작가를 박영으로 표기한 것은 『해동가요』와 『악부』(나손본)밖에 없는데 『악

표기가 현전 가집 중 어느 것과도 일치하지 않는다는 점도 이런 가능성을 뒷받침하는 것이다.

마지막으로 이 글의 작품 예시에서 특이한 것은 모든 작품에 제목을 붙여 놓았다는 점이다. 연시조 -또는 연작시조- 는 물론이고 단시조의 경우에도 모두 제목을 붙였는데, 이는 이 글이 발표된 20세기 초반의 분위기를 반영하는 것이다.[50] 연시조 -또는 연작시조- 의 경우 대부분 전래하던 명명법을 따랐으나 신흠의 경우는 예외적이다. 신흠의 작품은 대부분의 가집에 〈방옹시여〉라는 제목으로 전하는데 최영년은 이를 무시하고 〈산촌곡〉으로 명명했다. 첫 번째 작품의 제목을 연작시조 전체의 제목으로 삼았다고 볼 수 있다. 연시조에서 또 하나 눈에 띄는 것은 조식의 〈도화조〉라 할 수 있다. 이 두 작품은 모든 가집에서 별개의 단시조로 실려 전한다. 그럼에도 최영년은 이를 묶어 연시조로 처리하고 있으며, 제목은 신흠의 경우처럼 첫 번째 작품의 제목을 전체 제목으로 삼았다. 단시조의 경우는 원래 제목이 없는 것인데, 최영년이 당대 신작시조를 의식하여 제목을 붙인 것이다. 정태화의 〈방회조〉처럼 작품의 주제를 압축하여 제목을 삼은 것도 있지만 대부분은 작품에 등장하는 주요 소재나 핵심어를 활용하여 여기에 노래를 뜻하는 가(歌), 곡(曲), 사(詞), 조(操) 등을 붙여 만든 것이다.

나』의 경우 표기 차가 심한 편이다.

50) 1900년대와 1910년대에 각종 신문・잡지에 발표된 신작시조의 경우 대부분이 제목을 붙이고 있다. 이 글이 실려 있는 『조선문예』 2호에도 〈조선신악부(朝鮮新樂府)〉라는 제목 하에 천뢰자(天籟子)의 작품 13수가 실려 있는데 모두 제목이 붙어 있다. 39~43면 참조.

4. 결론

이 글은 1910년대 후반 『조선문예』에 발표된 「고금가요의 연혁」과 「고금의 가요」라는 두 편의 글을 분석함으로써 최영년의 고시조 연구가 갖는 의의를 밝히고자 한 것이다.

「고금가요의 연혁」은 음악적으로 다른 양상을 보이는 가곡과 시조를 나누어 예시한 뒤 가곡을 포괄한 시조의 기원을 탐색한 글이다. 그는 시조가 중국 고대 가요에서 전래한 것으로 추정함으로써 시조의 한시기원설을 주장하였는데, 이는 본격적인 학적 탐색이 시작된 1930년대보다 훨씬 앞선 선구적 논의라는 점에서 그 의의를 찾을 수 있다. 이 글은 이 외에도 가곡 한바탕, 시조삼장과 관련하여 중요한 정보를 제공함으로써 자료적 가치를 높이고 있다. 이 글에 제시된 가곡의 곡목은 현행 남창 가곡의 곡목과 거의 일치하고 있다. 이는 그 동안 현행 가곡이 완성된 시점과 관련하여 막연하게 추정하던 것을 실증적으로 확인시켜 주었다는 점에서 큰 의미가 있다. 또한 그는 시조삼장과 관련된 중요한 언급과 함께 연창의 실제를 반영한 작품을 예시함으로써 이에 대해서도 새롭게 인시할 수 있는 길을 마련해 주었다.

「고금의 가요」는 앞서 발표된 「고금가요의 연혁」의 속편이라 할 수 있다. 「고금가요의 연혁」이 19세기 이래 정착된 가곡 한바탕을 곡조별 분류에 의거하여 작품을 예시하고 있는 데 비해, 「고금의 가요」는 18세기 가집의 이삭대엽 유명씨부에서 나타나는 작가별 분류에 의거하여 작품을 예시하고 있다. 여기에는 21명 작가의 작품 70수가 수록되어 있는데, 모두가 사대부 작가의 작품으로만 구성된 것이 특징이다. 이는 현인군자(賢人君子)와 명신일사(名臣逸士)의 금기(襟期)와 기개(氣概)를 노래한 작품을 선별하여 수록하고자 한 최영년의 의식이 작용한 때문이다.

이에 대해서는 수록 작품 분석을 통해 구체적으로 확인할 수 있었다. 한편 최영년은 여기 수록한 70수가 해동고악부 중에서 골라 제시한 것이라 하였는데, 여기서 말한 해동고악부가 정확히 무엇을 가리키는 것인지는 밝힐 수 없었다. 다만 『해동가요』를 가장 많이 참고한 흔적을 확인할 수 있었을 뿐이다. 이 글의 작품 예시에서 특이한 것은 연시조는 물론 단시조에 이르기까지 모든 작품에 제목을 붙여 놓았다는 점인데, 이는 20세기 초반 신작시조의 영향을 받아서 정리했기 때문으로 생각된다.

제3장

『남훈태평가』의 필사본 유통 양상

1. 서론

일찍이 도남 조윤제가 해제를 작성하였으며,[1] 1970년대 초에 심재완의 문헌적 연구[2]가 있었으나 조윤제의 해제 이후 50여 년 동안 『남훈태평가』에 대한 관심은 그리 크지 않았던 듯하다. 그러다가 1980년대 말~1990년대 초에 이르러 최규수,[3] 고미숙[4] 등에 의해 본격적인 연구가 비로소 시작되었다. 『남태』가 연구자들의 관심을 촉발하게 된 것은 이것이 방각본으로 인간(印刊)된 순한글 시조창 가집이라는 점이 크게 작용한 것으로 보인다.

한편 최근에는 『남태』의 인간에 대한 관심이 점차적으로 높아지고 있다. 성무경[5]이 본격적인 연구를 시작한 이후 전재진[6]과 이유진[7]의 연

1) 조윤제, 「고도서해제(6) 남훈태평가」, 『조선어문』 제7호, 조선어학회, 1933.

2) 심재완, 『교본 역대시조전서』, 세종문화사, 1972. 『시조의 문헌적 연구』, 세종문화사, 1972.

3) 최규수, 「『남훈태평가』를 통해본 19세기 시조의 변모양상」, 이화여자대학교 석사논문, 1989.

4) 고미숙, 「19세기 시조의 전개 양상과 그 작품 세계 연구-예술사적 흐름과 관련하여-」, 고려대학교 박사논문, 1993.

5) 성무경, 「보급용 가집 『남훈태평가』의 인간과 시조 향유에의 영향(1)」, 『한국시가연구』 제18집, 한국시가학회, 2005.

6) 전재진, 「『남훈태평가』의 인간과 개화기 한남서림 서적발행의 의의」, 『인문과학』 39,

구가 이어졌다. 그리하여 『남태』가 1권 1책본(단권본)[8]과 2권 2책본(상·하 분권본)[9]으로 인간되었으며, 이 중 단권본은 다시 1909년 출판법 시행 이전에 인간된 것, 1913년 최남선이 신문관에서 육전소설 시리즈의 하나로 인간한 것, 1920년 한남서림에서 인간된 것으로 구분된다는 사실이 밝혀졌다. 그리고 분권본의 경우 단권본의 212번 시조가 탈락되고 새로 시조 2편과 가사 〈황계사〉가 추가된 사실도 확인되었다.

그러나 이런 그간의 노력에도 불구하고 아직도 미해결 과제로 남아 있는 것들이 있다. 주지하다시피 『남태』는 계해년(1863년)에 석동(石洞)에서 처음 인간되었다. 그런데 이 때 인간된 초판본의 실체가 아직 확인되지 않고 있다. 이에 따라 현전 자료들 중 초판본이 존재하는지 여부에 대한 의견이 엇갈리고 있는 실정이다. 성무경의 경우 고려대학교 중앙도서관에 소장되어 있는 조선광문회본이 초판본일 것으로 추정하였으나,[10] 전재진은 이를 부정하고 현전 자료들이 모두 새 판목들로 인쇄한 재판본들이라 하였다.[11] 그리고 이유진은 분권본이 초판본을 저본으로 사용하였을 가능성을 조심스럽게 제기하면서 이것이 초판본의 모습에 가장 근접한 것으로 보고 있다.[12] 다음으로 방각소(坊刻所) 석동에 대해서도 석동(席洞), 석정동(石井洞), 석교동(石橋洞) 등으로 추정되었을 뿐 아직 정확한 위치를 파악하지 못하고 있다.

성균관대학교 인문과학연구소, 2007.

7) 이유진, 「방각본 한글 가집 『남훈태평가』의 서지 연구」, 『한국문화』 제43집, 서울대학교 규장각한국학연구원, 2008.

8) 이하 단권본으로 약칭함.

9) 이하 분권본으로 약칭함.

10) 성무경, 앞의 논문.

11) 전재진, 앞의 논문.

12) 이유진, 앞의 논문.

위의 미해결 과제는 단기간에 해결될 수는 없을 것으로 보인다. 따라서 이에 대한 관심은 그것대로 가지되, 우리가 더욱 신경을 써야 할 부분은 『남태』의 유통과 관련된 내용이라 할 수 있다. 최초의 방각본 가집인 『남태』는 과연 19세기 말~20세기 초에 걸쳐 어느 정도로 유통되었으며, 그 유통 과정에서 어떤 파생물을 탄생시킨 것일까? 이 글에서는 그 동안 학계에 보고된 적이 없는 필사본 『남훈전태평가』(여태명 소장)[13]와 『남훈태평가』(국립민속박물관 소장)[14]를 통해 그 한 양상을 고찰해보고자 한다.

2. 여태명 소장 『남훈전태평가』

여태명본은 원광대학교 서예과 여태명 교수가 소장하고 있는 필사본으로서, 총 48장(96면, 표지 포함)이다. 소장자가 사본을 국립국어원에 제공하였으며, 국립국어원에서는 이를 영인하여 디지털 한글박물관을 통해 웹서비스하고 있다.

겉표지에 "南薰殿太平謌"라 쓰여 있고, 그 오른쪽에 "聖甲二千四百六十五年"이라 쓰여 있다. '성갑(聖甲)'은 공자(BC 551~BC 479) 탄생을 기준으로 하는 공기(孔紀)로서 성갑 2465년은 1914년을 가리킨다. 다시 그 오른쪽으로 "歲在甲寅十月 日 加衣"라는 기록이 보인다. 갑인년은 역시 1914년이다. 그런데 여기서 주목되는 것은 '가의(加衣)'라는 말이다. '가의'란 책의 겉장이 상하지 아니하게 종이, 비닐, 헝겊 따위로 덧씌우는 일을 가리키는 말이니 1914년은 책을 개장(改裝)한 해를 가리킨다. 따라서 이 책의 필사 연대는 이보다 빠르다고 할 수 있는데 그것이 1914년

13) 이하 여태명본 또는 『남전』으로 약칭함.

14) 이하 국립민속박물관본 또는 『남민』으로 약칭함.

이전 어느 무렵인지는 정확히 알 수 없다. 속표지에도 역시 "南薰殿太平歌"라는 제목과 "聖甲貳千肆百陸拾伍年", "甲寅冬"이라는 기록이 나란히 쓰여 있다.

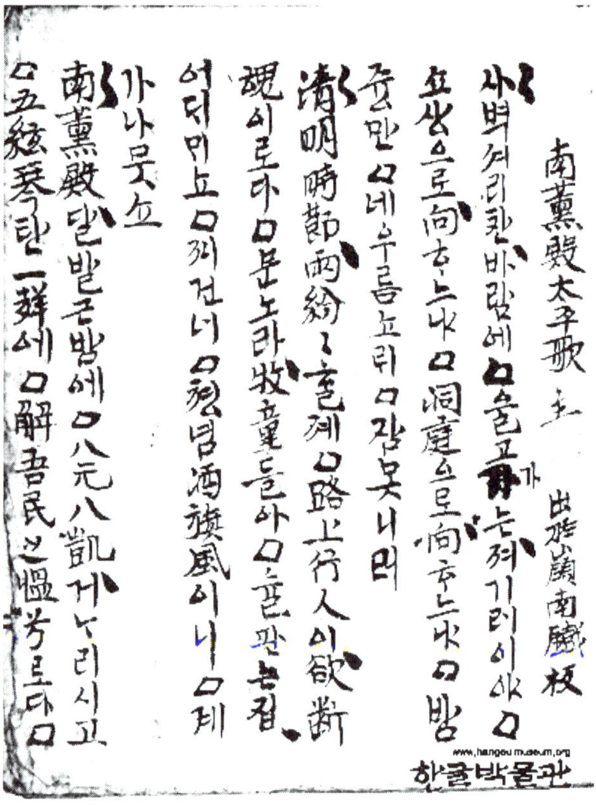

〈그림 23〉 여태명 소장 『남훈전태평가』 본문 시작 부분

본문 시작 부분에 다시 "南薰殿太平歌"라는 제목이 쓰여 있으며, 그 아래 "圭"라 적고 이어 인장(印章)을 찍었다. 아마도 필사자가 자신의 이름을 쓰고 인장을 찍은 것이 아닌가 생각된다. 주목할 것은 인장 아래에

"出於嶺南鐵板"이라 쓰인 점이다. 이로써 이 필사본이 영남지방에서 철판으로 출판된 책을 바탕으로 필사한 것임을 알 수 있다. 『남태』가 영남지방에서 유통되었으며, 목판이 아닌 철판으로도 제작되었다는 것은 기존에 전혀 알려진 바가 없는 새로운 사실이다.

제목 다음에는 응당 있어야 할 목차[15]가 빠졌으며, 곧바로 작품을 적고 있다. 작품은 『남태』 인간본과 달리 국한문을 혼용하고 있으며, 1면에 10행씩 규칙적으로 쓰여 있다. 반면 한 행의 글자 수는 출입이 심한 편이다. 한 작품은 7분절[16]로 나누어 적고 있으며, 종장 마지막 음보는 생략하였다. 분절 부분은 마름모 형태(◇)로 표시를 했으며, 글자의 오른쪽에 장단점을 찍어 놓았다.

전체 구성은 『남태』 인간본과 마찬가지로 시조→잡가→가사의 순으로 되어 있으나, 수록 작품 수에 있어서는 꽤 차이가 있다.

우선 시조의 경우 단권본의 224수에서 35수가 빠진 채 189수가 수록되어 있다. 이 189수는 단권본의 수록 순서를 그대로 따르고 있다. 그러나 표기까지 일치하는 것은 아니다. 음운적 차이는 상당히 광범위하게 나타나며, 일부 음절의 출입-특정 음절의 탈락 또는 삽입-도 나타나고 있다. 뿐만 아니라 없던 구절이 추가된 경우도 있으며, 특히 다음처럼 아예 다른 작품을 수록한 경우도 있다.

> 黃山谷 도라들어 李白花枝 썩거 들고
> 陶淵明 ᄎᆞ지랴고 五柳村 나려가니
> 葛巾에 숼 듯난 쇼ᄅᆡ 細雨 琅琅.(여태명본 90)

---

15) 낙시됴 롱 편 송 소용 / 우됴 후정화 계면 만수ᄃᆡ엽 / 원사청 잡가 가사.

16) 초장 1구 / 초장 2구 / 중장 1구 / 중장 2구 / 종장 첫째음보 / 종장 둘째음보 / 종장 셋째음보.

황산곡니 당츈졀ᄒᆞ고 니ᄇᆡᆨ화지 슈졀장을
오류촌심 도령틱ᄒᆞ니 갈녹쥬 우낭낭를
아마도 이 글 지은 자는 자하런가.(단권본 107)

黃山谷 도라드러 梨白花를 것거 쥐고
陶淵明 ᄎᆞ즈리라 五柳村에 드러가니
葛巾에 술 듯는 소ᄅᆡ 細雨聲인가 ᄒᆞ노라.(『가조별람』 339)

여태명본 90번은 단권본 107번이 와야 할 자리인데 이처럼 다른 작품으로 대체되었다. 왜 이렇게 된 것일까? 그것은 인용한 세 작품의 상호 연관성과 관계가 있다. 먼저 세 번째 작품은 18세기 중반 무렵 생성되어[17] 20세기 초반까지 가곡창으로 계속 불린 것으로 보인다.[18] 그런데 이 작품은 19세기 전반 자하 신위(1769-1847)에 의해 악부로 한역되었다. 그 뒤 이 신위의 한역시[19]를 차용한 시조창 사설이 탄생하게 되는데, 두 번째 작품이 바로 그것이다. 한편 이와 별도로 원래의 가곡창 사설에서 종장 마지막 음보를 생략하고 시조창으로 전환하여 부르는 관행이 19세기 중후반에 형성된 것으로 보인다. 『가조별람』의 축약본으로 19세기 중후반에 필사되었을 것으로 추정되는 『가사』(권순회본)에 종장 마지막 음보가 생략된 시조창 형태로 수록되어 있는 것이 이를 입증한다.[20] 첫 번째 작품은 여기서 종장 끝부분을 살짝 변형한 것이다. 인간본의

17) 『가조별람』과 『시가』(박씨본)에 이 작품이 수록된 것이 이를 입증한다. 『가조』와 『시박』에 대해서는 이 책에 수록된 「『가조별람』의 문헌적 특성과 『시가』와의 관계」 및 '성무경, 「18세기 중반, 가집 편찬의 동향과 『시가』」, 『열상고전연구』 19, 열상고전연구회, 2004.' 참조.

18) 20세기 초반 가집인 『대동풍아』(1908)에 수록된 것이 이를 입증한다.

19) "黃山谷裡蕩春光, 李花白枝手折將, 五柳村尋陶令宅, 葛巾漉酒雨琅琅."

20) "黃山谷 도라드러 梨白花을 썻거 쥐고 / 陶淵明 ᄎᆞ지려고 五柳村에 드러가니 / 葛巾이 슐 쓰는 소ᄅᆡ 細雨聲인가." 『가권』 277.

경우 새로운 시조창 사설로 당시 유행하던 두 번째 작품을 수록하였으나, 여태명본의 경우 두 가지 형태의 시조창 사설을 모두 접한 상태에서 원작을 고려하는 의식이 작용하여 첫 번째 작품을 선택한 것으로 보인다. 그런데 이런 작품 교체가 방각본 『남태』에서 영남철판 『남태』로 이동하는 과정에서 생겨난 것인지, 아니면 영남철판 『남태』에서 필사본 여태명본으로 이동하는 과정에서 생겨난 것인지에 대해서는 정확히 알 수 없다. 아무튼 위의 작품 교체는 『남태』가 유통 과정에서 일정한 변개가 나타남을 확인시켜 준다는 점에서 주목을 요한다.

방각본이 영남철판을 거쳐 여태명본으로 이동하는 과정에서 나타난 변화 양상으로 앞서 살펴본 것보다 훨씬 큰 비중을 차지하고 있는 것은 다수 작품의 탈락과 추가라 할 수 있다. 먼저 탈락한 작품부터 보기로 하자. 단권본에 수록된 작품 중 여태명본에서 탈락한 작품을 단권본의 가번(歌番)으로 제시하면 다음과 같다.

1~11, 17, 48, 51, 77, 97, 99, 116, 155, 166, 175, 181, 186, 188, 189, 197, 198, 200~202, 211, 212, 215, 219, 224.

총 35수가 탈락했는데, 이 중 초반 11수가 통째로 빠진 것이 아무래도 이상하다. 목차도 함께 빠진 것을 감안할 때, 이는 이 가집의 저본 역할을 한 영남철판본이 유통되는 과정에서 1장의 낙장이 생겼고, 이 낙장본을 바탕으로 필사했기 때문에 나타난 현상으로 추정된다.[21] 나머지 24수가 빠진 이유에 대해서는 정확히 알 수 없으나 필사자가 속한 가창문화권에서 불리지 않았기 때문으로 추정된다.

다음으로 이 가집에는 단권본과 중복되는 189수 외에 9수의 시조가

21) 참고로 단권본의 본문 1장은 11번 작품의 첫줄에서 끝나고 있다.

추가로 필사되어 있는데, 이를 들면 다음과 같다.

江湖로 期約 두고 十年을 奔走터니
無知혼 白鷗들은 더드은드 嘲哢 마라
世上의 聖恩이 至重키로 감노라고. (190)

히 다 져 졈근 날에 솝비 져룬 소를 일코
芳草를 뷔여 들고 소 간 곳 ᄎᄌ가니
그 고ᄃᆡ 雲霧 ᄌ욱키로 소 간 곳 몰ᄂ. (191)

桃花 點點 안쥬 놋고 綠水 潺潺 숄 뷔어라
松風은 蕭瑟 거문고요 黃鳥는 緜蛮 노릭로다
아마도 此江山風流客은 ᄂᆡ쑨인가. (192)

草堂에 困히 든 잠 鶴의 쇼릭 ᄭᆡ여보니
鶴은 간 ᄃᆡ 업고 흘으ᄂ니 碧溪水라
아희야 壁上에 거문고 나려 ᄉᆡ 쥴 골나라 놀고 놀고. (193)

江村에 日暮ᄒ고 平沙에 落雁이라
漁般은 간 ᄃᆡ 업고 白鷗 寂寞 잠들엇다
어ᄃᆡ셔 水聲漁笛드리 구룸 쇽에. (194)

져 건네 一片石은 姜太公의 釣坮로다
文王은 간 ᄃᆡ 업고 빈 ᄇᆡ만 ᄆᆡ녀ᄭᅮ나
夕陽에 물 좃난 갈미더른 오락가락. (195)

우리 임 다리고 山에 가도 못 살거니 蜀魄聲中斷腸이요 물에 가도 못 살거니
물 우의 ᄉ공과 물 아릭 ᄉ공더리 밤즁만 지극총 질네 닐 져 어이 영ᄎ

닷 감는 쇼릐 흔숨 짓고 돌쳐 누니
아마도 山도 물도 다 바리고 非山非野. (196)

無親이면 無別이요 無別이면 不相思라
相思不見 相思懷는 不如無親 不相見이로다
自古로 英雄 烈士더리 일노부터. (197)

冊 덥고 窓 열치니 門 압퓌 江湖로다
偶然히 밧튼 춈이 白鷗 등에 지거쑤나
白鷗야 날지 마라 너 미여 밧튼 춈 아니. (198)

190은 널리 알려진 이항복의 작품으로 무려 80개 가집에 수록되어 있지만 그 중 시조창 가집은 아주 소수에 그치고 있다.[22] 사설 내용을 가곡창 사설과 견주어 봤을 때 "그 모른→無知흔", "하건마는→嘲弄 마라" 등 일부 노랫말에서 변이가 나타나고 있으며, 종장 앞부분에 "世上의"가 추가된 것을 알 수 있다.

반면 191은 『남전』 외에도 7개의 시조창 가집에 실린 것으로 보아[23] 19세기 말~20세기 초에 꽤 널리 불린 것으로 보인다. 그런데 이 작품은 『해동풍아』에 수록된 것[24]과 기본 시상이 일치하고 있다. 이는 18세기 말~19세기 중반까지 가곡창으로 불리다가 19세기 말에 시조창으로 전환되었을 가능성을 말해주는 것으로, 가곡창 사설이 일정한 변형을 거쳐 시조창 사설로 전환되는 과정을 잘 보여주는 사례라 하겠다. 이와 비슷

22) 『시만』, 『금성』, 『시구』 등 3개 시조창 가집에 수록되어 있다. 한편 『가권』은 시조창 가집은 아니지만 종장 마지막 음보가 생략된 형태로 실려 있는 것을 볼 수 있다.
23) 김흥규 외 6인, 『고시조 대전』, 고려대학교 민족문화연구원, 2012, 5355.1번 참조.
24) "희 다 졈은 날에 굴에 버슨 쇼를 일코 / 플 뜻어 손에 쥐고 자최를 싱겨간이 / 그 골에 안개 즈잣신이 암읏듸 간 줄 몰래라." 『해동풍아』(이재수 전사본), 394번.

한 것으로 194를 들 수 있다. 194와 초·중장이 일치하는 동일 유형의 작품은 여러 가곡창 가집에 실려 있다. 그런데 이 사설에서 종장 마지막 음보를 생략한 형태가 일부 시조창 가집에 수록되어 있다. 194는 이 일부 시조창 가집에 실린 작품들에서 종장 일부의 노랫말을 다시 변형시킨 것이다.[25] 196도 가곡창으로 불리다가 시조창으로 전환된 작품이다. 그런데 이 작품을 수록한 가집은 『남전』 외에는 모두 가곡창 가집인 것으로 보아 이 작품이 시조창으로 불리기 시작한 것은 『남전』이 필사된 20세기 초일 것으로 추정된다. 198은 군집 단독출현 작품이나 유사 작품이 『지음』에 실려 있는 것으로 보아[26] 이 역시 가곡창 사설을 바탕으로 이를 변형하여 만들어진 시조창 사설로 생각된다.

192는 상당히 많은 시조창 가집에 실려 있고 여러 군집을 파생시켰다.[27] 그러나 모두 시조창 가집인 것으로 보아 19세기 말~20세기 초에 새로 생성된 작품으로 추정된다. 193은 종장까지 일치하는 가집은 하나도 없으나 초장과 중장이 일치하는 동일 유형의 다른 군집에 해당하는 작품은 여러 시조창 가집에 실려 있다.[28] 197 역시 다양한 군집이 나타나고 잇는데 193과 달리 『남전』과 같은 군집에 속하는 작품이 다수를 차지하고 있다.[29]

한편 195는 단권본의 9번 작품과 같은 것인데 종장의 "물 찬 제비는"이 "물 좃난 갈미더른"으로 바뀌었다. 이로 보아 인간본을 참고하여 보충한 것이 아니고 필사자 주변에서 가창되던 작품을 수록한 것으로 보인다.

---

25) 김흥규 외 6인, 앞의 책, 5161.1~5161.4번 참조.
26) 위의 책, 4574.1번 참조.
27) 위의 책, 1369.1~1369.8번 참조.
28) 위의 책, 4862.1~4862.4번 참조.
29) 위의 책, 2157.1~2157.5번 참조.

이상의 사실을 통해 우리는 『남전』에 추가된 9수가 『남태』(1863) 이후 새로 생성된 노래들을 수용한 것임을 알 수 있다.

그러면 잡가와 가사의 경우는 어떨까? 우선 잡가의 경우는 단권본과 차이가 없다. 단권본에는 「잡가편」이라는 제목 아래 〈쇼츈향가〉, 〈믹화가〉, 〈빅구사〉의 세 편을 싣고 있는데 여태명본의 경우 역시 이 세 편을 실은 것이 동일하다. 「잡가편」이라는 제목이 생략되었고, 〈믹화가〉는 〈梅花詞〉라 하였으며, 〈白鷗詞〉의 시작 부분[30]에 "白鷗야"가 나타나는 정도의 차이가 존재할 뿐이다.

반면 가사의 경우는 꽤 큰 차이가 발견된다. 단권본에는 「가사편」이라는 제목 아래 〈츈면곡〉, 〈상사별곡〉, 〈쳐사가〉, 〈어부사〉의 네 편을 싣고 있는데 여태명본의 경우 「가사편」이라는 제목을 생략한 채 〈春眠曲〉과 〈相思別曲〉은 그대로 실었다. 하지만 〈쳐사가〉와 〈어부사〉는 싣지 않았으며, 대신 〈退溪先生道德歌〉를 수록해 놓았다.

〈퇴계선생도덕가〉의 뒤에는 〈栗谷先生九曲歌〉라는 제목 하에 이이의 〈고산구곡가〉를 실었는데, 전편이 실려 있지 않고 1곡과 2곡 부분만 2종의 한역시와 함께 수록되어 있다. 이 부분은 앞의 작품들과 확연히 다른 필체로 적혀 있다. 따라서 후인의 추록이라 할 수 있는데, 개장자가 추록한 것인지 아니면 그보다 더 후대에 또 다른 소장자가 추록한 것인지는 판단하기 어렵다.

마지막으로 책의 맨 끝장에는 "甲寅冬十月, 謄于遠慕齋"라는 기록이 적혀 있다. 갑인년은 이미 앞서 살펴본 대로 1914년이고, 원모재에서 베꼈다는 것은 앞표지에서는 나타나지 않았던 새로운 사실인데, 원모재

---

30) 〈백구사〉의 시작 부분은 텍스트마다 다르게 나타난다. 『청구영언』(육당본)의 경우 "白鷗야 풀풀 나지 마라~"로, 『남태』의 경우 "나지 마라~"로 시작하는데, 이 가집의 경우는 "白鷗야 나지 마라~"로 시작하고 있다.

는 전국 곳곳에 산재되어 있어 어느 곳인지 단정하기 어렵다. 그리고 뒤표지에는 일부 글자가 안 보이기는 하나 "(南薰殿)太平歌"라는 제목을 다시 쓴 듯하고, 이어서 "謄于遠慕齋", "聖甲貳千肆百陸拾伍年", "甲寅十月 佖四" 등의 기록이 차례로 적혀 있다.

3. 국립민속박물관 소장『남훈태평가』

국립민속박물관본[31]은 총 47장(94면, 표지 포함)으로 된 필사본 가집이다. 표지에는 "南薰太平歌"라 쓰여 있으나,『남태』외에도 상당수 작품들이 앞뒤에 실려 있어 성격을 파악하기가 쉽지 않은 가집이다. 이를 구체적으로 알아보기 위해 전체 체재를 들어보면 다음과 같다.

青丘永言序
海東諸作 : 7수
(후대 추록 : 1수)

매화점장단(12면)
無題 : 25수
권주가라

남훈틱평가
　낙시됴 : 136수
　잡가편 : 소춘양가라, 빅구사, 믹화가라

31) 필자는 이 가집의 존재를 한성대 신경숙 교수님을 통해 알게 되었다. 이 자리를 빌려 신경숙 교수님과 자료 요청에 협조해 준 국립민속박물관 관계자께 감사드린다.

가사편 : 춘면곡, 상사별곡

처사가, 어부사, 황계사, 추풍감별곡
無題 시조 : 6수

장부가
시조 : 1수

국립민속박물관본의 체재를 분석하면 위에서 보는 바와 같이 크게 다섯 부분으로 나눌 수 있다. 이 중『남훈틱평가』는 세 번째 부분에 실려 있다. 지금부터 다섯 부분에 대해 하나하나 검토해 보기로 한다.

국립민속박물관본의 첫 번째 부분은『청구영언』계열의 가집을 참조하여 필사한 것으로 보인다. 이는 맨 앞에 〈청구영언서〉를 싣고 있는 데서 확인된다. 〈청구영언서〉는 두 종류의 글이 합쳐진 것인데, 우선 앞의 글은『청구영언』(진본)에 실린 정윤경 서문과 동일한 것이다. 다만 마지막 연대 부분을 "歲戊申暮春上浣黑窩序"에서 "崇禎記元後再戊申暮春玄窩鄭潤卿序"로 표현을 바꾸었을 뿐이다. 다음으로 "昔陰康氏之時~"로 시작하는 뒤의 글은『청구영언』(장서각본) 계열에 실린 것과 동일한데 특히『청구영언』(홍씨본)과 순서까지 완전히 일치하고 있다. 같은『청구영언』이면서도 계보를 달리하는 두 종에 실린 서문을 합쳐 놓고 있는 셈이다. 그런데 이와 똑같은 예를『동국명현가가사집록(東國明賢歌謌詞集錄)』에서도 발견할 수 있다.『동국명현가가사집록』은 1877년에 필사한 창녕가(昌寧家) 소장 가집을 바탕으로 1929년에 편찬된 가집이다.[32] 따라서 계보를 달리하는 두 종에 실린 '청구영언 서문'을 통합하여

32) 이에 대해서는 '권순회, 「계명대학교 동산도서관 소장『청구영언』해제」,『시여 · 청구

수록하는 움직임이 19세기 말~20세기 초에 일정한 흐름으로 존재했던 것으로 보인다.

〈청구영언서〉에 이어 '해동제작(海東諸作)'이라는 제목 하에 성충(成忠), 이조년(李兆年), 강감찬(姜邯贊), 이존오(李存吾), 효종대왕(孝宗大王), 숙종대왕(肅宗大王), 맹사성(孟思誠)의 작품이 각 1수씩 총 7수가 실려 있다. 여기 수록된 노랫말은 모두 가곡창 형태를 취하고 있으며, 표기는 국한문을 혼용해 적고 있다. 주목할 것은 세 번째 작품[33]이다. 이 작품의 작가를 강감찬으로 표기한 것은 『청홍』밖에 없다. 이로써 『청홍』을 참조한 것이 분명해 보이는바 나머지 6수를 확인한 결과 이 역시 작가 표기가 일치하고 있었다. 한편 비록 7수에 불과하지만 여기에는 일정한 질서가 발견된다. 성충~이존오까지는 조선 이전 작가이며, 효종대왕과 숙종대왕은 열성어제, 맹사성은 사대부이다. 따라서 앞의 서문과 이 7수의 작품 배열을 고려할 때 편자는 『청구영언』 계열을 통합한 가곡창 선집(選集)[34]을 구상한 것으로 보인다. 하지만 무슨 이유에선지 이 시도는 맹사성의 〈강호사시가〉 중 춘사만 적고 중단되었다.

맹사성 작품 뒤에 "진경은 쌍쌍 옥담중이요~"로 시작하는 사설시조가 1수 실려 있는데, 이는 명백히 후대에 추록된 것이다. 앞의 작품들과 필체가 다르고, 순한글로 적고 있으며, 종장 마지막 음보가 생략되어 있다. 작품 끝에 "말시조라"라고 적혀 있는데, 이는 사설시조를 가리키는 다른 명칭이다. 따라서 후인이 여백에 추록한 것이 분명하다.

영언』, 계명대학교 출판부, 2009.' 참조.

33) "梧桐에 月上ᄒᆞ고 楊柳에 風來홀져 / 水面 天心에 邵堯夫를 마조 본 듯 / 이 중에 자연진취을 어늬 分이 알이요."

34) 조선 이전 작가와 열성어제에 빠진 작가가 상당수 존재한다는 점에서 선집으로 구상되었음을 알 수 있다.

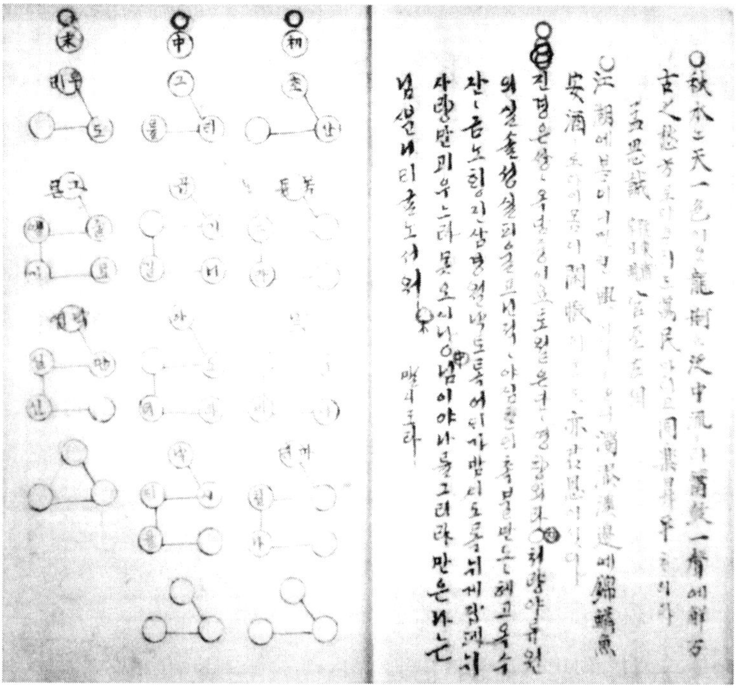

〈그림 24〉 국립민속박물관 소장 『남훈태평가』 매화점장단 부분

다음으로 두 번째 부분을 보도록 하자. 이 부분은 다시 셋으로 세분되는데, 그 중 맨 앞에서는 총 12면에 걸쳐 매화점장단을 그려 놓고 있다. 초·중·말로 구분하여 매화점장단을 그리고 여기에 시조창 사설을 적어 넣은 것이 11면이고, 마지막 1면은 매화점장단만 그려 놓고 사설은 적지 않았다. 11면에 수록된 사설은 뒤의 '남훈ᄐᆡ평가' 부분에 실려 있는 작품이 7수, 거기에 실려 있지 않은 작품이 4수를 차지하고 있다. 뒤에 실리지 않은 작품이 4수 있고, 실려 있는 7수도 표기가 일치하지 않으며, 더구나 7수 중 5면에 있는 작품은 가사에 꽤 차이가 존재하는 것으로 미루어 이 부분은 뒤의 '남훈ᄐᆡ평가'와 무관하게 별도로 작성된 것으로

보인다.

매화점장단에 이어 아무런 제목이 붙어 있지 않은 시조창 사설이 25수 수록되어 있다. 25수 중 단권본에 수록된 것이 11수, 수록되지 않은 것이 14수다. 단권본에 수록된 11수 중 이 가집의 '남훈틔평가' 부분에도 수록된 것이 9수고 빠진 것이 2수다.[35] 또한 단권본에 수록되지 않은 14수 중에는 이 가집에만 실려 있는 작품이 3수[36] 포함되어 있다.

25수의 시조창 사설이 끝난 다음에는 바로 이어 〈권주가라〉라는 제목하에 10절로 된 〈권주가〉가 실려 있다. 〈권주가〉는 구가(舊歌)와 신가(新歌)가 있는 것으로 알려져 있는데, 여기 실린 〈권주가〉는 10절로 되어 있고 한 절의 노랫말이 단형인 점에서 일단은 신가에 가까운 것으로 보인다. 하지만 노랫말은 신가와 일치하지 않는다. 그렇다고 해서 구가와 일치하는 것도 아니다. 구가와 신가가 일정하게 섞여 있으며 새로운 노랫말도 일부 포함되어 있다. 〈권주가〉는 여러 문헌에 실려 전하지만 여기에 수록된 〈권주가〉와 노랫말이 완전히 일치하는 것은 없는 것으로 보인다. 따라서 〈권주가〉의 전승과 관련하여 이 작품은 주목된다 하겠다.

한편 『남태』와 직접적 관련을 맺고 있는 것은 세 번째 부분이다. 주지하다시피 『남태』는 「낙시됴」, 「잡가편」, 「가사편」의 세 부분으로 나누어져 있다. 국립민속박물관본 역시 이 점에서 동일하다. 따라서 이 세 부분으로 나누어 국립민속박물관본을 단권본과 견주어 보기로 한다.[37]

---

35) 25수 중 16번째 작품은 단권본과 이 책의 뒷부분에 공히 실려 있으나 종장의 가사가 『남태』와는 다르다.

36) "풍소소 우낙낙ᄒᆞᆫ데 니화촌의 나구 타고 / 뭇노라 목동드라 차문주가 ᄒᆞ처ᄌᆡ오 / 목동이 요지 힝화촌을."(20번). "성수산 명월야의 닐렵편주 홍을 실고 / 벗님 차지랴고 십니계도 날려간니 / 웃지타 홍진ᄀᆡᆨ 도여 공왕공반."(24번). "죽님 발근 달의 칠현금을 골나 탄니 / 청산은 암암ᄒᆞ고 녹수난 양양이라 / 우리도 성군 뫼압고 만세동낙."(25번).

37) 국립민속박물관본이 단권본과 분권본 중 어떤 것을 참조한 것인지에 대해서는 정확히

우선 「낙시됴」는 시조를 싣고 있는 부분인데, 단권본에는 여기에 224수의 작품을 싣고 있다. 하지만 국립민속박물관본의 경우 136수를 싣고 있어 상당수의 작품이 탈락된 것을 볼 수 있다. 탈락된 88수를 단권본의 가번으로 제시하면 다음과 같다.

3, 4, 6~8, 36, 42, 43, 47, 48, 58, 73, 77, 79, 80, 82, 85, 87, 88, 93~97, 99, 100, 102, 103, 106, 107, 110, 111, 113, 115, 126, 129, 132, 133, 135~144, 146~148, 150~159, 164, 168, 169, 171, 172, 181, 183, 184, 186, 190~192, 197~203, 206~209, 211, 212, 215, 217.

앞서 살펴본 여태명본과 지금 살피고 있는 국립민속박물관본은 공히 단권본의 순차를 그대로 따르고 있다. 이는 두 가집이 단권본을 직접 참조한 것임을 말해준다. 그럼에도 불구하고 두 가집은 모든 작품을 필사하지 않고 상당수의 작품을 탈락시키고 있다. 도대체 왜 그랬을까? 그것은 두 가집의 필사자들이 자신이 살고 있는 당대에 자기가 거주하고 있는 지역에서 불리고 있는, 그래서 자신이 익히 알고 있는 작품만을 대상으로 선별 수록한 때문으로 생각된다. 이를 뒷받침하는 유력한 증거가 표기의 차이라 할 수 있다. 만일 여태명본과 국립민속박물관본이 단권본을 그대로 전사한 것이라면 표기에 차이가 거의 없어야 한다. 그

알 수 없다. 분권본은 「낙시조」 부분에서 단권본의 한 작품을 탈락시키고 새로 두 작품을 추가하였으며, 「가사편」에서 〈황계사〉 한 작품을 추가하였다. 그런데 국립민속박물관본의 경우 단권본과 분권본의 차이를 나타내주는 시조 3수가 모두 탈락되었기 때문에 판단을 어렵게 하고 있다. 「가사편」에 〈황계사〉가 포함되어 있는 점에서 분권본을 참조했다고 볼 여지도 있으나 뒤에 〈추풍감별곡〉이 추가되어 있기 때문에 단권본을 참조하고 〈황계사〉와 〈추풍감별곡〉을 덧붙인 것인지, 아니면 분권본을 참조하고 〈추풍감별곡〉만 덧붙인 것인지 알 수 없다. 따라서 여기서는 일단 단권본과 견주기로 한다.

런데 이들 가집을 견주어보면 표기에 큰 차이가 나타남을 볼 수 있다. 게다가 단순한 표기의 차원을 떠나 워낙 변형이 심하여 아예 다른 작품으로 이해하는 것이 좋을 듯한 것도 일부 포함되어 있다. 앞서 여태명본을 고찰하면서 이미 한 사례를 제시한 바 있는데, 국립민속박물관본에서도 이와 유사한 예가 발견된다.

> 생마 잡아 길 잘 드려 두메로 쎙 산양 보닉고
> 셋말 구불굽동 솔질 쇌쇌 ᄒᆞ야 뒤송정 잔듸잔듸 금잔듸 난 데 말뚝 쌍쌍 박아 바늘 여믹고 암닉 여흘 고기 뒷닉 여흘 고기 자나 굴그나 굴그나 자나 쥬어 쥬셤 낙과 닉야 움버들 가지 쥬루룩 훌터 아감지 쎄여 시닉 잔잔 흘으는 물에 청셕바 바둑돌을 얼는 닝큼 슈슈히 집어 자장단 마츄아 지질너 노코
> 동자야 이 뒤에 왼쌜 가진 청소 타고 그 소가 우의 가 부푸러 치질이 셩헛가 ᄒᆞ야 남의 소를 옷어 타고 급피 나려와 뭇거들나 너도 됴곰도 지체 말고 뒷 녀흘노.(단권본 196번)

> 식미 자바 길 잘 드러 두메로 쎙 산영 보닉고
> 셋말 구불굽통 솔질 쇌쇌 ᄒᆞ니
> 뒤송정 잔디잔디 금잔듸 난 데 말뚝 쌍쌍.(국립민속박물관본 123번)

두 작품은 초장만 동일하고 중장과 종장은 큰 차이를 보이고 있다. 국립민속박물관본은 단권본의 중장 앞부분을 가져와 이를 중장과 종장으로 나누어 구성하고 있다. 그리하여 긴 사설시조가 상당히 축약됨으로써 평시조에 근접한 상태가 되었다. 이렇듯 여태명본과 국립민속박물관본의 일부 작품에서 단권본과 상당히 다른 작품이 나타나는 것은 이들 두 가집이 필사자 당대의 가창 실상을 반영한 때문이다.

다음으로 「잡가편」의 경우 〈쇼츈향가〉가 〈소춘양가라〉로, 〈미화가〉

가 〈민화가라〉로 작품의 이름이 다소 바뀌었으며, 〈매화가〉와 〈백구사〉의 순서가 바뀌었다. 작품 이름이 바뀐 것은 큰 의미를 갖는다고 할 수 없지만, 〈매화가〉와 〈백구사〉의 순서가 바뀐 것은 나름의 의미가 있는 것으로 보인다. 즉 필사 과정의 단순 실수라기보다는 필사자의 의도적 개입에 의한 결과로 추정된다. 아마도 〈매화사〉보다는 〈백구사〉가 필사자에게는 더 익숙한 작품으로 인식된 듯하다.

「가사편」의 경우 〈춘면곡〉, 〈상사별곡〉, 〈처사가〉, 〈어부사〉는 단권본과 순서가 일치하고 내용도 동일하다. 그런데 중요한 것은 〈춘면곡〉과 〈상사별곡〉의 경우 앞의 「낙시조」, 「잡가편」과 동일하게 1면에 10행씩 규칙적으로 적고 있으나, 〈처사가〉와 〈어부가〉의 경우 1면에 8~9행으로 적고 있어 차이가 나고 있다는 점이다. 이로 보아 단권본을 참조하여 1차로 적은 것은 〈상사별곡〉까지인 것으로 보인다. 1차 필사자가 왜 〈처사가〉와 〈어부사〉를 뺀 것인지 정확히 알 수는 없으나, 앞서 살펴본 여태명본에서도 이 두 작품이 빠지고 다른 작품이 추가된 것으로 보아 〈처사가〉와 〈어부사〉가 빠진 『남태』의 판본이 존재했을 가능성이 있다.

아무튼 〈처사가〉 이하 네 번째 부분은 1면의 행수가 앞의 세 번째 부분과 달리 8~9행으로 나타난다는 점에서 공통적이다. 이 중 〈처사가〉와 〈어부사〉를 먼저 기록한 것은 이것이 단권본에 수록된 것이기 때문으로 추정된다. 즉 단권본에 수록된 〈처사가〉와 〈어부사〉가 빠진 것을 확인한 국립민속박물관본의 2차 필사자는 이를 보충하기 위해 필사를 시작한 것으로 보인다. 그리고 기왕 필사를 시작한 김에 당대 널리 가창되고 있던 〈황계사〉와 〈추풍감별곡〉 및 시조 6수를 덧붙인 것으로 추정된다.

〈황계사〉는 분권본에 실려 있으나, 분권본의 〈황계사〉와 국립민속박물관본의 〈황계사〉는 상당한 차이가 있다. 따라서 분권본의 〈황계사〉

를 참조했다고 보기는 어려울 듯하다. 또한 〈황계사〉는 여러 가집에 실려 전하는데 이 중 국립민속박물관본과 동일한 텍스트가 전하지 않는 것으로 보아 필사자 당대의 가창물을 반영한 것으로 생각된다. 이는 〈추풍감별곡〉도 마찬가지인 듯하다. 〈추풍감별곡〉은 수십 종의 이본이 전하고 있는데,[38] 이 중 국립민속박물관본의 그것과 일치하는 것은 없는 것으로 보인다. 왜냐하면 국립민속박물관본의 〈추풍감별곡〉은 절반 정도만 필사되어 있기 때문이다. 4음보 1행을 기준으로 했을 때 대부분의 〈추풍감별곡〉은 150행을 넘는 분량으로 되어 있는데, 국립민속박물관본의 〈추풍감별곡〉은 80행까지만 필사되어 있다. 이를 어떻게 해석해야 할까? 단언할 수는 없으나 이 역시 당대 가창 현실을 반영한 결과가 아닌가 생각된다. 즉 〈추풍감별곡〉의 전편이 아닌 절반 정도만 부르던 관행이 당대에 존재했고 이 부분창을 필사자가 기록한 것으로 보인다.[39]

〈추풍감별곡〉이 끝난 뒤에 두 줄 정도를 비우고 사설시조 6수가 필사되어 있다. 두 줄 정도가 비어 있다는 점에서 후대의 추록으로 볼 수도 있겠으나, 필체가 거의 같고 1면의 행수가 앞과 동일하게 8행을 유지하고 있는 점에서 〈처사가〉~〈추풍감별곡〉을 적은 필사자가 이 부분도 적은 것으로 보인다. 따라서 두 줄 정도를 비운 것은 〈추풍감별곡〉까지의 가사 작품과 뒤에 이어지는 사설시조를 구분하기 위한 것임을 알 수 있다.

여기 수록된 사설시조 6수를 『고시조 대전』을 참조하여 하나하나 살펴보기로 한다. 첫 번째 작품(딕장부 공성신퇴 후~)은 『고시조 대전』 1303번

38) 1995년에 발표된 강전섭의 논문에서 이미 33종이 보고된 바 있다. '강전섭, 「〈추풍감별곡〉의 원전 모색」, 『어문연구』 26, 어문연구학회, 1995, 362면, 각주 6).' 참조.

39) 일부 구절의 순서가 바뀌어 있고, 모든 이본에서 '을밀대'로 적고 있는 것을 국립민속박물관본에서는 '언밀딕'로 잘못 적고 있는 것 등은 국립민속박물관본의 〈추풍감별곡〉이 가창의 결과물임을 보여주는 단적인 예라 할 수 있다.

에 해당한다. 1303번은 총 4개 군집이 존재하고 있는데 모두 가곡창 가집으로 구성된 첫 번째 군집이 압도적으로 많은 비중을 차지하고 있다. 『남민』은 『시만』, 『시연』과 함께 1303.3으로 분류되어 있다. 가곡창 가집의 사설과 견주어 보면 중장에서 노랫말의 순서가 바뀌어 나타나는 것이 가장 큰 차이라 할 수 있다. 두 번째 작품(무정허고 야속헌 님아~)은 『고시조 대전』 1703번이다. 이 역시 4개 군집이 존재하고 있는데 대부분 시조창 가집에 해당하는 것들이다. 『남민』은 1703.1번으로 분류되어 있다. 군집들 간에는 일부 구절에 차이가 있으며, 종장 부분이 다르게 나타나고 있다. 세 번째 작품(삼경의 수을 취코~)은 『고시조 대전』 2387번이다. 2개 군집이 존재하고 있는데 역시 대부분이 시조창 가집들이다. 『남민』은 2387.1번으로 분류되어 있다. 첫 번째 군집과 두 번째 군집의 가장 큰 차이는 종장 둘째 구가 "오경루에 올라보니"(2387.1)인가, 아니면 "완월루에 올라보니"(2387.2)인가 하는 것이다. 네 번째 작품(남산의 봄춘자 든니~)은 『고시조 대전』 836번이다. 2개 군집이 존재하고 있으나 둘을 합쳐도 4개 가집에 불과하다. 두 군집의 차이는 두 번째 군집이 첫 번째 군집에 비해 종장에서 2음보 정도가 추가되어 나타나는 정도이다. 『남민』은 836.2번으로 분류되어 있다. 다섯 번째 작품(잔의 가득 부엿든 수리~)은 『고시조 대전』 4260번이다. 4260번은 총 3개 군집으로 나누어지는데, 첫 번째 군집에 해당하는 가집들은 대부분 가곡창 가집이고, 두 번째와 세 번째 군집에 해당하는 가집들은 대부분 시조창 가집이다. 가곡창 가집은 평시조 형태를 취하고 있으나 시조창 가집은 사설시조 형태를 취한 것이 가장 큰 차이라 할 수 있다. 『남민』은 4260.2번으로 분류되어 있다. 마지막 여섯 번째 작품(기부유어 천지ᄒᆞᆫ니~)은 여타 가집에 수록되지 않고 『남민』에만 수록되어 있는 유형 단독출현 작품이다. 『고시조 대전』에는 578.1번으로 분류되어 실려 있다.

마지막 다섯 번째 부분에는 판소리단가 〈장부가〉와 시조 "쳘영 놉픈 봉의~"가 실려 있는데, 이 부분은 명백히 후대에 추록된 것이다. 왜냐하면 필체가 앞부분과 확연히 다르기 때문이다. 〈장부가〉는 인생무상을 노래한 판소리단가로 추정되는데, 기존에 알려진 판소리단가 〈장부가〉와는 사설이 완전히 다르다. 새로운 이본으로 보인다. 시조 "쳘영 놉픈 봉의~"는 종장 마지막 음보가 생략된 시조창 사설인데, 이 시조가 시조창 사설로 전하는 것은 『가사』(권순회본)과 『삼가악부』 외에는 없는 것으로 알려져 있다.[40]

이상 국립민속박물관본을 수록 순서에 따라 다섯 부분으로 나누어 살펴보았다. 그런데 이와는 별도로 필체와 1면의 행수를 기준으로 세 종류로 재분류가 가능해 주목된다. 앞서 살펴본 다섯 부분 중 첫 번째 부분-후대 추록 1수 제외-과 세 번째 부분은 1면에 10행씩 규칙적으로 적고 있다.[41] 반면 두 번째 부분과 네 번째 부분은 8~9행이 중심을 이루고 있으며 아주 부분적으로 10행이 나타나고 있다.[42] 이 두 종류는 필체가 흡사하여 구분이 쉽지 않으나 1면의 행수가 차이가 나는 것으로 보아 다른 필사자가 적은 것이 확실하다는 생각이 든다.

한편 국립민속박물관본에는 작품 곳곳에 붉은 색으로 동그라미 표시를 해 두었는데, 이 점에 있어서도 부분별로 차이를 보이고 있다. 이와 관련해서는 특히 두 번째 부분과 세 번째 부분의 차이가 주목된다. 작품이 시작되는 윗부분에 표시를 한 것은 두 부분이 동일하지만 작품 중간에 표시를 한 것은 큰 차이가 있다. 세 번째 부분의 경우 초・중・종장이

40) '김흥규 외 6인, 『고시조 대전』, 고려대학교 민족문화연구원, 2012, 4700.1번 작품.' 참조.

41) 첫 번째 부분에서 〈청구영언서〉 2면과 4면은 11행으로 예외적이다.

42) 두 번째 부분에서 2면 정도를 10행으로 적고 있다.

끝나는 부분의 오른쪽에 동그라미 표시를 한 다음 그 동그라미 속에 初, 中, 末이라 적어 놓았다. 따라서 이는 장 구분 표시라 할 수 있으며, 작품 중간에 여백이 없어 그 오른쪽에 표시를 한 것은 필사 당시에 표시를 한 것이 아니고 후대에 다른 사람이 표시를 했음을 시사하는 것이다. 반면에 두 번째 부분의 경우 작품 중간에 8개~13개의 표시를 해 두었다. 그리고 동그라미 표시를 한 곳은 작품의 오른쪽이 아니라 작품을 필사하면서 띄어 쓴 곳이다. 따라서 이는 시조 장단을 표시한 것으로 보이며, 이 부분의 필사자는 필사 당시 장단의 구분을 염두에 두고 해당 부분을 띄어 쓴 것이라 할 수 있다.

마지막 다섯 번째 부분은 필체가 확연히 다른 데다 1면에 7행씩 적고 있어 위의 두 종류와는 완전히 구별됨을 볼 수 있다. 이상의 사실을 통해 국립민속박물관본은 적어도 3차에 걸쳐 세 명의 필사자가 기록한 것을 합쳐 하나의 책자로 묶은 것임을 알 수 있다. 1차로 첫 번째 부분인 『청구영언』과 세 번째 부분인 『남훈태평가』 필사가 이루어졌고,[43] 2차로 두 번째 부분과 네 번째 부분에 대한 필사가 이루어졌으며, 마지막 3차로 말미에 다섯 번째 부분이 추가된 것으로 추정된다.

4. 필사본 『남훈태평가』의 출현 동인과 의의 - 결론을 대신하여

『남태』는 1863년에 방각본으로 출판된 보급용 시조창 가집이다. 이 책의 출판은 당대 시조창 수요자들의 욕구를 대변한 것이었다고 할 수

---

43) 이 부분은 동시에 필사되지 않았을 가능성도 있다. 즉 첫 번째 부분인 『청구영언』이 먼저 필사된 뒤 이를 접한 후대인이 여기에 이어서 세 번째 부분인 『남훈태평가』를 필사했을 여지도 있다.

있다. 또한 이 책의 출판을 계기로 시조창의 저변이 더욱 확대되는 결과를 가져온 것으로 보인다. 20세기 들어 단권본과 분권본 같은 재판본이 거듭 출현한 것이 이를 입증한다. 그러나 인간본 『남태』의 경우 수시로 변하는 가창 현실을 제대로 반영하지 못하는 근본적 한계가 있다. 예컨대 초판이 출판된 1863년으로부터 반세기가 지난 1910년대 초반을 가정해 보자. 반세기 동안 시조창 환경은 상당한 성장과 변화를 겪었을 것이다. 경제(京制)·완제(完制)·영제(嶺制)·내포제(內浦制) 등 지역별 분화가 일어났고, 기존 곡 중 연행 현장에서 거의 불리지 않게 된 작품이 있는가 하면 반대로 새로운 곡들이 지속적으로 생겨나기도 하였으며, 같은 곡이라 하더라도 노랫말에 꽤 변화가 나타나게 되었다. 이렇듯 연행 환경은 크게 변모했으나 이 무렵 출판된 『남태』 재판본들의 경우 일부 노랫말의 변화를 반영한 것을 제외하면 분권본에서 한 작품을 탈락시키고 두 작품을 새로 추가한 정도가 고작이다. 따라서 거듭된 재판에도 불구하고 인간본 『남태』가 시조창 향유자들의 욕구를 충족시키기에는 분명한 한계가 있었다고 할 수 있다. 필사본 『남태』의 출현은 바로 여기서 기인한 것이라 할 수 있다.

앞서 살펴본 여태명본과 국립민속박물관본은 수록 작품의 순서에 있어 인간본 『남태』와 일치한다. 이는 두 필사본이 인간본 『남태』를 참조하여 이룩되었음을 말해주는 것이다. 그러나 여태명본과 국립민속박물관본이 인간본 『남태』를 그대로 전사한 것은 아니다. 탈락 작품이 상당수에 달하고 있고, 노랫말의 표기가 가집별로 이질적인 양상을 띠고 있으며, 심지어 완전히 다른 작품으로 이해해야 할 법한 이형 작품들이 일부 나타나는 것 등은 단순 전사가 아님을 보여주는 단적인 증거들이다. 이는 『남태』 필사본들이 인간본 『남태』를 참조하였으되 필사자가 처한 가창 현실을 반영하기 위해 적극적인 노력을 기울였음을 보여주는 것이다. 따라서 우리는 『남태』 필사본을 통해 『남태』 수록 작품들의 변화상을 읽을 수 있다. 이것이 『남태』 필사본이 갖는 첫 번째 의의라 할 수 있다.

한편 여태명본과 국립민속박물관본에는 인간본 『남태』와 무관한 작품들이 상당수 수록되어 있다. 여태명본의 경우 시조 부분에 9수의 작품이 추가되었으며, 이와 별도로 책의 말미에 후대에 추록된 것으로 보이는 〈율곡선생구곡가〉 2수가 실려 있다. 또한 「가사편」에서는 〈처사가〉와 〈어부사〉가 탈락한 대신 〈퇴계선생도덕가〉가 추가되었다. 또한 국립민속박물관본의 경우는 시조 51수, 가사 〈권주가〉·〈황계사〉·〈추풍감별곡〉, 판소리단가 〈장부가〉가 추가되었다. 이렇게 추가된 작품들은 대부분 『남태』 초판본이 간행된 이후인 19세기 말~20세기 초에 새로 생성되었거나 필사자 주변에서 널리 애창되던 곡들이다. 따라서 이를 통해 『남태』 초판본 간행 당시 탈락했거나 그 이후에 새로 생성된 작품들의 가창 실상을 확인할 수 있다. 이것이 『남태』 필사본이 갖는 두 번째 의의라 할 수 있다.

19세기 후반~20세기 초반에 집중적으로 산출된 시조창 가집의 역사에서 『남태』가 차지하는 위상은 실로 대단한 것이라 할 수 있다. 『남태』 이후 형성된 시조창 가집들이 정도의 차이는 있으나 『남태』의 영향을 직·간접적으로 받고 있는 것에서 이를 확인할 수 있다. 기존 연구에서 『남태』의 직접적인 영향을 받은 것으로 『시조』(지씨본)과 『시여』(이씨본)이 거론된 바 있는데, 이 글에서 고찰한 『남태』 필사본은 기본적으로 이들과 비슷한 위상을 갖는 것으로 판단된다. 그런 가운데 『남태』 필사본은 작품 수록 순서가 완전히 일치한다는 점에서 『시조』나 『시여』에 비해 『남태』 인간본과 동질적 성격이 훨씬 강한 면모를 보여주면서도, 보충 사설의 측면에서는 오히려 『시조』나 『시여』보다 풍부하게 실려 있음이 주목된다 하겠다.

한편 최근 시조창 가집에 대한 관심이 점차적으로 확대되면서『남태』의 영향권에서 상대적으로 자유로운 상태에서 형성된 가집들에 대한 고찰[44]이 나타나고 있는 것은 고무적인 일로 평가된다. 중요한 것은『남태』필사본에 추가된 작품들 중 이들 가집 및『잡지』(평주본) 등과 겹치는 작품들이 많이 나타난다는 점이다. 이는『남태』필사본의 추가 사설 대부분이 19세기 말~20세기 초에 새로 생성된 것임을 보여주는 것이다. 그런가 하면 노랫말의 측면에서 이들 가집과 일정한 차이를 보여주는 것은 가창의 기반이 서로 달랐음을 말해주는 것이다. 이 점을 고려할 때『남태』이후의 시기인 19세기 말~20세기 초에 상당한 정도의 시조창 사설이 새롭게 생성되었으며, 이들 노래가 여러 가창집단과 가창공간을 통해 향유되면서 다양한 변형 사설을 탄생시킨 것으로 추정된다. 하지만 이는 어디까지나 추정 단계의 가설에 지나지 않는다. 이를 확인하기 위해서는 이 부분에 대한 연구자들의 적극적인 참여와 추가적인 자료 발굴 및 공개가 반드시 뒤따라야 할 것이다. 향후 연구자들의 동참을 기대하며, 아울러 시조창 가집으로는 가장 많은 작품을 수록한 것으로 알려진『잡평』이 하루속히 공개되기를 희망해 본다.

---

44) 성무경,「시조 가집『조 및 사』의 문화도상 탐색」,『한국문학연구』4, 고려대학교 민족문화연구원 한국문학연구소, 2003. 이은성,「19세기 말에서 20세기 초 시조창 향유의 변화양상-『가요』(동양문고본)를 중심으로-」,『한민족어문학』제45집, 한민족어문학회, 2004. 이은성,「『시가요곡』에 나타난 가곡 · 시조 향유양상」,『반교어문학』16, 반교어문학회, 2004. 송안나,「19세기 중 · 후반 시조창 가집과 가곡창 가집의 상호소통 양상 연구-『남훈태평가』와 그 이후 시조창 가집을 대상으로-』, 성균관대학교 석사논문, 2007. 백순철,「『시조집(연대본)』의 체제와 수록작품의 특징」,『한민족어문학』제54집, 한민족어문학회, 2009.

제4장
20세기 시조집 『추강월백』에 대하여

1. 『추강월백』의 기본 정보

시조집 『추강월백(秋江月白)』은 1927년 회동서관(滙東書舘)에서 간행한 것으로 편자는 이근섭(李根燮)이다. 현재 한국학중앙연구원 장서각에 소장되어 있는데,[1] 지금까지 파악한 바로는 이것이 유일본이다. 이 책은 총 68면,[2] 세로×가로가 약 14×10cm인 소책자다. 이 책은 크게 세 부분으로 구성되어 있다. 우선 시조 본문을 시작하기에 앞서 박문수(朴文秀), 최치원(崔致遠), 이색(李穡), 정몽주(鄭夢周), 이덕형(李德馨), 황희(黃喜), 송시열(宋時烈), 이순신(李舜臣), 김창흡(金昌翕), 이정보(李鼎輔) 등 10명의 영정을 실었다. 다음으로 50면에 걸쳐 150수의 시조 작품을 수록하고 있으며, 마지막 8면은 〈고금명현약전(古今名賢畧傳)〉이라는 제목 하에 앞서 영정을 실은 10명에 대한 약력을 소개하고 있다. 영정과 약전에 등장하는 10명 중 7명만 작품이 수록되어 있고 최치원, 황희, 박문수 등 3명은 작품이 수록되어 있지 않다. 이로 보아 영정과 약전은

1) 등록번호(10056777), 청구기호(안 811. 308 이17추).

2) 10명의 초상을 실은 초반 10면을 합친 것이다. 초반 10면은 면수가 표시되어 있지 않으므로 면수가 표시된 것은 이를 제외한 58면(시조 50면+고금명현약전 8면)이다. 참고로 장서각 소장도서 목록에는 58P로 소개되어 있다.

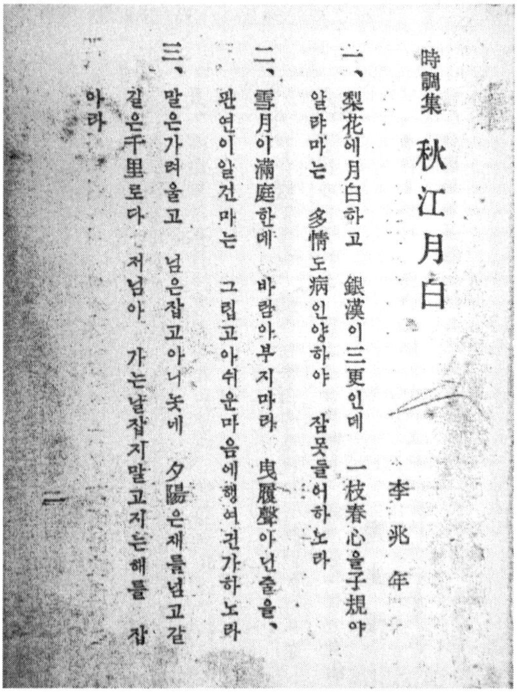
時調集 秋江月白 李兆年

一、梨花에月白하고 銀漢이三更인데 一枝春心을子規야 알랴마는 多情도病인양하야 잠못들어하노라

二、雪月이滿庭한데 바람아부지마라 曳履聲아닌줄을 판연이알건마는 그립고아쉬운마음에행여권가하노라

三、말은가려울고 님은잡고아니놋네 夕陽은재를넘고갈길은千里로다 저님아 가는날잡지말고지는해를잡아라

〈그림 25〉『추강월백』 시조 시작 부분

시조 작품을 수록하고 있는 본문과 상관없이 독자를 배려하기 위해 편집된 것으로 보인다.

시조 작품을 수록하고 있는 두 번째 부분은 총 150수의 시조를 특별한 분류 없이 일련 번호 순으로 배열하고 있는 것이 특징이다. 가집 편찬자는 곡조별, 내용별, 작가별 분류 중 어떤 한 가지 방식을 택해 책을 엮는 것이 일반적이다. 하지만 이 시조집은 외형적으로 아무런 분류도 하지 않았다. 가집 중 외형적으로 아무런 분류를 하지 않은 것들이 더러 있기는 하나 이 경우에도 내적으로 분석해 보면 일관된 분류 방식을 취하고 있는 것이 보통이다. 이에 따라 이 시조집의 경우에도 어떤 내적 질서를 갖추고 있지 않을까 하여 나름대로 분석해 보았으나 일관된 원리는 찾기 어려웠다. 1번부터 14번까지 남녀관계-사랑, 이별, 그리움 등-를 나타내는 작품이 이어지고 있고, 15번부터 몇 수에 걸쳐 강호시조들이 등장하고 있어 혹 내용별 분류 방식을 취한 것이 아닌가 의심해 보았으나 이것이 이 시조집 전체를 포괄하는 원리는 아닌 듯하다. 다만 초반부뿐만 아니라 시조집 전체에서 주제나 소재가 유사한 작품들이 몇 수씩 연이어 배치되는 양상이 자주 나타나고 있어 창자의 구술이나 편자의 기억에 의존하여 편찬된 것이 아닌가 하는 생각이 든다.

한편 이 시조집은 평시조만을 대상으로 삼고 있는 것이 특징이다. 평시조만을 대상으로 삼고 있기 때문에 유명씨 작품이 99수, 무명씨 작품이 51수로 유명씨 작품이 절대적으로 많다. 유명씨 작품에는 79명의 작가가 등장하고 있는데 그 중 2수 이상의 작품을 수록한 작가는 17명[3]이다. 작가별 분류가 아니기 때문에 2수 이상의 작품을 수록한 작가의 작품들도 연이어 나오는 것이 아니라 따로 떨어져 수록되어 있다. 유명씨 작품에는 대부분의 유명 작가 작품이 수록되어 있으나 맹사성의 〈강호사시가〉나 이황의 〈도산십이곡〉과 같은 작품이 빠져 있고,[4] 김천택과 김수장의 작품 또한 보이지 않는다. 작가 표기는 이름만 적은 것이 다수이고 부분적으로 호와 이름을 함께 적은 경우가 있으며, 성충과 을파소의 경우 이름 앞에 '(百濟)', '(高句麗)'와 같이 괄호로 처리하여 백제인, 고구려인이라는 것을 밝혔다.

작품 분절 방식은 일정치가 않다. 전통적인 가곡 5장식 분절 방식을

3) 계생(또는 계랑, 2), 송종원(3), 황진이(3), 매화(2), 박영수(2), 효종대왕(3), 조헌(2), 이정신(2), 성충(2), 정충신(2), 이이(2), 최충(2), 이명한(2), 정철(2), 이덕형(2), 임제(2), 김광욱(2).

4) 윤선도의 경우는 〈어부사시사〉 춘4가 종장이 변형된 상태로 무명씨 작품으로 수록되어 있다. 이는 『가곡원류』 이래의 관습이다.

취한 작품이 있는가 하면, 초·중·종장을 나누는 3장식 분절 방식을 취한 작품도 있으며, 각 장을 두 구로 나누어 배열한 작품도 있다. 양적으로는 5장식이나 3장식보다는 각 장을 두 구로 나누어 배열한 것이 훨씬 더 많다고 할 수 있는데, 이 경우도 초장·중장·종장 중 어느 한 장이 통합되어 있는 작품이 많아 구별 분절 방식을 엄격히 지키고 있는 것은 아니다. 150수 중 149수가 종장 마지막 음보까지 온전하게 나타나고 있어 가곡창 사설을 반영한 것으로 보이지만 145번 작품[5]의 경우 종장 마지막 음보가 생략되어 있어 예외적이다.

2. 구술 또는 기억의 흔적들

앞에서 이 시조집이 창자의 구술이나 편자의 기억에 의존하여 편찬되었을 가능성을 제시한 바 있다. 이 시조집이 기존의 특정 가집을 참고했다기보다는 당대 창자의 구술이나 편자의 기억에 의존하여 편찬된 것으로 보는 것은 150수 전체가 겹치는 기존의 가집이 없는데다 기존 가집들과 견주어 노랫말의 변이가 비교적 많이 나타나기 때문이다. 특히 다음 작품들의 경우 일부 구절이 기존 가집에서는 거의 나타나지 않는 것이라는 점에서 주목된다.

> <u>泰山</u>을 削平턴들 洞庭湖ㅣ 널러지며
> 桂樹를 버이던들 달이 더욱 밝을 것을
> 뜻 두고 이루지 못하니 늙기 설워하노라. (79)[6]

---

5) "瀟湘班竹길게뷔여 / 낙시매여드러메고 / 不求功名하고碧波로도라드니 / 白鷗야날본체마라世上알가."

6) 괄호 속의 숫자는 일련번호임. 분장과 띄어쓰기는 필자가 한 것임. 이하 같음.

자 남은 보라매를 엇그제 갓 손 떼여
깨깃에 방울 달아 夕陽에 밧고 나니
<u>산아 이 시원한 일은</u> 이뿐인가 하노라. (93)

79번 작품은 이완의 작품으로 62개 가집에 수록되어 있고, 93번 작품은 김창업의 작품으로 32개 가집에 수록되어 있다.[7] 두 작품 다 상당수의 가집에 수록되어 있는데, 문제는 밑줄 친 부분의 노랫말이 이 시조집의 것과 일치하는 것이 거의 없다는 점이다. 79번 작품의 초장 첫째 음보는 모든 가집에 "君(羣)山을~"로 되어 있으며, 『추강월백』보다 훨씬 후대에 편찬된 『시조집』(평주본)에만 유일하게 "태산을~"로 되어 있다.[8] 93번 작품의 종장 첫 구는 모든 가집에 "丈夫의(에) 平生 得意ㄴ(는)~"으로 되어 있다. 두 작품의 해당 구절은 노랫말의 변이가 거의 없는 부분이다. 따라서 기존 가집을 참고하여 이 시조집을 편찬했다면 위와 같은 노랫말 변이는 나타나지 않았을 것이다. 특히 93번 작품 종장 첫 구의 경우 고시조 전체에서 거의 예를 찾을 수 없는 구절이라는 점에서 이 시기에 새로 붙여진 변형 사설일 가능성이 큰 것으로 생각된다.

한편 이 시조집에 수록된 150수의 시조는 모두 이전의 가집류에 한 차례 이상 수록된 적이 있는 것들로서 단독출현 작품은 하나도 없다. 단독출현 작품이 없을 뿐만 아니라 5개 이하 가집에 수록된 작품도 거의 없다. 이 중 소수 가집에만 수록된 몇 작품을 통해 그 의미를 파악해 보기로 한다.

---

7) 가집 수록 수는 '김흥규 외 6인, 『고시조 대전』, 고려대학교 민족문화연구원, 2012.'를 기준으로 한 것임. 이하 같음.

8) 『시평』은 1956년 임철호가 편찬한 책이다. 이에 대해서는 '박을수, 「가집 『시조집』 일고-신자료 소개를 위해-」, 『시조학논총』 제6집, 한국시조학회, 1990.' 참조.

靑山은 내 뜻이오 綠水는 님의 情이
綠水 흘너간들 靑山이야 變할소냐
綠水도 靑山을 못 니저 우러 예여 가는고.(8)

나뷔야 靑山 가자 범나뷔 너도 가자
가다가 저물거든 꼿헤 들어 자고 가자
꼿에서 부대접 하거던 닙헤서나 자고 가자.(29)

大鵬을 손으로 잡아 번개불에 구어 먹고
崑崙山 엽헤 끼고 北海를 건너 뛰니
泰山이 발ᄭᅳ태 차이어 왜각데각 하더라.(73)

白頭山에 놉피 안저 압뒤뜰 구버보니
南北 萬里에 녯 생각 새로워라
간님이 精靈 게시면 눈물 질가 하노라.(150)

8번 작품은 『고시조 대전』에 17개 가집에 수록된 것으로 정리되어 있다. 그러나 이 중 상당수는 20세기에 편찬된 잡가집들로서 이를 제외하면 7개 가집에 수록된 것을 볼 수 있다. 『시조』(경대본)과 『근화악부』에 실린 것으로 보아 19세기 초부터 본격적으로 불린 노래로 보이지만 두 가집에 수록된 가사의 초장 부분이 여타 가집과 차이가 나는 점이 주목된다. 『시경』은 "내 뜻즌 靑山이오 님의 情은 綠水ㅣ로다"로, 『근악』은 "내 情은 靑山이오 님의 情은 綠水ㅣ로다"로 되어 있다. 약간의 차이가 있지만 둘 다 위 8번 작품과 견주어 봤을 때 첫 구와 둘째 구에서 공히 순서가 바뀌어 있다는 공통점이 있다. 이 유형은 후에 『시조』(하씨본)으로 계승됨을 볼 수 있다. 한편 8번 작품과 동일한 형태가 나타나는 가집으로는 『대동풍아』, 『시조집』(박재연본), 『시조』(관서본), 『방초록』이 있다. 모두 20세기에 편찬된 가집들인데 연대가 가장 빠른 것은 『대동』(1908)이다. 따라서 나머지는 모두 『대동』의 영향을 받았다고 볼 수 있다. 결국 8번 작품은 20세기에 들어와 새로 조정된 노랫말을 수용한 것이라는 결론이 나온다.

29번 작품의 경우 현대 대중들에게 비교적 널리 알려진 작품이지만 『고시조 대전』에 따르면 11개 가집에 수록되어 있을 뿐이다. 그것도 이 중 9개는 20세기에 편찬된 것들이며, 19세기에 편찬된 가집은 『영언』(규장각본)과 『청구영언(육당본)』 두 개에 지나지 않는다. 그러니까 이 작품은 19세기 중반에 생겨나 20세기에 들어와 인기를 끌게 된 노래라 할 수 있다.

73번 작품은 6개 가집에 수록되어 있다. 그런데 『고금명작가』, 『해아수』, 『병와가곡집』에 수록된 것과 『청육』, 『교주가곡집』, 『증보가곡원류』에 수록된 것이 노랫말에 꽤 차이가 있다. 그래서 『고시조 대전』에서는 이들 둘을 다른 군집으로 분류하여 전자는 2752.1번으로 후자는 2752.2번으로 구분하고 있다. 이 중 73번 작품과 일치하는 것은 2752.2번이다. 그러니까 이 노래는 18세기에 형성되었으나 19세기 중반 『청육』 시기에 노랫말이 변형된 새로운 형태가 나타났고 이것이 20세기까지 이어졌다고 하겠다.

150번 작품은 5개 가집[9]에 수록되어 있는데 모두 20세기에 편찬된 가집들이다. 따라서 이 작품은 20세기에 창작되어 불리기 시작한 곡으로 생각된다.[10]

---

9) 『가곡선』, 『정선조선가곡』, 『시조집』(구사회본), 『교주』, 『원증』.

10) 10수 중 3~5개 가집에 수록된 6개 작품을 들면 다음과 같다. 괄호 밖은 이 시조집에 수록된 작품의 일련번호이며, 괄호 속의 숫자는 가집 수록 수를 가리킨다. 3번(4),

이상 소수 가집에 수록된 일부 작품들을 살펴보았는데 이를 통해 『추강월백』에 수록된 작품들이 20세기에 가창된 사설의 노랫말을 수용한 결과라는 것을 알 수 있다.

3. 『추강월백』의 의의

이 시조집은 단독출현 작품이 없는 20세기 시조집이기는 하지만 다음 몇 가지 측면에서 중요한 의의가 있는 것으로 생각된다.

첫째 이 시조집은 전체 가집사를 통틀어 평시조만을 수록하고 있는 유일한 가집이다. 주지하다시피 가집의 경우 곡조별 분류가 일반적이며, 때문에 『청구영언』 만횡청류 이래 사설시조를 함께 수록하고 있는 것이 보통이다. 이는 내용별 분류 방식을 취하고 있는 일부 가집의 경우도 마찬가지여서 사설시조를 배제하지는 않았다. 이런 점에서 이 시조집이 평시조만을 대상으로 했다는 것은 편자의 작품 선별 의식을 확실히 엿볼 수 있는 대목이라 할 수 있다.

둘째 이 시조집의 제목인 『추강월백』 또한 유례를 찾기 힘든 명칭이다. 가집의 명칭은 우리나라를 뜻하는 '청구', '해동' 등에 노래를 뜻하는 '영언', '가요'를 합쳐 붙이는 것이 일반적이다. 그런데 이 시조집의 경우 이런 전례를 따르지 않았다. 『추강월백』 또한 '추강'과 '월백'의 합성어로 볼 수 있으나 이는 모두 자연물로서 우리나라나 노래와는 거리가 있는 말들이다. 이로 인해 가집이라는 느낌보다는 시집이라는 느낌이 강하게 든다. 편자는 이 점을 고려했을 것으로 생각된다. 아울러 『추강월백』이

13번(5), 26번(3), 38(4), 116(3), 139(3).

라는 제목을 접하는 순간 "추강에 밤이 드니~"로 시작하는 월산대군의 시조와 "이화에 월백하고~"로 시작하는 이조년의 시조가 자연스럽게 떠오르게 된다. 이 두 작품은 자연물을 소재로 한 강호시조와 남녀 간의 정을 노래한 애정시조의 대표작이다. 여기서도 편자의 작품 선별 의식을 엿볼 수 있다. 이런 점에서 이조년의 작품이 첫머리를 장식하고 있는 것은 시사하는 바가 크다고 하겠다.

셋째 이 시조집에 수록된 작품들은 대부분이 다수의 가집에 수록되어 있는 인기곡들이다. 총 150수의 작품을 일일이 『고시조 대전』에서 찾아 확인해본 결과 극히 일부 작품을 제외하고 대부분이 30개 이상의 가집에 수록되어 있었으며, 50개 이상의 가집에 수록된 작품도 상당수에 달했다. 이는 이 시조집이 당대까지 인기리에 전승된 곡들을 중심으로 가려 뽑았다는 것을 말해주는 것이다. 아울러 소수 가집에 수록된 일부 작품들의 경우는 별도로 그 나름의 의의를 갖는 것으로 생각된다. 즉 이들 작품은 18세기 후반~19세기 초반에 편찬된 가집에 수록되어 있으나 19세기 후반 가곡창 가집을 대표하는 『가곡원류』에는 실리지 않았다가 이 시조집에 다시 등장하고 있는 것들이 대부분이다.[11] 이는 『가곡원류』에 수록되지 않은 곡들이 별도의 경로를 거쳐 20세기까지 전승되었음을 시사하는 것이다. 이런 사실은 20세기 가집이 『가곡원류』의 절대적 영향 하에 놓여 있을 것이라는 막연한 추정에서 벗어나 본격적인 연구를 통해 진실을 규명할 필요가 있음을 요청한다는 점에서 중요한 의미가 있는 것이다. 또 116번[12]과 139번[13] 작품의 경우 18세기 가집으로는 『가조별람』과 『시

---

11) 이 중 일부는 『대동풍아』에 수록되어 있다.

12) "다만한間草堂에 箭筒걸고冊床노코 나안고님안즈니거문고란어데둘고 두어라 江山風月이니 한 대둔들엇더리."

13) "뎌건너一片石이 嚴子陵의釣臺로다 蒼苔빗긴가에흰두點이무삼것고 至今에先生遺跡

가』(박씨본)에, 19세기 『가곡원류』 계열 가집 중에는 『가곡원류』(육당본)과 『가곡원류』(불란서본)에, 그리고 20세기 가집으로는 『가곡선』과 『추강월백』에 수록되어 있어 『가조』·『시박』→『원육』·『원불』→『가선』·『추강월백』으로 이어지는 전승 경로를 확인할 수 있다. 이는 『가곡원류』 중 육당본과 불란서본의 독특한 위상을 보여주는 것이다.

넷째 이 시조집은 출판문화사적 측면에서도 중요한 의미를 갖는 것으로 보인다. 회동서관의 출판 현황을 조사한 한 연구에 따르면 회동서관은 1926년을 기점으로 쇠퇴기에 접어들어 1927년부터는 실질적인 영업활동이 중단되었다고 한다.[14] 하지만 이 시조집의 발견으로 이에 대한 재검토가 필요하게 되었다. 이 시조집이 바로 1927년에 출간된 것인데다, 이 책의 끝 부분에는 이근섭 편 『세계명승실기(世界名勝實記)』, 이근섭 저 『동방삼천리 부 만국지리위인전(東方三千里 附 萬國地理偉人傳)』이 근간으로 예고되고 있기 때문이다. 『세계명승실기』와 『동방삼천리』의 경우 현재 실제 출판 여부를 확인할 수 없다. 다만 『세계명승실기』의 경우 "本書는 東西 二十個國의 名勝古蹟을 網羅한 것이니 實寫 百五十葉을 附하고 一一히 解說을 加하야 一覽에 宛然 世界名勝이 目前에 彷佛하야 如臨其境의 感이 不無하다(稀見의 美本)"라는 설명과 함께 목차개요(目次概要)를 싣고 있으며, "定價金壹圓"이라는 책값까지 책정되어 있는 것으로 보아 실제 출판되었을 가능성이 큰 것으로 생각된다. 아무튼 이 책들의 출판 여부와 상관없이 『추강월백』을 포함하여 세 책이 모두 이근섭을 편자 또는 저자로 한 것이라는 점에서 당시 회동서관에서는 이근섭이라는 필자를 끌어들여 회생을 도모하였음을 알 수 있다.

이 白鷗한雙써잇도다."

14) 이종국, 「개화기 출판 활동의 한 징험-회동서관의 출판문화사적 의의를 중심으로」, 『한국출판학연구』 통권 제49호, 한국출판학회, 2005.

■ 부록 : 『추강월백』 원문

▌일러두기

· 이 자료는 京城 : 滙東書館에서 1927년에 출간한 것으로 현재 한국학중앙연구원 장서각(등록번호 : 10056777)에 소장되어 있는 것이다.

· 앞의 글에서 밝힌 바대로 이 책은 세 부분으로 구성되어 있는데, 그 중 시조 작품을 수록한 부분만을 여기에 수록한다.

· 최대한 원문과 동일한 형태를 유지하기 위하여 명백한 오탈자로 보이는 경우도 그대로 두었다. 띄어쓰기 또한 원문과 동일하게 처리했다.

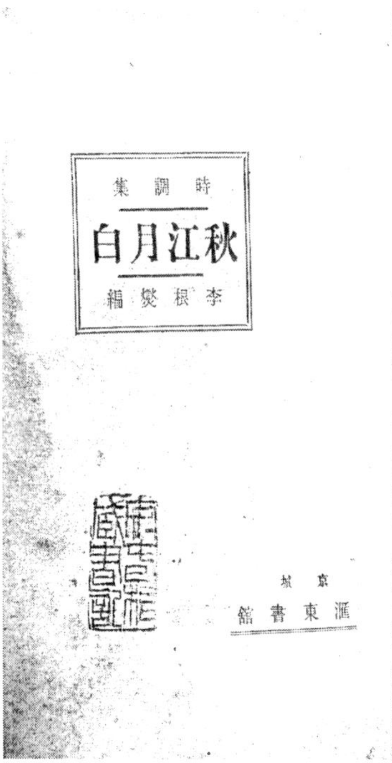

〈그림 26〉『추강월백』 표지

時調集 秋江月白

李兆年

一. 梨花에月白하고 銀漢이三更인데 一枝春心을子規야알랴마는 多情도病인양하야 잠못들어하노라.

二. 雪月이滿庭한데 바람아부지마라 曳履聲아닌줄을 판연이알건마는 그립고아쉬운마음에행여귄가하노라.

三. 말은가려울고 님은잡고아니놋네 夕陽은재를넘고갈길은千里로다 저님아 가는날잡지말고지는해를 잡아라.

四. 돗쓰자배써나니 이제가면언제오리 萬頃滄波의가는듯도라오소 밤중만지국총소리에애긋는 듯하여라.

桂生

五. 梨花雨흣뿌릴제 울며잡고이별한님 秋風落葉에님도날생각는가 千里에외로운꿈만오락가락하도다.

宋宗元

六. 秋月이滿庭한데 슯히우는저기럭아 霜風이日高한데돌아갈줄몰으고서밤중만中天에써잇서 잠든나를깨우뇨.

七. 靑春에곱든樣子님으로해다늙엇다 이제님이오면나인줄아오실가 진실로알기곳아오시면곳에죽다설우랴.

黃眞伊

八. 靑山은내뜻이오 綠水는님의情이 綠水흘너간들靑山이야變할소냐 綠水도靑山을못니저우러예여가는고.

九. 西山에日暮하니天地에가이업다 梨花에月白하니님생각이새로워라 杜鵑아너는누를그려밤새도록우는고.

白玉堂 李塏

十. 房안에혓는촉불 눌과이별하엿관데 것트로눈물지고속타는줄몰으는고 저촉불날과갓타여속타는줄모르더라.

一一. 겨울날다사한빗츨님에게빗최고저 봄미나리살진맛을님에게드리고저 님의야무엇이업스랴마는 내못니저하노라.

一二. 버들은실이되고 쇠고리는북이되여 九十春光에짜내나니나의시름 누구리綠陰芳草를勝花時라하던고.

梅花

一三. 꿈에뵈는님이 인연업다하건마는 탐탐이그리울제꿈아니면어이하리 꿈이야꿈이연마는자로자로뵈여라.

朴英秀

一四. 울어서나는눈물우흐로솟지말고 九曲肝腸에속으로흘너들어 님그려타는간장을녹여볼까하노라.

孝宗大王

一五. 淸江에비듯는소리 긔무엇이우읍관대 萬山紅綠이휘들어저웃는고야 두어라春光이몃날이리우을대로우어라.

趙憲

一六. 池塘에비쑤리고 楊柳에내씨인데 沙工은어데가고뷘배만매엿는고 夕陽에無心한갈맥이는오락가락하더라.

一七. 窓밧게菊花심어 菊花밋헤술비저두니 술닉자菊花피자벗오시자달이쓴다 아희야거문고청처라벗님대접하리라.

陽坡 鄭太和

一八. 술을醉케먹고두렷이안젓스니 億萬시름이가노라하직한다 아희야잔가득부어라시름전송하리라.

成渾

一九. 말업슨靑山이요 態업슨流水로다 갑업슨淸風이요님자업슨明月이라 이중에病업슨몸이分別업시늙으리라.

月山大君

二0. 秋江에밤이드니물결이자노매라 낙시드리오니고기아니무노매라 無心한달빗만실고뷘배도라오노매라.

李廷藎

二一. 매암이맵다울고 쓰르람이쓰다우니 山菜를맵다는가薄酒를쓰다는가 우리는草野에무첫스니맵고쓴줄몰내라.

二二. 반남아늙엇스니다시젊든못하여도 이후나늙지말고매양에이만하엿과저 白髮이네짐작하여더듸늙게하여라.

二三. 내靑春누를주고뉘白髮가저온고 오고가는길을알앗던들막을거슬 알고도못막는길이니그를슬허하노라.

二四. 白髮이功名이런들사람마다닷톨지니 나가튼愚拙이야바라도못보리라 세상에至極公道는白髮인가하노라.

二五. 靑山도절로절로綠水라도절로절로山 절로水절로한데山水間에나도절로 그中에절로난몸이늙기도절로하리라.

二六. 가랴가랴커늘 성난김에가소하고 가는가안가는가문틈으로예여보니 눈물이비오듯하야 풍지저저못볼내라.

二七. 쏫아色을밋고오는나뷔禁치말이 春光이덧업슨줄넨들아니짐작하랴 綠陰이成陰子滿枝면어느나뷔차즈랴.

桂娘

二八. 桃花는엇지하야紅粧을짓고서서 細雨東風에눈물은무삼일고 春風이덧업슨줄을못내슬허하노라.

二九. 나뷔야靑山가자 범나뷔너도가자 가다가저믈거든쏫헤들어자고

가자 곳에서부대접하거던님헤서나자고가자.

南溟 曹植

三０. 頭流山兩端水를네듯고이제보니 桃花뜬맑은물에山影조차잠겻서라 아희야武陵이어데매뇨나는옌가하노라.

(百濟) 成忠

三一. 뭇노라汨羅水야 屈原이어이죽다더니참소에더러힌몸죽어무칠싸이업서 滄波에骨肉을씻어魚腹에葬하니라.

鄭忠信

三二. 空山이寂寞한데슯히우는저杜鵑아 蜀國興亡이어제오늘아니어든지금에피나게울어남의애를끗나니.

節齋 金宗瑞

三三. 朔風은나무긋헤불고 明月은눈속에찬데 萬里邊城에一長劒집고서서 긴파람큰한소리에 것칠것이업서라.

鄭道傳

三四. 仙人橋나린물이紫霞洞에흐르나니 半千年王業이물소래뿐이로다 아희야古國興亡을무러무삼하리요.

鄭圃隱母氏

三五. 가마귀싸호는골에白鷺야가지말아 성낸가마귀흰빗츨새오나니 滄波에조히씻은몸을더러힐가하노라.

圃隱 鄭夢周

三六. 이몸이죽어죽어 一百番곳쳐죽어 白骨이塵土ㅣ되야넉시라도잇고업고 님向한一片丹心이야 가실줄이잇스랴.

寒岡 鄭逑

三七. 江湖에期約을두고十年을奔走하니 모르는白鷗는더듸온다하려니와 聖恩이至重하심에갑고가려하노라.

朴文郁

三八. 세상사람들아聾瞽를웃지마라 視不見聽不聞은녯사람의警戒로다 엇제서망녕의벗님네는남의시비하는고.

三九. 니고진저늙으니 짐버서나를주소 우리는쥶엇거니돌인들무거우랴 늙기도설워라커늘짐을조차지실가.

栗谷 李珥

四0. 泰山이놉나하뇌 하늘알에뫼이로다 오르고또오르면못오를리업건마는 사람이제아니오르고뫼를놉다하더라.

金尚玉

四一. 青山아말물어보자 古今을네알리라 萬古英雄이몃몃치나지나더니 이후에뭇는이잇거든나도함씌일너라.

太宗大王

四二. 이런들엇더하리 저리한들엇써하리 萬壽山드렁츩이얽어진들긔

엇더하리 우리도이가티얽어저서百年까지하리라.

崔沖

四三. 一生에恨하기를羲皇제못난줄이 草衣를무릅쓰고木實을먹을망정 人心이淳厚하든줄을못내부뤄하노라.

元天錫

四四. 興亡이有數하니滿月臺도秋草로다 五百年王業이牧笛에붓첫스니 夕陽에지나는손이눈물겨워하노라.

洛西 張晩

四五. 風波에놀난沙工배팔아말을사니 九折羊腸이물두곤어려워라 이後란배도말도말고밧갈기만하리라.

具容

四六. 碧海乾流後에모래모여섬이되여 無情芳草는해마다푸르른데 엇지타우리의王孫은歸不歸를하는고.

梅花

四七. 梅花녯등걸에봄철이도라오니 녯피든가지에픠염즉도하다마는 春雪이亂粉粉하니필동말동하여라.

(百濟) 成忠

四八. 뭇노라뎌禪師야 關東風景이엇덧트니 明沙十里에海棠花ㅣ붉어잇고 遠浦에 兩兩白鷗는 飛疏兩랄하더라.

冶隱 吉再

四九. 五百年都邑地를匹馬로돌아드니 山川은依舊호대人傑은간대업네 어즈버太平烟月이꿈이런가하노라.

李舜臣

五0. 閑山섬 달밝은밤에戍樓에혼자안저 큰칼엽헤차고긴파람하는차에 어데서一聲胡笳는남의애를끗는고.

李恒福

五一. 鐵嶺놉흔峯에 쉬여넘는저구름아 孤臣怨淚를비삼아띄여다가님계신九重深處에 뿌려줌이엇더리.

五二. 사랑모여불이되여가슴에픠여나고 肝腸썩어물이되여두눈으로소사난다 一身에水火相侵하니 살동말동하여라.

李明漢

五三. 울너삽은사매 쎨치고가지마소 超遠長堤에해다저무럿네 寒窓에殘燈도드고새와본들엇더리.

百梅堂 李廷藎

五四. 靑春에보든거울白髮에곳처보니 靑春은간데업고白髮만뵈이는고나 白髮아靑春이제갓스랴 네좃츤가하노라.

五五. 사랑이긔엇더터냐 둥그더냐모나더냐 기더냐 저르더냐밟고남아자일너냐 하그리긴줄은모르되긋간데를몰내라.

黃眞伊

五六. 冬至ㅅ달기나긴밤을 한허리를둘에내여 春風이불알에서리서리너헛다가 어룬님오신날밤이여드란 구뷔구뷔펴리라.

五七. 寂無人掩重門한데 滿庭花落月明時라 獨倚紗窓하야長嘆息하는차에 遠村에一鷄鳴하니 애쑷는듯하여라.

五八. 꿈에다니는길이자최곳나량이면 님의집窓밧게石路라도다르렷마는 꿈길이자최업스니그를슬허하노라.

五九. 바람부러쓰러진남기 비온다싹이나며 님그려생긴병이약을먹어나흘소냐 저님아널로난병이니네곳칠가하노라.

六０. 東窓에돗안든달이 西窓으로다지도록 오실님못올센정 잠은어이가저간고 잠조차가진님을생각무삼하리오.

(高句麗) 乙巴素

六一. 越相國范少伯이名遂攻成못한前에 五湖烟月이조흔줄알건마는 西施를실노라하여느저돌아가니다.

禹倬

六二. 한손에막대잡고 또한손에가시쥐고 늙는길가시로막고오는白髮막대로치려터니白髮이제몬저알고즈름길로오더라.

郭輿

六三. 五丈原秋月夜에 어엿쁠손諸葛武候竭忠輔國다가將星이떨어지니 至今에兩表忠言을못내슬허하노라.

李穡

六四. 白雪이자진골에 구름이머흐레라 반가온梅花는어느곳에픠엿는고夕陽에홀로서서 갈곳몰나하노라.

崔沖

六五. 白日은西山에지고 黃河는東海로든다 古來英雄은北邙으로드단말가 두어라物有盛衰니恨할줄이잇으랴.

六六. 田園에봄이드니 나할일이全혀만희 꼿남근뉘옴기며藥바튼언제갈리 아이야대뷔여오너라 사립몬저겨르리라.

成三問

六七. 이몸이죽어가서무엇이될고하니 蓬萊山第一峯에落落長松되엿다가 白雪이滿乾坤할제獨也靑靑히리라.

崔瑩

六八. 綠駬霜蹄살지게먹여 시내물에싯겨타고 龍泉雪鍔을들게갈아둘러메고 丈夫의爲國忠節을세워볼가하노라.

朴彭年

六九. 가마귀눈비마자희는듯검노매라 夜光明月이야밤인들어두우랴

임向한一片丹心이야變할줄이잇으랴.

七0. 북소리들리는뎔 머다한들언마멀리 靑山之上이요白雲之下언마는 그곳에안개자즈니아무댄줄몰래라.

鄭澈

七一. 내마음헐어내어저달을맨들과저 九萬里長天에번듯이결려잇서 고은님계신곳에비최여나볼가하노라.

成宗大王

七二. 이시름부대갈다아니가든못할소냐 無端히네실터냐남의말을들엇나냐 저임아하애닯고야가는뜻을일러라.

七三. 大鵬을손으로잡아번개불에구어먹고 崑崙山엽헤끼고北海를건너쒸니泰山이발ᄭᅳ태차이어왜각데각하더라.

宋時烈

七四. 임이헤오시매나는全혀미덧더니 날사랑하던情을뉘손에옴기신고처음에뮈시던것이면이대도록설우랴.

李之蘭

七五. 楚山에우는범과沛澤에잠긴龍이 吐雲生風하니氣勢도壯할시고 秦나라외로운사슴은갈곳몰나하더라.

卞季良

七六. 내해조타하고남실흔일하지말고 님이한다하고義아녀든좃지말아 우리는天性을직히여생긴대로하리라.

七七. 가마귀칠하여검으며해오리늙어희랴 天生黑白은예부터잇건마는 어써타날본임은검다희다하나니.

李陽元

七八. 놉흐나놉흔남게날勸하여올려두고 이보오벗님네야흔드지말으소서 나려져죽기는쉽지아니하여도임못볼가하노라.

李浣

七九. 泰山을削平턴들洞庭湖ㅣ널러지며 桂樹를버이던들달이더욱밝을것을 뜻두고이루지못하니늙기설워하노라.

李彦迪

八0. 大覆地載하니萬物의父母로다 父生母育하니이내天地로다 이天地저天地즈음에늙을뉘을모로리라.

李元翼

八一. 綠楊이千萬絲ㅣ ㄴ들가는春風매여두며 探花蜂蝶인들지는꼿어이하리 아모리사랑이重한들가는님을어이하리.

李珥

八二. 二曲은어대메요花巖에春晩커니 碧波에꼿흘씌워野外로보내노라 사람이勝地를모로니알게한들엇써리.

宋純

八三. 風霜이석거친날에갓피온黃菊花를 金盆에가득담아玉堂에노핫스니 桃李야꼬친체마라임의뜻을알괘라.

徐敬德

八四. 마음이어린後ㅣ니하는일이다어리다 萬重雲山에어느님오리마는 지는닙부는바람에행여귄가하노라.

鄭忠信

八五. 黃河水맑다더니聖人이나시도다 草野群賢이다이러나단말가 어즈버江山風月을 뉘를줄가하노라.

李明漢

八六. 샛별지자종다리썻다호뮈메고사립나니 긴숩풀찬이슬에뵈잠방이다젓것다 아이아時節이조흘세면옷이젓다關係하랴.

李德馨

八七. 달이두렷하여碧空에걸렷스니 萬古風霜에썰어점즉하다마는至今에醉客을爲하야長照金樽하놋다.

南九萬

八八. 東窓이밝앗나냐노고질이우지진다 소치는아이들은상긔아니일엇나냐 재넘어사래긴바틀언제갈녀하나니.

李賢輔

八九. 長安을돌아보니 北闕이千里로다 漁舟에누엇슨들이즐적이잇일소냐 두어라내시름아니라濟世賢人업스랴.

金長生

九0. 대심거울을삼고솔심거亭子로다 白雲덥힌곳에날잇는줄제뉘알리庭畔에鶴徘徊하니 긔벗인가하노라.

尹斗緖

九一. 玉에흙이무더길가에바렷이니 오는이가는이가다흙만여겻도다 두어라흙이라한들흙일줄이잇이랴.

林悌

九二. 北天이맑다커늘雨裝업시길을나니 山에는눈이오고들에는찬비로다 오날은찬비마즈니얼어잘가하노라.

金昌業

九三. 자남은부라매를엇그제갓손쎄여 쌔깃에방울날아夕陽에밧고나니 산아이시원한일은이뿐인가하노라.

李澤

九四. 감장새작다하고大鵬아웃지마라 九萬里長天에너도날고나도난다 두어라一般飛鳥ㅣ니제오내오다르랴.

朴泰輔

九五. 胸中에불이나니五臟이다타간다 神農氏꿈에뵈와불끌藥물어보니 忠節과慷慨로나니 끌藥업다하더라.

申欽

九六. 내가에해오라비무슴일서잇는다 無心한저고기를여어무슴하려는다 아마도한물에잇거니이젓슨들어쩌리.

韓濩

九七. 집方席내지마라落葉엔들못안즈랴 솔불혀지마라어제진달도다온다아이야薄酒山菜일망정업다말고내여라.

九八. 누은들잠이오며 기다린들님이오랴 이제누어슨들어나잠이하마오리 찰하로 안즌곳에셔 긴밤이나새오자.

朴孝寬

九九. 東君이도라오니 萬物이皆自樂을 草木昆虫들은해해마다回生커날 사람은어인緣故로 歸不歸랄하리오.

奇大升

一00. 豪華코富貴키야 信陵君만하리가만는 百年이못하여서 무덤우에풀이나니 하물며날가튼丈夫야 일너무삼하리오.

一0一. 世事는琴三尺이요 生涯난酒一盃라 西亭江上月이두렷시밝앗는데 東閣에雪中梅다리고 玩月長醉하리라.

李鼎輔

一0二. 菊花야너는어이 三月東風다지내고 落木寒天에 네홀로퓌엿는다 아마도 凌霜高節은 너쁜인가하노라.

任義直

一0三. 金波에배를타고 淸風으로멍에하여 中流에씌워두고笙歌를알욀적에醉하고月下에섯스니 시름업셔하노라.

一0四. 富春山嚴子陵이 諫議大夫마다하고 小艇에낙대싯고七里灘도라드니 아마도物外閑客은 이쁜인가하노라.

安致英

一0五. 氷姿玉質이여 눈속에네로구나 가마니香氣노하黃昏月을期約하니 아마도雅致高節은 너쁜인가하노라.

一0六. 白鷗야놀나지말아 너잡을내아니라 聖上이바리시니갈대업서예왓노라 이졔는功名을下直하고 너를조차놀니라.

成世昌

一0七. 洛陽땅흔못에 蓮키는아희들아 잔蓮키랴다가 굵은蓮닙닷칠세라 蓮입헤길드린鴛鴦 선잠깨여놀내리라.

金光煜

一0八. 秋江에月白커늘 一葉舟랄흘니저어 낙대를썰쳐드니자든白鷗ㅣ다놀난다 뎌희도사람의興을알아 오락가락하더라.

孝宗大王

一0九. 青石嶺지나거나 草河衢ㅣ어ᄃᆡ메뇨 胡風참도찰사구즌비난무삼일고 뉘라서내行色을그려내여 님게신데드리리.

一一0. 琵琶를드러메고 玉欄干에지혀스니 東風細雨에 듯드나니桃花로다 春鳥도送春을스려 百般啼를하더라.

金昌翕

一一一. 松檀에선잠ᄶᅢ여 醉眼을드러보니 夕陽浦口에 드나니白鷗ㅣ로다 아마도이江山님자는 너ᄲᅮᆫ인가하노라.

宋宗元

一一二. 金風이부난밤에 나무닙다지것다 寒天明月夜에기럭이우러엘제 千里에집ᄯᅥ난客이야 잠못일워하노라.

孝宗大王

一一三. 長風이건듯부러 浮雲을헤처내니 華表千年에달빗치어제론듯 뭇노라丁令威어대가니네나알ㅣ가하노라.

宋麟壽

一一四. 滄浪에낙시너코 釣臺에안젓스니 落照淸江에비소래더욱조타 柳枝에玉鱗을ᄭᅫ여들고杏花村에가리라.

一一五. 南樓에북이울고 銀漢이三更인제 白馬銀鞍에 少年心도하다만은 紗窓에기다릴님업스니 그를슬허하노라.

一一六. 다만한間草堂에 箭筒걸고冊床노코 나안고님안즈니거문고란 어데둘고 두어라 江山風月이니 한대둔들엇더리.

一一七. 꼿이진다하고 새들아슬허마라 바람에흔날니니 꼿의탓이아니로다 가노라희짓난봄을 새와무삼하리요.

林悌

一一八. 青草욱어진골에 자난가누엇난가 紅顔은어대가고白骨만뭇쳣난고 盞자바勸하리업스니 그랄슬허하노라.

一一九. 蜀에셔우난새난漢나라를그려울고 봄비에퓌는꼿츤時節맛난탓이로다 月下에 외로운離別은 나뿐인가하노라.

一二０. 碧梧桐심은뜻은 鳳凰을보렷더니 내심은탓인지기다려도아니오고 밤중만一片明月이 뷘가지에걸여라.

金光煜

一二一. 세비들가지꺽거 낙근고기꾀여들고 酒家를차즈려고斷橋로건너가니 그곳에杏花저나리니 아모덴줄몰나라.

一二二. 柴扉에개짓거늘 님오시나반겻더니 님은아니오고닙지는소리로다 저개야秋風落葉을 지저날놀낼줄이잇스랴.

潛谷 金堉

一二三. 자네집에줄닉거든 부듸날을 부르시소 草堂에꼿피거든 나도

자네請하옵세 百年씻시름업슬일 의론코저 하노라.

鄭徹

一二四. 재넘어成勸農집에 술익단말어재듯고 누은소발로박차 언치노아 지질너타고 아희야 네勸農게시냐鄭座首왓다살왜라.

一二五. 南薰殿달밝은밤에 八元入凱다리시고 五絃琴彈一聲에 解吾民之慍兮로다 우리도聖主뫼시고 同樂泰平하리라.

一二六. 柴桑里五柳村에 陶處士의몸이되야 줄업난거문고랄소래업시 집허드니 白鶴이知音하난지 오락가락하더라.

兪應孚

一二七. 간밤에부든바람 눈서리치단말가 落落長松이다기우러가노매라 하물며못다진꼿이야 일너무삼하리오.

一二八. 丹楓은半만붉고 시내는맑앗는대 여흘에그물치고바휘우에누엇스니 아마도事無閑身은나뿐인가하노라.

一二九. 梧桐에月上하고 楊柳에風來한제 水面天心에邵堯夫랄마조본듯 이中에 一般淸意味를 알니적어하노라.

一三０. 靑藜杖드더지며 石逕으로도라드니 兩三仙庄이 구름에잠겻세라 오날은塵緣을다떨치고 赤松子를조츠리라.

宋宗元

一三一. 夕鳥난나라들고 暮煙은이러난다 東嶺에달이올나襟懷에빗최도다 아희야瓦樽에술걸너라 彈琴하고놀니라.

眞伊

一三二. 山은옛山이로되 물은옛물아니로다 晝夜에흘너가니녯물이이슬소냐 人傑도물과갓트여 가고아니오더라.

洪春卿

一三三. 珠簾을半만것고 碧海랄굽어보니 十里波光이共長天一色이로다 물우희兩兩白鷗난오락가락하더라.

安挺

一三四. 靑牛를빗겨타고綠水를흘니건너 天台山깁흔골에不老草랄키러가니 萬壑에白雲이자잣스니 갈길몰나하노라.

趙憲

一三五. 平沙에落鴈하고 荒村에日暮ㅣ로다 漁船도도라들고白鷗ㅣ다잠든적에 뷘배에달시러가지고 江亭으로가리라.

一三六. 峨嵋山月半輪秋와 赤壁江山無恨景을 李謫仙蘇子瞻이 놀고남겨두온뜻은 後世에英雄豪傑로 이어놀게함이라.

李德馨

一三七. 큰盞에가득부어 醉토록먹으면서 萬古英雄을 손곱아헤여보니 아마도劉伶李白이내벗인가하노라.

朴仁老

一三八. 王祥의鯉魚잡고 孟宗의竹筍꺽거 감든머리희도록老來子의옷을입고 平生에養志誠孝랄 曾子갓치하리라.

趙光祖

一三九. 뎌건너一片石이 嚴子陵의釣臺로다 蒼苔빗긴가에힌두點이무삼것고 至今에先生遺跡이 白鷗한雙써잇도다.

一四0. 天心에도든달과 水面에부난바람 上下聲色이 이中에달녓나니 사람이中을타낫스니 어질기는한가지라.

一四一. 瀟湘江細雨中에 簑笠쓴뎌老翁아 뷘배를흘니저어어데메로向하나니 太白이騎鯨飛上天하니 風月실너가노라.

一四二. 기럭이외기럭이 洞庭瀟湘어대두고 半夜殘燈에 잠든나를깨오나냐 伊後란碧波寒月인제 影徘徊만하여라.

一四三. 엇그제님離別하고 碧紗窓에지혓스니 黃昏에지난꼿과 綠柳에걸닌달이 아모리無心히보아도 不勝悲感하여라.

朴英秀

一四四. 西廂에期約한님이 달돗도록아니온다 지게ㅅ문半만열고밤드도록기다리니 月移코 花影이動하니 님이오나역엿더라.

一四五. 瀟湘班竹길게뷔여 낙시매여드러메고 不求功名하고碧波로도라드니 白鷗야날본체마라世上알가.

一四六. 우는것이 벅국샌가 푸른것슨버들숩가 漁村두세집에 暮煙이잠겨세라 夕陽에짝일흔갈멕이는 오락가락하더라.

金麟厚

一四七. 蘆花깁흔곳에 落霞를빗기씌고 三三五五이석겨노는저白鷗야우리도江湖舊盟을차자보려하노라.

一四八. 落葉聲찬바람에 기럭이슯히울고 夕陽江頭에고은님보내올제 釋迦와 老聃이 當한들 아니울줄잇스랴.

金裕器

一四九. 春風桃李花들아 고흔樣子자랑마라 蒼松綠竹을 歲寒에보렴으나 貞貞코落落한節을 곳칠줄이잇스랴.

一五0. 白頭山에놉히안서 압뒤쓸구버보니 南北萬里에녯생각새로워라간님이 精靈게시면눈물질가하노라.

一九二七, 八, 十五日選

참고문헌

1. 자료

『가곡원류』, 국립국악원 소장.

『가보』, 국립중앙도서관 소장.

『가사유취』, 국립중앙도서관 소장, 마이크로필름본.

『가조별람』, 국사편찬위원회 소장.

강석규, 『聱齖齋集』 권5, 『한국문집총간』 속38, 민족문화추진회, 2007.

『근화악부』, 성균관대학교 존경각 소장.

기장군지편찬위원회, 『기장군지 상』, 2001.

김교헌 편, 『대동풍아』, 우문관, 1908.

김기수, 『남창가곡백선』, 은하출판사, 1980.

김용찬, 『교주 병와가곡집』, 월인, 2001.

김흥규 · 이형대 · 이상원 · 김용찬 · 권순회 · 신경숙 · 박규홍, 『고시조 대전』, 고려대학교 민족문화연구원, 2012.

남악주인 찬정, 『가곡선』, 신문관, 1913.

『남훈태평가』, 국립민속박물관 소장.

『남훈태평가』(단권본), 한남서림, 1920.

『남훈태평가』(분권본, 상), 연세대학교 중앙도서관 소장.

『남훈태평가』(분권본, 하), 단국대학교 율곡기념도서관 소장.

『남훈전태평가』, 여태명 소장.

『동국가사』, 국립중앙도서관 소장.

『동국선가』, 서울대학교 규장각한국학연구원 소장.

마에마 교사쿠[田間恭作], 『古今歌曲』, 일본 동양문고 소장.

《만세보》, 국립중앙도서관 소장.

『민족문화대백과사전』, 한국정신문화연구원, 1991.

박사호, 「연계기정」, 『심전고』 제1권, 『국역 연행록선집』 09, 민족문화추진회, 1982.

박을수 편저, 『한국시조대사전 상 · 하』, 아세아문화사, 1992.

『방산한씨금보』, 『한국음악학자료총서』 14, 은하출판사, 1984.

『병와전서』 제10권, 한국정신문화연구원, 1982.
『三秀軒稿』, 국립중앙도서관 소장.
『삼죽금보』, 『한국음악학자료총서』 33, 은하출판사, 1998.
『서금보』, 『한국음악학자료총서』 15, 은하출판사, 1984.
서원섭 · 김기현, 『시조강해』, 경북대학교 출판부, 1987.
서유구, 『유예지』, 『한국음악학자료총서』 15, 은하출판사, 1984.
『승정원일기』, 국사편찬위원회, 2007.
『시가』, 박상수 소장.
『시여』, 김선풍 소장.
『시조』, 경북대학교 도서관 소장.
심유, 『梧灘集』 권9, 권12, 『한국문집총간』 속34, 민족문화추진회, 2007.
심재완 편저, 『교본 역대시조전서』, 세종문화사, 1972.
『악학습령』, 동국대학교 한국학연구소 영인, 1978.
『安東金氏世譜』 권5 副使公派, 국립중앙도서관 소장.
안민영, 『금옥총부』, 국립중앙도서관 소장.
양사언, 『봉래시집』 권1, 『한국문집총간』 36, 민족문화추진회, 1989.
『養世系譜』, 국립중앙도서관 소장.
『영언』, 서울대학교 규장각한국학연구원 소장.
『영언유초』, 서울대학교 규장각한국학연구원 소장.
유만공, 『세시풍요』, 임형택 편, 『여항문학총서』 10, 여강출판사, 1984.
윤덕진 · 성무경 주해, 『18세기 중 · 후반 사곡 가집 고금가곡』, 보고사, 2007.
이규경, 『구라철사금자보』, 『한국음악학자료총서』 14, 은하출판사, 1984.
이근섭 편, 『추강월백』, 한국학중앙연구원 장서각 소장.
이민구, 『동주선생문집』 권2, 『한국문집총간』 94, 민족문화추진회, 1992.
이상규 · 이정옥 주해, 『주해 악학습령』, 『한국음악학학술총서』 9, 국립국악원, 2013.
이창배, 『한국가창대계』, 홍인문화사, 1976.
『仁同張氏大同譜』 권1, 回想社.
정재호 · 장정수 공저, 『송강가사』, 신구문화사, 2006.
『청구영언』, 경성제국대학, 1930.
『靑丘永言』, 서울대학교 규장각한국학연구원 가람문고 소장.
『靑丘詠言』(『海東歌謠錄』), 서울대학교 규장각한국학연구원 가람문고 소장.
『청구영언』, 조선진서간행회, 1948.

『청구영언』, 한국학중앙연구원 장서각 소장.
『청구영언』, 홍재휴 소장.
『충청도 읍지』, 亞細亞文化社 영인, 1985.
태화산인, 「고금가요의 연혁」, 『조선문예』 1호, 조선문예사, 1917.4.
태화산인, 「고금의 가요」, 『조선문예』 2호, 조선문예사, 1918.10.
『八旗滿洲氏族通譜』, 遼海出版社 영인, 2002.
『학포금보』, 『한국음악학자료총서』 16, 은하출판사, 1984.
『한국민족문화대백과사전』, 한국정신문화연구원, 1991.
『해동가요』, 경성제국대학, 1930.
『海東歌謠 附永言選』, 규장문화사, 1979.
『해동풍아』, 이재수 전사본.
『해아수』, 단국대학교 율곡기념도서관 소장.
홍대용, 〈아문제관(衙門諸官)〉, 「연기(燕記)」, 『국역 담헌서 Ⅳ』, 민족문화추진회, 1989.
『홍비부』, 서울대학교 규장각한국학연구원 소장.
『CD-ROM 국역 조선왕조실록』, 서울시스템주식회사, 2001.
『CD-ROM 司馬榜目』, 서울시스템주식회사, 2001.
『CD-ROM 조선문과방목』, 동방미디어주식회사.

2. 논저

姜明官, 「精文研本 『青丘永言』에 대하여」, 『艸田張琯鎭教授定年紀念國文學論叢』, 동 간행위원회, 1995.
강재헌, 「『고금가곡』의 〈만횡청류〉 고찰」, 『어문연구』 68집, 어문연구학회, 2011.
강전섭, 「〈북관곡〉의 작자에 대한 큰 의문」, 『어문연구』 제24집, 어문연구학회, 1993.
______, 「〈추풍감별곡〉의 원전 모색」, 『어문연구』 26, 어문연구학회, 1995.
고미숙, 「19세기 시조의 전개 양상과 그 작품 세계 연구－예술사적 흐름과 관련하여－」, 고려대학교 박사논문, 1993.
고은지, 「애국계몽기 시조의 창작 배경과 문학적 지향－대한매일신보를 중심으로－」, 고려대학교 석사논문, 1997.
구자균, 『조선평민문학사』, 문조사, 1948.
權斗煥, 「朝鮮後期 時調歌壇 硏究」, 서울대학교 박사논문, 1984.

권순회, 「가곡 연창방식에서 중대엽 한바탕의 가능성」, 『민족문화연구』 44집, 고려대학교 민족문화연구원, 2006.

_____, 「계명대학교 동산도서관 소장 『청구영언』 해제」, 『시여 · 청구영언』, 계명대학교 출판부, 2009.

_____, 「『고금가곡』의 원본 발굴과 전사 경로」, 『우리어문연구』 34집, 우리어문학회, 2009.

_____, 「'시조삼장'의 새로운 이해」, 『시조학논총』 20집, 한국시조학회, 2004.

_____, 「조선후기 시조창의 형성과 전개의 방향」, 『한국시가연구』 제14집, 한국시가학회, 2003.

김복순, 「1910년대 단편소설 연구-신지식층의 소설을 중심으로」, 연세대학교 박사논문, 1990.

김석배, 「박인로의 〈조홍시가〉 연구」, 『문학과 언어』 제27집, 문학과언어학회, 2005.

김석회, 『조선후기 시가 연구』, 월인, 2003.

金善豊, 『시조가집 시여 연구』, 중앙대학교 출판부, 1999.

_____, 「時調歌集 『詩餘』 資料」, 『仁荷語文硏究』 第4號, 인하어문연구회, 1999.

김용찬, 『18세기 시조문학과 예술사적 위상』, 月印, 1999.

_____, 「〈병와가곡집〉의 성격과 문학사적 위치」, 『교주 병와가곡집』, 월인, 2001.

_____, 『조선후기 시가문학의 지형도』, 보고사, 2002.

김용철, 「『진청』 「무씨명」의 분류체계와 시조사적 의의」, 『고전문학연구』 제16집, 한국고전문학회, 1999.

김윤희, 「18세기 중 · 후반 가집 특성의 일국면-『영언유초』, 『해아수』를 대상으로」, 『한국시가연구』 제25집, 한국시가학회, 2008.

김태웅, 「18세기 후반~19세기 초중반 가집의 전개 양상 연구-『병와가곡집』, 서울대본 『악부』, 『홍비부』를 중심으로, 성균관대학교 박사논문, 2013.

김태준, 「별곡의 연구 1~13」, 《동아일보》, 동아일보사, 1932.11.15~12.2.

김학성, 「시조사의 전개와 낙시조」, 『한국 고시가의 거시적 탐구』, 집문당, 1997.

김흥규 · 권순회 지음, 『고시조 데이터베이스의 계량적 분석과 시조사의 지형도』, 고려대학교 민족문화연구원, 2002.

남정희, 「『고금가곡』 내 「단가이십목」에 대한 고찰」, 『한국고전연구』 23집, 한국고전연구학회, 2011.

박노준, 『조선후기 시가의 현실인식』, 고려대학교 민족문화연구원, 1998.

朴魯春, 「朴氏本 「海東歌謠」의 資料的 價値性(乾)」, 『국회도서관보』 137호, 1979.1.2

합집.
朴魯春, 「朴氏本 「海東歌謠」의 資料的 價値性(坤)」, 『국회도서관보』 138호, 1979.3.
박애경, 「〈춘면곡〉을 통해본 19세기 시정문화와 그 주변」, 『한국시가연구』 제28집, 한국시가학회, 2010.
朴永弴, 「海東歌謠 異本書誌 小考와 因緣記」, 『韓國文學』 通卷六三號, 韓國文學社, 1979.
박요순, 『옥소 권섭의 시가 연구』, 탐구당, 1987.
박을수, 「시조집 『잡지』 일고-신자료 소개를 위해-」, 『국어국문학』 106, 국어국문학회, 1991.
백순철, 「『시조집(연대본)』의 체제와 수록작품의 특징」, 『한민족어문학』 제54집, 한민족어문학회, 2009.
서철원, 「『교주 가곡집』을 통해 본 20세기의 고시조 향유와 전승 양상」, 『한국문학이론과 비평』 41, 한국문학이론과 비평학회, 2008.
성기옥, 「〈도산십이곡〉의 재해석」, 『진단학보』 91, 진단학회, 2001.
성무경, 「18세기 중반, 가집 편찬의 동향과 『시가』」, 『열상고전연구』 19, 열상고전연구회, 2004.
_____, 「보급용 가집 『남훈태평가』의 인간과 시조 향유에의 영향(1)」, 『한국시가연구』 제18집, 한국시가학회, 2005.
_____, 「시조 가집 『조 및 사』의 문화도상 탐색」, 『한국문학연구』 4, 고려대학교 민족문화연구원 한국문학연구소, 2003.
_____, 『조선후기, 시가문학의 문화담론 탐색』, 보고사, 2004.
_____, 「주제별 분류 가곡 가집, 『고금가곡』의 문화도상 탐색-마에마 교오사쿠[田間恭作] 전사 동양문고본을 대상으로-」, 『한국시가연구』 19집, 한국시가학회, 2005.
손완섭, 「고시조의 새 자료-가곡집 〈여중락(與衆樂)〉을 발견」, 《영남일보》, 1956년 9월 12일.
송안나, 「19세기 중·후반 시조창 가집과 가곡창 가집의 상호소통 양상 연구-『남훈태평가』와 그 이후 시조창 가집을 대상으로-」, 성균관대학교 석사논문, 2007.
신경숙, 『19세기 가집의 전개』, 계명문화사, 1994.
_____, 「『가곡원류』의 재조명」, 『가객 박효관을 통해본 조선시대 정가세계』, 박효관의 달 기념 국악학술회의 자료집, 2002.8.
_____, 『조선후기 시가사와 가곡 연행』, 고려대학교 민족문화연구원, 2011.
_____, 「조선후기 여창가곡의 연구」, 고려대학교 박사논문, 1994.12.

신경숙 · 이상원 · 권순회 · 김용찬 · 박규홍 · 이형대, 『고시조 문헌 해제』, 고려대학교 민족문화연구원, 2012.

심재완, 『시조의 문헌적 연구』, 세종문화사, 1972.

______, 「韓維信과 永言選」, 『모산학보』 제3집, 모산학술연구소, 1992.

梁熙讚, 『시조집의 편찬 계열 연구』, 고려대학교 박사논문, 1993.12.

오종각, 「시조집 『해아수』 연구」, 단국대학교 석사논문, 1992.

______, 「시조집 『해아수』에 수록된 시조작품 연구」, 『시조학논총』 제8집, 한국시조학회, 1992.

육민수, 「18세기 가집 편찬의 두 가지 문제에 대한 탐색-『병와가곡집』 편찬 시기와 『청진』의 위상을 중심으로-, 『어문연구』 제41권 제2호, 한국어문교육연구회, 2013년 여름.

윤덕진, 「고금가곡의 장가 체계」, 『고전문학연구』 28집, 한국고전문학회, 2005.

이규상 지음, 민족문학사연구소 한문분과 옮김, 『18세기 조선 인물지 幷世才彦錄』, 창작과 비평사, 1997.

李相寶, 「異本 海東歌謠 및 永言選 考察」, 『韓國文學』 通卷六三號, 韓國文學社, 1979.

이상원, 「권익륭의 〈풍아별곡〉 연구」, 『한민족문화연구』 38집, 한민족문화학회, 2011.

______, 『조선시대 시가사의 구도와 시각』, 보고사, 2004.

______, 「조선후기 예인론-악사 김성기」, 『한국시가연구』 제18집, 한국시가학회, 2005.

이유진, 「방각본 한글 가집 『남훈태평가』의 서지 연구」, 『한국문화』 제43집, 서울대학교 규장각한국학연구원, 2008.

이은성, 「19세기 말에서 20세기 초 시조창 향유의 변화양상-『가요』(동양문고본)를 중심으로-」, 『한민족어문학』 제45집, 한민족어문학회, 2004.

______, 「『시가요곡』에 나타난 가곡 · 시조 향유양상」, 『반교어문학』 16, 반교어문학회, 2004.

이응희 지음, 이상하 옮김, 『玉潭私集』, 소명출판, 2009.

이종묵, 「17세기 향촌생활이 오롯이 담긴 빼어난 풍속시」, 이응희 지음, 이상하 옮김, 『玉潭遺稿』, 소명출판, 2009.

이형대, 「통계 분석을 통해 본 고시조의 내면 풍경과 시대적 변모 양상」, 『한민족문화연구』 36, 한민족문화학회, 2011.

이희승, 「시조 기원에 대한 일고찰」, 『학등』 2호, 한성도서주식회사, 1933.11.

임미선, 「『가조』 소재 수파형 곡선보에 나타난 18세기 가곡창 선율」, 『한국음악사학보』 35, 한국음악사학회, 2005.

임미선, 「완제 시조창 연구-최일원 시조창 음반을 중심으로-」, 『한국음반학』 제10호, 한국고음반연구회, 2000.
장사훈, 『국악논고』, 서울대학교 출판부, 1966.
_____, 『시조음악론』, 서울대학교 출판부, 1986.
장유승, 「조선시대 과체시 연구」, 『한국한시연구』 11집, 한국한시학회, 2003.
장정수, 「『악부 고대본』 소재 〈악부〉와 『현학금보』 〈가곡〉의 관련 양상」, 『시조학논총』 31집, 한국시조학회, 2009.
장희홍, 『내시, 권력을 희롱하다』, 경인문화사, 2006.
전재진, 「『남훈태평가』의 인간과 개화기 한남서림 서적발행의 의의」, 『인문과학』 39, 성균관대학교 인문과학연구소, 2007.
정영숙, 「객악보에 대한 연구」, 이화여자대학교 교육대학원 석사논문, 1974.11.
정옥자, 「도곡 이의현과 그의 문학관」, 『한국사론』 11, 서울대학교 인문대학 국사학과, 1984.
정재호, 「U.C. 소장 해동가요」, 『한국 시조 문학론』, 태학사, 1999.
조규익, 『가곡창사의 국문학적 본질』, 집문당, 1994.
조윤제, 「고도서해제(6) 남훈태평가」, 『조선어문』 제7호, 조선어학회, 1933.
_____, 『조선시가사강』, 동광당서점, 1937.
_____, 『조선 시가의 연구』, 을유문화사, 1948.
_____, 『한국 시가의 연구』, 을유문화사, 1984.
주승택, 「《조선문예》고」, 『진단학보』 62, 진단학회, 1986.
진동혁, 「새로 발굴된 시조집 『해아수』에 관하여」, 『도솔어문』 제6집, 단국대학교 인문대학 국어국문학과, 1990.
_____, 「새로 발굴된 시조집 『해아수』에 관하여」, 『모산학보』 제1집, 동아인문학회, 1990.
_____, 「태화산인 최영년의 소설 〈우의〉」, 『국어국문학』 99, 국어국문학회, 1988.
최규수, 「『남훈태평가』를 통해본 19세기 시조의 변모양상」, 이화여자대학교 석사논문, 1989.
최기영, 「구한말 『만세보』에 관한 일고찰」, 『한국사연구』 61, 한국사연구회, 1988.
崔東元, 「「青珍」·「海朴」·「海周」의 對比的考察」, 『古時調論』, 三英社, 1980.
최호석, 『옥린몽의 작가와 작품세계』, 다운샘, 2004.
한기형, 「무단통치기 문화정책의 성격-잡지 『신문계』를 통한 사례 분석」, 『민족문학사연구』 제9호, 민족문학사연구소, 1996.

허경진, 「『동시품휘보』와 허균의 과체시」, 『열상고전연구』 14집, 열상고전연구회, 2001.

허영진, 「남창본 『고금가곡집』의 실증적 재조명」, 『국제어문』 제31집, 국제어문학회, 2004.

_____, 「조선후기 가집 연구의 시각과 해명 과제-18세기 후반~19세기 중반을 중심으로-」, 『고전과 해석』 3호, 고전문학한문학연구학회, 2007.

찾아보기

ㄱ

ㅂ

ㅇ

이상원

학력 및 경력

경북대학교 국어국문학과를 졸업하고 고려대학교 대학원 국어국문학과에서 석사학위와 박사학위를 받았다. 현재는 조선대학교 국어국문학과 교수로서 학생들에게 고전문학을 가르치고 있다.

저서

연구서로 『17세기 시조사의 구도』(월인, 2000)·『조선시대 시가사의 구도와 시각』(보고사, 2004, 학술원우수학술도서) 등이 있고, 자료집으로 『고시조 대전』(공저, 고려대학교 민족문화연구원, 2012, 학술원우수학술도서)·『가사육종』(보고사, 2013) 등이 있으며, 번역서로 『국역 고산유고』(공역, 소명출판, 2004)가 있다.

논문

「16세기 시조의 성격과 조선전기 시조사의 구도」, 「조선후기 〈고산구곡가〉 수용 양상과 그 의미」, 「육가 시형의 연원과 육가형 시조의 성립」, 「〈남아가〉에 투영된 이상적 삶과 그것의 문화사적 의미」, 「이세춘 그룹의 가악 활동 양상과 특징」, 「고전시가의 문화론적 접근-〈농가월령가〉를 중심으로」 등 50여 편이 있다.

民族文化硏究叢書 122

조선후기 가집 연구

2015년 7월 20일 초판 1쇄 발행
2016년 9월 1일 초판 2쇄 발행

저 자 이상원
발행인 조성택
발행처 高麗大學校 民族文化硏究院

등록 1964년 9월 28일 제6-18호
주소 서울특별시 성북구 안암로 145
전화 02-3290-1610~3
팩스 02-926-8385
http://riks.korea.ac.kr

ISBN 978-89-7155-157-8 94810
978-89-7155-073-2 94810(세트)

정가 27,000원